W0025047

Alexandra Marinina
Die Stunde des Henkers

Alexandra Marinina

Die Stunde des Henkers

Roman

Aus dem Russischen von
Natascha Wodin

Argon

Die russische Originalausgabe erschien 1996 unter dem Titel
»Ne meschaete palatschu«
im Verlag ZAO izdatelstvo EKSMO, Moskau
© 1996 Alexandra Marinina
Deutsche Ausgabe:
© 2001 Argon Verlag GmbH, Berlin
Gesetzt aus der Sabon
Satz: LVD GmbH, Berlin
Druck und Bindung: Clausen & Bosse, Leck
Printed in Germany
ISBN 3-87024-510-7

DIE STUNDE DES HENKERS

TEIL 1

ERSTES KAPITEL

»Du weißt über diese Sache mehr als ich. Ich verstehe nicht, warum du mich um Hilfe bittest.«

Der große stattliche Mann in der Generalsuniform trat hinter seinem Schreibtisch hervor und begann, langsam und gemessen in seinem geräumigen Büro auf und ab zu gehen. Sein Gesprächspartner saß mit übergeschlagenen Beinen locker in einem Sessel, aber seine ungezwungene, selbstsichere Haltung war nur vorgetäuscht. Im Innern war Anton Andrejewitsch Minajew angespannt wie eine Saite, obwohl er in diesem Moment nicht mit einem Gegner sprach und nicht einmal mit einem Vorgesetzten, sondern mit einem guten alten Freund aus Universitätszeiten. Zwar bat er ihn um einen Gefallen, um Hilfe, aber schließlich waren sie Freunde. Außerdem besaßen sie denselben Dienstgrad, trugen dieselben Schulterstücke an ihren Uniformen und erfüllten beide dieselbe Funktion, wenn auch in verschiedenen Dienststellen.

»Was tut hier mein Wissen zur Sache, Sascha. In diesem Fall schadet es nur«, erwiderte Minajew. »Es geht doch darum, dass der Junge einfach nicht bis nach Moskau kommen wird, weil man ihn schon auf dem Weg vom Straflager zum Bahnhof sofort an der Gurgel packen wird. Ich verfüge zur Zeit über keinen operativen Mitarbeiterstab, und sich an die Vorgesetzten anderer Dienststellen zu wenden wäre verlorene Liebesmüh. Ich bitte dich nur um zwei Dinge. Hole bei der Lagerverwaltung eine operative Information über ihn ein, und sorge dafür, dass er sicher nach Moskau kommt. So, wie die Dinge vor zwei Jahren lagen, muss ich davon ausgehen, dass es sehr viele Leute gibt, die an diesem Mann interessiert sind, und ich möchte der Erste sein, der ihn trifft. Das ist alles. Dann soll er selbst entscheiden, wo und wie er leben und für wen er arbeiten will, falls er überhaupt leben und arbeiten und nicht sterben und im Leichenschauhaus landen will.«

»Was für ein Interesse hast du an diesem Mann? Wenn du dich in die Politik einmischen willst, Anton – bitte sehr, viel Glück. Aber ohne mich. Solche Spiele spiele ich nicht. Ich kann dir helfen, obwohl das einiges an Aufwand bedeutet, aber ich werde keinen Finger rühren, solange du mir nicht sagst, was du von diesem Halunken willst.«

»Da gibt es einiges, Sascha«, sagte Anton Andrejewitsch sehr ernst und sogar etwas traurig. »Aber vor allem geht es um eines. Sauljak war Bulatnikows Informant und ist praktisch sofort nach dessen Tod im Straflager verschwunden. Erinnerst du dich daran, wie Wladimir Wassiljewitsch Bulatnikow gestorben ist? Ich möchte wissen, wer Sauljak von der Bildfläche verschwinden ließ und warum. Wollte man ihn schützen? Oder, im Gegenteil, zum Schweigen bringen? Ich will von ihm erfahren, wer diejenigen waren, die wissen, wie und warum Bulatnikow ums Leben kam. Versteh doch, Sascha, Bulatnikow war mein Lehrer, er hat die Dienststelle geleitet, in der ich als kleiner Inspektor anfing, und unter seiner Führung und mit seiner Unterstützung bin ich die ganze Leiter hinaufgeklettert, bis zum stellvertretenden Dienststellenleiter. Ich brauche Sauljak, weil nur er weiß, mit welchen Angelegenheiten Wladimir Wassiljewitsch beschäftigt war, als er auf so seltsame Art ums Leben kam. Und nur Sauljak kann mir sagen, wie und warum er selbst hinter Gittern gelandet ist.«

»Das klingt überzeugend«, sagte Alexander Semjonowitsch mit einem Kopfnicken, während er fortfuhr, mit gemessenen Schritten auf und ab zu gehen.

»Wann wird Sauljak entlassen?«

»Genau weiß ich es nicht, irgendwann zwischen dem ersten und fünfzehnten Februar.«

»Nun ja, dann haben wir also noch gute zehn Tage Zeit. Ich werde sehen, was ich tun kann, Anton. Ich kann dir nichts Konkretes versprechen, du weißt ja selbst, dass solche Dinge langfristig vorbereitet werden müssen und dass man in zehn Tagen keine Wunder erwarten kann. Ich werde die entsprechende Anfrage an die Lagerverwaltung richten, aber für die Qualität und Vollständigkeit der Auskunft kann ich nicht bürgen. Und darüber, wie wir Sauljak nach Moskau bekommen, werden wir noch nachdenken müssen. Entschuldige mich, Anton, aber lass uns dieses Gespräch zu Hause fortsetzen. Jetzt ist es bereits fünf nach drei, und ich habe für drei Uhr eine Besprechung anberaumt. Die Leute warten.«

General Minajew erhob sich sofort aus dem tiefen Sessel, und die Mühelosigkeit, mit der er aufsprang, ließ sofort erkennen, dass sich während des gesamten Gesprächs kein einziger seiner Muskeln auch nur für eine Sekunde entspannt hatte.

* * *

Noch während seiner Besprechung begann Alexander Semjonowitsch Konowalow zu überlegen, wie er der Bitte seines Freundes am besten nachkommen konnte, ohne seinen Mitarbeitern allzu viel zusätzliche Arbeit aufzubürden. Seine Stellung erlaubte es ihm durchaus, Informationen über den Häftling Sauljak einzuholen. Und wenn Minajew die Wahrheit gesagt hatte und Sauljak tatsächlich einst Bulatnikows Informant gewesen war, würde es tatsächlich eine Menge Leute geben, die daran interessiert waren, ihn sofort nach seiner Freilassung aus dem Lager zu kassieren. Wladimir Wassiljewitsch Bulatnikow war ein sehr einflussreicher Mann gewesen, der aber persönlich kaum je in Erscheinung getreten war. Es gab nur sehr wenige, die wussten, dass er es war, der in der Zeit von August 1991 bis Oktober 1993 als Drahtzieher hinter fast allen Personalschiebereien in höchsten Regierungskreisen stand, hinter allen skandalträchtigen Entlarvungen, hinter allen mehr oder weniger wichtigen Ereignissen dieser Zeit. Niemand begriff, warum das so war, niemand kannte die Mechanismen, die dieser Mann in Gang setzte. Es gab nur einen kleinen Kreis von Leuten, die wussten, dass man mit Hilfe von Bulatnikow so gut wie alles erreichen konnte.

So jedenfalls hatte Anton Minajew die Dinge dargestellt. Ob es wirklich so war oder nicht, stand auf einem anderen Blatt. Alexander Semjonowitsch ging es bei weitem nicht nur darum, seinem Freund zu helfen. Er arbeitete schon so lange im Ministerium für Inneres, dass er sich daran gewöhnt hatte, in erster Linie an die Sache zu denken, in zweiter Linie an die Interessen seiner Dienststelle und an seine eigenen. Freundschaften kamen erst an dritter oder gar vierter Stelle für ihn. Aber wenn Anton nicht übertrieb, konnte es tatsächlich sehr gut sein, dass man diesen Sauljak entführen oder sofort umbringen würde, sobald er seinen Fuß über die Schwelle der Strafkolonie gesetzt hatte. Wobei es letztlich gar nicht darauf ankam, ob man ihn wirklich umbrachte oder nicht. Sauljak war keine öffentliche Person, kein Abgeordneter, kein bekannter Künstler, kein Journalist, der mit seinen Entlarvungen Aufsehen erregt hatte. Den Mord an Sauljak würde man wahrscheinlich gar nicht bemerken. Aber was würde geschehen, wenn man ihn entführen sollte? Niemandem war bekannt, wie viel dieser Sauljak wusste. Die zwei Jahre im Straflager hatte er wahrscheinlich verbracht wie die Maus hinter dem Ofen, ohne sich zu mucksen. Offenbar hatte er auch nicht versucht, sich mit seinem unseligen Wissen die Freiheit zu erkaufen. Deshalb würde er auf der anderen Seite des Lagertores wahrscheinlich auch nicht freiwillig zu plaudern anfangen. Warum auch immer er schwieg, er musste seine Gründe dafür haben, und das war gut so. Deshalb konnten die, die an seinem Wissen interessiert waren, ihn nur entführen, um ihn zum Sprechen zu bringen. Die Folgen, die sein Sprechen haben konnte, lagen auf der Hand, denn gerade jetzt begann der Wahlkampf. Der Präsident hatte angekündigt, dass er bis spätestens 15. Februar bekannt geben würde, ob er sich zum zweiten Mal für dieses Amt bewerben wollte. Bis zum 15. Februar war noch Zeit, um womöglich auf seine Entscheidung einzuwirken. Hatten sich vielleicht Leute gefunden, die vorhatten, den ehemaligen Informanten als Schachfigur in ihrem Machtspiel zu benutzen?

Die Besprechung endete gegen fünf Uhr, um halb sieben ging an die Lagerverwaltung von Samara ein chiffriertes Telegramm ab.

General Konowalow beschloss, die Antwort abzuwarten und erst dann Weiteres zu unternehmen.

* * *

Die Antwort auf das Telegramm kam nach drei Tagen und machte Alexander Semjonowitsch keine große Freude. Glatte, vorgefertigte bürokratische Formeln, denen man nichts entnehmen konnte.

»In der Zeit seiner Strafverbüßung zeigte Sauljak, Pawel Dmitrijewitsch, geboren 1951, im März 1994 nach Paragraph 206, Ziffer 3 des Strafgesetzbuches zu zwei Jahren Freiheitsentzug mit Unterbringung in einer Strafkolonie mit allgemeiner Anstaltsordnung, keinerlei Auffälligkeiten in seinem Verhalten. Er pflegte keinen Umgang mit subversiven Elementen, arbeitete aber auch nicht mit der Lagerverwaltung zusammen. Er ging gewissenhaft seiner Arbeit in der Nähwerkstatt nach, hielt sich stets an die Lagerordnung, bekam während seiner gesamten Haftzeit niemals Briefe, Pakete oder Besuch. Er stellte niemals einen Antrag auf bedingte Strafaussetzung, aber dafür lagen auch keine besonderen Gründe vor. Er hielt sich stets an die Disziplin, aber Anzeichen dafür, dass er seine Schuld eingesehen, bereut und versucht hat, sie durch Arbeit abzubüßen, konnten an ihm nicht beobachtet werden. Er war verschlossen und ungesellig und nahm keinen Kontakt mit seinen Mithäftlingen auf. Sauljak wurde am 4. Februar 1994 verhaftet, dementsprechend endet sein Freiheitsentzug am 3. Februar 1996.«

Nachdem der General diesen wenig aufschlussreichen Text gelesen hatte, zuckte er mit den Schultern. Er wusste, dass es so etwas einfach nicht gab. Ein Lagerhäftling konnte nicht einfach nur still und friedlich seiner täglichen Arbeit nachgehen, ohne dass sich Kontakte ergaben und Konflikte auftraten. Entweder deckte ihn die Lagerverwaltung, oder er gehörte zu einer Gruppe, die sich um einen Leader bildete, zu einer so genannten Familie. Andernfalls waren Kontakte und Konflikte in einer Strafkolonie unvermeidlich. Um in Ruhe gelassen zu werden, hätte Sauljak in dieser Zeit mindestens zwei-, dreimal jemanden ordentlich verprügeln müssen, was ihm fünfzehn oder gar dreißig Tage Isolationshaft eingebracht hätte. Aber in dem Bericht der Lagerverwaltung wurde ausdrücklich darauf hingewiesen, dass Sauljak keinerlei Verstöße gegen die Lagerordnung begangen hatte, dass er niemals in Konflikte geraten war, und das brachte Alexander Semjonowitsch auf den trüben Gedanken, dass entweder der Beamte, der dieses Schreiben verfasst hatte, nichts von seiner Arbeit verstand, oder dass an der Sache etwas faul war. Wahrscheinlich hatte Anton Minajew recht. Man musste diesen Sauljak im Auge behalten.

Es dauerte noch einen weiteren Tag, bis Alexander Semjonowitsch entschieden hatte, mit wessen Hilfe er versuchen wollte, den geheimnisvollen Informanten, der wegen schweren Rowdytums ins Straflager gekommen war, vor seinen potenziellen Verfolgern zu schützen. Bis zum 3. Februar blieben noch sieben Tage. Das war nicht sehr viel in Anbetracht dessen, dass erst ein Plan erarbeitet werden musste ... General Konowalow rief einen Mann an, dem er bedingungslos vertraute. Dieser Mann war Viktor Gordejew, der Leiter der Abteilung für schwere Gewaltverbrechen bei der Moskauer Kripo.

* * *

Nastja Kamenskaja hatte schon lange nicht mehr so verzweifelt gefroren wie in diesem Winter. In den vergangenen Jahren war das Thermometer selten unter null Grad gefallen, auf den Straßen war es ständig nass und matschig gewesen, und rund um die Uhr konnte man die Oberlichter der Fenster geöffnet halten. In diesem Jahr jedoch hatte die Natur sich besonnen und beschlossen, wieder einmal zu zeigen, was ein richtiger Winter war, damit die Menschen es nicht vergaßen.

Morgens war es so kalt im Zimmer, dass Nastja nicht aus dem warmen Bett kam. Das morgendliche Aufstehen war immer ein qualvoller Vorgang für sie, besonders aber dann, wenn es dunkel und kalt war. Nachdem sie endlich dennoch die Decke zurückge-

14

schlagen hatte und aus dem Bett gesprungen war, lief sie sofort in die Küche und zündete alle vier Flammen auf dem Gasherd an. Danach stürzte sie ins Bad und stellte sich für eine Viertelstunde unter die heiße Dusche, in der Hoffnung, dass ihr Körper endlich aufwachen und es inzwischen warm werden würde in der Küche. Jeden Tag, während sie unter dem heißen Wasserstrahl stand, dachte sie dasselbe: Womit habe ich das verdient? Warum muss ich so leiden? Ich möchte wieder ins Bett, mir fallen die Augen zu, meine Beine knicken ein, ich begreife nichts, mir ist schwindelig. Ich kann nicht um halb sieben aufstehen, ich kann nicht, ich kann nicht! Aber kurz darauf verließ sie dann doch jeden Tag das Badezimmer, goss sich in der Küche eine Tasse starken Kaffee und ein Glas eisgekühlten Saft ein, und bereits nach einer Viertelstunde erschien ihr das Leben wieder durchaus akzeptabel, und die vorangegangenen Wehklagen kamen ihr dumm und sinnlos vor.

Während sie heute unter der Dusche stand und sich ihrem obligatorischen Selbstmitleid hingab, vernahm sie hinter der Tür die Stimme ihres Mannes.

»Soll ich zum Frühstück Brot für dich rösten?«

»Nein, nicht nötig«, erwiderte sie mit leidender Stimme.

»Was willst du denn haben? Eier?«

»Ich will gar nichts. Ich will sterben.«

»Alles klar.« Alexej schmunzelte hinter der Tür. »Also geröstetes Brot. Hör auf mit deiner Anstellerei, in der Küche herrscht bereits tropische Hitze.«

Sie stellte das Wasser ab und fühlte sofort, wie das dampfende Badezimmer sich mit der kalten Luft zu füllen begann, die durch den heimtückischen Spalt zwischen Tür und Boden hereingekrochen kam. Sie trocknete sich hastig ab, hüllte sich in einen warmen Bademantel und stürzte in Richtung Küche, wo sie die rettende Wärme erwartete.

»Manche Leute haben einfach Glück«, murmelte sie halb scherzhaft, halb neidisch, während sie die Zähne in der gerösteten Weißbrotscheibe mit dem geschmolzenen Käse darauf vergrub. »Sie müssen nicht in aller Herrgottsfrühe zur Arbeit hetzen, sie stehen jeden Tag so auf, als wäre Feiertag, ohne Leiden und Tränen.«

»Genau«, bestätigte ihr Mann, »es gibt auch Leute, die Glück haben mit ihrem Ehemann. Er ist geduldig, er liebt seine Frau, steht jeden Morgen auf, um ihr das Frühstück zu machen, er erledigt die Einkäufe und erträgt klaglos den schwierigen Charakter seiner Frau. Warum hast du einen solchen Ehemann, und warum habe ich keine solche Ehefrau?«

»Weil du nicht auswählen kannst«, erwiderte Nastja schulterzuckend. »In all den Jahren, in denen du immer nur hinter mir her warst, hättest du leicht etwas Besseres finden können. Wer ist denn schuld daran, dass du dich so auf mich fixiert hast, dass du partout nur mich haben wolltest. Warum bist du eigentlich so früh aufgestanden? Wolltest du heute nicht zu Hause arbeiten?«

»Das will ich auch jetzt noch. Ich bin aufgestanden, weil du mir Leid tust, du Schlafmütze. Ich wollte dir das Frühstück machen.«

»Danke, Liebling, ich weiß es zu schätzen«, sagte Nastja mit einem dankbaren Lächeln. »Für wann hat man euch denn die Auszahlung des Gehalts versprochen?«

»Man verspricht uns gar nichts«, brummte Alexej, »man bezahlt einfach nicht und schweigt. Seit November werden wir nicht mit Geld, sondern mit Schweigen bezahlt. Warum fragst du? Wird es langsam eng?«

»Ich weiß noch nicht, aber es kann durchaus sein. Wir bekommen auch seit Januar kein Gehalt mehr, aber zumindest verspricht man es uns von Tag zu Tag. Wir besitzen noch dreißigtausend Rubel, für eine Woche reicht es noch, und was machen wir dann?«

»Mach dir darum keinen Kopf, Nastja«, sagte Alexej. »In dieser Woche habe ich vier bezahlte Vorlesungen und nächste Woche drei. Damit kommen wir schon hin.«

»Aber wir haben inzwischen das gesamte Honorar für dein letztes Lehrbuch verjubelt, weil man dir seit November kein Gehalt bezahlt, Ljoscha, wir haben das Buch einfach von der ersten bis zur letzten Seite aufgegessen, einschließlich Vorwort, Nachwort und Umschlag. Irgendwie leben wir falsch, wir haben keine Strategie, wir wissen nicht, wie man Geld verdient und wie man es ausgibt. Das Honorar für dein Lehrbuch wollten wir doch eigentlich zurücklegen, um zum ersten Jahrestag unserer Hochzeit eine Reise zu machen. Morgen werden wir das Honorar für deine Vorlesungen verbraucht haben, und was machen wir übermorgen, wenn man uns weiterhin kein Gehalt bezahlt? Wollen wir anfangen, die Geschenke zu verkaufen, die du mir in den letzten Jahren gemacht hast?«

»Dieses Gespräch hat keinen Sinn, Nastja, zumal du in Eile bist und offenbar auch keine konkreten Vorschläge hast. Sieh zu, dass du fertig wirst mit deinem Frühstück, sonst kommst du zu spät zur Arbeit.«

»Ich habe durchaus einen Vorschlag, und ich möchte, dass du darüber nachdenkst. Du hast gesagt, dass man dir während der letzten Konferenz ein interessantes Angebot gemacht hat ...«

»Nastja!«

Alexej erhob sich abrupt und ging zum Fenster.

»Du würdest ja sowieso nicht mitkommen. Ich weiß, dass es dir völlig gleichgültig ist, wo ich bin, ob neben dir oder irgendwo in Kanada, am anderen Ende der Welt. Du siehst nichts außer deiner Arbeit, dich interessiert nichts anderes. Aber ich will nicht getrennt sein von dir, ich leide ohne dich, ich bekomme sofort Sehnsucht nach dir.«

»Warum bist du jetzt böse, Ljoschenka? Was sollen wir denn tun? Sollen wir verhungern? Weder du noch ich sind daran schuld, dass man Angestellten in festem Arbeitsverhältnis keine Gehälter auszahlt, wir können daran nichts ändern. Das steht nicht in unserer Macht. Also muss wenigstens einer von uns beiden Geld verdienen, einen anderen Ausweg gibt es nicht. Wenn du für drei Monate nach Kanada gehen und dort die Vorlesungsreihe halten würdest, die man dir angeboten hat, müssten wir uns mindestens ein Jahr lang nicht mehr fragen, ob wir unsere Gehälter bekommen oder nicht.«

»Ich gehe nicht nach Kanada«, sagte Alexej starrsinnig. »Ich kann auch hier etwas verdienen, wir werden schon nicht Hungers sterben.«

Es kam zu keinem Streit, nein, Nastja und Alexej stritten sich praktisch nie, aber das Gespräch hinterließ einen unangenehmen Nachgeschmack, und Nastja war nicht in bester Stimmung, als sie zur Arbeit kam. Im Büro war es kalt, aber sie hätte nicht sagen können, was sie mehr erbitterte, das ständige Frösteln, das nicht nachließ, oder das morgendliche Gespräch mit ihrem Mann. Unangenehm war vor allem, dass Ljoscha in gewisser Weise Recht hatte, es hätte ihr tatsächlich nicht viel ausgemacht, drei Monate ohne ihn zu sein. Sie hatte sich so daran gewöhnt, allein zu leben und niemanden zu brauchen, dass die acht Monate Ehe es noch nicht vermocht hatten, ihr Angst vor einer vorübergehenden Trennung von ihrem Mann einzuflößen.

Für zehn Uhr stand die morgendliche Einsatzbesprechung im Büro des Dezernatsleiters bevor, aber zehn vor zehn sah Kolja Selujanow bei ihr herein und teilte mit, dass die Einsatzbesprechung heute ausfiel.

»Warum denn das?«, fragte Nastja verwundert. »Ist etwas passiert?«

»Keine Ahnung.« Selujanow zuckte mit den Schultern. »Knüppelchen ist heute nicht im Büro erschienen, vor fünf Minuten hat er angerufen und gesagt, dass er nicht vor zwölf Uhr auftauchen wird.«

»Zum Glück ist er nicht krank«, sagte Nastja und lächelte erleichtert. »Alle anderen Unannehmlichkeiten werden wir irgendwie überleben.«

Die Arbeit türmte sich auf Nastjas Schreibtisch, wie immer. Nastja telefonierte, stellte Fragen, holte Auskünfte ein, klärte dies und jenes, zeichnete Skizzen, machte sich Notizen, verzog das Gesicht, murmelte etwas, trank Kaffee, rauchte eine Zigarette nach der anderen, aber gegen Abend war es etwas lichter geworden in ihrem Kopf. Im Laufe des Tages hatte sie ihre Auswertungsarbeit zweimal unterbrechen müssen, um Gespräche mit Zeugen zu führen. Diese Zeugenvernehmungen übertrug ihr der Dezernatsleiter Oberst Gordejew mit dem Spitznamen Knüppelchen. Als sie nach sieben Uhr abends erneut seine Stimme in der internen Leitung vernahm, war sie deshalb sicher, dass jetzt, kurz vor Torschluss, noch ein Zeuge in der Dienststelle aufgetaucht war und dass sie die einzige Dumme war, der man seine Vernehmung noch anhängen konnte.

18

»Komm mal bei mir vorbei«, sagte Gordejew kurz, und Nastja bemerkte, dass die Stimme ihres Chefs nicht gerade wohlwollend klang. Hatte sie etwas verbrochen? Doch wider Erwarten wirkte ihr Chef weder verärgert noch missmutig, als Nastja sein Büro betrat. »Setz dich«, sagte er. »Und wundere dich jetzt über gar nichts. Sag mir bitte, liest du wenigstens manchmal Zeitung?«

»Manchmal schon«, erwiderte Nastja mit einem Lächeln. »Aber dieses Manchmal kommt sehr selten vor.«

»Siehst du fern?«

»Ja, aber auch nicht oft.«

»Heißt das, dass die Politik dich überhaupt nicht interessiert?«

»Nicht im Geringsten«, versicherte Nastja ihrem Chef mit Nachdruck.

»Das ist schlecht. Dann müssen wir eine Analphabetenschulung mit dir durchführen.«

»Muss das wirklich sein, Viktor Alexejewitsch?«, fragte Nastja verzagt. »Mir geht die Politik gegen den Strich.«

»Es muss sein, Kindchen, sonst wirst du nichts verstehen.«

»Ist es denn so kompliziert?«, grinste sie ungläubig.

»Für mich nicht, aber ich lese Zeitung, im Gegensatz zu dir. Also, hör zu, Nastjenka. Es war einmal ein General namens Bulatnikow. Er begann seine Karriere beim KGB und beendete sie ebenda, nur dass die Einrichtung zu dieser Zeit bereits einen anderen Namen hatte. Dieser General hatte eine Vertrauensperson, einen Informanten, der Pawel Dmitrijewitsch Sauljak hieß. 1993, kurz nach dem Oktoberputsch, kam Bulatnikow unter noch ungeklärten Umständen ums Leben, und sehr bald darauf stand Pawel Sauljak vor Gericht und landete ohne Umweg im Straflager.«

»Ein Unglücksfall?«, fragte Nastja.

»Das weiß niemand. Aber vielleicht weiß es Pawel Dmitrijewitsch Sauljak. In einer Woche, am dritten Februar, wird er aus der Haft entlassen. Aber auf Sauljak kommen wir später zurück. Erst zu Bulatnikow. Es ist wichtig für uns, zwei Dinge über ihn zu wissen. Erstens hatte er den Ruf eines Menschen, der sehr viel konnte, sehr viel tat und noch mehr wusste. Zweitens hatte er einen Schüler, einen Mitarbeiter, den er lange Jahre gefördert, angeleitet und protegiert hat, bis er sein eigener Stellvertreter wurde. Der Name dieses Mannes ist Anton Andrejewitsch Minajew. Bulatnikows Nachfolger gefiel dieser Stellvertreter nicht, und Minajew wurde versetzt, wenn auch innerhalb derselben Dienststelle. Aber da General Minajew ein Mensch mit gutem Gedächtnis ist und nicht vergessen hat, was Bulatnikow für ihn getan hat, lässt ihm der Gedanke an den mysteriösen Tod seines Chefs und Lehrers keine Ruhe.«

»Und nun möchte er Pawel Dmitrijewitsch ein paar Fragen stellen?«

Gordejew nickte. »Genau das.«

»Und worin besteht das Problem? Kann er keine Fragen stellen? Oder will er nicht selbst in Erscheinung treten und sich deshalb nicht persönlich mit diesem Mann treffen?«

»Er kann und will alles. Aber siehst du, Kindchen, er fürchtet einfach, dass Sauljak nicht bis nach Moskau kommen wird.«

»Warum denn das?«

»Da haben wir es. Ich wusste ja, dass ich es dir lang und breit erklären muss. Verstehst du denn nicht, wer Sauljak ist?«

»Nein. Was muss ich denn verstehen über die Tatsache hinaus, dass er der Informant eines hohen Staatsbeamten war? Dass er nach Bulatnikows Tod im Straflager gelandet ist, besagt nur, dass er zu viel wusste, egal, ob er selbst dafür gesorgt hat, hinter Schloss und Riegel zu kommen, oder ob es ein anderer war. Für seine Verhaftung konnte es nur einen einzigen Grund geben, und der liegt auf der Hand.«

»Na siehst du. Und du sagst, dass du nichts von Politik verstehst. Dir muss doch klar sein, dass Sauljak, sobald er die Strafkolonie verlassen hat, keine hundert Meter weit kommen wird. Und wenn er auf diesen hundert Metern für immer verstummen sollte, dann wäre das noch das kleinere Übel, so niederträchtig das auch klingt. Die zweite Möglichkeit wäre mit sehr viel größeren Unannehmlichkeiten für uns verbunden.«

»Sie fürchten, dass man ihn entführen wird, um aus ihm herauszubekommen, was er weiß?«

»Davon muss ich ausgehen. Siehst du, Kindchen, General Minajew hat Informationen darüber, dass vor etwa drei, vier Monaten jemand großes Interesse an Sauljak zu bekunden begann. Er hat allen Grund anzunehmen, dass man bereits jetzt versucht, sich an Sauljak heranzupirschen, und zwar nicht nur von einer Seite, sondern von zwei oder sogar drei Seiten. Sauljak hat für Bulatnikow gearbeitet, und deshalb kann es durchaus sein, dass er weiß, wer den General beseitigt hat und warum, und außerdem kann er Informationen besitzen, die für den bevorstehenden Wahlkampf von großer Bedeutung sind. In so einer Situation ist jedes Mittel recht, das weißt du, jeder handelt nach eigenem Ermessen. Der eine wird von der Regierung die sofortige Ausbezahlung der säumigen Gehälter und Renten fordern, der andere wird behaupten, er kenne den einzig richtigen Weg zur Beendigung des Tschetschenienkrieges, der Dritte wird anfangen, schmutzige Wäsche zu waschen, um seinen Gegner und dessen Fraktion zu kompromittieren.«

»Alles schön und gut. Ich verstehe trotzdem nicht, wo das Problem liegt. Hat General Minajew etwa keine Möglichkeit, Sauljak unter Bewachung zu stellen? Warum ist die Sache plötzlich Ihr Problem geworden?«

»Weil Anton Andrejewitsch über keinen operativen Mitarbeiterstab verfügt und kein öffentliches Aufsehen erregen will. Weil er sich an seinen alten Freund Alexander Semjonowitsch Konowalow gewandt und General Konowalow das Problem nun auf meine Schultern abgewälzt hat. Und weil es keinen Sinn hätte, Sauljak unter Bewachung zu stellen. Man würde ihn einfach zusammen mit seinem Bewacher entführen und ermorden. Würde man fünf Männer zu seiner Bewachung einsetzen, würden vor den Toren der Strafkolonie mindestens zehn Banditen auftauchen, um Sauljak in Empfang zu nehmen. Wir müssten eine militärische Aktion starten und eine ganze Kompanie zu Sauljaks Schutz aufstellen. Und selbst das würde uns nichts nutzen. Sie würden ihn auch dann kriegen. Zwei Jahre lang hat er geschwiegen, zwei Jahre lang hat man nichts von ihm gehört, aber das bedeutet keineswegs, dass er nichts weiß. Und die, die jetzt so großes Interesse an ihm zeigen, wollen die Informationen, die er besitzt, aus ihm herauspressen, um sie in ihrem politischen Machtspiel zu benutzen.«

Nastja zuckte mit den Schultern.

»Na und? Sollen sie sie doch benutzen. Was gehen uns ihre Spielchen an? Wenn es ihnen Spaß macht.«

Knüppelchen schüttelte seinen großen kahlen Kopf.

»Du verstehst eben doch nichts. Ich habe einen Befehl von General Konowalow erhalten, und diesen Befehl muss ich ausführen. Er hat interne Informationen darüber, dass entweder eine Entführung oder ein Mord an einem Menschen geplant ist, und er will, dass ich dieses Verbrechen verhindere. Ob mir die Sache nun schmeckt oder nicht. Wir beide, ich als Oberst und du als Majorin der Miliz, sind unauffällige Beamte, die im Stillen arbeiten, während die beiden Generäle fast den Status eines Imperators haben. Mit Sicherheit gehören sie zu einer der politischen Gruppierungen und haben schon deshalb Interesse an Sauljak. Hoffentlich spielen sie wenigstens in einer Mannschaft und nicht in zwei verschiedenen, sonst bekommen wir auch mit den beiden noch Ärger. Meine Frage an dich ist: Hast du eine Idee, was man tun könnte, um Pawel Dmitrijewitsch Sauljak unversehrt aus Samara in die Hauptstadt unseres geliebten Vaterlandes zu bringen?«

»Ja, ich habe eine Idee«, sagte Nastja. »Ich weiß, was wir tun müssen. Nur über das Wie bin ich mir noch nicht im Klaren.«

* * *

Er war geduldig und verhielt sich still wie eine Schildkröte im Winterschlaf. Bis zu seiner Entlassung aus der Haft blieben noch sechs Tage, und er konnte sich nicht darüber klar werden, ob das gut oder schlecht war. Seit seinem ersten Tag im Straflager las er regelmäßig Zeitung und versuchte zu verstehen, ob die Gefahr vorüber war, doch bis jetzt war es ihm nicht gelungen. Mal schien ihm, dass ihm nichts Böses zustoßen würde, dass er das Lager ruhig verlassen konnte, dann wieder las er von innenpolitischen Vorgängen, die eher bedrohlich klangen, und er war froh, dass er sich in seinem Versteck befand. Er hatte sich niemals etwas zuschulden kommen lassen, keinen einzigen Verstoß gegen die Lagerordnung, er hatte das Arbeitssoll in der Nähwerkstatt immer übererfüllt, sodass er jederzeit einen Antrag auf bedingte Strafaussetzung oder vorzeitige Entlassung hätte stellen können. Es lagen keine Gründe für die Ablehnung des Antrags vor, das Gericht hätte ihm mit Sicherheit stattgegeben. Doch Pawel Sauljak hatte sich nie zu diesem Schritt entschließen können. Er hatte immer daran gezweifelt, ob er draußen, in der Freiheit, auch in Sicherheit sein würde. Was erwartete ihn nun in sechs Tagen? Sollte er vielleicht, solange es noch nicht zu spät war, irgendein Ding drehen, das ihm eine zusätzliche Haftfrist einbringen würde? Oder sollte er es doch riskieren, das Lager zu verlassen?

Sauljak hatte feste Prinzipien in Bezug auf seine Verhaltensweisen. Eine seiner persönlichen Regeln lautete, frühere Aktivitäten niemals zu wiederholen, wenn die Gefahr bestand, dass er sich dadurch verriet. Vor zwei Jahren hatte er mit voller Absicht eine kriminelle Handlung begangen und war dadurch genau an den Ort geraten, an dem er sich jetzt befand und in Sicherheit war. Wenn es wirklich Leute gab, die ihn beobachteten und auf seine Entlassung warteten, würde ihnen sofort klar werden, dass er Angst vor ihnen hatte, wenn er ein paar Tage vor seiner Entlassung dafür sorgen würde, dass er weiterhin im Lager bleiben konnte. Ein billiger, allgemein bekannter Trick. Bis jetzt konnte er so tun, als hätte er vor zwei Jahren tatsächlich einfach nur im Suff etwas angestellt, das konnte jedem mal passieren; er konnte so tun, als wäre ihm nie in den Sinn gekommen, dass jemand hinter ihm her sein, dass er für jemanden von Interesse sein könnte. Aber würde er ihnen zeigen, dass er Angst vor ihnen hatte, käme das einem Eingeständnis gleich: Ja, ich weiß eine Menge, ich weiß Dinge, die euch die Haare zu Berge stehen lassen würden vor Entsetzen. Und das wäre sein Ende. Sie würden ihn an jedem Ort aufspüren, in jedem noch so entfernten Lager, sie würden keine Mühe und keine Ausgaben scheuen, um ihn in ihre Gewalt zu bringen.

Pawel drehte sich auf seiner Pritsche um und spürte einen ziehenden Schmerz in der Seite. Seine Gallenblasenentzündung machte sich wieder einmal bemerkbar. Er richtete sich auf und stellte die Füße auf den Boden. In der Baracke war es totenstill, alle schienen zu schlafen, aber Sauljak wusste, dass in dieser trügerischen Stille alles Mögliche vor sich ging.

Er zog seine Stiefel an und ging durch den Gang zwischen den Pritschen in Richtung Tür. Er machte keinen Lärm, bemühte sich aber auch nicht, besonders leise zu sein. Sein Gang war geschmeidig, fast lautlos.

Pawel ging leise durch den Korridor zum Waschraum. Er knipste das Licht an, drehte den Wasserhahn auf und warf sich ein paar Hände von dem eisigen Wasser ins Gesicht. Dann hob er den Kopf und betrachtete sein Spiegelbild in dem trüben, rissigen Spiegel. Er hatte sich in den zwei Jahren im Lager fast nicht verändert. Er hatte nicht einmal abgenommen. Er war immer schon so dünn gewesen wie jetzt und hatte nicht noch dünner werden können. Ein Skelett, überzogen von glatter, geschmeidiger Haut. Stark eingefallene Wangen, eine hohe Stirn, kleine Augen, umrahmt von kurzen, farblosen Wimpern, dünne, kaum sichtbare Augenbrauen, eine schmale, lange Nase mit einem ausgeprägten Höcker. Auf dem Kopf nur noch drei Haare, und auch die waren schon fast grau. In diesem Jahr wurde er fünfundvierzig, aber das sah man ihm nicht an. Sein wahres Alter verriet nur der spärliche Rest des Haares auf seinem Kopf, das sich bereits im Alter von dreißig Jahren deutlich zu lichten begonnen hatte. Ansonsten hätte man ihn für einen jungen Mann halten können, schlank und hoch gewachsen, mit schmalen, eckigen Schultern, kräftigen Muskeln und den sehnigen Beinen eines Läufers.

Auf dem Korridor wurden Schritte laut, und den Waschraum betrat Kostez, der sich durch eifrige Überwachung der Lagerordnung seine vorzeitige Entlassung verdienen wollte.

»Was ist los? Bist du krank?«, fragte Kostez besorgt. »Soll ich vielleicht Rüssel Bescheid sagen, damit er einen Arzt holt?«

Rüssel nannten die Lagerinsassen den heute gerade Dienst habenden Aufseher. Außerhalb der festgelegten Zeiten war es verboten, die Baracke zu verlassen, aber selbst wenn das jemand versucht hätte, wäre er nicht weit gekommen. Jede einzelne Baracke war von einem Drahtzaun umgeben, und die Türen in diesen Zäunen waren abgeschlossen. Es wäre also nicht möglich gewesen, ohne die Hilfe eines Aufsehers einen Arzt zu rufen.

Pawel wandte sich nicht einmal um, er sah den hinter sich stehenden Kostez nur wortlos im Spiegel an. Der Spiegel war nicht nur trüb und rissig, sondern verzerrte auch die Optik, sodass der stämmige, gedrungene Kostez lang und schmal in ihm erschien. »Nicht nötig«, stieß Pawel schließlich zwischen den Zähnen hervor.

»Du solltest dich wieder hinlegen, Sauljak«, sagte Kostez zaghaft. »Der Aufseher macht gerade seinen Rundgang durch die Baracken.«

»Halt's Maul!«, erwiderte Pawel ruhig und beinah liebevoll.

Kostez machte sich davon. Pawel hörte in sich hinein, die Seite tat weh, aber der Schmerz war noch erträglich. Wäre er draußen gewesen, hätte er jetzt natürlich alles unternommen, was nötig war. Sonnenblumenöl mit Zitrone oder eine Flasche Mineralwasser mit Xylit, warm getrunken, und dann ins Bett, mit einer Wärmflasche unter der rechten Seite. Das war die beste Methode, um einer Kolik vorzubeugen.

Er kehrte zu seiner Pritsche zurück und legte sich wieder hin. Es blieben noch sechs Tage. Und was dann?

* * *

»Es bleiben ganze sechs Tage«, sagte der imposante Mann im grauen Anzug. In seiner Stimme hörte man den Klang von Metall. »Und was dann? Er weiß schließlich alles, und er kann jeden Moment zu reden anfangen.«

»Er ist keiner von den Geschwätzigen. Jedenfalls hat in den zwei Jahren, seit er im Straflager ist, niemand etwas von ihm erfahren. Er denkt nicht daran, sein Wissen auszuspielen. Warum befürchten Sie denn, dass er, sobald er draußen ist, zu reden anfängt?«

»Weil ich mir nur zu gut vorstellen kann, was die Freiheit ist und wie deutlich sie sich vom Gefängnis unterscheidet. Was hätte es ihm im Lager eingebracht, sein Wissen preiszugeben? Höchstens Ruhm. Das ausgeplauderte Geheimnis hat dort keinen Wert, denn vom Lager aus kannst du kaum jemanden erpressen. Telefonieren ist unmöglich, und die Post wird kontrolliert. Aber in der Freiheit kann er sein Wissen sehr teuer verkaufen. Ich hoffe, du verstehst, worauf ich hinauswill. Sauljak muss sterben, bevor er dazu kommt, auch nur ein Sterbenswörtchen von sich zu geben. Hast du mich verstanden? Er muss auf eine Weise sterben, die niemanden irgendwas Verdächtiges hinter seinem Tod vermuten lässt. Einfach eine nette kleine Schlägerei irgendwo auf freiem Feld oder auf einer Baustelle. Besoffene Obdachlose, nichts weiter. Ich weiß mit Sicherheit, dass man diesem Sauljak auflauert, dass man ihn jagen wird, um zu erfahren, welche Geheimnisse sich in seinem Kopf verbergen. Und Gott sei dir gnädig, wenn du Mist baust, wenn es hinterher zu einem Skandal kommt, weil es offensichtlich ist, dass er umgebracht wurde.«

»Ist gut, Grigorij Valentinowitsch. Ich habe alles verstanden.«

* * *

»Bis zum heutigen Tag haben sechsunddreißig Parteien dreißig Kandidaten aufgestellt, doch wer von ihnen sich um das Amt des Präsidenten bewerben wird, ist bis jetzt noch nicht bekannt«, teilte die zauberhafte schwarzhaarige Nachrichtensprecherin mit.

Auf dem Bildschirm erschienen die Fotos der führenden Politiker, von denen die Rede war. Wjatscheslaw Jegorowitsch Solomatin lächelte ungut, während er die ihm bekannten Gesichter betrachtete. Da haben wir sie alle, dachte er und warf einen Blick auf seine Faust, die sich unwillkürlich zusammengeballt hatte. Alle, bis auf den Letzten. Und alle sind sie Dreck, weil es unter ihnen keinen einzigen wirklich unabhängigen Menschen gibt. Hinter jedem von ihnen steht kriminelles Kapital, weil es nichtkriminelles, ehrlich verdientes Geld in unserem Land nicht mehr gibt. Das ist heute das Gesetz der Wirtschaft. Die Konzentration von ehrlichem Kapital in einer Hand – das ist Zukunftsmusik, das werden wir nicht mehr erleben.

Über diejenigen, die man jetzt auf dem Bildschirm zeigt, hätte

Wladimir Bulatnikow einiges erzählen können, dachte Solomatin, aber leider ist er nicht mehr da, leider haben sie ihn für immer mundtot gemacht, weil sie Angst vor ihm hatten. Aber das macht nichts, es gibt ja Pawel Sauljak, seinen einstigen Gehilfen. Der weiß freilich nicht ganz so viel, aber genug, um diesen halb garen Präsidentschaftskandidaten das Genick zu brechen. Es gibt nur einen einzigen Präsidenten, der für dieses Land richtig ist, das Volk hat ihn bereits einmal gewählt, und einen anderen braucht es nicht.

Wjatscheslaw Jegorowitsch zweifelte keinen Augenblick daran, dass es ihm gelingen würde, sich mit dem einstigen Gehilfen des verstorbenen Generals zu einigen. Jede Übereinkunft war letztlich nur eine Frage des Geldes und der Garantien. Und Solomatin verfügte über sehr viel Geld und über alle Garantien.

ZWEITES KAPITEL

Der dritte Februar war ein Samstag, um acht Uhr morgens war der Weg vom Bahnhof zur Strafkolonie völlig menschenleer. Es war schon hell, man konnte die Gegend gut erkennen, und Nastja dachte, dass der Samstag wahrscheinlich gar kein so schlechter Tag für Sauljaks Entlassung war. Wenn Knüppelchen Recht hatte und tatsächlich jemand vorhatte, den unseligen Geheimnisträger zu jagen, dann würde es an einem Samstagmorgen gar nicht so einfach sein, es so zu machen, dass es im Ort unbemerkt blieb.

Vor zwei Tagen, nachdem sie in Samara angekommen war, hatte sie bei der Lagerverwaltung anrufen und sind erkundigen wollen, um welche Uhrzeit Sauljak das Lager verlassen würde, aber dann hatte sie ein wenig nachgedacht und es sich anders überlegt. Laut General Minajew gab es Leute, die großes Interesse an Pawel Dmitrijewitsch zeigten und bereits aktiv geworden waren. Vermutlich hatten auch sie bereits Kontakt mit der Lagerverwaltung aufgenommen. Und wenn es so war, dann war es klüger, wenn Anastasija Kamenskaja, die Majorin der Miliz, sich im Hintergrund hielt. Schließlich konnte man nicht wissen, wer von den Lagermitarbeitern bestochen worden war. Und da die Dinge ja meistens nach dem Prinzip des größtmöglichen Pechs funktionierten, hätte sie wahrscheinlich genau diese Person an den Apparat bekommen.

Gegen halb neun hatte sie das Gebäude der Lagerverwaltung erreicht und ließ sich auf einer Bank nieder. Das Tor, durch das Sauljak kommen musste, war nur fünf Meter von ihr entfernt. Nastja stellte ihre große, aber nicht schwere Tasche neben sich ab, schob die Hände in die Jackentaschen und bereitete sich auf eine lange Wartezeit vor. Sie hatte bereits in der S-Bahn kalte Füße bekommen, und während sie jetzt auf der Bank saß, versuchte sie, ihre Zehen in den Stiefeln zu bewegen, damit die Durchblutung angeregt und ihr dadurch wenigstens etwas wärmer würde.

Um Viertel nach neun näherte sich ein grauer Wolga der Kolonie. Der Fahrer bremste direkt vor dem Lagertor, aber dann, ganz offensichtlich einer Anweisung seines Fahrgastes gehorchend, der Nastja mit einem Blick gestreift und unwillkürlich die Stirn gerunzelt hatte, entfernte er sich wieder, etwa fünfzig Meter in die Richtung, in die Sauljak an diesem Tag seinen Weg in die Freiheit antreten musste.

Die Ersten sind eingetroffen, dachte Nastja mit Genugtuung. Ob sie auch einfach nur möglichst frühzeitig gekommen sind, genau wie ich, oder hat man ihnen mitgeteilt, um welche Uhrzeit Sauljak das Lager verlassen wird? Wenn sie die Uhrzeit kennen, dann haben sie ihre Leute in der Kolonie. Gut zu wissen.

Sie erhob sich ohne Eile von der Bank, ging ein paar Schritte und stellte sich direkt vor das Tor. Sie musste auf jeden Fall die Erste sein, die mit Sauljak zusammentraf. Und vor allem musste sie im Blickfeld derer sein, die sich ebenfalls für Pawel Dmitrijewitsch interessierten.

Um neun Uhr fünfundzwanzig näherte sich dem Lagergelände ein junger Mann in einer dicken wattierten Jacke und einer großen Mütze aus Wolfspelz auf dem Kopf. Er blieb in einer Entfernung von etwa zweihundert Metern von dem grauen Wolga stehen, schaute sich gründlich um und verschwand dann wieder. Nastja bemerkte, dass die zwei Männer im Wagen ein paar Worte miteinander wechselten, worauf das Auto sich erneut in Bewegung setzte und zu manövrieren begann, so, als suchte der Fahrer nach der günstigsten Position auf dem Gelände. Unklar war nur, wofür diese Position am günstigsten sein sollte.

Der wird ganz schön belagert, dachte Nastja. Die Jungs sind auf Draht, das muss man ihnen lassen. Und sie war allein. Sie hatte keine Waffe bei sich und nicht einmal ihren Dienstausweis. Los, komm schon, Sauljak, flehte sie innerlich, komm endlich raus, ich kann hier nicht länger stehen, sonst verwandle ich mich in einen Eiszapfen.

Zehn nach zehn vernahm Nastja ein metallisches Rasseln hinter dem Tor und begriff, dass jemand die einzelnen Etappen der Freilassung durchlief. Ein Schloss nach dem anderen wurde geöffnet. Schließlich schob sich der eiserne Riegel des Tores zur Seite, und es erschien Pawel Dmitrijewitsch Sauljak höchstpersönlich. Während der letzten sechs Tage hatte Nastja so oft sein Foto betrachtet, dass sie ihn sofort erkannte. Die hohe, kahle Stirn, die kleinen Augen, über denen keine Brauen zu sehen waren, die stark eingefallenen Wangen, die schmalen Lippen, die lange, höckerige Nase. Beim Anblick dieses Gesichts wurde Nastja aus irgendeinem Grund plötzlich bange.

»Ich muss mit Ihnen sprechen«, sagte sie schnell und hakte sich bei Sauljak ein. »Der graue Wolga dort ist gekommen, um Ihre Seele zu holen, aber ich werde versuchen, das zu verhindern, obwohl ich nicht sicher bin, ob es mir gelingen wird. Kommen Sie, wir setzen uns auf die Bank.«

Sauljak folgte ihr wortlos. Nastja holte eine Thermoskanne mit heißem Kaffee und zwei Plastikbecher aus ihrer Tasche.

»Möchten Sie auch?«

Sauljak schüttelte den Kopf.

»Wie Sie wollen. Ich brauche jetzt einen heißen Kaffee, weil ich fast erfroren bin, während ich auf Sie gewartet habe. Die Sache ist die, Pawel Dmitrijewitsch, man ist hinter Ihnen her. Ich weiß nicht, wer diese Leute sind und was sie von Ihnen wollen, aber meine Aufgabe besteht darin, Sie lebendig und unversehrt nach Moskau zu bringen. Man hat mich dafür engagiert und bezahlt. Ich weiß nicht, was für ein Vogel Sie sind und wer so scharf auf Sie ist, aber ich muss meinen Auftrag erfüllen. Ist Ihnen bis hierher alles klar?«

Sauljak nickte.

»Sagen Sie, Pawel Dmitrijewitsch, können Sie auch sprechen?«

»Ich höre Ihnen zu. Fahren Sie fort«, entgegnete Sauljak endlich.

»Gut, ich fahre fort. Vorab möchte ich etwas mit Ihnen klären. Ich bitte Sie um keinen persönlichen Gefallen, alles, was ich tue, geschieht in Ihrem eigenen Interesse. Aber beantworten Sie mir zuerst eine Frage: Sind Sie daran interessiert, lebendig nach Moskau zu kommen, oder haben Sie andere Pläne?«

»Ich hätte nichts dagegen«, sagte Sauljak.

»Dann möchte ich Sie bitten, mir zu vertrauen und das zu tun, was ich Ihnen sage. Ich habe eine Idee, wie ich Sie so problemlos wie möglich an Ort und Stelle bringen kann, aber über Einzelheiten möchte ich jetzt noch nicht sprechen. Ich möchte, dass wir uns einigen. Allein kommen Sie sowieso nicht bis nach Moskau, aber mit meiner Hilfe haben Sie eine gewisse Chance. Darum werden Sie mir keine Steine in den Weg legen und sich so verhalten, dass ich diese Chance maximal nutzen kann. Abgemacht?«

»Ich bin mir nicht sicher, aber wir können es als vorläufiges Axiom betrachten.«

»Gut«, sagte Nastja leichthin. »Zumindest sind wir uns vorläufig einig, und danach werden wir weitersehen. Und schließlich das Dritte: Wir sollten uns endlich bekannt machen wie zwei ganz normale Menschen. Ich heiße Anastasija, Sie können mich einfach Nastja nennen. Und im Interesse unserer gemeinsamen Sache sollten wir uns duzen. Ich strecke Ihnen jetzt nicht die Hand entgegen, weil uns der Mann in dem Wolga sehr genau beobachtet, und er soll nicht wissen, dass wir uns eben erst kennen gelernt und eine Abmachung getroffen haben.«

»Sie können mich Pawel nennen. Geben Sie mir bitte einen Kaffee.«

»Ich habe Sie doch gebeten, mich zu duzen«, sagte Nastja vorwurfsvoll und reichte ihm den Becher mit der dunklen, dampfenden Flüssigkeit.

»Das kommt mit der Zeit. Ich muss mich erst daran gewöhnen. O Gott, wie kann man dieses ekelhafte Zeug nur trinken!«

Er nahm widerwillig ein paar Schlucke aus dem Becher und verzog sein Gesicht.

»Das ist sehr guter Kaffee«, bemerkte Nastja, »seltsam, dass er Ihnen nicht schmeckt.«

»Ich mag keinen Kaffee und trinke nie welchen.«

»Aber Sie haben mich doch selbst darum gebeten ...«

»Nur wegen der Männer in dem Wolga. Falls sie wirklich meinetwegen hier sind.«

»Ich denke schon. Aber das werden wir ganz leicht herausfinden. Wir gehen jetzt zur S-Bahn und fahren in die Stadt. Bis morgen halten wir uns im Hotel auf, und morgen früh fliegen wir nach Jekaterinburg.«

»Nach Jekaterinburg? Wozu? Sie wollten mich doch nach Moskau bringen. Oder etwa nicht?«

»Doch, genau das. Deshalb fliegen wir morgen nach Jekaterinburg. Können Sie den Mann in dem Wolga gut sehen?«

»Ja, durchaus.«

»Den Fahrer auch?«

»Ja, den auch.«

»Würden Sie die beiden später wieder erkennen?«

»Ganz sicher.«

»Dann machen wir uns jetzt auf den Weg. Und ich bitte Sie noch einmal darum, mich zu duzen.«

»Das kann ich Ihnen nicht versprechen. Ich sehe dazu keine Notwendigkeit.«

»Ist gut«, stimmte Nastja zu. »Lassen wir alles, wie es ist. Vielleicht ist es sogar besser so.«

Sie verstaute die Thermoskanne wieder in ihrer Tasche, warf den langen Riemen über die Schulter und erhob sich.

* * *

In der S-Bahn suchte Sauljak sich einen Platz in einer Ecke des Abteils, lehnte sich auf der Bank zurück und schloss die Augen.

»Schlafen Sie?«, fragte Nastja vorsichtig.

»Nein«, antwortete Pawel, ohne die Augen zu öffnen.

»Möchten Sie mich nichts fragen?«

»Nein.«

»Darf ich Ihnen ein paar Fragen stellen?«

»Nein.«

Dann geh zum Teufel, dachte Nastja. Es hat dich nicht im Geringsten erstaunt, dass ich dich angesprochen habe. Du hast sofort verstanden, worum es geht. Also ist alles wahr. Du weißt tatsächlich viel, und du hast Grund, um dein Leben zu fürchten. Ich bin gespannt, wie lange es mir gelingen wird, dich und deine Verfolger an der Nase herumzuführen.

Sie öffnete ihre Tasche, holte wieder die Thermoskanne heraus und trank genussvoll noch einen Becher Kaffee. Sie hätte jetzt gern eine Zigarette geraucht, aber es wäre zu gefährlich gewesen, auf die Plattform hinauszugehen und Pawel allein zu lassen. Sie begnügte sich damit, eine Zigarette und ihr Feuerzeug zwischen den Fingern zu drehen, und dabei überlegte sie, wie sie am besten vorgehen sollte. Es sah so aus, als stellte niemand von den Fahrgästen im Abteil eine Gefahr dar, aber Nastja kannte die Strecke nicht und hatte keine Ahnung, wann die nächste Haltestelle kommen würde. Es konnte wer weiß wer zusteigen, ganz abgesehen davon, dass Sauljak sich davonmachen konnte, wenn sie ihn allein ließ.

»Gehen wir«, hörte sie Sauljak plötzlich sagen.

Er saß nach wie vor mit geschlossenen Augen da, die Arme über der Brust verschränkt, ein Bein über das andere geschlagen.

»Wohin?«

»Auf die Plattform. Sie möchten doch rauchen und wissen nicht, was Sie mit mir machen sollen.«

»Danke«, sagte Nastja, bemüht, ihre Verblüffung zu verbergen.

Er erhob sich und ging voraus zur Schiebetür. Auf der kalten Plattform lehnte er sich gegen die Wand, steckte die Hände in die Taschen und schloss erneut die Augen. Nastja hatte den Eindruck, dass er im Stehen schlief.

»Sie rauchen nicht?«, fragte sie, während sie den Rauch ihrer Zigarette tief und genussvoll inhalierte.

»Nein.«

»Haben Sie nie geraucht?«

»Nein.«

»Sagen Sie mal, Pawel, interessiert es Sie wirklich nicht, wie ausgerechnet ich Sie bis nach Moskau bringen will?«

»Nein.«

»Aber Sie haben mir versprochen, dass Sie auf mich hören werden. Bleibt es wenigstens dabei?«

»Ja, wenigstens dabei bleibt es.«

Während der restlichen Fahrt bis zur Innenstadt schwiegen sie. Sauljak saß wieder mit geschlossenen Augen da, Nastja sah aus dem Fenster und dachte nach. Die Männer in dem grauen Wolga hatten sie gesehen, das war gut, denn nun konnten sie davon ausgehen, dass auch sie sie gesehen und sich ihre Autonummer gemerkt hatte. Was immer sie mit Pawel vorhatten, sie war jetzt eine gefährliche Zeugin geworden, und natürlich musste diese Zeugin beseitigt werden. Aber bevor sie das tun konnten, mussten sie herausfinden, wer sie war. Sie konnten es nicht riskieren, jemanden zu ermorden, den sie nicht kannten. Es konnte schließlich jemand sein, dessen Ermordung die Miliz des ganzen Landes auf die Beine bringen würde. Genau darauf setzte Nastja Kamenskaja ihre ganze Hoffnung, genau darauf basierte ihr ganzer Plan. Sauljak war in Sicherheit, solange diejenigen, die ihn jagten, nicht wussten, wer die Frau an seiner Seite war und was überhaupt vor sich ging.

Den Weg von der S-Bahn-Station bis zum Hotel gingen sie zu Fuß, obwohl Nastja vor Kälte schlotterte.

»Ich hoffe, Sie haben nicht vergessen, dass ich keinen Pass besitze«, sagte Sauljak endlich, als es bis zum Hotel nur noch ein paar Schritte waren.

»Nein, das habe ich nicht vergessen.«

Sie betraten die gemütliche, mit Kübelpflanzen geschmückte Hotelhalle und gingen hinauf in den zweiten Stock. Die Etagenfrau hob den Kopf, und als sie Nastja erblickte, lächelte sie liebenswürdig.

»Das hat aber lange gedauert. Aber jetzt sind Sie ja da.« Sie öffnete die Tischschublade und holte den Zimmerschlüssel hervor. »Wahrscheinlich sind Sie völlig durchgefroren.«

»Ja, das bin ich«, gestand Nastja.

»Ich stelle den Samowar an. Bis Sie im Zimmer sind und abgelegt haben, wird das Wasser schon kochen.«

Nastja dankte der Etagenfrau und ging durch den Flur voraus zu ihrem Zimmer.

Sie wohnte in einem komfortablen Zweizimmerappartement

mit Kühlschrank und Fernseher. In dem größeren Zimmer, das anspruchsvoll »Salon« hieß, stand eine Polstergruppe, bestehend aus einem Sofa und zwei tiefen Sesseln. Das kleinere Zimmer war das Schlafzimmer. Hier standen lediglich zwei Betten und zwei Nachttische, der Einbauschrank war an der Innenseite der Tür mit einem großen Spiegel versehen.

»Was möchten Sie zuerst? Baden oder essen?«, fragte sie Sauljak, während sie ihre Jacke ablegte und die Stiefel auszog.

»Baden. Aber ich habe keine Kleider zum Wechseln.«

»Kein Problem.«

Sie ging zum Telefon und rief die Etagenfrau an. Gleich darauf erschien diese mit dem heißen Samowar im Zimmer.

»Hier, das Wasser hat gerade gekocht«, erklärte sie. »Trinken Sie etwas Heißes, damit Ihnen warm wird.«

»Jelisaweta Maximowna, Pawel braucht etwas zum Anziehen. Lässt sich das bewerkstelligen?«

»Natürlich«, sagte die Etagenfrau mit einem Nicken. »Machen Sie mir eine Liste, nebenan ist ein Geschäft, in dem es alles gibt.«

Nastja öffnete ihren Notizblock, stellte rasch eine Liste der nötigsten Sachen zusammen und reichte das Blatt zusammen mit einigen Geldscheinen der Etagenfrau. Diese warf einen neugierigen Blick auf Pawel, aber der stand nur abseits und schwieg, so als ginge ihn das alles gar nichts an, als wäre es gar nicht er, der die Kleider brauchte.

Als die Etagenfrau das Zimmer verlassen hatte, ging er wortlos ins Badezimmer. Nastja hörte, wie das Wasser zu rauschen begann, und wartete auf das Geräusch des Riegels an der Innenseite der Tür. Aber nichts geschah. Nach einiger Zeit wurde das Wasser wieder abgestellt, und Nastja begriff, dass Sauljak sich in die Badewanne gelegt hatte. Sie näherte sich der Tür und klopfte vorsichtig.

»Ist bei Ihnen alles in Ordnung, Pawel?«

»Ja«, hörte sie ihn hinter der Tür antworten.

»Haben Sie die Tür abgeschlossen?«

»Nein.«

»Warum nicht?«

»Wozu? Wollen Sie etwa hereinkommen?«
»Nein, natürlich nicht«, erwiderte Nastja.»Obwohl ... ich weiß
nicht. Womöglich komme ich doch herein. Würde Ihnen das
nichts ausmachen?«
»Nein. Sie würden hier nichts Neues oder Überraschendes se-
hen.«
»Das ist wahr«, schmunzelte Nastja.»Alle Männer haben die-
selbe Anatomie. Und alle Frauen ebenfalls. Auf der Ablage stehen
übrigens zwei Fläschchen, die völlig gleich aussehen, aber in dem
einen ist Shampoo und in dem anderen Haarbalsam. Verwech-
seln Sie es nicht.«
»Ich kann lesen.«
»Es ist keine russische Aufschrift.«
»Das macht nichts. Ich kann es trotzdem lesen.«
»Sie Glücklicher. Und ich beherrsche keine einzige Fremdsprache. Möchten Sie vielleicht etwas trinken?«
»Nein.«
»Wie Sie wollen.«
Nastja ging zurück ins Zimmer, brühte sich mit dem Wasser aus
dem Samowar eine Tasse Instantkaffee auf und machte es sich
mit angezogenen Beinen auf dem Sofa bequem. Mit diesem Sauljak war es nicht einfach. Er war verschlossen, wortkarg und
überhaupt nicht wissbegierig. Dabei war ihr ganzer Plan darauf
aufgebaut, dass sowohl Sauljak als auch seine Verfolger ein nor-
males menschliches Interesse an allem Unverständlichen und Unbekannten hatten. Aber Sauljak schien ganz anders zu sein.

Für den Moment konnte sie sich jedoch etwas entspannen. Solange die Kleider noch nicht da waren, würde Sauljak sicher nicht
aus der Wanne steigen. Nastja streckte sich auf dem Sofa aus,
stellte sich den Aschenbecher auf die Brust und steckte eine Zigarette an. Welche Macht das Geld doch besaß! Sie hatte dem
Empfangschef hundert Dollar zugesteckt und sofort ein Zweizimmerappartement bekommen. Ein weiterer Schein für die
Etagenfrau, und diese verzichtete gern auf alle Formalitäten und
erlaubte Nastja, ihr Appartement mit einem namenlosen Bekannten zu teilen. Dieser Sauljak würde General Minajew noch

einiges kosten. Das war erst der Anfang, es standen noch große Ausgaben bevor.

Sie warf einen Blick auf ihre Armbanduhr. Es war halb eins. Höchste Zeit, Jura Korotkow anzurufen. Er saß, ohne sich von der Stelle zu rühren, in seinem Hotelzimmer und wartete auf ihren Anruf.

»Na, wie sieht es aus?«, fragte er besorgt.

»Bis jetzt nicht schlecht. Ich habe ihn abgeholt, und jetzt ist er hier.«

»Hat jemand Interesse an ihm gezeigt?«

»Und ob. Zwei Männer in einem Auto und noch einer, der zu Fuß gekommen ist. Sie sind uns bis zum Hotel gefolgt.«

»Wo ist er jetzt?«

»In der Badewanne.«

»Wie ist er denn?«

»Ein ziemlich schwieriger Typ. Ich fürchte, ich werde nicht fertig mit ihm.«

»Hat er verstanden, wer du bist?«

»Ich hoffe nicht. Seltsamerweise scheint ihn das überhaupt nicht zu interessieren. Offenbar ist es ihm egal.«

»So etwas gibt es nicht.«

»Das ist mir klar. Ich schlage vor, dass wir uns um zwei Uhr im Restaurant treffen. Dann kannst du ihn dir anschauen.«

Jelisaweta Maximowna erschien mit einer großen Tragetasche im Zimmer.

»Hier ist alles, was Sie haben wollten«, sagte sie. »Und das Wechselgeld.«

»Behalten Sie es«, lächelte Nastja.

»Danke.« Die Etagenfrau ließ ihre goldenen Vorderzähne aufblitzen und steckte das Geld eilig ein. »Brauchen Sie vielleicht noch etwas?«

»Vorläufig nicht.«

Jelisaweta Maximowna entfernte sich wieder, Nastja ging zum Badezimmer und klopfte an die Tür.

»Ihre Kleider sind da, Pawel. Ich stelle die Tüte vor die Tür.«

»Ist gut.«

Sie stellte die Tüte auf den Boden und ging ins Schlafzimmer. Sie musste sich ebenfalls umziehen. Nastja öffnete ihre Reisetasche, holte ihre Schminke heraus, leichte Schuhe und einen hübschen flauschigen Pullover. Sie nahm eine elegante schwarze Hose vom Bügel im Schrank und verzog unwillig ihr Gesicht. Am wohlsten fühlte sie sich in Jeans und Turnschuhen, aber Dienst war Dienst, da war nichts zu machen. Sie schlüpfte in die Hose und in den Pullover, zwängte ihre Füße in die engen modischen Schuhe und begann sich zu schminken. Die Geräusche, die aus dem Salon zu ihr drangen, sagten ihr, dass Pawel inzwischen das Badezimmer verlassen hatte. Ob seine Verfolger bereits die Spur zu Jelisaweta Maximowna aufgenommen hatten? Es war anzunehmen. Und jetzt mussten sie die Information verdauen, die sie Jelisaweta entlockt hatten: die Frau, die Pawel am Lagertor abgeholt hatte, war irgendeine verrückte Millionärin. Sollten sie ruhig ein bisschen an diesem Knochen herumkauen, das stärkte die Kiefer.

Nastja betrachtete sich mit Genugtuung im Spiegel. Jetzt hatte sie nur noch entfernte Ähnlichkeit mit der halb erfrorenen, rotnasigen Frau, die Pawel am Lagertor erwartet hatte. Die Wärme und das gekonnt aufgelegte Make-up hatten ihrem Gesicht einen zarten, rosigen Schimmer verliehen, die geschminkten Augen wirkten groß und ausdrucksvoll. Sie richtete mit ein paar Handbewegungen ihr Haar und verließ entschiedenen Schrittes das Schlafzimmer.

»Wie sind die Kleider?«, fragte sie. »Passen sie?«

Sauljak sah jetzt auch besser aus. Nach dem Bad wirkte er frischer, die neue Hose saß ausgezeichnet auf seinen schmalen Hüften. Er stand am Fenster und wandte sich nicht einmal um.

»Ja, danke.«

»In einer halben Stunde gehen wir essen. Haben Sie keinen Hunger?«

»Nein.«

»Ich dagegen umso mehr. Haben Sie nach wie vor keine Fragen an mich?«

»Nein.«

»Aber ich habe einige Fragen an Sie. Und ich werde sie Ihnen stellen müssen, ob Ihnen das nun gefällt oder nicht.«

»Versuchen Sie es.«

Er stand nach wie vor mit dem Rücken zu ihr, aber Nastja glaubte, leichten Spott in seiner Stimme vernommen zu haben.

»Pawel, ich möchte, dass Sie mich richtig verstehen. Meine Fragen an Sie haben nichts mit müßiger Neugier zu tun. Ich habe einen bestimmten Auftrag bekommen, und die Hintergründe dieser ganzen Angelegenheit interessieren mich wenig. Ich werde nur dafür bezahlt, dass ich meinen Auftrag erfülle. Aber um ihn erfüllen zu können, brauche ich einige Informationen. Hatten Sie Feinde im Lager?«

»Das tut nichts zur Sache«, entgegnete er ungerührt.

»Doch, das tut sehr wohl etwas zur Sache. Ich bitte Sie, mir zu antworten.«

»Gut. Ich hatte keine Feinde.«

»So etwas gibt es nicht. Sie sagen mir die Unwahrheit, und ich wüsste gern, warum Sie das tun.«

Er wandte sich um, aber er sah sie nicht an, sein Blick war irgendwo über ihrem Kopf.

»Was möchten Sie denn nun wissen? Ob ich im Lager Feinde hatte oder warum ich die Unwahrheit sage?«

»Beides. Ich kenne das Lager und weiß, dass jeder Häftling dort Feinde hat.«

»Woher wollen Sie das denn wissen? Hatten Sie etwa auch schon das Vergnügen?«

»Ja, hatte ich. Verstehen Sie doch, Pawel, Ihre Lüge behindert mich in meiner Arbeit.«

»Und weswegen haben Sie gesessen, wenn man fragen darf?«

»Man darf. Wegen Betrug. Sinke ich dadurch in Ihrem Ansehen? Sind Sie der Meinung, dass eine Betrügerin heutzutage nicht mehr in die Falle gehen darf, weil sie sonst eine schlechte Betrügerin ist?«

»Sie legen mir Dinge in den Mund, die ich nicht gesagt habe.«

»Gut«, seufzte Nastja. »Einigen wir uns darauf, dass ich damals einen Fehler gemacht habe. Aber das ist lange her. Können Sie sich wenigstens in etwa vorstellen, wer hinter Ihnen her ist?«

»Nein.«

»Sie lügen schon wieder, Pawel.«

»Natürlich. Hören Sie, Ihre Aufgabe ist es, mich nach Moskau zu bringen. Machen Sie Ihre Arbeit, und lassen Sie mich in Ruhe.« Er drehte sich wieder um und sah aus dem Fenster. Nastja fühlte Wut in sich aufsteigen, aber sie beherrschte sich. Sie setzte sich in den Sessel und steckte sich eine Zigarette an. Sie hätte sehr gern noch eine Tasse Kaffee getrunken, aber zu ihrem Bedauern stellte sie fest, dass das Wasser im Samowar bereits kalt geworden war.

* * *

Nastja erinnerte sich noch gut an dieses Hotel. Sie war Mitte der achtziger Jahre einige Male hier gewesen, als Samara noch Kujbyschew hieß. Innerhalb der letzten zehn Jahre hatte sich hier alles verändert. Das Hotel hatte jetzt einen privaten Besitzer, die Zimmer waren sauberer und gemütlicher geworden, und das Restaurant, das früher einem Bahnhofsimbiss geglichen hatte, war jetzt wirklich ein Restaurant. Mit dem Personal hatte sie natürlich gleich nach ihrer Ankunft Bekanntschaft geschlossen, und während der letzten zwei Tage, in denen sie hier Frühstück, Mittag- und Abendessen eingenommen hatte, war es ihr bereits gelungen, sich einen entsprechenden Ruf zu verschaffen. Sie war die verrückte Millionärin.

Kaum hatten sie durch die Glastür den Raum betreten, in dem das Mittagessen serviert wurde, stürzte Hermann Valerjanowitsch, der Oberkellner, auf sie zu, ein kleiner, untersetzter Mann mit höchst würdevollem Benehmen.

»Guten Tag, guten Tag«, murmelte er, während er mit seinen kurzen Beinchen vor ihnen hertrippelte und ihnen den Weg zum besten Tisch im Restaurant wies. »Hier ist Ihr Tisch, bitte sehr, alles wie befohlen.«

Er rückte Nastja den Stuhl zurecht und wartete, bis beide Platz genommen hatten. Auf dem Tisch stand eine Vase mit einem riesigen Strauß rosafarbener Nelken. Auf keinem der anderen Tische befand sich ein solcher Strauß.

»Mögen Sie Nelken?«, fragte Nastja Pawel.

»Nein.«

»Ich auch nicht. Besonders rosafarbene Nelken kann ich nicht ausstehen.«

»Dann lassen Sie sie doch wegbringen.«

»Nein, auf keinen Fall. Ich habe gestern ausdrücklich darum gebeten, dass man mir rosafarbene Nelken auf den Tisch stellt.«

»Warum?«

Mit Genugtuung bemerkte Nastja, dass in seiner Stimme ein schlecht verhohlenes Erstaunen schwang. So unzugänglich bist du also gar nicht, Pawel Dmitrijewitsch, dachte sie. Du bist zwar anders als andere, aber auch dich kann man irritieren, auch du bist letztlich zu kriegen.

»Darum. Negative Reize tragen dazu bei, dass man in Form bleibt. Warum sitzen Sie denn tatenlos da? Nehmen Sie die Speisekarte und suchen Sie sich etwas aus.«

»Ich bin nicht hungrig.«

»Sie lügen schon wieder. Es kann überhaupt nicht sein, dass Sie nicht hungrig sind.«

»Ich habe Ihnen gesagt ...«

»Schon gut, schon gut«, unterbrach ihn Nastja. »Sie sind nicht hungrig, ich habe verstanden. Aber da wir uns darauf geeinigt haben, dass Sie machen werden, was ich sage, möchte ich Sie bitten, sich etwas zu essen zu bestellen.«

»Dann suchen Sie etwas für mich aus.«

»Was trinken Sie?«

»Nichts.«

»Gar nichts?«

»Nein, gar nichts.«

»Gut, dann also Campari.«

Sie hatte diesen Tisch vor zwei Tagen absichtlich ausgewählt. Von ihrem Platz aus konnte sie das ganze Restaurant überblicken, durch die beiden Glastüren hatte sie die Hotelhalle und die Diensträume im Auge. Um Punkt zwei Uhr erschien Jura Korotkow und setzte sich an den Tisch, an dem er bereits von Anfang an seinen Platz eingenommen hatte. Alles das gehörte zur Inszenierung.

Seine Augen wanderten aufmerksam durch den Raum und entdeckten Nastja. Er erhob sich von seinem Stuhl und machte eine kleine Verbeugung in ihre Richtung. Nastja murmelte etwas und zuckte demonstrativ mit den Schultern.

Die Kellnerin brachte die Vorspeise und eine Flasche Campari. »Essen Sie«, sagte Nastja. »Es wird nicht so schnell wieder etwas geben. Probieren Sie, es schmeckt gut.«

Sauljak schnitt träge ein Stück von der Rinderzunge ab und schob es sich in den Mund. Sein Gesichtsausdruck war völlig leidenschaftslos, es sah nicht so aus, als würde er gewaltsam seinen Appetit unterdrücken, weil er sich von einer fremden Frau nicht zum Essen einladen lassen wollte. Es schien, als hätte er wirklich keinen Hunger.

An ihrem Tisch erschien wieder der beflissene Hermann Valerjanowitsch, diesmal mit einer Flasche französischem Champagner in der Hand.

»Ihr Verehrer ist eingetroffen«, teilte er mit einem verschwörerischen Lächeln mit. »Er möchte Sie zu dieser Flasche Champagner einladen.«

»Gibt er es immer noch nicht auf?«, sagte Nastja unmutig und so laut, dass man es im ganzen Restaurant hören konnte.

Sauljak saß bewegungslos auf seinem Stuhl, er warf keinen einzigen Blick in die Richtung, in die Nastja jetzt sah. Sie erhob sich, nahm die Flasche in die Hand und ging langsamen Schrittes durch das ganze Restaurant, zu dem Tisch, an dem Korotkow saß. Sämtliche Augen der etwa dreißig Gäste folgten der großen, sehr schlanken Frau, die sich geschmeidig durch die Tischreihen bewegte.

Nachdem sie Korotkows Tisch erreicht hatte, stellte sie die Flasche so schwungvoll vor ihn hin, dass das Geschirr aufklirrte.

»Ich trinke keinen Champagner«, sagte sie laut. »Bitte bestellen Sie keinen mehr für mich. Haben Sie verstanden?«

»Was trinken Sie denn?«, fragte Korotkow ebenso laut und hörbar. »Womit könnte ich Ihnen wenigstens eine kleine Freude bereiten?«

»Wenn Sie wollen, dürfen Sie mich küssen, jetzt gleich und hier, aber nur ein einziges Mal. Unter der Bedingung, dass Sie mich danach für immer in Ruhe lassen.«

»Du Miststück«, zischte Korotkow leise, während er die Lippen zu einem Lächeln verzog.

Nastja begriff sofort, was er meinte. Er war nur wenig kleiner als sie, aber die hohen Schuhe, die sie trug, schufen einen deutlichen Größenunterschied zwischen ihnen. Sie grinste, bückte sich, wissend, dass das gesamte Restaurant sie beobachtete, zog ihre Schuhe aus und war sofort auf fast gleicher Höhe mit Korotkow, der Winterschuhe mit einer dicken Sohle trug. Er machte einen Schritt auf sie zu, legte einen Arm um sie, und sein Gesicht näherte sich langsam dem ihren. Seine Lippen waren hart und kühl und trotz der peinlichen Zweideutigkeit der Situation (oder ihrer zweideutigen Peinlichkeit?) konnte Nastja nicht leugnen, dass Jura gut küsste. Sie kannten sich seit Jahren, sie arbeiteten in einer Abteilung, Korotkow war oft zu Gast bei Nastja und Alexej und weinte sich bei ihr aus, wenn er Liebeskummer hatte. Und jetzt, weit entfernt von Moskau, im Restaurant eines Provinzhotels, küssten sie sich unter den Augen der verblüfften Hotelgäste, weil jemand hinter einem entlassenen Häftling her war. Unerforschlich waren die Wege des Polizistendaseins!

Korotkow löste sich von ihren Lippen, küsste ihr galant die Hand und setzte sich wieder auf seinen Platz. Nastja schlüpfte wieder in ihre Schuhe mit dem sieben Zentimeter hohen Absatz, lächelte berückend und kehrte an ihren Tisch zurück.

Sauljak saß nach wie vor bewegungslos da, spielte mit einer kleinen Dessertgabel und sah sie unverwandt an. Nastja warf einen Blick auf seinen Teller. Außer dem Stück Zunge hatte er offenbar nichts mehr gegessen.

»Hören Sie, Pawel, Sie haben sicher Gründe für Ihre Zurückhaltung, aber Sie müssen etwas essen. Das, was uns bevorsteht, wird alles andere als ein kleiner Spaziergang sein, es ist noch völlig unklar, wann und wo wir das nächste Mal zum Essen kommen werden. Es wäre wirklich höchst bedauerlich, wenn wir wegen Ihrer dummen Launen in Schwierigkeiten geraten würden.«

»Sind Sie sich sicher, dass wir wegen meiner und nicht wegen

Ihrer Launen in Schwierigkeiten geraten werden?«, fragte er, ohne den Blick von der blinkenden Dessertgabel in seiner Hand zu heben.

Sieh einer an! Er hatte es also doch bemerkt.

»Wegen meiner Launen komme höchstens ich selbst in Schwierigkeiten. Mit Ihnen hat das überhaupt nichts zu tun. Aber wenn Sie Probleme mit Ihrer Gesundheit bekommen, was machen wir dann? Im Übrigen ist auch dieser Mann an Ihnen interessiert, obwohl er nach allen Regeln der Kunst so tut, als würde er sich für mich interessieren. Und ich tue so, als würde ich ihm glauben.«

Sauljak hob seine Augen und sah sie an. Nastja fühlte, wie ihr heiß wurde. Ihr war, als könnte sie sich nicht mehr bewegen. Ihre Arme und Beine waren wie gelähmt, die Lider wurden bleischwer. In diesem Moment war es ihr völlig gleichgültig, ob es ihr gelingen würde, ihre Aufgabe zu erfüllen und ihn nach Moskau zu bringen, zu General Minajew. Sie wollte plötzlich nur noch schlafen ...

Sie nahm alle ihre Kräfte zusammen und löste sich aus der Erstarrung. Ihr war, als hätte sie für einen Moment geträumt. Sauljak saß ihr gegenüber, spielte mit der silbernen Gabel, und seine Augen waren erneut auf das blitzende Stückchen Metall geheftet.

»Genug, wir gehen jetzt«, sagte sie mit scharfer Stimme und erhob sich von ihrem Stuhl.

Sie nahm die rosa Nelken aus der Vase, trat zu Korotkow heran und schleuderte ihm die Blumen ins Gesicht. Während sie sich zur Tür bewegte, fühlte sie die Blicke der Restaurantgäste in ihrem Rücken. Die einen sahen ihr mit Spott hinterher, die andern mit Empörung, die dritten mit Entzücken. Aber sie wusste genau, dass wenigstens ein Augenpaar ihr mit Argwohn und Fassungslosigkeit folgte.

* * *

»Wer ist diese Frau? Wo kommt sie auf einmal her?«, rief Grigorij Valentinowitsch Tschinzow aus. Seine Stimme klang nervös und gereizt. »Hast du etwas über sie herausgefunden?«

»Sehr viel, Grigorij Valentinowitsch«, erklärte Tschinzows Mitarbeiter,»aber die Informationen sind so widersprüchlich, dass man nicht weiß, was man glauben soll und was nicht. Sie heißt Anastasija Pawlowna Sauljak. Wahrscheinlich ist sie seine Frau oder eine Verwandte. Die Personalien habe ich vom Empfangschef des Hotels in Samara bekommen, aber ich bin noch nicht dazu gekommen, sie zu überprüfen. Unsere Leute, die sie in Samara beobachten, behaupten, dass sie sehr reich ist und ständig mit Geld um sich wirft. Offenbar hat sie mit Sauljak irgendwelche Konflikte, denn sie sind einander nicht in die Arme gefallen, als sie sich vor dem Lagertor wieder sahen. Sie hat ganz offensichtlich versucht, sich vor ihm zu rechtfertigen, und er hörte ihr herablassend zu. Er schien darauf vorbereitet zu sein, dass sie ihn abholen würde. Eine sehr unausgeglichene und exaltierte Person, die zu exzentrischen Ausfällen neigt. Jedenfalls eine Frau mit sehr unüblichem Benehmen. Ich denke …«

»Nur zu, nur zu«, ermunterte Tschinzow seinen Famulus,»lass hören, was für Ideen du hast.«

»Ich denke, dass sie vielleicht eine von denen ist, die …«

»Tatsächlich?«

Tschinzow legte die Stirn in Falten und rieb nachdenklich seine Nasenwurzel mit dem Finger, dann goss er sich ein Glas Mineralwasser ein und nahm ein paar große Schlucke.

»Wie kommst du denn auf so einen Gedanken?«

»Sie benimmt sich sehr ungewöhnlich. Und wenn sie miteinander verwandt sind, dann liegt das erst recht nahe. Sie wissen doch, dass solche Dinge genetisch bedingt sind. Ich denke, Grigorij Valentinowitsch, wenn diese Frau nichts weiß, dann könnten wir sie für unsere Zwecke benutzen. Bulatnikow hat seinerzeit Pawel benutzt, und wir benutzen sie. Wir müssen nur herausfinden, ob sie nicht vielleicht doch etwas weiß. Dann wäre es gefährlich, sie am Leben zu lassen.«

»Du denkst falsch«, sagte Tschinzow ärgerlich.»In erster Linie müssen wir uns fragen, wie gefährlich es wäre, sie zu beseitigen. Du bist wie in Kind, das sich durch ein Bonbon verführen lässt und sofort seine Hausaufgaben vergisst. Unsere Aufgabe ist es, Pawel für immer zum Schweigen zu bringen. Und diese Frau steht uns im Weg. Wir müssen nur herausfinden, ob wir sie zusammen mit Pawel beseitigen oder warten müssen, bis sie sich getrennt haben. Stattdessen gibst du dich irgendwelchen Hirngespinsten darüber hin, wie wir sie benutzen könnten. Wir brauchen diese Frau nicht, hast du das verstanden mit deinem Spatzenhirn? Wir müssen Pawel zum Schweigen bringen. Das ist alles.«

»Ist gut, Grigorij Valentinowitsch.«

* * *

Die Zeit bis zum Abendessen verbrachten sie im Appartement, ohne ein einziges Wort miteinander zu wechseln. Nastja lag auf dem Sofa im Salon und starrte zur Decke, Pawel war im Schlafzimmer. Was er dort so lange machte, wusste Nastja nicht. Um sieben Uhr erhob sie sich und öffnete, ohne anzuklopfen, die Schlafzimmertür. Sauljak stand am Fenster und beobachtete aufmerksam die Straße, obwohl es bereits dunkel war. Was gab es dort unten zu sehen?

»Es wird Zeit, ins Restaurant zu gehen«, sagte Nastja kalt.

»Sie haben einen außergewöhnlich guten Appetit«, grinste Pawel.

»Und Sie wollen immer noch nichts essen?«

»Ich habe keinen Hunger.«

»Hören Sie auf, mich für dumm zu verkaufen«, sagte Nastja mit müder Stimme. »Wenn Sie den Helden spielen wollen, der wochenlang ohne Essen und Trinken auskommen kann – bitte sehr. Es darf nur unserer gemeinsamen Sache nicht schaden. Ich möchte Sie in Ruhe bis nach Moskau bringen. Dort können Sie dann meinetwegen hungern bis zum Jüngsten Tag.«

»Apropos gemeinsame Sache … Wie haben Sie sich eigentlich meinen Flug nach Jekaterinburg vorgestellt? Wie soll das gehen ohne Pass?«

»Kein Problem. Wir werden Ihre Entlassungsbescheinigung vorlegen.«

»Dann könnten Sie mir genauso gut ein Schild mit meinem Namen um den Hals hängen. Sie hatten vor, mich heil und lebendig nach Moskau zu bringen. Oder habe ich da etwas falsch verstanden?«

»Es geht Sie nichts an, was ich vorhabe«, erwiderte Nastja barsch. »Wir werden die Entlassungsbescheinigung vorlegen und basta. Ich habe Ihre Mätzchen satt. Ich werde schließlich für meine Arbeit bezahlt und nicht dafür, Ihre Launen zu ertragen. Im Übrigen habe ich, um Sie heil und lebendig nach Moskau zu bringen, eine Rolle abgelehnt, die ich schon sehr lange spielen wollte. Aber ich glaube, Sie sind so ein Opfer gar nicht wert.«

»Sie haben eine Rolle abgelehnt? Sind Sie Schauspielerin?«

»Ja, stellen Sie sich das vor. Nicht genug, dass ich eine Kriminelle bin, ich bin auch noch Schauspielerin.«

»Und ich dachte, Sie sind Privatdetektivin oder etwas in dieser Art.«

»Sieh einer an, Hunger scheint sich günstig auf die Gehirntätigkeit auszuwirken. Sie denken also. Ich denke auch, Pawel Sauljak, aber ich denke, zum Teufel, nur daran, wie ich Ihre Verfolger austricksen und verhindern kann, dass man Sie umbringt. Und es wäre nicht schlecht, wenn auch Sie daran denken würden, anstatt sich Gedanken über meine traurige Biographie zu machen. Nehmen Sie übrigens zur Kenntnis, dass ich in meinen Papieren Ihren Namen trage.«

»Warum? Wozu soll das gut sein?«

»Das können Sie selbst herausfinden. Würden Sie jetzt bitte aus dem Zimmer gehen, ich muss mich umziehen.«

Pawel ging hinaus. Nastja zog schnell Hose und Pullover aus, holte aus dem Schrank eine Strumpfhose, einen Minirock und ein Shirt mit einem tiefen Ausschnitt. In dieser Aufmachung sah sie aus wie eine billige Nutte, aber es nutzte nichts, damit musste sie sich abfinden. Sie stellte sich vor den Spiegel und fügte ihrem bisher dezenten Make-up einige grelle, aufdringliche Töne hinzu.

Hermann Valerjanowitsch war sofort zur Stelle, als sie die Schwelle des Restaurants überschritten. Abends waren hier andere Gäste anzutreffen als mittags. Neben den Hotelgästen, die einfach nur zum Abendessen heruntergekommen waren, trieb sich jetzt alles mögliche Volk hier herum. Geschäftemacher, Hochstapler, Prostituierte. Es war nur ein gedämpftes Stimmengewirr zu hören, aber um acht Uhr würde eine Band zu spielen beginnen, und dann würde man sich nicht mehr retten können vor Krach und Tumult.

Nastja nahm die Speisekarte von der Kellnerin entgegen und streckte sie Pawel hin.

»Suchen Sie etwas für uns beide aus, seien Sie so nett.«

»Aber ich weiß doch nicht, was Ihnen schmeckt«, widersprach er und versuchte, ihr die Speisekarte zurückzugeben.

»Und ich weiß nicht, was Ihnen schmeckt. Machen Sie bitte keine Umstände. Ich dachte, wir hätten uns geeinigt.«

Die Kellnerin stand abwartend neben ihnen, mit Notizblock und Bleistift in der Hand, und Nastja dachte mit Schadenfreude, dass Sauljak in der Falle saß. In Anwesenheit der Kellnerin konnte er sich seine üblichen Fisimatenten nicht erlauben. Was für einen schwierigen und starrsinnigen Charakter er auch haben mochte, als ehemaliger Informant eines KGB-Generals musste er wissen, wie weit er gehen konnte, wo die Grenze war. Und die Anwesenheit eines fremden Menschen war eine Grenze. Pawel gab, ohne nachzudenken, die Bestellung auf und gab der Kellnerin die Speisekarte zurück.

»Jetzt dürfen Sie sich nicht beschweren, wenn ich das Falsche bestellt habe«, sagte er, als die Kellnerin sich entfernt hatte. »Sie werden essen müssen, was man Ihnen bringt.«

»Na und?« Nastja zuckte mit den Schultern. »Im Gegensatz zu Ihnen bin ich bescheiden und esse alles. Es ist schon erstaunlich, dass Sie nach zwei Jahren Straflager nicht mehr Interesse am Essen zeigen. Sehen Sie sich doch mal um, wo mein Romeo ist. Ist er schon gekommen?«

»Nein«, entgegnete Sauljak prompt.

Jetzt hast du dich verraten, dachte Nastja. Du hättest dich wenigstens anstandshalber unter den Gästen umsehen müssen. Aber jetzt weiß ich, dass deine Augen Korotkow schon von dem Moment an gesucht haben, als wir das Restaurant betraten.

Diesmal aß Sauljak alles auf, was serviert wurde, aber er wirkte, als würde er dabei eine Fron ableisten. Entweder hatte er wirklich keinen Hunger, oder er tat nur so. Aber dann fragte sich, wozu er dieses Spiel spielte.

Pünktlich um acht Uhr begann die Band zu spielen. Die Sängerin, die ein sagenhaftes schwarzes Kleid mit Metallnieten trug, führte das Mikrophon an den Mund und begann, ein berühmtes französisches Chanson in russischer Sprache zu singen. Sie hatte eine schwache, nicht sehr professionelle Stimme, aber die populäre Melodie zeigte ihre Wirkung. Auf der kleinen Tanzfläche vor dem Podium begannen sich sofort einige Paare zu wiegen. Nastja zog nachdenklich an ihrer Zigarette, beobachtete die tanzenden Paare und sang das Chanson leise mit, allerdings in Originalsprache.

»Haben Sie nicht gesagt, dass Sie keine einzige Fremdsprache beherrschen?«, fragte Sauljak.

Jetzt hat er sich zum zweiten Mal verraten, dachte Nastja. Der Fortschritt ist unübersehbar.

»Ich habe die Unwahrheit gesagt«, erwiderte sie mit einem sorglosen Lächeln und sah Pawel dabei ins Gesicht. Sie wollte seinen Blick auffangen, aber seine Augen wichen ihr ständig aus.

»Und warum haben Sie die Unwahrheit gesagt? Was wollten Sie damit bezwecken?«

»Gar nichts. Es macht mir einfach Spaß. Haben Sie etwas dagegen?«

»Und alles andere war auch gelogen? Das Straflager, die Rolle, die Sie angeblich abgelehnt haben?«

»Das werde ich Ihnen nicht auf die Nase binden. Jedenfalls vorläufig nicht. Ganz offensichtlich haben Sie es noch nicht gelernt, Wahrheit von Lüge zu unterscheiden.«

»Und Sie? Haben Sie es gelernt?«

»Schon längst«, lachte Nastja. »Wenn Sie wissen möchten, wie man das macht, werde ich es Ihnen irgendwann einmal erklären. Aber jetzt bitte ich Sie darum, mich zum Tanzen aufzufordern.«

»Ich tanze nicht«, erwiderte Sauljak.

»Das interessiert mich nicht. Das können Sie einer Frau erzählen, mit der Sie nicht tanzen möchten, weil sie Ihnen nicht gefällt. Aber da ich Sie bitte, müssen Sie jetzt aufstehen und mit mir auf die Tanzfläche gehen. Mehr noch, ich bitte Sie, beim Tanzen so zärtlich zu mir zu sein, dass es allen Anwesenden auffällt. Haben Sie verstanden?«

»Das ist ausgeschlossen. Dieser Bitte kann ich nicht nachkommen.«

»Sie bringen etwas durcheinander, Pawel Dmitrijewitsch«, sagte sie mit eisiger Stimme. »Sie sind in Gefahr, nicht ich. Sie haben meinen Anweisungen zu folgen und nicht ich den Ihren. Wir werden jetzt tanzen, anschließend werden Sie mich umarmen und küssen, wofür ich Ihnen eine Ohrfeige geben werde. Danach werden wir an unseren Tisch zurückkehren, und Sie werden mich noch einmal küssen, und zwar so, dass es alle sehen. Und erst dann werden wir uns wieder setzen. Haben Sie sich das Szenario gemerkt?«

»Ich denke nicht daran«, sagte Sauljak mit dumpfer Stimme, lehnte sich zurück, verschränkte die Arme auf der Brust und schloss die Augen.

»Sie müssen. Es ist unumgänglich. Und wenn Sie nicht verstehen wollen, warum es unumgänglich ist, werde ich gezwungen sein, es Ihnen zu erklären. Obwohl es unnötig ist, einem Menschen mit Ihrer Biographie und Ihren Erfahrungen so primitive Dinge zu erklären.«

»Was wollen Sie damit sagen?«, fragte er, ohne die Augen zu öffnen. »Von welchen Erfahrungen sprechen Sie?«

»Von den Erfahrungen, die Sie gemacht haben, als Sie für Bulatnikow gearbeitet haben.«

»Ich habe nicht vor, mich über diese Erfahrungen zu unterhalten. Schon gar nicht mit Ihnen.«

»Wunderbar. Auch ich möchte diese Dinge nicht ansprechen, aber Sie zwingen mich. Wir werden also nach der Pause miteinander auf die Tanzfläche gehen und unser Stück spielen.«

»Ich werde Sie nicht küssen.«

Bestens, dachte Nastja. Zum Tanzen ist er also schon bereit. Wieder ein Schritt auf dem Weg zum Ziel.

»Sie werden müssen.«

»Nein.«

Nastja streckte die Hand aus und streichelte sanft seine Finger. Seine Lider zuckten, aber er ließ die Augen geschlossen.

»Pawel«, sagte sie mit leiser, samtweicher Stimme. »Bitte, mein Lieber, tu es. Tu es für mich. Ich bitte dich sehr darum.«

Seine Lider öffneten sich, zwischen den dünnen Wimpern blinkte das Weiße in seinen Augen auf, die Wangen schienen noch tiefer einzufallen, aber die Lippen verzogen sich zu einem kaum merklichen Lächeln.

»Gut. Gehen wir.«

Die Band hatte wieder zu spielen begonnen, und auf der Tanzfläche drängten sich die Paare. Nastja legte Pawel die Hände auf die Schultern, er umfasste mit den seinen ziemlich derb ihren Po, über den sich der enge, kurze Rock spannte.

»He, he, nicht ganz so heftig«, sagte sie leise. »Das geht ein bisschen zu weit.«

»Sie wollten es doch so. Ich folge nur Ihren Anweisungen.«

»So habe ich das nicht gemeint. Das wissen Sie genau.«

»Schau mich an«, verlangte er, und Nastja bemerkte mit einem unguten Gefühl, dass er endlich zum Du übergegangen war.

Sie hob den Kopf und begegnete seinem Blick.

»Genau so hast du es gemeint«, sagte er langsam und leise, während er immer fester zudrückte. »Du wolltest doch genau das, nicht wahr? Du wolltest es bereits in dem Moment, in dem du heute deinen Verehrer hier im Restaurant geküsst hast. Du hast dir gewünscht, ich wäre an seiner Stelle gewesen. Und das wünschst du dir immer noch. Gib es zu, komm, gib es zu, und dir wird sofort leichter werden. Sag mir, dass du mich willst.«

Ihr war, als fiele sie wieder in dieselbe Erstarrung wie schon beim Mittagessen in diesem Restaurant. Ihre Hände waren plötzlich heiß und irgendwie schwach geworden, ihr schien, sie hätte nicht einmal mehr die Kraft, einen Kugelschreiber festzuhalten. Die Worte lagen ihr bereits auf der Zunge und wollten aus ihr herausfallen, herausstürzen: Ja, ich will dich. Sie würde es jetzt sagen, und danach würde ihr sofort leichter werden, alles würde gut sein, ganz einfach wunderbar. Seine leise, monotone Stimme wirkte wie ein Zauber auf sie, riss sie in einen Strudel dunkler, schrecklicher Willenlosigkeit, seine kalten Finger waren bereits an ihren Oberschenkeln, unter dem Rock …

Sie nahm ihre ganzen Kräfte zusammen, riss sich aus seinen Armen und verabreichte ihm eine Ohrfeige. Niemand bemerkte es, die Musik dröhnte mit ohrenbetäubender Lautstärke, alle Paare waren mit sich selbst beschäftigt. Pawel griff nach ihrem Arm und drückte so fest zu, dass ihr die Tränen in die Augen schossen. Mit einer weiteren, kaum merklichen Bewegung fand er den Schmerzpunkt an ihrem Handgelenk und übte Druck darauf aus. Nastja konnte das Gleichgewicht nicht mehr halten und ging in die Knie. Jetzt hatten sie die Aufmerksamkeit auf sich gezogen. Die tanzenden Paare traten auseinander, in der Tür erschienen die Köpfe der Rausschmeißer, die nur auf ein Zeichen warteten, um sofort hereinzustürzen und Ordnung zu schaffen. Pawel reichte ihr die Hand und half ihr aufzustehen. Durch ein Spalier erstaunter Blicke gingen sie zu ihrem Tisch und setzten sich. Aus einem Augenwinkel erspähte Nastja Korotkow unter den Restaurantgästen. Sie hob die Hand und rief nach der Kellnerin.

»Ruf bitte Hermann«, sagte sie, ohne einen Blick auf das Mädchen zu werfen.

Sofort war der beflissene Oberkellner zur Stelle. Nastja öffnete ihre Handtasche und reichte ihm drei Fünfzigtausendrubelscheine.

»Schicken Sie jemanden los, der Blumen für mich besorgt. Rosa Nelken für mich und gelbe für den Tisch dort drüben, an dem mein Verehrer sitzt. Ein bisschen dalli bitte.«

Hermann nahm das Geld und stürzte davon.

»Ich verstehe Sie nicht«, sagte Sauljak.

Na endlich, dachte Nastja. Endlich sprichst du mich als Erster an, anstatt immer nur auf meine aufsässigen Fragen zu antworten. Endlich kommt Bewegung in die Sache, aber Gott allein weiß, was mich das gekostet hat ... Ganz abgesehen davon, dass ich jetzt mit einem blauen Fleck an der Hand herumlaufen werde.

»Was verstehen Sie denn nicht?«, fragte sie mit müder Stimme, während sie mechanisch die schmerzende Stelle an ihrem Handgelenk rieb.

»Warum kaufen Sie Blumen, die Ihnen nicht gefallen?«

»Ich kaufe nie Blumen, die mir gefallen. Blumen, die mir gefallen, bekomme ich von Menschen geschenkt, die mir eine Freude machen wollen.«

»Das ist keine Antwort.«

»Aber die einzige, die Sie bekommen.«

»Mag Ihr Romeo gelbe Nelken?«

»Woher soll ich wissen, was er mag.« Sie zuckte gleichgültig mit den Schultern.

»Warum haben Sie dann ...«

»Keine Ahnung«, unterbrach sie Pawel. »Einfach so. Ich frage Sie doch auch nicht, warum Sie das eben gemacht haben auf der Tanzfläche. Sie haben es gemacht, weil Sie es wollten oder für notwendig hielten, das ist die ganze Antwort. Ich maße mir nicht an, von Ihnen Rechenschaft über Ihre Handlungen zu verlangen. Sie wollten es so und haben es getan. Basta.«

»Sie sind eine ausgesprochen demokratische Person, das muss man Ihnen lassen.«

»Nein, Sie irren sich. Ich bin eine Anarchistin, ich bin für die absolute Freiheit. Vor allem für die Freiheit der individuellen Entscheidung. Deshalb belästige ich Sie nicht mit Fragen und denke nicht daran, mich wegen der Blumen zu rechtfertigen. Wenn Sie satt sind, können wir wieder aufs Zimmer hinaufgehen.«

»Und die Blumen?«

»Man wird sie mir aufs Zimmer bringen.«

Nastja bezahlte die Rechnung, und sie brachen auf. »Sie werden im Schlafzimmer schlafen«, sagte Nastja in einem Tonfall, der keinen Widerspruch duldete, als sie wieder im Appartement waren.

Sauljak sagte nichts und nickte nur stumm mit dem Kopf. Nastja holte rasch ihre Kleider aus dem Schlafzimmer und verschwand im Bad, um sich umzuziehen. Sie seifte wütend ihr Gesicht ein und entfernte die grelle Schminke, dann ging sie unter die Dusche. Anschließend zog sie wieder ihre geliebten Jeans an, ein T-Shirt und darüber einen Pullover. Sofort fühlte sie sich sehr viel besser.

Als sie den Salon betrat, sah sie einen großen Nelkenstrauß, der auf dem kleinen Tischchen lag. Pawel saß im Sessel, und Nastja erstaunte es nicht im Geringsten, dass er wieder die Augen geschlossen hatte, die Arme über der Brust verschränkt, die Beine übereinander geschlagen. Ganz offensichtlich war das seine Lieblingspose.

»Zeit, schlafen zu gehen«, sagte sie. »Sie sind sicher müde.«

»Nein.«

»Aber ich bin müde. Ich möchte mich hinlegen.«

Sauljak erhob sich und ging wortlos ins Schlafzimmer. Nastja folgte ihm, nahm das Bettzeug von einem der Betten und trug es in den Salon, wo sie sich ein Lager auf dem Sofa bereitete. Sie löschte das Licht, zog Schuhe und Pullover aus und kroch in Jeans und T-Shirt unter die Decke. Man konnte ja nie wissen. Womöglich würde sie mitten in der Nacht aufspringen und Hals über Kopf losstürzen müssen, wohin auch immer.

Sie wusste, dass es ihr kaum gelingen würde einzuschlafen, da sich direkt neben ihr, nur ein paar Meter weiter, ein Mann befand, von dem eine unbegreifliche, aber sehr deutlich spürbare Gefahr ausging. Aber wenigstens wollte sie liegen, einfach nur still daliegen und nachdenken. Sie musste den heutigen Tag in Gedanken noch einmal durchgehen, Schritt für Schritt, Wort für Wort, um sich wenigstens ein ganz vages Bild von Pawel Sauljak machen zu können.

Im Schlafzimmer war es still. Pawel schien im Bett zu liegen, ohne auch nur ein einziges Mal seine Lage zu verändern. Aber plötzlich vernahm sie ein Knarren und gleich darauf kaum hörbare Schritte. Die Tür öffnete sich.

»Was ist los?«, fragte Nastja mit gedämpfter Stimme.

»Ich würde Sie gern etwas fragen. Darf ich?«

»Sie dürfen.«

»Habe ich Sie vorhin im Restaurant sehr erschreckt?«

Du Schweinehund!, dachte Nastja. Du hast ein Experiment mit mir gemacht, und jetzt stirbst du vor Neugier, weil du nicht weißt, ob es dir gelungen ist. Die Neugier plagt dich derart, dass du sogar gegen deine heiligen Prinzipien verstößt und mir als Erster eine Frage stellst.

»Sie haben mich mehr verblüfft als erschreckt«, sagte sie in durchaus freundlichem Ton. »Plötzlich haben Sie mich geduzt, obwohl Sie das noch heute Morgen kategorisch abgelehnt haben.

Aber Sie haben schließlich zwei Jahre im Straflager verbracht, deshalb war ich darauf vorbereitet, dass Sie sich in irgendeinem Moment mir gegenüber nicht ganz korrekt verhalten würden.«

»Sie sind also überhaupt nicht erschrocken?«

»Nein, natürlich nicht. Warum hätte ich erschrecken sollen? Denken Sie etwa, ich hätte noch nie mit einem Mann geschlafen?«

»Entschuldigen Sie. Gute Nacht.«

Pawel ging zur Tür und verschwand wieder im Schlafzimmer.

Natürlich bin ich erschrocken, dachte Nastja, während sie sich unter der dünnen Decke zusammenrollte. Zum ersten Mal bin ich schon beim Mittagessen im Restaurant erschrocken. Du bist ein schrecklicher Mensch, Pawel Sauljak. Guter Gott, ich hoffe, ich kann dich nach Moskau bringen und danach nie wieder sehen!

DRITTES KAPITEL

Sie konnte tatsächlich die ganze Nacht nicht einschlafen. Nebenan war es vollkommen still, aus Pawels Zimmer drang kein einziger Laut zu Nastja, aber sie war sich sicher, dass er auch nicht schlief. Punkt sechs Uhr stand sie auf und klopfte an seine Tür.

»Pawel, Zeit aufzustehen.«

Er erschien fast augenblicklich auf der Schwelle, fast so, als hätte er nicht nur nicht geschlafen, sondern sich nicht einmal ausgezogen für die Nacht.

»Wir werden auf dem Flughafen frühstücken, das Restaurant ist um diese Zeit noch geschlossen«, sagte sie, während sie ihre Sachen schnell in ihrer Reisetasche verstaute.

Pawel sagte nichts und ging ins Badezimmer.

Sie fuhren mit dem Bus zum Flughafen. Nastja hatte der Versuchung widerstanden, ein Taxi zu nehmen. Der Bus war ihr sicherer erschienen. Es war kein Kunststück, auf einer leeren Straße ein Auto anzuhalten und zwei Leuten das Fell zu durchlöchern. Ein Bus bot dafür viel weniger Chancen. Unterwegs sah sie nicht einmal aus dem Fenster, um festzustellen, ob ihre Verfolger in der Nähe waren. Es spielte keine Rolle, denn es hätte sowieso nichts an ihrem Plan geändert. Pawel schwieg während der ganzen Fahrt, und für eine gewisse Zeit gelang es ihr sogar, seine Anwesenheit zu vergessen. Erst als sie die Flugtickets aus ihrer Handtasche hervorholte, traf sie sein fragender Blick, aber er hielt sich zurück und sagte gewohnheitsmäßig nichts.

Sie checkten ein und gingen zum Gate. Der Warteraum war voller Menschen, es gab keinen Sitzplatz, und sie mussten fast eine Dreiviertelstunde lang stehen, bevor die Stewardess endlich die Tür öffnete und die Passagiere zum Zubringerbus durchgehen ließ. Die ganze Zeit über hatte Sauljak mit geschlossenen Augen dagestanden, gegen die Wand gelehnt, die Arme über der Brust verschränkt, während Nastja unauffällig die Umstehenden beobachtet hatte. An der gegenüberliegenden Wand hatte sie Korotkow entdeckt, und nur wenige Meter von ihr selbst entfernt stand der Mann mit der Wolfspelzmütze. Die Männer aus dem grauen Wolga waren nirgends zu sehen, aber Nastja war sich sicher, dass sie irgendwo in der Nähe waren.

Sie fuhren mit dem letzten Zubringerbus zum wartenden Flugzeug und betraten als Letzte die Maschine. Nastja stellte mit Befriedigung fest, dass bereits fast alle Passagiere ihre Plätze eingenommen hatten. So konnte sie auf dem Weg zu ihrem Platz im Vorübergehen jedem Einzelnen von ihnen ins Gesicht sehen. Sie hatte absichtlich zwei Plätze in der hintersten Sitzreihe reservieren lassen. Natürlich waren sie alle da. Der Mann im Wolfspelz. Jura Korotkow. Und da waren auch die zwei aus dem Wolga. Keiner fehlte. Es konnte losgehen.

»Sind sie da?«, fragte Sauljak, als Nastja es sich im Sitz bequem gemacht und sich angeschnallt hatte.

»Natürlich sind sie da«, sagte sie. »Haben Sie sie nicht gesehen? Ich hatte Sie doch darum gebeten, sich ihre Gesichter zu merken.«

»Ich habe sie mir sehr gut gemerkt.«

»Und warum sind sie Ihnen dann hier im Flugzeug nicht aufgefallen?«

»Aber sie sind mir doch aufgefallen.«

»Und warum fragen Sie mich dann, ob sie hier sind?«

»Ich wollte Sie testen.«

»Alles klar. Ist es Ihnen etwa unheimlich, Pawel Dmitrijewitsch, Ihr Schicksal in die Hand einer Schauspielerin mit krimineller Vergangenheit zu legen?«

»Es ist unheimlich, wenn man nicht versteht, was ein Mensch tut, dem man sich anvertraut hat.«

»Fragen Sie ruhig, genieren Sie sich nicht«, riet Nastja ihm fröhlich.

Nun hatte sie ihn also doch kleingekriegt! So viel Widerstand er auch aufgeboten, sosehr er sich darum bemüht hatte, überlegen und weitsichtig zu wirken, unabhängig von Erklärungen, schließlich war er doch in die Knie gegangen. Ihrer Logik war er nicht gewachsen.

»Warum fliegen wir nach Jekaterinburg?«

»Um sie abzuschütteln. In Samara waren wir für sie auf dem Präsentierteller, sie haben jeden unserer Schritte vom Lagertor bis zum Flugzeug verfolgt. Wir werden gegen Mittag in Jekaterinburg landen, und im Lauf der folgenden Stunde werden dort vier Maschinen starten, eine nach Wolgograd, eine nach Petersburg, eine nach Irkutsk und eine nach Krasnojarsk. Wir werden neue Papiere bekommen und weiterfliegen. Sollen sie sich dann den Kopf darüber zerbrechen, wohin wir geflogen sind.«

»Aber warum ausgerechnet Jekaterinburg? Gibt es keine anderen Städte mit derartigen Flugplänen?«

»Sicher gibt es die. Aber einen Flughafen wie in Jekaterinburg gibt es nur einmal. Er hat viele interessante Ein- und Ausgänge, und ich kenne sie alle. Haben Sie sonst noch Fragen?«

»Ich würde gern wissen, wer Sie engagiert hat.«

»Wenn Sie darauf eine Antwort wollen, dann müssen wir miteinander verhandeln.«

»Inwiefern?«

»Ich werde Ihnen sagen, wer mich engagiert hat, wenn Sie mir sagen, warum man mich engagiert hat.«

»Wissen Sie das etwa nicht?«

»Ich stelle meinen Auftraggebern keine Fragen. Genau deshalb engagiert man mich. Sie müssen zugeben, dass es sehr praktisch ist, jemanden für sich arbeiten zu lassen, dem man nichts erklären muss. Würde ich zu viele Fragen stellen, wäre ich arbeitslos.«

»Dann stellen Sie keine Fragen.«

»Ist in Ordnung«, sagte Nastja leichthin. »Gehen wir davon aus, dass der Handel zwischen uns nicht zustande gekommen ist.«

»Wohin fliegen wir von Jekaterinburg aus?«

»Keine Ahnung«, entgegnete Nastja mit einem sorglosen

Schulterzucken. »Wir nehmen einfach die Maschine, für die es noch Tickets gibt.«

»Und wenn es überhaupt keine Tickets mehr gibt? Wenn alle vier Maschinen schon ausgebucht sind?«

»Nicht doch, Pawel Dmitrijewitsch«, lachte Nastja. »Wer wird denn so pessimistisch sein.«

Die Maschine war gestartet und flog jetzt ruhig und gleichmäßig, man spürte nur ihr leises Zittern in der Luft. Die schlaflose Nacht zeigte Wirkung, Nastja konnte sich kaum noch wach halten. Ihre Lider wurden schwer wie Blei, aber sie kämpfte mit ganzer Kraft gegen die Versuchung an, die Augen zu schließen und ein wenig zu schlummern. Nicht dass sie Angst gehabt hätte, Pawel ohne Aufsicht zu lassen. Aus einem fliegenden Flugzeug konnte er schließlich nicht entkommen, zudem war Jura Korotkow da und ließ sie beide keinen Moment aus den Augen. Aber Sauljak beunruhigte sie, je länger sie ihn kannte, desto mehr. Eine namenlose Gefahr ging von ihm aus, und neben ihm einzuschlafen hätte bedeutet, sich schutzlos einem unbekannten Feind auszuliefern.

Wieder und wieder ging sie in Gedanken die einzelnen Schritte ihres Planes durch, als über den Köpfen der Passagiere plötzlich die melodische Stimme der Stewardess ertönte.

»Verehrte Fluggäste! Die Wetterlage zwingt uns leider, unsere Flugroute zu ändern. Wir werden nicht auf dem Flughafen Kolzowo in Jekaterinburg landen können, sondern müssen den Flughafen von Uralsk anfliegen. Die Besatzung bittet Sie für diese unvermeidliche Änderung des Flugablaufs um Verständnis.«

Nastja war sofort hellwach. Was sollte sie mit dieser Neuigkeit anfangen? In Uralsk würde niemand sein außer Korotkow, und der konnte in dieser Situation auch nichts tun. Die neuen Papiere für Pawel und sie selbst lagen in Jekaterinburg. Und es würde wenig Sinn machen, in Uralsk unter dem Namen Sauljak in irgendeine nächstbeste Maschine zu steigen. Sie konnten das natürlich tun, aber es würde nur sinnlose Verschwendung von Zeit und Geld bedeuten, da sie so den Schwanz ihrer Verfolger auch weiterhin hinter sich herziehen würden. Ohne die Hilfe des Flughafenpersonals konnten sie ihren Verfolgern nicht entkommen.

Sie wandte den Kopf zu Pawel und sah ihn an. Er saß nach wie vor mit geschlossenen Augen da, aber man konnte sehen, wie sich die Augäpfel unter der dünnen Haut der Lider bewegten.

»Haben Sie es gehört?«, fragte sie.

»Ja.«

»Uns stehen Schwierigkeiten bevor.«

»Ich weiß.«

»Unsere gemeinsame Reise wird sich in die Länge ziehen und möglicherweise etwas unangenehm werden.«

»Ich weiß.«

»Ich bin froh, dass Sie so allwissend sind«, sagte sie unerwartet giftig. »Allerdings wäre es im Interesse Ihrer und auch meiner eigenen Sicherheit nicht schlecht, wenn ich etwas mehr über die Lage wüsste, in der wir uns befinden.«

»Was möchten Sie denn erfahren?«

»Ich wüsste gern, wie viel Macht die Leute haben, die hinter uns her sind, und was wir von ihnen zu erwarten haben.«

»Ihre Macht ist unbegrenzt. Die Frage ist nur, wie weit sie gehen werden«, sagte er mit leiser Stimme, ohne die Augen zu öffnen.

»Und was könnte Einfluss darauf haben, wie weit sie gehen?«

»Die Angst vor Entlarvung. Solange sie nicht wissen, wer Sie sind, werden sie uns nichts tun. Warum haben Sie sich einen Pass mit meinem Familiennamen machen lassen?«

»Damit sie denken, dass wir verwandt sind. Das wird sie wenigstens für eine gewisse Zeit verwirren.«

»Sie spielen mit dem Feuer. Sie haben einen großen Fehler gemacht.«

»Ist es etwa gefährlich, mit Ihnen verwandt zu sein?«

»Und ob. Sie ahnen nicht einmal, wie gefährlich es ist.«

»Dann klären Sie mich doch bitte auf. Darum bitte ich Sie jetzt schon seit vierundzwanzig Stunden.«

»Sie brauchen darüber nichts zu wissen. Sie müssen nur wissen, dass Sie einen großen Fehler gemacht haben.«

Sehr erfreulich, dachte Nastja zornig. Zu wissen, dass man etwas falsch gemacht hat, und nicht verstehen zu können, warum. Blöder kann man nicht dastehen. Verdammter Mistkerl.

60

»Für wen arbeiten Sie?«, fragte Sauljak unerwartet. »Für die Miliz oder für die Gegenseite?«

»Gibt es nichts Drittes? Muss einer, der mich engagiert, zwangsläufig ein Milizionär oder ein Krimineller sein?«

»Sie haben einen falschen Pass. Den können Sie sich nur bei der Miliz besorgt haben oder in kriminellen Kreisen.«

»Nein, nicht nur«, sagte Nastja lächelnd. »In den zwei Jahren im Lager ist die Zeit an Ihnen vorübergegangen. Einen falschen Pass kann man heute auf jedem Straßenmarkt kaufen. Er kostet eine Menge Geld, aber es geht problemlos. Du bezahlst, nennst den Namen, der im Pass stehen soll, und gibst ein Foto ab. Am nächsten Tag kannst du den fertigen Pass abholen.«

»Und so sind Sie an den Pass gekommen?«

»Ja, genau so.«

»Heißt das, dass es Ihre eigene Idee war, meinen Namen anzunehmen? Sie haben das alles auf eigene Faust gemacht?«

»Ja, natürlich.«

»Und Ihr Auftraggeber weiß nichts davon?«

»Ich weihe ihn nicht in die Details meiner Arbeit ein. Für ihn ist nur das Ergebnis wichtig. Wie ich zu diesem Ergebnis komme, entscheide ich selbst.«

»In diesem Fall die falsche Entscheidung.«

»Das ist nun nicht mehr zu ändern. Nur wer gar nichts tut, begeht keine Fehler. Sind Sie sich sicher, dass mein Auftraggeber nicht denselben Fehler gemacht hätte?«

»Ich weiß nicht, wer Ihr Auftraggeber ist. Wenn er nicht ausreichend informiert ist, hätte er ihn vielleicht auch gemacht.«

Nastja bekam ein ungutes Gefühl. General Minajew kannte ihren Plan, er wusste, dass sie sich einen Pass auf den Namen Sauljak hatte ausstellen lassen. Warum hatte er sie nicht gewarnt? War er nicht ausreichend informiert? Keine guten Aussichten, wenn es so war. In diesem Fall musste sie sich auf Überraschungen gefasst machen, eine unangenehmer als die andere. Und wenn er gewusst hatte, dass es ein Fehler sein würde, warum hatte er dann geschwiegen? Was für ein Spiel spielte dieser verdammte General Minajew? Die Dinge wurden von Stunde zu Stunde komplizierter.

Die Maschine war bereits im Landeanflug, Nastja bekam taube Ohren und Kopfschmerzen. Ihr labiler Kreislauf machte ihr immer Probleme beim Start und bei der Landung, und die unguten Vorgefühle, die sie jetzt heimsuchten, trugen dazu bei, dass ihr endgültig schlecht wurde.

Das Fahrgestell des Flugzeugs berührte die Erde, die besonders ungeduldigen Passagiere sprangen sofort auf und begannen sich anzuziehen. Jura erhob sich ebenfalls, schlüpfte in seine Jacke, drehte sich zu Nastja um und sah sie an. Sie zuckte kaum merklich mit den Schultern, was bedeuteten sollte: Ich habe keinerlei Anweisungen für dich, mein Kopf ist völlig leer, keine neuen Ideen, geh nach eigenem Gutdünken vor.

»Wie viele sind es?«, fragte Pawel kaum hörbar.

»Vier. Zwei von ihnen gehören zusammen, zwei sind allein.«

»Ihr Verehrer und die zwei aus dem Auto. Wer ist der Vierte?«

»Er steht etwa in der Mitte des Flugzeugs, der Mann mit der Wolfspelzmütze. Er war gestern früh ebenfalls da, vor dem Lager, aber als er den Wolga gesehen hat, ist er wieder verschwunden. Ich weiß nicht, vielleicht gehören sie ja zusammen.«

»Wer von ihnen kann uns nach Ihrer Ansicht am gefährlichsten werden?«

»Jeder. Ich bin schließlich keine Hellseherin und kann keine Gedanken lesen.«

Sauljak drehte sich abrupt zu Nastja um, sah sie an, und sie fühlte wieder, wie ihr heiß wurde.

»Sind Sie eigentlich Hypnotiseur?«, fragte sie mit einem mühsamen Lächeln.

»Nein. Warum?«

»Sie haben einen Blick ...«

»Was für einen Blick?«

»Einen unguten.«

»Sie sind nervös. Übrigens habe ich gehört, dass alle Schauspielerinnen hysterisch sind, mehr oder weniger.«

»Die H-Ypsilon-Komponente«, murmelte sie, während sie ihre Handtasche unter dem Sitz hervorholte.

»Wie bitte?«

»Bei Frauen wie mir sprechen die Psychiater von einer zu stark ausgeprägten H-Ypsilon-Komponente. Die ersten zwei Buchstaben von Hysterie.«

»Eine psychiatrische Ausbildung haben Sie also auch noch?«

»Nein, aber eine Vorlesung über Psychodiagnostik habe ich mal gehört.«

»Ich glaube, Sie sind genauso wenig Schauspielerin, wie ich Weltmeister im Kickboxen bin.«

»Das glaube ich auch. Wir müssen gehen. Und lassen Sie uns nicht mehr streiten, abgemacht?«

Der Flughafen von Uralsk war klein, eng, schmutzig und unübersichtlich. Sie zwängten sich durch die Menschenmassen hindurch, die sich vor den Abfertigungsschaltern drängten, und betraten die Straße. Hier war es viel kälter als in Samara, es wehte ein durchdringender Wind und blies einem feine, stachelige Schneegraupeln in die Augen. Man hatte den Passagieren der umgeleiteten Maschine eine Übernachtung im Flughafenhotel angeboten, da der Flughafen von Jekaterinburg meteorologischen Vorhersagen zufolge nicht vor dem nächsten Tag angeflogen werden konnte. Dieses freundliche Angebot hatte kaum jemand angenommen, da die Möglichkeit bestand, Jekaterinburg in zehn Stunden mit dem Zug zu erreichen. Aber Nastja war klar, dass eine Zugfahrt nicht infrage kam. Auch wenn Korotkow in ihrer Nähe blieb, würden sie nicht viel tun können, falls ihren anhänglichen Freunden irgendeine Gemeinheit in den Sinn kommen sollte. In einem Zug würde es wenig Schutz vor ihnen geben. Sie mussten hier ausharren, in Uralsk, und auf das nächste Flugzeug nach Jekaterinburg warten. Nur dort konnte es Nastja gelingen, ihre Verfolger abzuschütteln, dort erwartete man sie, dort würde sie neue Papiere bekommen.

Im Hotel bot man ihnen je ein Bett in verschiedenen Zimmern an, Nastja in einem Sechsbettzimmer für Frauen, Sauljak in einem Sechsbettzimmer für Männer. Dieser Variante konnte Nastja auf keinen Fall zustimmen. Sie holte eine weitere Hundertdollarnote aus ihrer Handtasche, worauf der Empfangschef ihr mit strahlendem Lächeln den Schlüssel zu einem ganz gewöhnlichen Doppelzimmer mit Bad und Telefon reichte. Wahrscheinlich war es das luxuriöseste Zimmer im ganzen Hotel.

Im Zimmer ließ sie ihre Handtasche zu Boden fallen, warf ihre Jacke ab und plumpste aufs Bett. Sauljak hängte seine Jacke ordentlich in den Schrank und setzte sich in den Sessel. Nastja lag mit dem Rücken zu ihm auf dem Bett, aber sie hätte geschworen, dass er wieder mit geschlossenen Augen und verschränkten Armen dasaß.

»Haben Sie vor, Ihren Hungerstreik fortzusetzen?«, fragte sie sarkastisch.

»Sie werden doch nicht etwa schon wieder Hunger haben?«, konterte er.

»Ich habe den ganz normalen, gesunden Appetit eines Menschen, der nicht unter Gewissensbissen leidet«, erwiderte sie fröhlich. »Aber wenn man Sie anschaut, hat man den Eindruck, dass Ihnen jeder Bissen im Halse stecken bleibt. Ist es etwa die Angst, die Ihnen die Kehle zuschnürt?«

»Ich beneide Sie um Ihren Optimismus. Man sagt ja nicht umsonst, dass der Mensch umso mehr leidet, je mehr er weiß.«

»Dann weihen Sie mich doch in Ihr leidvolles Wissen ein, vielleicht vergeht mir dann auch der Appetit. Und wir sparen das Geld fürs Essen.«

Er antwortete nicht, aber Nastja konstatierte mit Genugtuung, dass er allmählich etwas gesprächiger wurde. Sie musste nur Geduld haben und sich etwas einfallen lassen. Eines hatte sie bereits herausgefunden: Pawel Sauljak war nicht sehr flexibel, er konnte sich nur schwer auf eine neue Situation einstellen. Als sie ihm gestern im Restaurant zärtlich die Hand gestreichelt hatte, war er sofort abgekommen von seinem harten Kurs. Nicht weil er weich geworden war, sondern weil sie ihn irritiert hatte. Und genau deshalb hatte er sich auch dieses Stückchen auf der Tanzfläche geleistet. Dieser Mensch geriet sofort in Verwirrung, wenn er etwas nicht verstand. Damit konnte man arbeiten.

Ein Zeit lang lag sie schweigend auf dem Bett und betrachtete kritisch den Nagellack an den Fingern ihrer erhobenen Hand. Dann drehte sie sich auf den Bauch, legte die Hände unters Kinn und begann, Pawel aufmerksam zu betrachten. Er reagierte nicht darauf, sondern blieb völlig bewegungslos sitzen.

»Was glauben Sie, lauern sie uns unten auf der Straße auf?«, fragte sie schließlich.

»Am ehesten wartet einer unten auf der Straße und ein anderer hier oben, auf unserer Etage. Sie verstecken sich ja schließlich auch voreinander.«

»Wir sind hier nicht in Moskau. Lange halten sie das hier nicht durch. Vielleicht sollten wir sie irgendwohin locken, wo sie gezwungen sein werden, sich gegenseitig auf die Füße zu treten.«

»Wollen Sie sich in Experimente stürzen?«

»Warum nicht. Oder ist das Experimentieren Ihr alleiniges Privileg? Ich mag es, wenn etwas los ist, die Langeweile deprimiert mich und wirkt sich negativ auf meine Leistungsfähigkeit aus. Sie taugen nicht zum Gesprächspartner, und wenn ich mich nicht mit Gleichgesinnten amüsieren kann, dann sollte ich es vielleicht mit meinen Gegnern versuchen. Was halten Sie davon?«

»Ihr Auftraggeber muss ein kompletter Idiot sein«, zischte Sauljak. »Wo hat er Sie bloß ausgegraben?«

»Werden Sie nicht unverschämt, Pawel Dmitrijewitsch. Wenn ich Sie gestern nicht am Lagertor abgeholt hätte, würden Sie bereits irgendwo im Straßengraben liegen, und der kalte Februarschnee würde leise auf Ihren leblosen Körper fallen. Vielleicht haben Sie Recht, vielleicht fehlt mir die Erfahrung, um Sie heil und gesund nach Moskau zu bringen, aber einen zusätzlichen Tag Leben habe ich Ihnen bisher immerhin geschenkt. Dafür sollten Sie mir dankbar sein.«

»Da haben Sie Recht. Mit dem Leben ist es wie mit dem Geld. Man hat nie genug davon.«

»Oh, jetzt beginnen Sie auch noch zu philosophieren. Bravo! Hören Sie zu, Pawel Dmitrijewitsch. Entweder beginnen wir mit einer ganz normalen Zusammenarbeit, oder ich gehe jetzt allein in die Stadt zum Essen. Sie bleiben hier zurück in stolzer Einsamkeit, und wir werden sehen, wie lange Ihnen die Puste reicht, wenn die, die Ihnen so wohlgesinnt sind, in dieses Zimmer einbrechen. Es sind mindestens vier, und es ist nicht ausgeschlossen, dass sie sich inzwischen kennen und gemeinsame Sache machen. Und Sie besitzen nicht einmal eine Waffe. «

»Besitzen Sie denn eine?«

»Ich besitze keine Waffe, aber ich besitze das Geheimnis meiner Person, das Sie schützt. Solange sie dieses Geheimnis nicht kennen, werden sie Ihnen in meiner Anwesenheit nichts tun, da sie in diesem Fall auch mir etwas tun müssten. Und bis jetzt wissen sie nicht, ob sie das dürfen. Aber sobald wir uns getrennt haben, ändert sich die Situation ganz grundsätzlich. Ohne mich sind Sie völlig schutzlos. Also, ich frage Sie zum letzten Mal: Kommen Sie mit zum Essen?«

»Ich habe einen anderen Vorschlag.«

»Schlagen Sie vor.«

»Wir könnten zusammen etwas einkaufen gehen und dann hier auf dem Zimmer essen.«

»Lässt sich machen.«

Natürlich lässt es sich machen, dachte Nastja. Endlich habe ich dich aus der Reserve gelockt. Selbst wenn du mir vorgeschlagen hättest, Zeitungen kaufen zu gehen und damit die Wände in diesem Zimmer zu tapezieren, wäre ich einverstanden gewesen. Hauptsache, ich bringe dich zum Reden, dazu, dass du mitarbeitest und deine Meinung sagst. Du hast mir einen Kompromiss vorgeschlagen – ich komme dir entgegen. Wir beide müssen Freunde werden, Pawel Dmitrijewitsch, sonst scheitern wir. Ich komme dir zwar ziemlich dumm, aber auch frech und aufsässig vor. Gut. Du wirst dich zu mir herablassen müssen. Erst wenn du das Gefühl bekommst, mir überlegen zu sein, wirst du aufhören, dich vor mir zu verstecken. Solange du einen starken Gegner in mir siehst, kommen wir zu nichts. An Hochmut und Eigenliebe reicht es dir für zehn, aber dir fehlt die Leidenschaft. Hättest du die, dann würde ein starker Gegner dich reizen, aber stattdessen geht er dir nur auf die Nerven. Oder macht er dir etwa Angst? Fehlt dir vielleicht das Selbstvertrauen? Aber wie dem auch sei, nach und nach beginne ich, dich ein wenig zu verstehen, Pawel Sauljak. Das ist immerhin ein Anfang.

* * *

Mehr als alles andere auf der Welt liebte Grigorij Valentinowitsch Tschinzow die Intrige. Ohne Intrige konnte er nicht atmen, er starb vor Langeweile, wenn er nicht wenigstens eine ganz kleine, noch so dumme Intrige spinnen konnte. Der heutige Tag war voll der rosigsten Aussichten für ihn, da in Russland der Präsidentschaftswahlkampf begann. Grigorij Valentinowitsch Tschinzow blühte geradezu auf. Endlich würde er zeigen, was er konnte, endlich war er ganz in seinem Element.

Er war kein Kämpfer für die Sache, es ging ihm nur darum, sich zu bereichern, und so stürzte er sich mit Begeisterung in jedes Abenteuer, wenn es ihm nur Gewinn versprach. Heute spann er seine Intrige im Interesse einer Gruppe, die einen der Präsidentschaftskandidaten aufgestellt hatte. Hinter dieser Gruppe stand ein mächtiges kriminelles Finanzvolumen, und der Präsidentschaftskandidat würde im Fall seiner Wahl zumindest für die nächsten vier Jahre dafür sorgen, dass keine Gesetze verabschiedet wurden, die dem Kapital dieser Gruppe schaden konnten. Jedenfalls würden die Steuer- und Zollvergünstigungen vor allem denjenigen zufallen, die dieses Kapital kontrollierten.

Der Kandidat hatte bereits seine Mannschaft zusammengestellt, die wichtigsten Minister und den Vorsitzenden der Zentralbank. Wenn dieser Mann an die Macht kommen und die entsprechenden Posten mit seinen Leuten besetzen könnte, würden sie im Laufe von vier Jahren alles an sich reißen können, was sie nur wollten. Nur eine Kleinigkeit störte bei alledem: Sowohl die Gruppe als auch der Präsidentschaftskandidat selbst hatten bis vor einiger Zeit aktive Beziehungen zu General Bulatnikow unterhalten. In den Regionen des Landes, die sie zu Zentren des illegalen Waffen- und Drogenhandels gemacht hatten, hatten sie ihre eigenen Leute an die Macht bringen und sämtliche wichtigen Posten bei der Armee, den Ämtern für Inneres und der Staatsanwaltschaft mit den entsprechenden Leuten besetzen müssen. Doch zu diesem Zweck hatten erst diejenigen verschwinden müssen, die diese Posten bisher eingenommen hatten. In dieser heiklen Angelegenheit waren die Dienste des General Bulatnikow unentbehrlich gewesen.

Alle personellen Veränderungen hatten, sozusagen, ordnungsgemäß stattgefunden, sämtliche Schlüsselpositionen waren von eigenen Leuten besetzt worden, woraufhin Bulatnikow überflüssig und gefährlich geworden war. Natürlich hatte man ihn beseitigt. Aber der engste Mitarbeiter des Generals war ihnen durch die Lappen gegangen. Das hatte sie damals nicht besonders beunruhigt, denn die Tatsache, dass er sich in einem Straflager versteckt hatte, bedeutete, dass er Angst hatte. Und da er Angst hatte, würde er niemandem ans Leder gehen, solange man ihn selbst in Ruhe ließ. Mit dieser Feststellung hatten sie sich damals begnügt.

Vor einiger Zeit jedoch hatte Grigorij Valentinowitsch erfahren, dass die Anhänger des amtierenden Präsidenten sich für den ehemaligen Mitarbeiter des Generals zu interessieren begonnen hatten. Und das missfiel Tschinzow über alle Maßen. Das, was Pawel Sauljak wusste, war dazu geeignet, einen Großteil sämtlicher Präsidentschaftskandidaten aus dem Feld zu schlagen, unter anderem natürlich auch den, für dessen Mannschaft Tschinzow selbst im Moment arbeitete. Es war klar, dass Sauljak vom Erdboden verschwinden musste. Tschinzow, der sich, wie gewöhnlich, auf seine Beziehungen zum Ministerium für Inneres verlassen hatte, war sehr enttäuscht gewesen, nachdem er sich dort an zwei, drei alte Bekannte gewandt hatte. Nach dem Geiseldrama von Budennowsk im Juni war der Innenminister abgesetzt worden und der neue Minister hatte seine eigene Mannschaft mitgebracht, zu der Tschinzow keinen Zugang hatte. Der neue Minister stammte nicht aus den Reihen der Miliz, sondern aus dem Militär, und Grigorij Valentinowitsch besaß keinerlei kompromittierendes Material gegen ihn. Er hatte nur eines tun können. Herausfinden, in welchem Straflager Sauljak sich befand und wann er entlassen wurde. Zum Entlassungstermin hatte er seine Leute nach Samara geschickt, aber nun waren unerwartete Schwierigkeiten aufgetreten. Erstens waren seine Leute nicht die einzigen, die Pawel in Samara erwartet hatten. Vor dem Lager war irgendein Unbekannter aufgetaucht, der ganz offensichtlich ebenfalls an ihm interessiert war, und im Hotel hatte man einen Zweiten entdeckt, der ihm ständig auf den Fersen blieb. Aber vor allem war diese

Frau aufgetaucht, ganz offensichtlich eine Verwandte von Sauljak, vielleicht seine Ehefrau. Diese Frau hatte Tschinzows Plan völlig durcheinander gebracht, und nun musste er abwarten, bis die Lage sich klärte.

So jedenfalls hatten sich die Dinge Tschinzow noch bis gestern Abend dargestellt. Inzwischen war er dabei, seine Strategie noch einmal zu überdenken. Der amtierende Präsident hatte angekündigt, dass er in nächster Zeit alle Maßnahmen ergreifen würde, um die ausstehenden Gehälter und Renten an die Bevölkerung auszahlen zu können. Ganz klar, der Präsident hatte nur drei Ansatzpunkte, die er im Wahlkampf benutzen konnte: Er musste den Demokraten spielen, die Beilegung der Tschetschenienkrise und die baldige Auszahlung der zurückgehaltenen Gehälter und Renten versprechen. Diese Staatsschuld konnte nur getilgt werden, indem man erneut die Geldmaschine anwarf, das verstand sich von selbst. Führende Wirtschaftsexperten waren kategorisch gegen eine solche Finanzpolitik. Aber das kümmerte den Präsidenten natürlich wenig. Das einfache Volk verstand nichts von diesen Dingen, die Einwände der Wirtschaftsexperten waren für diese Leute Schall und Rauch. All das Gerede über Inflation und die bevorstehende Wirtschaftskatastrophe ging an ihren Köpfen vorbei. Sie dachten nicht an morgen, denn sie hatten bereits heute nichts mehr zu essen. Mit der Auszahlung der Gelder würde der Präsident die Liebe des Volkes erringen. Also musste diese Auszahlung verhindert werden. Welche Kräfte wirkten in diesem Spiel? Diejenigen der unabhängigen Wirtschaftsexperten, die gegen die Geldbeschaffungspolitik des Präsidenten waren, und diejenigen der abhängigen Finanzberater, die man unter Druck setzen konnte. Tschinzow wusste, dass nicht nur die Freunde von General Bulatnikow dessen Dienste in Anspruch genommen hatten. Das ganze Land hatte sie in Anspruch genommen. Und insofern war es gar nicht möglich, dass unter den Beratern des Präsidenten kein einziger war, den man nicht mit Hilfe von Pawel Sauljak zum Schweigen bringen konnte. Also musste man sich diesen Mann zunutze machen. Er durfte nicht gleich liquidiert werden, wie Tschinzow es ursprünglich geplant hatte, man musste

ihn erst am Schlafittchen packen und zum Reden bringen, zur
Zusammenarbeit zwingen. Danach würde man weitersehen.

* * *

Im Gegensatz zu Tschinzow ging es Wjatscheslaw Jegorowitsch
Solomatin nicht ums Geld, sondern um die Sache. Seine persönliche Ergebenheit an den Präsidenten kannte keine Grenzen. Er
war zu allem bereit, um ihn zu unterstützen und ihm beizustehen.

Im Prinzip dachte er ebenso wie Tschinzow. Auch er kannte die
drei Hebel, die dem Präsidenten im Wahlkampf zur Verfügung
standen und unbedingt alle drei betätigt werden mussten. Nur sah
Solomatin sich in diesem Zusammenhang vor eine ganz andere
Aufgabe gestellt als Tschinzow.

Irgendein Schweinehund hatte dem Präsidenten die gefährliche
Idee in den Kopf gesetzt, zwei verschiedene Kommissionen zur
Lösung der Tschetschenienkrise zu gründen. Vorläufig hatte sich
der Präsident noch nicht auf diesen Vorschlag eingelassen, aber
er schien ihm nicht abgeneigt zu sein. Die eine Kommission sollte
sich aus den Mitgliedern des Präsidentenrates zusammensetzen,
die andere aus den wichtigsten Ministern und Militärs. Aber welchen Lösungsvorschlägen der Präsident sich auch anschließen
würde, ob denen der einen oder denen der anderen Kommission,
er würde sich auf jeden Fall den Unmut der Bevölkerung zuziehen.
Folgte er den Vorschlägen des Präsidentenrates, würde das denjenigen missfallen, die nach einer starken Hand verlangten, und
von denen gab es im Land mehr als genug. Stellte er sich hinter die
Militärs, würden die Demokraten auf die Barrikaden gehen. Womit sie nach Solomatins Überzeugung nicht einmal Unrecht hätten. Das Einzige, was das Prestige des Präsidenten in dieser Patt-
Situation retten konnte, war die Entscheidung für einen eigenen,
von den Kommissionen unabhängigen Kurs. Doch was für ein
Kurs konnte das sein?

Wie auch immer, er musste gefunden werden. Auf Biegen und
Brechen. Anders würde es dem Präsidenten nicht gelingen, sein
Gesicht zu wahren und den Wahlkampf zu gewinnen.

Die Aufgabe, die Solomatin vor sich sah, bestand darin, dem Präsidenten eine Möglichkeit zu bieten, die Lösungsvorschläge beider Kommissionen ablehnen und sich so als unabhängig denkender Politiker zeigen zu können. Und um das zu erreichen, brauchte er Pawel Dmitrijewitsch Sauljak.

Obwohl Solomatin und Tschinzow von denselben Gegebenheiten ausgingen und eine ähnliche Taktik verfolgten, bestand zwischen beiden doch ein gewisser Unterschied. Solomatin wusste sehr viel mehr über Pawel Sauljak als Tschinzow. Deshalb hatte er nicht vor, Gewalt gegen ihn anzuwenden. Er wollte versuchen, sich mit dem ehemaligen Mitarbeiter von General Bulatnikow einig zu werden. Deshalb wurde Pawel im Moment von seinen Leuten beobachtet, sie folgten ihm auf Schritt und Tritt und versuchten gleichzeitig herauszufinden, wer die Frau war, die ihn am Lagertor erwartet hatte. Ein seltsames Paar! Sie bewohnten gemeinsam ein Hotel, trugen denselben Familiennamen und siezten sich in der Öffentlichkeit. Warum taten sie das? Wollten sie verbergen, dass sie sich gut kannten oder sogar miteinander verwandt waren? Offenbar hielten sie die anderen für komplette Idioten. Wer würde schon glauben, dass ein Mann und eine Frau, die denselben Familiennamen trugen und ein Zimmer im Hotel teilten, sich nur flüchtig kannten! Oder sie versuchten gar nicht, jemanden hinters Licht zu führen, sondern hatten Streit miteinander. Im Restaurant hatte sie ihn sogar geohrfeigt, und er hatte ihr den Arm so auf dem Rücken verdreht, dass sie in die Knie gegangen war. Der Grund dafür konnte durchaus Eifersucht gewesen sein. Man hatte Solomatin zugetragen, dass die Frau ganz offen mit einem Hotelgast geflirtet und sich von ihm sogar vor Sauljaks Augen hatte küssen lassen. Da war es kein Wunder, dass er wütend geworden war. Aber wozu machte diese Frau das? Nichts als Rätsel.

* * *

Eine der Errungenschaften der Wirtschaftsreform bestand darin, dass der früher eklatante Unterschied zwischen Stadt und Land sich jetzt verwischt hatte. Auch in einer Stadt wie Uralsk gab es heute in den Geschäften reichlich Lebensmittel, und die Auswahl erlaubte es Nastja, selbst in einem Hotelzimmer ein durchaus annehmbares Mittagessen auf den Tisch zu bringen. Italienische Salate in Plastikschälchen, Suppenterrinen, die man nur mit heißem Wasser aufgießen und drei Minuten ziehen lassen musste, verschiedene Joghurts und Desserts und sogar abgepackter französischer Käse. Sie hatte von General Minajew reichlich Geld bekommen und füllte ungeniert ihren Einkaufskorb.

»Sie leben ja auf großem Fuß«, bemerkte Pawel mit einem missbilligenden Blick auf das bunte Päckchen mit Nüssen, das in Nastjas Einkaufskorb wanderte.

»Davon kann keine Rede sein«, widersprach sie. »Ich bin nur einfach von Natur aus faul und deshalb vorausschauend. Wer weiß, wie lange wir hier festsitzen werden bis zu unserem Abflug nach Jekaterinburg, und ich möchte nicht jedes Mal wieder einkaufen gehen müssen, wenn wir Hunger bekommen. Welchen Käse möchten Sie, den mit Krabben oder den mit Schinken?«

»Das ist mir egal. Ich mag sowieso keinen Käse, nehmen Sie das, was Ihnen schmeckt.«

»Gut. Und was schmeckt Ihnen? Genieren Sie sich nicht, Pawel, mein Auftraggeber wird dadurch nicht ärmer.«

»Gar nichts.«

»Mein Gott, immer dasselbe. Das Einkaufen mit Ihnen macht wirklich keinen Spaß. Warum sind Sie eigentlich so langweilig? Man sollte das Leben genießen, aber Sie bringen sich selbst um kleine irdische Freuden wie gutes Essen. Sind Sie eigentlich immer in dieser Friedhofsstimmung?«

»Tun Sie mir einen Gefallen und lassen Sie meine Stimmung in Ruhe.«

»Ist gut. Aber dann schauen Sie wenigstens mal nach, was unsere Freunde gerade machen. Damit Sie wenigstens zu irgendetwas gut sind.«

Sie standen bereits an der Kasse, und vorn am Eingang erblickte

Nastja Jura Korotkow. Der in der Wolfspelzmütze war ihr nur
ganz kurz beim Verlassen des Hotels aufgefallen, und die beiden
aus dem Wolga hatte sie bis jetzt überhaupt noch nicht bemerkt.
Seltsam. Wohin waren sie bloß alle verschwunden?

»Alle sind an Ort und Stelle«, berichtete Sauljak. »Sie nehmen
sich ein Beispiel an Ihnen und versorgen sich ebenfalls mit Lebensmitteln.«

»Und mein Verehrer?«

»Der steht draußen vor dem Eingang.«

»Vielleicht sollten wir ihn zu unserem gemeinsamen Mittagessen
einladen, es wäre immerhin amüsant.«

»Hören Sie auf, mich mit Ihrem ständigen Verlangen nach Amü-
sement zu traktieren. Sie sind schließlich im Dienst, also tun Sie
Ihre Arbeit. Ich persönlich sehe keinerlei Gründe, mich zu vergnügen.«

»Dann hatten Sie noch nie richtig Angst.«

»Wie meinen Sie das?«, erkundigte sich Sauljak düster.

Die Kundin vor ihnen nahm das Wechselgeld von der Kassiere-
rin entgegen und ging weiter. Nastja rückte auf und beschloss,
Sauljak nicht zu antworten. Wenn er wirklich wissen wollte, was
sie meinte, würde er noch einmal nachfragen. Das würde ihm
zwar einen weiteren Zacken aus der Krone brechen, aber umso
besser. Sie würde ihn schon noch knacken.

Der Inhalt des grünen Einkaufskorbes verschluckte eine beträchtliche Summe, und Nastja musste innerlich grinsen. Von
ihrem Gehalt hätte sie sich niemals so teure Lebensmittel leisten
können, die zudem nicht für mehr reichten als für ein Mittag- und
ein Abendessen. Von so einer Summe lebte sie mit Ljoscha eine
ganze Woche.

Auf dem Rückweg zum Hotel kamen sie an einem Zeitungskiosk
vorbei. Pawel verlangsamte seinen Schritt. Nastja begriff, dass er
gern ein paar Zeitungen gekauft hätte, sich aber nicht dazu überwinden konnte, sie um Geld zu bitten. Sie hatte nur den Bruchteil
einer Sekunde, um sich zu entscheiden. Sollte sie sich großmütig
zeigen und ihm die Demütigung ersparen? Oder sollte sie so tun,
als hätte sie nichts bemerkt, damit er seine Abhängigkeit von ihr

zu spüren bekam? Wie sollte sie sich verhalten, um die kleinen Siege, die sie so mühsam errungen hatte, nicht mit einem Schlag wieder zu verschenken?

»Was ist, Pawel Dmitrijewitsch, haben Sie Lust auf das gedruckte Wort bekommen?«, fragte sie spottlustig und stellte die schwere Einkaufstasche ab. »Ich werde Ihnen aus grundsätzlichen Erwägungen ein paar Zeitungen kaufen. Vielleicht findet sich in einer von ihnen ein Artikel über gutes Benehmen, und Sie werden zu Ihrer Überraschung erfahren, dass es sich für einen Mann gehört, einer Dame eine schwere Tasche abzunehmen. Haben Sie davon noch nie etwas gehört?«

Pawel nahm wortlos die Tasche und presste seine Lippen zu einem dünnen Strich zusammen. Nastja kaufte einige regionale und überregionale Zeitungen und ein dünnes Kreuzworträtselheft.

»Falls Sie sich weiterhin in Schweigen hüllen, kann ich wenigstens ein paar Kreuzworträtsel lösen. Was sind Sie eigentlich von Beruf?«, fragte sie, während sie die Zeitungen in die Tasche stopfte.

»Techniker«, antwortete er kurz.

»Wunderbar. Dann werden Sie mir Wörter einsagen, die ich nicht kenne.«

»Und was für eine Ausbildung haben Sie?«

»Ich habe Physik und Mathematik studiert.«

»Tatsächlich? Kann man an dieser Fakultät auch ein Schauspielstudium machen?«

»Soviel ich weiß, nicht. Warum fragen Sie?«

»Sie haben doch gesagt, Sie sind Schauspielerin.«

»Tatsächlich?«, flötete Nastja. »Ich kann mich nicht erinnern, so etwas gesagt zu haben. Das bilden Sie sich ein.«

Sein Gesicht versteinerte, die Augen schlossen sich für einen Moment, so, als müsse er einer Anfechtung widerstehen und sich fassen. Jetzt ist er wütend, dachte Nastja. Das ist gut. Soll er mich ruhig für eine Irre halten, die Hauptsache ist, dass er mich nicht versteht. Ich muss auf jeden Fall sein Interesse an mir wecken. Die ganz normale menschliche Neugier, die nicht eingeschränkt ist von Angst. Angst kann ihn seine Wissbegier vergessen lassen.

Aber wenn der Gegenstand seiner Neugier keine Angst in ihm erzeugt, wird er ihn unbedingt auseinander nehmen und nachsehen wollen, wie er zusammengesetzt ist. An dieser Neugier werde ich dich packen, mein Freund, du wirst mir nicht entkommen.

Auf dem Zimmer setzte Nastja sofort Kaffeewasser auf und begann zu essen. Diesmal stellte Sauljak sich nicht an und aß mit, aber Nastja hatte den Eindruck, dass ihm jeder Bissen im Halse stecken blieb. Hatte er wirklich überhaupt keinen Appetit? Seltsam. War vielleicht etwas mit seiner Gesundheit nicht in Ordnung, mit seinem Magen oder mit der Leber?

»Haben Sie vielleicht gesundheitliche Probleme, Pawel Dmitrijewitsch?«, fragte sie, während sie genüsslich Krabbensalat mit Pilzen aß.

»Mit mir ist alles in Ordnung.«

Das glaube ich dir nicht, antwortete Nastja ihm in Gedanken. Sie hatte sich bereits daran gewöhnt, diese wortlosen Gespräche mit Pawel zu führen. Gestern hast du die Badezimmertür nicht abgeschlossen. Das typische Verhalten eines Herzkranken, der befürchtet, dass ihm im heißen Wasser schlecht werden könnte. Ich schließe die Badezimmertür auch nie ab, damit ich für den Fall der Fälle nach Ljoscha rufen kann. Wenn man erst die Tür aufbrechen muss, kann es zu spät zu sein. Aber ob du nun herzkrank bist oder nicht – irgendein Gebrechen hast du mit Sicherheit. Du willst es nur nicht zugeben. Du willst weiterhin den Supermann spielen. Nur zu, nur zu.

Nach dem Essen setzte sie sich aufs Bett, schob sich ein Kissen in den Rücken und begann, Kreuzworträtsel zu lösen. Das einzige Geräusch im Zimmer bestand im Rascheln der Zeitungsblätter. Pawel studierte die Presse.

»Wenn Sie sich für politische Neuigkeiten interessieren, können Sie ruhig den Fernseher anstellen«, sagte Nastja, ohne von ihrem Kreuzworträtsel aufzublicken. »Es stört mich nicht.«

»Sie sind sehr liebenswürdig«, entgegnete er mit einer Spur Sarkasmus in der Stimme. Das war ein gutes Zeichen. Seine Emotionen erwachten also allmählich aus dem Tiefschlaf.

Eine Viertelstunde später, als die Nachrichten begannen, stellte er den Fernseher tatsächlich an. Es kamen keinerlei interessante Meldungen, der Sonntag war kein Tag für Sensationen und politische Skandale. Pawel spielte eine Weile an der Fernbedienung herum und fand schließlich einen Regionalsender, auf dem gerade eine Talkshow lief. Der Moderator versuchte, eine kontroverse Debatte zwischen einem Vertreter der Stadtverwaltung und einem Vertreter der Städtischen Duma zu entfachen. Doch die Diskussion kam nicht in Gang, die beiden sagten immer dasselbe und stimmten einander in allem zu. Es ging um die Frage, inwieweit die Stadtverwaltung verantwortlich war für die Tätigkeit ihrer einzelnen Abteilungen. Der Moderator legte sich ins Zeug, so gut er konnte, und zog schließlich einen Trumpf aus dem Ärmel, offenbar in der Hoffnung, die beiden zu einem aggressiveren Verhalten anstacheln zu können, indem er sie in die Verteidigungsposition zwang.

»Wie Ihnen bekannt ist«, begann er, an die Zuschauer gewandt, »existiert in unserer Stadt bereits seit zwei Jahren eine Initiative von Eltern, deren Kinder Opfer eines blutrünstigen Mörders geworden sind. Dieser Mörder ist bis heute nicht gefasst. Zu der Elterninitiative gehören nicht nur Mütter und Väter aus unserer Stadt, sondern auch aus einigen benachbarten Städten, wo der Mörder ebenfalls sein Unwesen treibt. Diese Eltern vertreten einen eindeutigen Standpunkt hinsichtlich der Verantwortung der städtischen Dienststellen im Kampf gegen die Kriminalität. Hier eine Aufzeichnung.«

»Diese Menschen haben sich heute nicht getroffen, um die Untätigkeit der Rechtsschutzorgane anzuklagen«, kommentierte eine Stimme das Bild. »Sie setzen keine Hoffnungen mehr auf die Behörden und auf die Staatsanwaltschaft, sondern sind entschlossen, selbst dafür zu sorgen, dass die Tragödie, die ihnen widerfahren ist, sich nicht wiederholt, dass neue Opfer verhindert werden und die kleinen Bürger unseres Landes entsprechenden Schutz genießen.« Auf dem Bildschirm erschien das Gesicht einer Frau mit einem wütenden Blitzen in den Augen.

»Wir werden alles dafür tun, dass sich so etwas nicht wiederholt. Möge Gott verhüten, dass jemand das durchmachen muss, was wir vor drei Jahren durchgemacht haben. Unsere Initiative existiert erst seit zwei Jahren, weil wir bis dahin geglaubt haben, die Miliz würde etwas tun, um dieses Ungeheuer zu fassen. Aber inzwischen haben wir begriffen, dass wir von dieser Seite nichts zu erwarten haben. Der Mörder ist nach wie vor auf freiem Fuß. Deshalb haben wir uns zusammengeschlossen, um wenigstens andere Kinder zu schützen. Für unsere eigenen Kinder können wir ja nichts mehr tun …«

Die Frau verstummte, Tränen traten ihr in die Augen. Der Filmbeitrag war zu Ende, auf dem Bildschirm erschien wieder der Moderator mit seinen Gästen. Nastja vergaß ihr Kreuzworträtsel. Sie wusste, um welche Verbrechen es ging. Vor etwas mehr als drei Jahren waren in dieser Gegend elf Jungen im Alter zwischen sieben und neun Jahren ermordet worden. Ihre Körper wiesen keinerlei Spuren sexueller Gewalt auf, aber in die Brust eines jeden war das russisch-orthodoxe Kreuzeichen hineingeschnitten. Die Verbrechen waren tatsächlich noch nicht aufgeklärt, die Sache lag zur Prüfung beim Ministerium, aber zur Ergreifung des Mörders hatte das bisher noch nicht geführt.

Der Bildschirm erlosch plötzlich, Pawel hatte den Fernseher abgestellt und nahm wieder die Zeitung zur Hand.

»Möchten Sie nichts über den Mörder hören?«, fragte Nastja enttäuscht.

»Über den Mörder habe ich schon alles gehört. Jetzt werden sie über die Verantwortung sprechen, und einer wird sie auf den anderen schieben. Das interessiert mich nicht. Aber wenn Sie es sehen möchten, stelle ich den Fernseher wieder an.«

»Nicht nötig«, entgegnete sie trocken.

In Wirklichkeit hätte sie die Diskussion sehr gern verfolgt, aber das durfte sie Pawel nicht zeigen. Für den Mörder durfte sie sich interessieren, weil sich für ihn alle interessierten, das konnte bei Pawel kein Misstrauen erwecken. Aber für die Diskussion über die Verantwortung der Behörden, über verwaltungstechnische Angelegenheiten bei der Bekämpfung von Verbrechen, hätte sie sich nur als Anastasija Kamenskaja interessieren dürfen, als Majorin der Miliz, nicht aber als die dümmliche, wenn auch dreiste und erfolgreiche Abenteurerin, die sie ihm vorspielte. Deshalb setzte sie eine undurchdringliche Miene auf und versenkte sich wieder in ihr Kreuzworträtsel. Nach einiger Zeit bemerkte sie, dass das Rascheln der Zeitung aufgehört hatte. Sie wandte sich zu dem Sessel um, in dem Pawel saß. Sein Gesicht war aschgrau, auf seiner Stirn stand Schweiß. Er sah alt und sehr krank aus.

»Was ist mit Ihnen?«, fragte Nastja erschrocken. »Geht es Ihnen nicht gut?«

»Mit mir ist alles in Ordnung«, presste er zwischen den Zähnen hindurch, mit fast geschlossenen Lippen.

»Sind Sie sicher? Sie sehen ganz krank aus.«

»Ich habe doch gesagt, dass alles in Ordnung ist. Hatten Sie vorhin nicht Lust auf Abwechslung? Lassen Sie uns einen kleinen Spaziergang durch die Stadt machen.«

Sie sah Pawel mit unverhohlenem Erstaunen an und stand vom Bett auf.

»Wollen Sie mir etwa eine Freude machen? Ich weiß das zu schätzen.«

»Ich möchte nur ein paar Schritte gehen«, sagte er und erhob sich vom Sessel.

VIERTES KAPITEL

Korotkow teilte das Vierbettzimmer, in dem er einquartiert war, mit drei Trunkenbolden aus Workuta, denen es ebenfalls nicht gelungen war, bis nach Jekaterinburg zu kommen. Nachdem er eine halbe Stunde in einer Dunstwolke aus Zigarettenrauch, Zwiebel-, Knoblauch- und Alkoholgestank verbracht hatte, verließ er das Zimmer und sprach mit einem schuldbewussten Lächeln die Etagenfrau an, die auf seinem Stockwerk für Ordnung sorgte.

»Haben Sie etwas dagegen, wenn ich mich ein bisschen in diesen Sessel hier setze und fernsehe?«, fragte er.

Die Frau nickte mitfühlend.

»Haben Sie Zimmer 302?«

»Ja. Wissen Sie ...«

»Ich weiß, ich weiß. Setzen Sie sich.«

Jura machte es sich gemütlich und vergaß dabei nicht, die breite Treppe im Auge zu behalten. Nastja wohnte eine Etage höher, und wenn sie das Hotel verlassen wollte, musste sie über diese Treppe kommen, denn das Hotel besaß keinen Lift.

Gegen acht Uhr abends sah er sie und Sauljak die Treppe herunterkommen. Er erhob sich etwas unwillig aus dem Sessel, schlüpfte in seine warme Kapuzenjacke, die er vorsichtshalber nicht im Zimmer zurückgelassen hatte, und folgte den beiden, nachdem er der Etagenfrau erklärt hatte, er wolle sich in der Stadt nach einem kleinen Restaurant umsehen.

Er holte Nastja und Sauljak an der Bushaltestelle ein, wo Trauben von Menschen auf den Bus zum Bahnhof warteten. Korotkow konnte nicht riskieren, ebenfalls den Bus zu nehmen. Schließlich wusste er nicht, was Nastja diesem Sauljak alles weisgemacht hatte. Es war besser, den beiden nicht öfter als unbedingt nötig unter die Augen zu kommen. Taxis gab es keine, aber er fand schnell einen beherzten Autofahrer, der bereit war, dem Bus zu folgen, nachdem Jura ihm in Kürze die banale Geschichte von einer untreuen Geliebten und einem hinterhältigen Rivalen erzählt hatte.

»Ist sie zu ihrem Liebhaber nach Uralsk gekommen?«, fragte der Mann, der sich als Viktor vorstellte, mitfühlend.

»Nein, sie war mit ihm zusammen unterwegs nach Jekaterinburg. Für sie war es eine Dienstreise, und er hat sich ihr angeschlossen. Und jetzt hängen sie hier fest, weil die Maschinen wegen Schlechtwetter nach Uralsk umgeleitet wurden. Ich bin ihnen mit der nächsten Maschine hinterhergeflogen, ich wusste ja, wo sie in Jekaterinburg zu tun haben würde, und hätte sie deshalb leicht gefunden. Aber meine Maschine ist nun auch hier gelandet, ich hänge ebenfalls fest und wohne im selben Hotel wie sie. Ah, da kommt ja der Bus.«

Sie überzeugten sich davon, dass Nastja und Sauljak wirklich in den Bus eingestiegen waren, und fuhren ihnen hinterher. Nach etwa einer Viertelstunde hatten sie fast das Stadtzentrum erreicht. Der Bus hielt hier oft, und sie mussten ebenfalls ständig anhalten. Endlich entdeckte Korotkow Nastja in dem Gedränge derer, die aus dem Bus ausstiegen. Sauljak verließ den Bus als Erster, aber er half Nastja nicht beim Aussteigen. Jura beachtete das nicht weiter, aber dem scharfsichtigen Viktor war der Fauxpas sofort aufgefallen.

»Da hat sich deine Holde ja einen schönen Stoffel ausgesucht«, sagte er mit einem missbilligenden Kopfschütteln. »Er hilft ihr nicht einmal aus dem Bus. Und wie der aussieht, du lieber Gott! Der ist ja hässlich wie die Nacht. Aber die Weiber werden wir sowieso nie verstehen. Ist er vielleicht reich?«

»Das weiß ich nicht, das habe ich noch nicht herausgefunden. Darum will ich ihn mir ja auch mal näher ansehen, um festzustellen, was er hat, das ich nicht habe. Was glaubst du, wohin könnten sie hier gehen?«

»Hier?«, Viktor sah sich um. »Die Geschäfte sind bereits alle geschlossen, aber an der Ecke zum Mir-Prospekt gibt es zwei Restaurants und ein paar Bars.«

»Lass uns dort hinfahren und auf sie warten«, sagte Korotkow.

»Zu Befehl, Chef«, sagte Viktor mit einem Schulterzucken und gab Gas.

Sie überholten Nastja, die langsam neben Sauljak herging, und blieben etwa einen halben Kilometer weiter an der Kreuzung stehen. Nach einer Weile holten die beiden sie ein, sie verlangsamten ihren Schritt, blickten um sich und schienen sich zu beratschlagen. Dann bogen sie nach rechts ab, genau dorthin, wo sich nach Viktors Worten die Restaurants und Bars befanden. Die Straße war hell erleuchtet, Korotkow konnte gut sehen, wie sie an den Restaurants vorbeigingen und hinter irgendeiner unscheinbaren Tür verschwanden.

»Was ist dort?«, fragte er Viktor.

»Eine Bierbar. Trinkt deine Schöne etwa gern Bier?«

»Nein, sie kann Bier nicht ausstehen.«

»Dann macht sie es seinetwegen. Also, Chef, was ist? Wollen wir warten, oder was steht an?«

»Wir warten«, sagte Korotkow entschieden. »Ich werde dich gut bezahlen, keine Sorge. In ein paar Minuten gehst du dort mal rein und siehst nach. Abgemacht?«

»Und dich soll ich wohl allein lassen in meinem Auto?«, knurrte Viktor.

»Nimm den Schlüssel mit, wenn du Bedenken hast. Und wenn du willst, gebe ich dir meinen Pass. Ohne den komme ich nicht weit.«

»Das ist auch wieder wahr«, stimmte Viktor zu.

* * *

Korotkow hatte die Wahrheit gesagt, Nastja konnte Bier wirklich nicht ausstehen. Aber es war Pawels Idee gewesen, die Bierbar aufzusuchen, und sie hatte es für klüger gehalten, nicht zu protestieren. Er sollte wissen, dass sie nicht störrisch war und dass man ganz leicht mit ihr auskommen konnte, wenn man sich ihr gegenüber freundschaftlich verhielt.

Die Bar war laut, voll und nicht besonders sauber, und sie fanden nur noch mit Mühe zwei Plätze. Es gab hier mehrere Sorten Bier, heiße Räucherwürste, Soljanka mit Sauerkraut und riesige rosarote Garnelen. Nastja bemerkte, dass Pawel etwas lebhafter geworden war, und das versöhnte sie sogar mit dem verhassten Bier. Dazu aß sie ein paar von den stark gepfefferten Räucherwürsten, die reichlich mit Schaschliksauce übergossen waren. Pawel nahm Garnelen, er war sehr geschickt im Umgang mit dem zarten, saftigen Fleisch.

»Ich habe das nie gelernt«, gestand Nastja, während sie zusah, wie gekonnt und flink Pawel das Fleisch von der Schale trennte. »Bei mir bleibt immer die Hälfte im Gehäuse stecken.«

»Das kommt von Ihren langen Fingernägeln, die stören.«

»Das stimmt«, seufzte Nastja. »Die Schönheit verlangt, dass man ihr Opfer bringt.«

»Dann bringen Sie doch keine, wer zwingt Sie denn dazu? Sie denken sich selbst Schwierigkeiten aus, um dann voller Entzücken mit ihnen zu kämpfen. Und dafür wollen Sie auch noch Mitgefühl.«

»Genau«, lächelte Nastja, »wollen wir. Wir leiden ja für euch, für die Männer. Ihr wollt doch, dass wir schön und gepflegt sind, für uns selbst ist das vollkommen unwichtig. Warum sehen Sie sich denn ständig um? Suchen Sie jemanden?«

»Ich suche unsere Beschatter. Sie sind so beschäftigt mit dem Essen, dass Sie Ihre Pflichten vergessen und ich sie an Ihrer Stelle erfüllen muss.«

Nastja antwortete nicht, sie tat so, als würde sie, ausgerüstet mit einem stumpfen Messer und einer verbogenen Gabel, tatsächlich voller Hingabe mit dem Würstchen auf ihrem Teller kämpfen. Sie hatte ihre Beschatter längst alle »fotografiert«, mit Ausnahme von Korotkow, der nicht in der Bierbar erschienen war. Und sie hätte ihren Kopf verwettet, dass Pawel gelogen hatte. Er hielt nicht nach ihren Verfolgern Ausschau. Der junge Mann in der Wolfspelzmütze war nur für einen Augenblick hereingekommen, hatte sich davon überzeugt, dass sie in aller Ruhe Bier tranken, und war wieder verschwunden. Jetzt stand er wahrscheinlich draußen in der Kälte, fror und wartete darauf, dass sie wieder herauskommen würden. Die zwei aus dem grauen Wolga saßen weit entfernt von ihnen, hinter Nastjas Rücken, und um sie zu erblicken, hätte Pawel seinen Kopf nicht zu verdrehen brauchen, ein kurzer Augenaufschlag hätte genügt. Nach wem also sah er sich so beharrlich um? Sehr interessant.

»Übrigens haben Sie versprochen, mir zu verraten, wie Sie Wahrheit von Lüge unterscheiden«, sagte Sauljak plötzlich.

Noch interessanter, dachte Nastja. Was ist los mit ihm? Woher dieser auffällige Sinneswandel? Sei vorsichtig, Nastja, sagte sie sich selbst. Pawel Dmitrijewitsch führt etwas im Schilde. Oder hat er sich etwa entspannt, weil er plötzlich keine Gefahr mehr in mir sieht? Was ist passiert? Denk nach, Nastja, denk nach, wappne dich, sonst erlebst du gleich wieder die nächste Überraschung.

»Ich verrate es Ihnen«, sagte sie, »aber erst bitte ich Sie darum, mir noch eine Wurst zu holen. Hier ist Geld.«

Pawel erhob sich wortlos und kämpfte sich durch das Gedränge zur Theke durch. Nastja dachte mit Entsetzen an die viel zu scharfe Räucherwurst, die zu verzehren ihr nun zum zweiten Mal bevorstand. Aber sie hatte Pawel zur Theke schicken müssen, um ihren Verdacht zu überprüfen. Und sie sah, dass es genau so war, wie sie vermutet hatte. Er suchte jemanden, nicht unter den Gästen der Bar, sondern unter dem Personal. Als er die Theke erreicht hatte, blickte er immer wieder zum Personaleingang, aus dem ständig Kellner in nicht gerade blütenweißen Jacken herauskamen. Sie gingen zwischen den Tischen umher, sammelten leere Gläser und schmutziges Geschirr ein, stellten riesige Stapel sauberer Teller auf der Theke ab, brachten den Gästen das Essen. Warum hatte Pawel sie in dieses Lokal gebracht? Hatte er hier Komplizen, mit deren Hilfe er sie loszuwerden hoffte? Das war nicht sehr wahrscheinlich. Denn sie waren ja völlig zufällig in dieser Stadt gelandet. Obwohl es bekanntlich die verrücktesten Zufälle gab. Vielleicht hatte Pawel tatsächlich ausgerechnet in dieser Stadt Freunde. Er war es schließlich gewesen, der diesen Spaziergang so überraschend vorgeschlagen hatte. Er hatte an dieser Bushaltestelle aussteigen wollen, und es war seine Idee gewesen, in diese Bar zu gehen. Sei also gefasst auf Schwierigkeiten, Nastja, sagte sie sich. Bleibt nur die Hoffnung, dass Korotkow irgendwo in der Nähe ist und im Notfall zu Hilfe eilen wird.

Pawel kam zurück und stellte den Teller mit der widerwärtigen Räucherwurst vor Nastja auf den Tisch.

»Ich habe meine Pflicht ehrlich erfüllt«, sagte er, »jetzt sind Sie dran.«

Oh, das war ja sogar ein Anflug von Humor, dachte Nastja. Wir schreiten mit Siebenmeilenstiefeln voran. Aber mir schwant nichts Gutes ...

»Verstehen Sie, Pawel Dmitrijewitsch, die meisten Menschen machen einen Fehler. Sie achten auf den Inhalt dessen, was ihnen jemand erzählt. Das ist falsch.«

»Tatsächlich? Und wie ist es richtig?«

»Ich werde es Ihnen erklären. Nicht die Worte sind wichtig, sondern die Tatsachen. Jemand sagt einen bestimmten Satz oder handelt in einer bestimmten Weise, und die Wahrheit verbirgt sich in der Tatsache, dass er es für nötig hielt, diesen Satz zu sagen oder genau so zu handeln. Verstehen Sie den Unterschied?«

»Nicht ganz.«

»Dann erkläre ich es Ihnen an einem Beispiel. Wir kennen uns inzwischen seit zwei Tagen. In diesen zwei Tagen haben Sie mich nicht gerade mit ausführlichen Unterhaltungen verwöhnt, Sie haben mir kaum Fragen gestellt und auf die meinen entweder gar nicht oder nur sehr einsilbig geantwortet. Denken Sie etwa, ich würde daraus schließen, dass Sie deshalb ganz grundsätzlich ein wortkarger und ungeselliger Mensch sind? Es wäre sehr dumm von mir, wenn ich so denken würde.«

»Und wie denken Sie also tatsächlich?«

»Ich bin der Meinung, dass Sie auf mich den Eindruck eines verschlossenen und wortkargen Menschen machen möchten. Und meine Aufgabe ist es, herauszufinden, warum Sie das möchten. Wenn ich das herausgefunden habe, dann werde ich die Wahrheit kennen.«

»Haben Sie Vermutungen?«

In Pawels Gesicht trat ein Ausdruck von Neugier, die nicht gespielt, sondern ganz aufrichtig wirkte.

»Jede Menge. Vermutung eins. Ich bin Ihnen von Herzen unsympathisch, ich gehe Ihnen furchtbar auf die Nerven, und Sie wollen einfach so wenig wie möglich mit mir zu tun haben. Vermutung zwei. Sie haben nichts gegen mich persönlich, aber es geht Ihnen gesundheitlich nicht gut, und das Sprechen fällt Ihnen schwer. Sie wollen sich nicht beklagen, da Sie mich nicht kennen, Ihre gute Erziehung und Ihr männlicher Stolz verbieten es Ihnen, eine fremde Frau mit Ihren Schwierigkeiten zu belästigen. Vermutung drei. Sie wollen mich mit Ihrer Kälte, mit Ihrer ausweichenden Art und Ihrer Geheimnistuerei herausfordern, provozieren, damit ich die Nerven verliere und damit die Kontrolle über mich selbst. Diese Vermutung gilt für den Fall, dass Sie mir nicht trauen. Vermutung vier. Sie sind wirklich einfach nur ein wortkarger Muffel. Ich könnte noch endlos so weitermachen, aber ich nehme an, Ihnen ist jetzt klar, was ich meine. Wichtig sind nicht Worte und Verhalten, sondern die Motive, die dahinter stehen.«

»Und welche Vermutung kommt nach Ihrer Meinung der Wahrheit am nächsten?«

»Das weiß ich noch nicht«, erwiderte sie so sorglos wie möglich. »Um das herauszufinden, müsste ich Sie entweder lange genug beobachten oder Spezialtests mit Ihnen durchführen. Aber das habe ich nicht vor. Meine Aufgabe ist es, Sie sicher nach Moskau zu bringen. Ich habe kein Interesse daran, in Ihrer Seele herumzuwühlen.«

»Wenn ich von Ihrer Methode ausgehe, muss ich diese dann auch auf die Frage nach Ihrer Berufsausbildung anwenden? Mal behaupten Sie, dass Sie Schauspielerin sind, dann wieder erklären Sie mir, dass Sie Physik und Mathematik studiert haben. Soll das heißen, dass Sie mich absichtlich täuschen, damit ich mir über Sie den Kopf zerbreche?«

»Das ist eine mögliche Variante. Mehr haben Sie nicht anzubieten?«

»Die andere Variante könnte sein, dass Sie dumm und unerfahren sind und sich an Ihre eigenen Lügen nicht erinnern können.«

»Bravo! Was noch?«

»Sie sind wirklich Schauspielerin, aber irgendwann haben Sie auch Physik und Mathematik studiert.«

»Sie sind ein gelehriger Schüler, Pawel Dmitrijewitsch. Ich beglückwünsche Sie. Und was ist nun die Wahrheit?«

»Ich habe die Möglichkeit, das ohne größere Mühe herauszufinden. Haben Sie einen Bleistift oder einen Kugelschreiber dabei?«

Nastja kramte in ihrer Handtasche und reichte ihm einen Kugelschreiber. Pawel nahm eine Serviette und beschrieb sie mit einer langen Gleichung.

»Und nun zeigen Sie mir, was Sie von Mathematik verstehen«, sagte er und schob Nastja die Serviette über den Tisch.

Sie überflog die lange Reihe der Zahlen und Symbole, dann nahm sie den Kugelschreiber, strich eines der Symbole aus und setzte ein anderes darüber.

»Wenn ich mich nicht täusche, muss diese Gleichung so aussehen. Ich habe diese Aufgabe schon hundertmal gelöst. Soll ich die Lösung aufschreiben, oder glauben Sie mir auch so?«

»Ich glaube Ihnen auch so.« Sauljak knüllte die Serviette zusammen und warf sie in den Aschenbecher. »Jetzt muss ich nur noch herausfinden, ob Sie Schauspielerin sind.«

»Das wird schon schwieriger werden«, lachte Nastja. »Meine Mathematikkenntnisse konnten Sie als Techniker leicht überprüfen. Aber wie wollen Sie meine schauspielerischen Fähigkeiten testen?«

»Ich werde darüber nachdenken. Wenn Sie satt sind, dann würde ich vorschlagen, dass wir jetzt wieder gehen.«

Alles klar, dachte Nastja. Der, den er sucht, ist nicht hier. Jetzt wird er mich an irgendeinen anderen Ort schleppen.

»Wohin wollen wir denn gehen?«, fragte sie unschuldsvoll.

»Wir werden ein anderes Lokal finden. Hier wird es auf Dauer langweilig.«

Sie erhoben sich, knöpften ihre Jacken zu und schoben sich durch das Gedränge zum Ausgang. Die zwei aus dem Wolga machten sich ebenfalls zum Aufbruch bereit. Vor ihnen standen noch zwei halb volle Biergläser, und Nastja sah mit einem Seitenblick, dass sie die Gläser mit der bernsteinfarbenen Flüssigkeit mit großen, eiligen Schlucken leerten. Was man bezahlt hatte, durfte man schließlich nicht verkommen lassen.

Als sie aus der stickigen Bierbar nach draußen traten, erschien Nastja die frostige Luft angenehm frisch und kühl. Sie waren gerade erst einige Meter gegangen, Nastja war noch gar nicht dazu gekommen, so richtig durchzufrieren, als Pawel bereits das nächste Lokal ansteuerte und die Tür öffnete. Wieder eine Bar, aber hier ging es gesitteter zu.

»Was sollen wir hier?«, fragte Nastja verwundert, nachdem sie Platz genommen hatten. »Sie trinken weder Kaffee noch Alkohol, und hier gibt es nichts anderes.«

»Ich nehme Saft. Und Sie mögen doch Kaffee, soviel ich weiß. Also bestellen Sie. Es gibt übrigens auch Campari.«

»Haben Sie etwa beschlossen, mir eine Freude zu machen?«

»Ich stehe in Ihrer Schuld. Sie haben mir offen und ehrlich davon erzählt, wie Sie Wahrheit von Lüge unterscheiden, und ich will mich revanchieren. Ich kann Sie zwar nicht einladen, aber ich kann mich nach Ihren Wünschen richten. Ich möchte nicht, dass Sie mich für undankbar halten. Ich bin Ihnen wirklich sehr dankbar dafür, dass Sie mich am Lagertor in Empfang genommen haben, auch wenn es nicht so aussehen mag. Was soll ich Ihnen bringen?«

»Kaffee, ein Stück Kuchen und einen Martini. Wenn es keinen Martini gibt, dann einen Campari.« Sie reichte ihm einige Geldscheine. »Und denken Sie auch an sich selbst. Ich weiß, dass es Ihnen unangenehm ist, jedes Mal Geld von mir anzunehmen, aber denken Sie daran, dass es nicht mein Geld ist, sondern das meines Auftraggebers. Er braucht Sie, und er ist bereit, jeden Preis zu bezahlen, um Sie zu bekommen. Also haben Sie auf dieses Geld genau dasselbe Anrecht wie ich.«

Er nickte unmerklich und entfernte sich. Nastja ließ ihn nicht aus den Augen. Es geschah genau das, was sie erwartet hatte. Auch hier blickte er sich ständig um, wobei ihn erneut vor allem der Personaleingang interessierte. Es bestand kein Zweifel daran, dass er jemanden suchte. Aber wen? Einen Tellerwäscher? Einen Koch? Einen Kellner? Wie viele Lokale dieser Art mochte es hier geben? Würden sie sie jetzt alle der Reihe nach abklappern? Der Teufel allein mochte wissen, was das sollte. Aber es war nicht zu ändern, sie musste so tun, als würde sie ihm seine Anwandlung von Edelmut glauben. Sie durfte nicht als zu klug und aufmerksam erscheinen.

Er kam zurück, und Nastja begriff sofort, dass etwas passiert war. Auf seiner Stirn standen wieder Schweißperlen, die Lippen waren zu einem Strich zusammengepresst, die Augen halb geschlossen. Hatte er gefunden, was er suchte?

Er hatte für sie eine Tasse Kaffee besorgt, ein Eclair und einen Martini, für sich eine Flasche Cola. Als sie die Tasse von ihm entgegennahm, berührte sie versehentlich seine Finger. Sie waren eiskalt.

»Pawel, langsam beginnt es mir zu gefallen, wie Sie mir Ihre Dankbarkeit beweisen«, sagte sie leichthin, so, als sei nichts geschehen. »Was muss ich tun, damit Sie auch weiterhin so nett zu mir sind?«

Er antwortete nicht. Er saß wieder mit geschlossenen Augen da und hatte die Arme über der Brust verschränkt. Sein Gesicht sah wieder genauso grau und krank aus wie vorhin im Hotel.

»Pawel Dmitrijewitsch, hören Sie mich? Fühlen Sie sich nicht wohl?«

Er hob langsam die Lider und schüttelte den Kopf.

»Ich bin in Ordnung.«

»Sie sehen ganz krank aus. Was ist mit Ihnen?«

»Ich sagte doch, es ist alles in Ordnung.«

Also wieder dasselbe! Eben noch war er ein ganz normaler Gesprächspartner gewesen, er hatte sogar zu scherzen begonnen, viel hätte nicht gefehlt, und er hätte gelächelt. Jetzt waren seine Hände zu Fäusten geballt, so fest, dass es schien, jeden Augenblick müsse die dünne Haut über den weiß hervortretenden Knöcheln zerreißen.

»Wie Sie wollen«, sagte Nastja schulterzuckend und biss in das Eclair.

Sauljak trank in kleinen Schlucken seine Cola, seine blicklosen Augen waren in eine entfernte Ecke des Lokals gerichtet. Nastja sah sich um, aber sie konnte nichts Auffälliges entdecken. Ihr wurde plötzlich bewusst, dass sie sogar vergessen hatte, auf ihre Verfolger zu achten. In diesen zwei Tagen hatte sich gezeigt, dass sie die richtige Taktik gewählt hatte. Man würde keine Gewalt gegen sie anwenden, zumindest vorläufig nicht. Was sie in Moskau erwartete – das stand in den Sternen. Deshalb war es keinesfalls angebracht, sich zu entspannen, sie musste das begonnene Spiel bis zum siegreichen Ende weiterspielen, bis zu dem Moment, da sie Pawel General Minajews Händen übergeben haben würde.

»Sie haben Recht«, sagte er und stellte das Glas abrupt auf dem Tisch ab. »Mir ist nicht gut. Ich muss mal kurz hinausgehen.«

»An die Luft?«

»Zur Toilette. Sie brauchen nicht zu befürchten, dass ich auf und davon gehe. Es kann etwas länger dauern, aber machen Sie sich keine Sorgen, das kommt bei mir vor.«

»Ich kann Sie nicht allein gehen lassen.«

»Ich habe Ihnen doch gesagt, dass ich nicht vorhabe zu verschwinden.«

»Und Ihre Freunde? Haben Sie die vergessen?«

»Ich denke, da wird Ihnen schon etwas einfallen. Sie halten sich schließlich für eine große Schauspielerin.«

Nastja sah, dass ihm wirklich nicht gut war. Aber wenn sie sich jetzt trennen würden, konnte er sofort in große Gefahr geraten. Was tun? Natürlich konnte sie sich vor die Toilettentür stellen, aber wenn die Männer Pawel folgten, würde sie sowieso nichts gegen sie ausrichten könnten.

»Gehen Sie«, sagte sie schließlich und erhob sich.

Sie gingen gemeinsam bis zur Tür. Pawel trat hinaus in die Halle und ging in Richtung Toilette, Nastja machte kehrt und steuerte den Tisch an, an dem die zwei aus dem grauen Wolga saßen.

»Hallo, Jungs, ihr könnt mir helfen, tausend Dollar zu gewinnen«, sagte sie, ließ sich auf einen freien Stuhl fallen und angelte sich, ohne zu fragen, eine Zigarette aus der Packung, die auf dem Tisch lag.

»Wie bitte?«, Der ältere der beiden Männer runzelte die Brauen. Es war derjenige, der am Vortag vor dem Straflager auf dem Beifahrersitz gesessen hatte.

Der jüngere gab Nastja Feuer. Dabei waren seine Augen auf die Tür geheftet, durch die Sauljak eben den Raum verlassen hatte.

»Pawel behauptet, dass er euch gestern in Samara gesehen hat, und zwar mehrmals, und dass ihr heute in derselben Maschine gesessen habt wie wir. Aber ich glaube, dass er an einem Verfolgungswahn leidet. Versteht ihr«, sie senkte die Stimme und kicherte leise, »er ist ein bisschen durcheinander, er sieht überall Ratten. Jedenfalls haben wir um tausend Dollar gewettet, dass er euch weder in Samara noch im Flugzeug gesehen hat.«

»Natürlich hat er uns nicht gesehen«, erwiderte der ältere Mann schnell. »Er kann uns gar nicht gesehen haben, weil wir nicht in Samara waren.«

»Wir sind von hier«, fügte der Jüngere hinzu.

»Das ist ja meine Rede. Übrigens, Schätzchen«, sie holte ihre Geldbörse aus der Handtasche und reichte dem jüngeren der beiden einen Schein, »du könntest mir was zu trinken holen. Das Wechselgeld kannst du behalten. Ich möchte einen Martini.«

»Ist Pawel Ihr Mann?«, fragte der Ältere mit vorsichtiger Neugier.

»Manchmal muss er jedenfalls ran«, grinste Nastja.

Die Antwort war ordinär, aber die einzig richtige in dieser Situation. Weder ein Nein noch ein Ja, man konnte darüber denken, was man wollte.

»Und hat er das schon lange mit dem Verfolgungswahn?«

»Weiß der Teufel«, antwortete Nastja mit einer ausdrucksvollen Handbewegung. »Ich habe ihn zwei Jahre nicht gesehen, er war im Straflager und ist erst gestern rausgekommen. Hör mal, Alter, du hast einen netten Begleiter. So höflich und gut erzogen. Ein süßes Küken. Wie alt ist er denn?«

»Sechsundzwanzig.«

»Ach so«, meinte Nastja enttäuscht, »das ist zu alt für mich.«

Das »Küken«, kam zurück und stellte ein Glas vor Nastja auf den Tisch. Sie nahm einen Schluck und machte eine zufriedene Miene.

»Genau das Richtige. Danke. Jedenfalls, Jungs, ich verlasse mich auf euch. Wenn er wieder mit dieser Geschichte anfängt, komm ich mit ihm bei euch vorbei, und ihr sagt ihm, was Sache ist. Abgemacht? Der bringt mich nämlich zur Weißglut mit seinem Verfolgungswahn.«

»Klar«, stimmten die beiden zu. »Wir werden ihm schon Bescheid sagen, keine Sorge.«

Pawel war immer noch nicht zurück, und Nastja begann, nervös zu werden. Sie hatte jetzt keinen Grund mehr, an diesem Tisch sitzen zu bleiben, aber solange die Männer sich mit ihr unterhielten, konnte sie wenigstens sicher sein, dass sie Pawel in Ruhe ließen.

Es gelang ihr, die beiden in ein Gespräch zu verwickeln. Sie spielte ein vulgäres, nicht mehr ganz nüchternes, etwas verrücktes Frauenzimmer, streichelte dem Jüngeren, der sich als Serjosha vorstellte, die Hand, zwinkerte dem Älteren, der Kolja genannt wurde, viel sagend zu und schnorrte Zigaretten, während ihr inneres Metronom die Minuten zählte. Was war los mit Pawel? Wo blieb er so lange?

Sie merkte, dass ihre Gesprächspartner, nachdem sie die erste Verwirrung überwunden hatten, nun versuchten herauszufinden, wer sie war. Sie log das Blaue vom Himmel herunter, um die beiden endgültig in die Irre zu führen, sie ließ keine Gesprächspausen entstehen und verhielt sich so unbefangen wie nur möglich. Endlich erschien Pawel in der Türöffnung.

»Oh!« Sie riss sofort ihre Finger von Serjoshas Hand. »Pawel ist wieder da. Das war's, Jungs, macht es gut. Es war nett, euch kennen zu lernen.«

Pawel sah schrecklich aus. Er schien sich nur noch mit Mühe auf den Beinen zu halten.

»Was ist? Geht es Ihnen noch schlechter?«

Er nickte.

»Wollen wir gehen?«

»Ja, das ist wahrscheinlich besser.«

»Können wir einen Wagen nehmen?«, fragte Pawel mit gepresster Stimmte, als sie das Lokal verlassen hatten.

»Natürlich. Sie werden nicht hinter uns herfahren. Sie werden sich von jetzt an sowieso auf größerem Abstand halten.«

Nastja stellte sich an den Straßenrand und hob die Hand. Nach ein paar Minuten hielt ein Privatwagen.

»Zum Flughafen«, sagte sie, durch das geöffnete Fenster zum Fahrer hinabgebeugt.

»Wie viel?«

»So viel du verlangst. Ich bin nicht von hier, ich kenne die Preise nicht.«

»Fünfzig Dollar.«

»In Ordnung.«

Sie setzte sich nach vorn auf den Beifahrersitz, Sauljak stieg hinten ein. Auf dem ganzen Weg zum Hotel schwiegen sie. Immer noch schweigend verließen sie den Wagen, betraten das Hotel und stiegen die Treppen zu ihrem Stockwerk hinauf. Kaum waren sie im Zimmer, hielt Nastja es nicht mehr aus.

»Meinen Sie nicht, dass es endlich an der Zeit ist, mit diesen Kindereien Schluss zu machen?«, fragte sie zornig, während Pawel mit steifen Fingern versuchte, den Verschluss seiner Jacke zu öffnen. »Was ist mit Ihnen los, Pawel Dmitrijewitsch? Ich muss Sie nach Moskau bringen, und Sie sind ständig drauf und dran zusammenzuklappen. Warum wollen Sie mir nicht sagen, was Ihnen fehlt, und sich helfen lassen?«

Sein Blick wich ihr erneut aus. Er hatte ihr beim Sprechen noch nie in die Augen gesehen, nicht einmal in den Minuten, in denen sie sich durchaus freundschaftlich unterhalten hatten. Endlich war es ihm gelungen, den Verschluss zu öffnen, er zog seine Jacke aus und legte sich wortlos aufs Bett.

»Entweder sagen Sie mir auf der Stelle, was mit Ihnen los ist, oder ich hole den Notarzt. Der Gedanke, Sie als Leiche nach Moskau zu bringen, bereitet mir nicht gerade Spaß.«

»Machen Sie sich keine Sorgen«, sagte er leise, ohne die Augen zu öffnen. »Mir passiert nichts. Es wird bald vergehen. Mir tut schon jetzt nichts mehr weh.«

»Es fällt mir schwer, Ihnen zu glauben«, sagte sie, aber sie hatte sich tatsächlich etwas beruhigt. »

Es war schon sehr spät, höchste Zeit, schlafen zu gehen, aber Nastja war sicher, dass Pawels Zustand sich sofort wieder verschlechtern würde, sobald sie das Licht löschte. Sie zog Pullover und Stiefel aus und kroch in Jeans und Shirt unter die Decke.

»Warum machen Sie das Licht nicht aus?«, fragte Pawel.

»Um Sie zu sehen. So werde ich zumindest merken, wenn es Ihnen wieder schlechter geht.«

»Das wird es nicht, ich habe es Ihnen schon gesagt. Löschen Sie das Licht und schlafen Sie. Sie müssen sich ausruhen, ich bitte Sie.«

Etwas war in seinem Tonfall, das Nastja zwang, sich aufzurichten und gehorsam auf den Lichtschalter zu drücken. Jetzt war das Zimmer nur noch von den Straßenlaternen und den Lichtern des Flughafens erleuchtet. Und hier soll man nun schlafen, dachte Nastja gereizt.

Pawel lag so still da, dass Nastja allmählich doch ruhiger wurde. Jemand, der Schmerzen hatte, konnte gewöhnlich nicht still liegen, er wälzte sich herum und versuchte, die Haltung zu finden, in der die Schmerzen am erträglichsten waren. Es gelang ihr, sich etwas zu entspannen, aber da ihr klar war, dass sie sowieso nicht einschlafen würde, versuchte sie wenigstens, ihre Gedanken zu ordnen. Systematisch ging sie den vergangenen Tag durch, Minute für Minute, sich an jedes Wort von Pawel erinnernd, an jede seiner Gesten, jeden seiner Blicke. Was hatte sie heute Neues und Wissenswertes über ihn erfahren?

»Nastja«, hörte sie ihn plötzlich neben sich sagen.

Sie sprang auf, wie von der Tarantel gestochen. Zum ersten Mal, seit sie sich kannten, hatte er sie beim Vornamen genannt. Er musste wirklich in Nöten sein.

»Ja, ich bin da«, antwortete sie mit ebenso leiser Stimme.

»Schläfst du?«

»Nein.«

»Setz dich ein bisschen zu mir.«

Und jetzt auch noch das Du! Dir muss das Wasser bis zum Hals stehen, Pawel Dmitrijewitsch, dachte sie. Wenn ich nur eine Ahnung hätte, was mit dir los ist.

Nastja schlug rasch die Decke zurück und setzte sich zu ihm auf den Bettrand. Seine eiskalten Finger berührten ihre Hand.

»Ist dir kalt?«, fragte sie besorgt. »Warum deckst du dich nicht zu?«

»Nicht nötig, es ist alles in Ordnung. Bleib einfach nur ein bisschen neben mir sitzen.«

»Ist gut, natürlich.«

Sie drückte sanft seine Finger, aber er zog sie zurück. Die Minuten vergingen, Nastja begann zu frieren, aber sie wagte es nicht, sich zu bewegen. Sie hatte nicht die geringste Ahnung, was vor sich ging, sie wusste nur, dass sie auf keinen Fall das empfindliche Gleichgewicht zwischen Vertrauen und Fremdheit stören durfte, das plötzlich zwischen ihnen entstanden war.

»Ich soll verflucht sein, wenn ich dich jemals kränke«, sagte Pawel plötzlich laut und deutlich.

Nastja hielt sich gewaltsam zurück, um nichts darauf zu erwidern. Sie suchte und fand in der Dunkelheit nur seine Hand und streichelte seine kalten Finger.

»Geh wieder ins Bett«, sagte er, seine Stimme war wieder leise. »Hör nicht auf mich, ich rede allen möglichen Unsinn. Leg dich wieder hin.«

Sie erhob sich schweigend und ging wieder in ihr Bett. Bis zum Morgen sagte Pawel kein einziges Wort mehr.

* * *

Gegen acht Uhr morgens stellte sich im Hotelzimmer das Radio an, das an das Übertragungsnetz des Flughafens angeschlossen war.

»Achtung! Achtung! Die Passagiere des Fluges Nr. 726 nach Jekaterinburg werden gebeten, sich zum Flughafengebäude zu begeben. Ich wiederhole. Die Passagiere des Fluges Samara–Jekaterinburg, der gestern wegen Schlechtwetter nach Uralsk umgeleitet werden musste, werden gebeten, sich zu den Abfertigungsschaltern zu begeben. Die Maschine nach Jekaterinburg startet um zehn Uhr fünfzig.«

Nastja und Pawel sprangen auf und begannen, ihre Sachen einzupacken.

»Was meinen Sie, reicht die Zeit noch für eine Dusche?«, fragte Pawel.

Aha, nun also wieder das Sie, dachte Nastja. Wahrscheinlich schämt er sich dafür, dass er gestern schwach geworden ist. Nun ja, so etwas kommt vor. Nur keine Aufsässigkeiten, soll es ruhig nach ihm gehen.

»Durchaus«, sagte sie, »Sie können sich zwanzig Minuten Zeit nehmen.«

Er verschwand im Bad und schloss auch diesmal die Tür nicht ab. Nach etwa einer Viertelstunde erschien er wieder, er war frisch rasiert und sah geradezu prächtig aus. Jedenfalls wäre bei seinem Anblick niemand auf die Idee gekommen, dass dieser Mensch noch am Vortag den Eindruck eines Schwerkranken gemacht hatte.

Alles Weitere verlief erstaunlich glatt. Das Flugzeug nach Jekaterinburg startete und landete pünktlich, gegen halb zwei waren sie bereits im Besitz der neuen Pässe und der Tickets nach Wolgograd. Am späten Abend, an Bord des Flugzeugs, das sie von Wolgograd nach Moskau bringen sollte, atmete Nastja endlich auf. Anscheinend war alles gut gegangen. Von den Verfolgern keine Spur mehr, auch Jura Korotkow war nicht mehr zu sehen. Auch das lag in der Ordnung der Dinge. Sie hatte Jura als einen ihrer Verfolger ausgegeben, und Sauljak sollte nicht daran zweifeln, dass sie auch ihm entkommen waren.

»Ich glaube, es ist geschafft, Pawel Dmitrijewitsch«, sagte sie, als die Maschine bereits im Landeanflug auf Moskau war. »Nur noch ein letzter kleiner Einsatz, und alles ist vorbei.«

»Wird uns jemand vom Flughafen abholen?«

»Ich fürchte, nein. Ich werde Sie selbst an Ort und Stelle bringen müssen.«

»Es ist schon spät, um diese Zeit gehen keine öffentlichen Verkehrsmittel mehr. Oder hat sich in den vergangenen zwei Jahren etwas daran geändert?«

»Auf dem Parkplatz am Flughafen steht ein Auto für uns.«

»Vielleicht sagen Sie mir jetzt, zu wem Sie mich eigentlich bringen wollen?«

Nastja schüttelte den Kopf.

»Das kann ich nicht tun. Womöglich gefällt Ihnen die Adresse nicht, und Sie lassen mich sitzen. Es wäre doch wirklich zu schade, wenn ich Sie nach all den Strapazen in letzter Minute verlieren würde. Auf jeden Fall können Sie sicher sein, dass dieser Mensch Ihnen nicht nach dem Leben trachtet, sonst hätte er nicht alles versucht, um Ihre Verfolger auszuschalten.«

»Sehr tröstlich«, erwiderte er mit einem sarkastischen Lächeln.

»Geben Sie mir Ihre Hand.«

»Wozu?«, fragte sie erstaunt. »Wollen Sie mir die Zukunft vorhersagen?«

»Ich will Ihnen helfen. Die Landung macht Ihnen Schwierigkeiten.«

»Woher wissen Sie das?«

»Das sieht man sehr deutlich. Wir sitzen ja nicht zum ersten Mal zusammen in einem Flugzeug. Keine Angst, geben Sie mir Ihre Hand.«

Nastja reichte ihm gehorsam ihre Hand. Pawels Finger waren diesmal warm. Er betastete ihre Handfläche, hielt an irgendeinem Punkt inne und übte starken Druck aus. Im ersten Moment zuckte Nastja zusammen vor Schmerz, doch schon in der nächsten Sekunde merkte sie, dass das Schwindelgefühl, das sie wie bei jedem Flug heimsuchte, nachließ. Sauljak gab ihre Hand nicht frei, und mit Erstaunen stellte sie fest, dass seine Berührung einen angenehmen Effekt hatte. Sogar der Druck in den Ohren ließ deutlich nach. Sie schloss die Augen und lehnte sich entspannt im Sitz zurück. Ihre Arme und Beine wurden schwer, die ganze Müdigkeit von drei schlaflosen Nächten übermannte sie. Sie fühlte den Schlummer kommen und wollte nichts anderes mehr als nur noch so sitzen, die Wärme und Ruhe spüren und an nichts mehr denken …

»Aufwachen«, vernahm sie Sauljaks Stimme an ihrem Ohr. »Wir sind da.«

»O Gott«, fuhr sie erschrocken auf, »bin ich etwa eingeschlafen?«

»Das kann man wohl sagen. Sie haben sogar gestöhnt im Schlaf.«

»Ich hoffe, ich habe wenigstens nicht gesprochen.«

»Doch, Sie haben gesprochen und mir Ihre ganzen Geheimnisse verraten.«

Nastja war klar, dass Pawel scherzte, aber sein Gesichtsausdruck war dabei seltsam ernst und sogar irgendwie grimmig. Nicht zu fassen, dachte sie. Da hast du dir ja etwas geleistet. Einfach so einzuschlafen neben Sauljak, von dem diese unbestimmte Gefahr ausgeht. Ein unverzeihlicher Fehler.

Die Passagiere drängten bereits hinaus auf die Gangway, aber Nastja konnte sich immer noch nicht erheben. Auch Pawel blieb sitzen und hielt nach wie vor ihre Hand. Sie gab sich einen Ruck.

»Gehen wir«, sagte sie entschieden und stand auf.

Auf dem Parkplatz des Flughafens fand sie das Auto, das sie vor einigen Tagen selbst hier abgestellt hatte. Zum Glück war es in Moskau nicht besonders kalt, sodass es ohne größere Mühe gelang, das Auto zu öffnen und anzulassen.

Während der Fahrt schwiegen sie. Nastja fühlte sich plötzlich missbraucht. Jemand hatte sie als Schachfigur in seinem Spiel benutzt. Es war ihr nicht gelungen herauszufinden, wer dieser Sauljak war und warum man ihn jagte. Allerdings hatte man sie auch nicht beauftragt, das herauszufinden. General Minajew selbst wusste bestens über Sauljak Bescheid, er hatte seine freundschaftlichen Beziehungen zu einem leitenden Kripobeamten im Innenministerium ausgenutzt, um das zu bekommen, was er wollte, und sie, Anastasija Kamenskaja, hatte man einfach mit verbundenen Augen losgeschickt, sie war einfach ein Rädchen im Getriebe gewesen, eine kostenlose Arbeitskraft im Dienst unbekannter Mächte.

Um drei Uhr nachts war die Ausfallstraße nach Moskau völlig leer. Nach dem ersten Posten der Verkehrspolizei musste sie an einer Bushaltestelle vorbeifahren, und dreihundert Meter weiter sollte ein Auto warten. Genau so war es auch. Da stand der Mercedes, an der vereinbarten Stelle, mit angestellten Scheinwerfern. Nastja bremste und fuhr langsam an den Mercedes heran. Aus der

Dunkelheit trat ein Mann hervor und öffnete die Tür ihres Wagens auf der Seite, auf der Pawel saß.

»Kommen Sie, Pawel Dmitrijewitsch«, sagte er.

Pawel rührte sich nicht, er hob nicht einmal den Kopf.

»Nastja«, sagte er leise.

Es war das zweite Mal, dass er sie beim Vornamen nannte.

»Ja?«

»Ich danke Ihnen.«

»Keine Ursache. Ich habe getan, was ich konnte.«

»Vergessen Sie nicht, was ich Ihnen gesagt habe. Auf Wiedersehen.«

»Auf Wiedersehen, Pawel.«

Er stieg aus, schloss sorgsam die Autotür und ging in Richtung Mercedes, doch nach einigen Schritten blieb er wieder stehen. Nastja glaubte, dass er ihr noch etwas sagen wollte. Sie öffnete rasch die Tür und sprang aus dem Auto. Er stand etwa drei Meter von ihr entfernt. In der Dunkelheit konnte sie sein Gesicht nicht erkennen, aber sie wusste, dass er ihr in die Augen sah. Und wieder fühlte sie die heiße Welle, die in ihr aufstieg, sie fühlte sich plötzlich weich und gefügig wie geschmolzenes Wachs.

Sauljak nickte ihr zu, dann drehte er sich abrupt um und ging zum Auto. Die Tür schlug zu, der Motor heulte auf, der Mercedes fuhr an und verschwand mit großer Geschwindigkeit in der Dunkelheit.

Nastja setzte sich wieder ans Steuer, aber sie war nicht in der Lage zu irgendeiner Bewegung. Sie fühlte sich völlig kraftlos.

TEIL 2

FÜNFTES KAPITEL

Anton Andrejewitsch Minajew brachte Pawel zu sich auf die Datscha. Das Haus war warm, liebevoll und gemütlich eingerichtet. Anton Andrejewitsch hätte liebend gern das ganze Jahr über hier gelebt, aber seine Frau und seine Tochter konnten dem Landleben nicht viel abgewinnen und zogen die Stadtwohnung vor.

»Sie sind sicher müde und möchten sich ausruhen«, wandte Minajew sich an seinen Gast, nachdem er die Haustür aufgeschlossen und die Heizung angestellt hatte. »Machen Sie es sich bequem, jetzt ist es noch kalt hier, aber in einer Stunde wird es warm sein. Unsere Unterhaltung verschieben wir auf später.«

»Ich würde es vorziehen, mich jetzt gleich zu unterhalten«, erwiderte Sauljak trocken. »Es ist besser, wenn wir die Dinge gleich klären. Es ist nicht ausgeschlossen, dass Sie danach gar kein Bedürfnis mehr haben werden, mir Ihre Gastfreundschaft zu erweisen.«

»Wenn Sie darauf bestehen«, sagte Minajew mit einer unsicheren Handbewegung, aber eigentlich kam ihm Sauljaks Vorschlag sehr entgegen. Es war tatsächlich besser, gleich miteinander zu sprechen, um die innere Last abzuwerfen.

»Dann werde ich jetzt Teewasser aufsetzen, denn uns steht ein langes Gespräch bevor.«

Er brühte einen starken Tee auf, stellte Zucker auf den Tisch, Konfitüre und eine Schale mit Pralinen. Auch Käse und Brot hatte er vorsorglich aus der Stadt mitgebracht, denn nach der langen Reise war sein Gast wahrscheinlich hungrig.

»Kennen Sie mich eigentlich?«, fragte er Pawel, als endlich alles auf dem Tisch stand.

»Oberst Minajew, wenn ich mich nicht irre. Oder sind Sie inzwischen General?«

»Ich bin inzwischen General«, bestätigte Anton Andrejewitsch.

»Und Sie wissen sicher, dass ich viele Jahre mit Bulatnikow zusammengearbeitet habe. Am Ende war ich sein Stellvertreter.«

»Ja, ich weiß.«

»Dann möchte ich Ihnen zwei Dinge sagen. Erstens weiß ich, wer Sie sind und welche Stellung Sie vor Ihrer Verhaftung innehatten. Zweitens müssen Sie wissen, dass mir die Umstände, unter denen Bulatnikow umgekommen ist, nicht gleichgültig sind. Ich möchte Licht in das Dunkel dieser Umstände bringen. Und dafür brauche ich Ihre Hilfe, Pawel Dmitrijewitsch. Und ich sage Ihnen noch mehr. Ich habe den Verdacht, dass diejenigen, die Wladimir Wassiljewitsch beseitigt haben, auch dafür gesorgt haben, dass man Sie verhaftet und ins Straflager gebracht hat.«

»Nein, da irren Sie sich«, sagte Pawel mit einem kaum merklichen Lächeln. »Ins Straflager bin ich ganz ohne fremde Hilfe gekommen, es war meine eigene Schuld und mein eigener Wunsch.«

»Und was hat dabei überwogen, die Schuld oder der Wunsch?«

»Das eine bedingte das andere.«

»Ich verstehe«, sagte Minajew nachdenklich. »Das ändert natürlich so manches, allerdings nicht grundsätzlich.«

Damit hatte der General nicht ganz die Wahrheit gesagt. In Wirklichkeit hatte er darauf gehofft, in Pawel den Wunsch nach Rache gegen diejenigen wecken zu können, die ihn hereingelegt hatten. Nun sah es aber so aus, dass dafür wenig Chancen bestanden, und das änderte vieles, und zwar ganz erheblich. Würde Sauljak unter solchen Umständen überhaupt bereit sein, sich mit denen anzulegen, die Bulatnikow umgebracht hatten? Wohl kaum. Hätte er dieses Bedürfnis verspürt, würde er sich nicht im Straflager versteckt haben, er hätte das Kriegsbeil ausgegraben und wäre damit auf den Gegner losgegangen. Es war also höchst unwahrscheinlich, dass es ihm, Minajew, nach zwei Jahren gelingen könnte, das Feuer der Rache in Sauljak zu entfachen. Selbst die aufrichtigsten Emotionen hatten die unangenehme Eigenschaft, mit der Zeit abzukühlen.

»Was war der letzte Auftrag, den Ihnen Bulatnikow erteilt hat, bevor er ermordet wurde?«

»Sie wissen ganz genau, dass ich Ihnen das nicht sagen werde«, erwiderte Sauljak ungerührt.

»Aber es muss Ihnen doch klar sein, dass man die Mörder unter denjenigen suchen muss, mit denen Wladimir Wassiljewitsch kurz vor seinem Tod zu tun hatte. Wollen Sie mir Ihre Hilfe verweigern?«

»Gehen Sie davon aus, dass es so ist. Bulatnikow stand mit einer Vielzahl sehr einflussreicher und mächtiger Leute in Verbindung, und jeder von ihnen kann an seinem Tod interessiert gewesen sein. Ihr Vorhaben ist unsinnig und aussichtslos.«

»Das glaube ich nicht«, widersprach der General heftig. »Ich habe viele Jahre mit Bulatnikow zusammengearbeitet, und ich habe einfach die Pflicht, der Wahrheit nachzugehen und für Gerechtigkeit zu sorgen. Die Pflicht, verstehen Sie? Die Pflicht des Schülers, des Mitarbeiters, des Mitstreiters.«

Pawel schwieg und nippte gemächlich an dem heißen, aromatischen Tee. Er rührte nichts von dem an, was auf dem Tisch stand, er hatte nur den Tee mit einem Löffel Konfitüre gesüßt. Wenn man ihn nicht über die Rachsucht packen konnte, dachte der General, dann musste man es über die Angst versuchen. Und wenn auch das nicht klappen sollte, dann blieb immer noch die Dankbarkeit. Aber auf jeden Fall musste Minajew Pawel zur Zusammenarbeit überreden. Um das verwirklichen zu können, was er vorhatte, brauchte er Pawel und keinen andern. Niemand außer Pawel kam dafür infrage.

»Wissen Sie, warum ich Sie habe bewachen lassen?«, fragte er.

»Ich ahne es. Außer der Frau, die Sie mir geschickt haben, waren ständig noch vier andere in meiner Nähe. Wer waren diese Männer eigentlich?«

»Sie bringen mich in eine schwierige Lage, Pawel Dmitrijewitsch«, sagte Minajew mit einem feinen Lächeln. »Ich werde zweifellos meine Karten vor Ihnen aufdecken, wenn Sie mit mir zusammenarbeiten. Aber wenn Ihnen Bulatnikows Schicksal gleichgültig ist und Sie mir nicht helfen wollen, habe ich einfach nicht das Recht, Ihnen alles zu sagen. Ich habe schließlich auch meine Berufsgeheimnisse.«

»Ihre Berufsgeheimnisse sind nicht viel wert. Es ist ohnehin klar, dass diejenigen, die Bulatnikows Dienste in Anspruch genommen haben, jetzt Angst vor Entlarvung haben. Wladimir Wassiljewitsch hatte viele Mitarbeiter, aber bestimmte Aufgaben hat er nur mir übertragen. Und diese Leute wollen natürlich verhindern, dass ich rede. Allerdings ist es seltsam, wie wenige es sind. Vor dem Lagertor, durch das ich vor ein paar Tagen gegangen bin, hätte sich halb Russland versammeln können, es hätte mich nicht gewundert. Wenn Sie mir nicht sagen wollen, wer an meiner Person interessiert ist, dann lassen Sie es. Das ändert nicht viel für mich. Ich weiß ohnehin, dass ich verfolgt werde, und dabei ist es nicht von großer Bedeutung, von wem, denn die Sicherheitsmaßnahmen, die ich ergreifen werde, werden in jedem Fall dieselben bleiben.«

»Heißt das, dass Sie überhaupt keine Angst haben?«

»Natürlich habe ich Angst. Aber das bedeutet nicht, dass ich mich dazu hinreißen lasse, Ihnen über Wladimir Wassiljewitschs Angelegenheiten zu berichten. Sie waren sein Stellvertreter und müssen auch ohne mein Zutun ziemlich viel wissen. Und wenn Sie etwas nicht wissen, dann hat Bulatnikow es so gewollt.«

»Ich kann Ihnen einen sicheren Unterschlupf anbieten«, bemerkte Minajew.

»Danke. Und was ist der Preis dafür?«

»Helfen Sie mir, Bulatnikows Mörder zu finden. Glauben Sie mir, Pawel Dmitrijewitsch, das ist wichtig für mich, sehr wichtig. Hier ist keine Politik im Spiel, es handelt sich um ein rein menschliches Anliegen. Und außerdem, ich wollte es Ihnen nicht sagen, aber … Ich weiß tatsächlich einiges. Wahrscheinlich hat Wladimir Wassiljewitsch mich in manche Dinge nicht eingeweiht, aber Sie können sicher sein, dass es nicht viele waren. Ich weiß genau, mit welchen Aufgaben Sie betraut waren, Sie und Ihre Gruppe. Vielleicht kenne ich nicht alle Einzelheiten, aber das, was ich weiß, genügt vollauf, um Sie in große Schwierigkeiten zu bringen. Ich habe nicht vor, das zu tun, ich möchte Ihnen nicht schaden, aber wenn Sie mir Ihre Hilfe verweigern, werde ich die mir bekannten Fakten an die Öffentlichkeit bringen müssen. Nicht um Ihnen persönlich zu schaden, ich wiederhole es, sondern um die zu vernichten, die Bulatnikow auf dem Gewissen haben.«

»Ein eleganter Erpressungsversuch? Das gereicht Ihnen zur Ehre, General.«

»Ich pfeife auf meine Ehre, Major. Ja, ich weiß, wer Sie waren, bevor Sie Bulatnikows Mitarbeiter wurden. Und ich weiß, dass Sie zu der Zeit, als Sie Major waren, einen anderen Namen hatten. Und ich weiß auch, unter welchen Umständen Sie Ihre Schulterklappen und Ihre Stellung verloren haben. Ich sage es Ihnen noch einmal, Major, ich pfeife auf meine Ehre, wenn ich in dem Bewusstsein leben muss, dass die Mörder meines Lehrers, Freundes und Kommandeurs auf freiem Fuß sind. Verstehen Sie mich?«

»In diesem Fall muss ich feststellen, dass Sie lügen, Anton Andrejewitsch. Wenn Sie so viel über mich wissen, dann wissen Sie auf jeden Fall auch, wer Bulatnikow umgebracht hat.«

Minajew verstummte und rührte bedächtig den Zucker in seinem Tee um. Dann sah er auf und richtete seine Augen auf Sauljak. Sein Blick war irgendwie dunkel und bodenlos geworden.

»Ja, Pawel Dmitrijewitsch, ich habe gelogen. Ich weiß, wer es war. Und ich möchte, dass Sie mir dabei helfen, diese Leute zu vernichten. Sehen Sie, nun habe ich alle Karten vor Ihnen auf den Tisch gelegt. Ich möchte diese Leute nicht nur auslöschen vom Angesicht der Erde, ich möchte, dass ihre Namen für immer mit Schmach und Schande bedeckt sind.«

»Ich habe Sie verstanden«, sagte Pawel. »Aber ich teile Ihre Gefühle nicht. Lassen Sie uns wenigstens einander die Wahrheit sagen, Anton Andrejewitsch, wenn wir sie schon anderen nicht sagen können. Das, was General Bulatnikow gemacht hat, und das, was ich mit meinen Leuten in seinem Auftrag gemacht habe, war, gelinde gesagt, kriminell. Für das, was wir getan haben, hätte man uns alle erschießen müssen. Und Sie dazu, weil Sie Bescheid wussten und geschwiegen haben. Und jetzt wollen Sie Leute für etwas bestrafen, das Bulatnikow selbst oft genug getan hat. Er durfte also, was andere nicht dürfen. Das ist Doppelmoral, Anton Andrejewitsch, Sie messen hier mit zweierlei Maß. Wladimir Wassiljewitsch war Ihr Freund, Ihr Lehrer und Kommandeur. Aber für eine Vielzahl von Menschen war er ein ganz gewöhnlicher Verbrecher und Mörder. Wenn Sie also den Mord an ihm rächen wollen, dann ist das Ihre ganz private Angelegenheit. Sie haben nicht das Recht, andere in diese Sache hineinzuziehen und um Hilfe zu bitten.«

»Nicht einmal Sie?«

»Nein, nicht einmal mich.«

»Haben Sie denn kein Fünkchen Sympathie mehr für Bulatnikow? Das kann ich nicht glauben.«

»Sie brauchen mir nicht zu glauben. Ich bin Ihnen dankbar, dass Sie mir jemanden geschickt haben, der verhindert hat, dass ich bereits in den ersten Stunden nach meiner Entlassung aus dem Lager ins Gras gebissen habe, jemanden, der mich sicher nach Moskau gebracht hat. Ich weiß, dass das mit hohen Kosten für Sie verbunden war. Und ich wiederhole, dass ich Ihnen dankbar bin. Aber verlangen Sie nichts von mir.«

»Was sind Sie nur für ein Starrkopf«, sagte Minajew zornig.

Dieser Sauljak entglitt ihm ständig zwischen den Fingern. Dabei hatte er seine ganze Hoffnung auf ihn gesetzt. Er musste ihn einfach überreden.

»Verstehen Sie doch«, fuhr der General hitzig fort, »alle diese Geschichten über weiße Westen sind Märchen für junge Pioniere. Sie waren selbst Offizier, Sie wissen genau, dass es eine Vielzahl von Aufgaben und Zielen gibt, die nicht ohne Verletzung von Moral und Ethik zu erreichen sind. Der operative Dienst ist eine durch und durch schmutzige Angelegenheit, so war es immer, und so wird es immer bleiben. Sie haben nicht das Recht, Bulatnikow, mich und sich selbst dafür zu verurteilen, dass durch unsere Aktivitäten manche Norm verletzt und Menschen Schaden zugefügt wurde. Das war unvermeidlich, weil die Sache es verlangte. Was hat es für einen Sinn, wenn Sie jetzt anfangen, sich die Haare zu raufen und Ihre Sünden zu bereuen? Dadurch ändert sich nichts an den Zuständen. General Bulatnikow hat im Namen der sozialen Gerechtigkeit gehandelt, während die, die ihn umgebracht haben, es für sich getan haben, für ihre persönlichen Vorteile. Es kann doch nicht sein, dass Sie diesen Unterschied nicht sehen.«

»Hören Sie, Anton Andrejewitsch«, sagte Sauljak, ohne den General anzusehen. »Lassen Sie uns das Gespräch über Moral und Ethik auf ein anderes Mal vertagen. Unsere Beziehung ist eine rein geschäftliche, und ich bin bereit, meinen Anteil zu diesem Geschäft beizutragen. Sie haben mich sicher nach Moskau gebracht, Sie haben viel Geld dafür investiert, und ganz unabhängig davon, warum Sie das getan haben, muss ich meine Schuld bei Ihnen abgelten. Ich schlage vor, dass Sie mich noch für eine gewisse Zeit unter Ihren Schutz stellen, mich mit neuen Papieren ausstatten und mir sicheren Unterschlupf gewähren. Wünschenswert wäre es auch, eine entsprechende Legende über meinen Verbleib in Umlauf zu setzen, damit ich wenigstens die erste Zeit sicher bin. Mit anderen Worten, Sie unterstützen mich so lange, bis ich mir die neuen Lebensumstände geschaffen habe, die ich brauche. Dafür tue ich für Sie das, was Sie wollen. Sie möchten mit Bulatnikows Mördern abrechnen? Ich bin bereit, Sie dabei tatkräftig zu unterstützen. Um meine Schulden Ihnen gegenüber zu begleichen. Sind wir uns einig?«

Minajew unterdrückte einen Seufzer der Erleichterung. Endlich! Er hatte schon befürchtet, er würde mit diesem Mann keine gemeinsame Sprache finden.

»Selbstverständlich, Pawel Dmitrijewitsch, wir sind uns einig. Und darüber bin ich sehr froh. Ich schlage vor, jetzt wenigstens noch ein paar Stunden zu schlafen, die Nacht geht schon zu Ende. Und morgen beginnen wir mit der Arbeit, wenn Sie nichts dagegen haben.

Pawel erhob sich wortlos, und sein verschlossener, kalter Gesichtsausdruck sagte Anton Andrejewitsch, dass Sauljak nicht vorhatte, ihm zu antworten. Für ihn war das Gespräch beendet.

* * *

General Minajew war überzeugt davon, dass den Mord an Wladimir Wassiljewitsch diejenigen begangen hatten, in deren Interesse er einst seine schmutzigste und blutigste Aktion durchgeführt hatte. Er kannte diese Personen namentlich, er hatte zwei Jahre darauf verwendet, sie zu suchen und zu finden. Und jetzt, da der Name und das Konterfei einer dieser Personen immer öfter in den Medien aufzutauchen begann, wurde Anton Andrejewitsch klar, dass dieser Bande der Raum für ihre kriminellen Machenschaften zu eng geworden war. Sie wollten expandieren, sich in größeren Maßstäben entfalten. Und dafür brauchten sie »ihren« Präsidenten, der dafür sorgen würde, dass die nötigen Erlasse verabschiedet wurden, sie brauchten »ihre« Minister, die die entsprechenden Unterschriften leisten und die richtigen Entscheidungen treffen würden. Außer dem Präsidenten gab es natürlich noch die Duma, aber auch dort hatten sie längst ihre Leute eingeschleust, korrupte Abgeordnete, die allesamt gekauft waren. Da die Wahlen zur Duma und die Präsidentschaftswahlen innerhalb eines Halbjahres stattfanden, war es für sie noch einfacher, ihren Plan zu realisieren.

Pawel hatte Minajew um drei Tage Erholungspause gebeten. »Ich muss etwas gegen meine akute Gallenblasenentzündung unternehmen«, hatte er erklärt, »sonst könnte es passieren, dass mich im ungünstigen Moment ein Anfall erwischt. Außerdem muss ich mich ausschlafen und wieder zu Kräften kommen.«

Anton Andrejewitsch war zu allem bereit, er erfüllte Pawels Bedingungen mit Freuden, wenn er ihm nur nicht wieder von der Angel ging. Aber es sah nicht so aus, als würde Pawel Zweifel an seiner einmal getroffenen Entscheidung hegen.

Nach drei Tagen erklärte Pawel sich dazu bereit, mit der Arbeit zu beginnen.

Er sah jetzt viel besser aus als bei seiner Ankunft auf Minajews Datscha. Er hatte eine gesunde Gesichtsfarbe, auch wenn er noch etwas blass war, aber das schmutzige, aschfahle Grau war aus seinen Zügen verschwunden. Er saß nicht mehr stundenlang mit geschlossenen Augen und verschränkten Armen im Sessel, sondern ging im Haus und auf dem Datschengrundstück umher und machte Gymnastik. Einmal sah Minajew ihn zufällig bei seinen sportlichen Übungen hinter dem Haus. Er hielt am Springseil zwanzig Minuten ohne Unterbrechung durch und absolvierte die Übung in einem Schwindel erregenden Tempo. Er schwang das Seil bei jedem Sprung zweimal unter seinen Füßen hindurch, und um das zwanzig Minuten lang durchzuhalten, musste man über höchstes Konzentrationsvermögen und sehr gut trainierte Armmuskulatur verfügen.

Im Lauf der letzten drei Tage hatte der General eine Wohnung für Pawel gefunden und Papiere auf den Namen Alexander Wladimirowitsch Kustow für ihn besorgt. Außerdem hatte er ihm einen Reisepass beschafft, aus dem hervorging, dass der Inhaber dieses Passes eben erst aus Belgien zurückgekehrt war. Dort war er zwei Jahre lang mit einer bezaubernden Belgierin verheiratet gewesen, bis sich herausstellte, dass seine Frau und er charakterlich nicht zusammenpassten, woraufhin das Ehepaar sich friedlich trennte und Alexander Wladimirowitsch unter Verzicht auf Wohlstand und Komfort in seine Heimat zurückkehrte. Nach zwei Jahren Auslandsaufenthalt war es nicht verwunderlich, dass Herr Kustow sich mit einigen Dingen in seinem Land nicht mehr sehr gut auskannte, dass er zum Beispiel nicht wusste, was jetzt eine Fahrt mit der Metro kostete und wo Fahrscheine für die öffentlichen Verkehrsmittel verkauft wurden. Zudem war es ganz normal, dass jemand, der nach zweijähriger Abwesenheit gerade erst nach Moskau zurückgekehrt war, noch keine neue Anstellung hatte. Aber da Herr Kustow über gewisse Rücklagen verfügte, konnte er es sich erlauben, noch eine Weile ohne Verdienst auszukommen.

Auf der Namenliste, die Minajew für Sauljak vorbereitet hatte, standen sieben Namen, an erster Stelle der des Präsidentschaftskandidaten, während Tschinzows Name überhaupt nicht aufgeführt war. Minajew hatte sich auf die Personen beschränkt, die unmittelbar an dem großen Waffen- und Drogengeschäft beteiligt gewesen waren, die die Transporte organisiert, Entscheidungen getroffen, konkrete Operationen vorbereitet und die Gewinne unter sich aufgeteilt hatten. Tschinzow war zu jener Zeit nicht mehr als ein kleines Rädchen im Getriebe gewesen, ein dienstbarer Geist, den man nur dazu benutzt hatte, die nötigen Intrigen zu spinnen. Damals, vor drei, vier Jahren, als Bulatnikow mit zwei Anführern der Bande in Verbindung stand, hatte Tschinzow in der Hierarchie dieser Bande ganz unten gestanden. Jetzt allerdings, das wusste Minajew, hatte Tschinzow sich einen sicheren Platz in der Mannschaft des Präsidentschaftskandidaten erobert und war beinah zu seiner rechten Hand avanciert. Darüber hinaus wusste Minajew, dass Tschinzow sich brennend für Pawel interessierte und versucht hatte, beim Innenministerium Auskunft über ihn einzuholen.

»Ich möchte Ihnen nichts verheimlichen«, sagte Minajew, während er auf seine Liste blickte. »Ich halte die Liste der Leute in der Hand, die das größte Interesse am Tod von Bulatnikow hatten und die ihn für immer zum Schweigen gebracht haben. Aber mir ist bekannt, dass diese Leute auch an Ihnen interessiert sind, Pawel Dmitrijewitsch. Sie haben im Innenministerium Auskünfte über Sie eingeholt, und ich schließe nicht aus, dass sie ihre Leute nach Samara geschickt haben, um Sie ermorden zu lassen. Sie müssen mit offenen Augen an die Sache herangehen, ich möchte nicht, dass Sie im Dunkeln tappen und unnötige Risiken eingehen. Um den Vertrag zu erfüllen, den wir miteinander abgeschlossen haben, werden Sie sich direkt in die Höhle des Löwen begeben müssen, der im Moment schläft und davon träumt, Ihrer habhaft zu werden.«

Minajew hätte seine Rede sehr gern fortgesetzt. Pawel Dmitrijewitsch, hätte er gern gesagt, Sie dürfen nicht persönlich bei diesen Leuten auftauchen, lassen Sie das andere machen. Tschinzows Leute kennen Sie von Angesicht zu Angesicht, aber Sie hatten schließlich Mitarbeiter, als Sie in Bulatnikows Diensten standen, und diese Mitarbeiter kennt niemand. Niemand außer Ihnen selbst. Doch Minajew hielt sich zurück und sagte nichts dergleichen. Er fürchtete, die so mühsam erkämpfte Zusammenarbeit mit Sauljak zu gefährden.

Sauljak nahm die Liste, die der General ihm reichte, und überflog sie. Sie enthielt nicht nur die Adressen und Telefonnummern der aufgeführten Personen, sondern auch kurze biographische Angaben.

»Möchten Sie, dass ich mit einer bestimmten Person anfange, oder soll ich nach eigenem Gutdünken vorgehen?«, fragte Pawel.

»Tun Sie, was Sie für richtig halten. Die Reihenfolge hat für mich keine Bedeutung. Wie viel Geld brauchen Sie für den Anfang?«

»Ich weiß es nicht, ich kenne die heutigen Preise nicht mehr. Geben Sie mir tausend Dollar, und ich werde sehen, wie lange ich damit auskomme. Oder verlange ich zu viel?«

»Nein, nein«, erwiderte der General eilig und holte seine Brieftasche hervor. »Das ist keinesfalls zu viel. Sie werden ja selbst sehen.«

In den drei Tagen, die Pawel zur Erholung auf der Datscha verbracht hatte, hatte General Minajew über Strohmänner Sauljaks Auto verkaufen lassen, das die ganzen zwei Jahre in einer bewachten Gemeinschaftsgarage gestanden hatte. Er hatte ein paar tausend Dollar draufgelegt und ein neues Auto für Pawel gekauft, eines, das zu der äußeren Erscheinung eines Menschen passte, der im Ausland verheiratet gewesen war und es nicht nötig hatte, einer Arbeit nachzugehen.

Pawel fuhr nach Moskau. Minajew begleitete ihn vors Haus, er blieb bewegungslos am Gartentor stehen und blickte Pawel lange hinterher, seiner schmalen, geraden Gestalt, die einer gespannten Saite glich und sich jetzt immer weiter entfernte, bis sie schließlich hinter der Biegung des Weges verschwand, der zur Bahnstation führte. Dann ging Minajew langsam zurück ins Haus, schloss die Tür von innen ab und begann, das Abendessen vorzubereiten. Er wusste, dass ihm jetzt eine schwierige Zeit bevorstand, mindestens eine Woche, in der ihn Zustände von Gereiztheit und Zorn heimsuchen würden, und es war besser, in dieser Zeit möglichst wenig mit den Menschen zusammenzukommen, die er nicht kränken wollte. So war es immer bei ihm, wenn eine Operation, die lange und sorgsam vorbereitet worden war, kurz vor ihrer konkreten Realisierung stand. In der Vorbereitungsphase konnte man noch etwas neu durchspielen, neu überdenken und kombinieren. Man konnte das alte Ziel verwerfen und sich ein neues setzen, man konnte sich von seinen Mitarbeitern trennen und sich bessere suchen. Man konnte den Beginn der Operation verschieben, wenn man spürte, dass noch nicht alle bereit waren, dass sich etwas noch nicht richtig zusammenfügte. In der Vorbereitungs- und Planungsphase konnte man alles noch ändern und berichtigen. Aber sobald die Operation begonnen hatte, schienen dem General die Ruder aus den Händen zu gleiten, er hatte das Gefühl, keine Kontrolle mehr über die Situation zu haben. Seine Leute taten die ersten konkreten Schritte, viele verschiedene Mechanismen wurden entsprechend dem Plan in Gang gesetzt und begannen zu wirken, aber jeden Moment konnte etwas Unvorhergesehenes geschehen, etwas, das große Unannehmlichkeiten mit sich bringen oder sogar zur Katastrophe führen konnte. So sorgfältig man eine Operation auch vorbereitete, alles konnte man nicht vorhersehen und planen, der Zufall spielte immer mit. Deshalb litt General Minajew anfangs immer unter dem widerwärtigen Gefühl, womöglich versagt zu haben und nicht mehr Herr der Dinge zu sein. Dieses Gefühl ließ ihn nicht schlafen, es verdarb ihm den Appetit und vergiftete ihm jede Minute. Dann, etwa nach einer Woche, verging es.

* * *

Anfang Februar war es immer noch sehr kalt, aber der Himmel war klar und sonnig. Das machte Jewgenij Schabanow keine Freude. In seinem Büro stand der Computer an einer Stelle, an der man an sonnigen Tagen nicht arbeiten konnte, weil die Sonne auf den Bildschirm schien und blendete. Schabanow hatte schon oft daran gedacht, die Möbel in seinem Arbeitszimmer umzustellen und den Computer günstiger zu platzieren, aber immer wieder stieß er an die Grenzen des Möglichen. Stellte er den Schreibtisch an die Breitseite seines schlauchartigen Büros, müsste er mit dem Rücken zur Tür sitzen. Schabanow hielt sich nicht für besonders nervös, aber mit einer Tür im Rücken wurde er unruhig und konnte nicht mehr konzentriert arbeiten.

Bis zum 15. Februar blieb noch knapp eine Woche. An diesem Tag wollte der Präsident in seine Heimatstadt fahren und dort öffentlich bekannt geben, ob er für eine weitere Amtszeit kandidieren würde. Jewgenij Schabanow musste der Rede des Präsidenten den letzten Schliff verleihen. Allerdings hatte er eine ganz besondere Vorstellung von dieser Rede, denn in Wahrheit arbeitete er nicht für den amtierenden Präsidenten, sondern für einen von dessen Rivalen.

»Ich habe viel nachgedacht…« An dieser Stelle hielt Schabanow inne. Ein sehr bedeutungsvoller Moment, aus dem man alles herausholen musste, was nur möglich war. »Ich habe viel nachgedacht«, tippte Schabanow, »ich habe nachts nicht geschlafen, mit mir gekämpft…« Ausgezeichnet! Schabanow stellte sich vor, wie der hoch gewachsene, breitschultrige Präsident auf der Tribüne stand und mit seiner metallischen Stimme, die keinerlei Wärme besaß, diesen Text vom Blatt ablas. Unglaubwürdiger konnte es nicht klingen. An dieser Stelle würde der Präsident Punkte verlieren, das war klar.

Eigentlich war der Text schon fertig, einige Mitarbeiter hatten ihn bereits durchgesehen und redigiert. Als Imageberater des Präsidenten war Schabanow der Letzte, der diesen Text in die Hand bekam. Er musste die richtigen Akzente setzen, die entsprechenden Pausen einbauen, mit einem Wort, eine literarische Vorlage in ein Drehbuch verwandeln. Jewgenij überflog die Zeilen noch einmal und hielt inne. »Ab März wird es bei der Auszahlung der Löhne und Gehälter keine Probleme mehr geben.« Er markierte die Textstelle. Das Wort »keine« sollte der Präsident hervorheben, es so laut und deutlich wie möglich aussprechen, beide Silben einzeln betonend. Nichts beschäftigte die Menschen in diesem Land mehr als die ihnen vorenthaltenen Löhne und Gehälter, jeder wusste, dass die Staatskasse leer war, und auch dem Dümmsten war klar, dass sich daran innerhalb von zwei Wochen nichts ändern konnte. Es musste irgendein ganz besonderer Schlaumeier gewesen sein, der so ein Versprechen in die Rede aufgenommen hatte. Aber umso besser. Der Schwur des Präsidenten sollte so laut und deutlich wie möglich in den Ohren der Bevölkerung klingen. Der März war nicht mehr weit, und danach würde der Präsident mit der Schmach des unerfüllten Wahlversprechens leben müssen.

Gegen zehn Uhr abends schaltete Schabanow den Computer ab, endlich war er fertig. Er stand auf und streckte seine steifen Glieder. Endlich konnte er nach Hause fahren. Er war bereits dabei, seinen Mantel zuzuknöpfen, als plötzlich sein Handy zu fiepen begann.

»Ich höre«, sagte Schabanow ungeduldig.

»Wenn Sie an dem Mann interessiert sind, der inzwischen aus Samara nach Moskau zurückgekehrt ist«, hörte er eine fremde Frauenstimme am anderen Ende sagen, »können Sie eine Information über ihn bekommen. In einer Stunde an der Profsojuznaja, Ecke Butlerowa-Straße.

»Wer spricht denn da?«, fragte Schabanow irritiert, doch die Frau hatte bereits aufgelegt.

Ob er an dem Mann aus Samara interessiert war? Was für eine Frage. Natürlich war er an ihm interessiert. Erstens schon deshalb, weil seine Gönner an ihm interessiert waren. Und zweitens deshalb, weil Solomatin, einer der leidenschaftlichsten und ergebensten Anhänger des Präsidenten, hinter ihm her war. Schabanow wusste nicht, was die Leute, für die er arbeitete, von dem Mann aus Samara wollten, er wusste nur, dass es so war. Und davon, dass auch Solomatin ihn suchte, hatte der Imageberater ganz zufällig erfahren, indem er ein Gespräch mit angehört hatte, das nicht für seine Ohren bestimmt gewesen war. Doch wer war die Frau, die ihn angerufen hatte?

* * *

Rita war diejenige in der Gruppe, die am ruhigsten war und die größte Disziplin besaß. Vielleicht deshalb, weil die Natur sie mit einer geringeren Gabe ausgestattet hatte als die anderen. Aber für die Erfüllung bestimmter Aufgaben waren ihre Fähigkeiten mehr als ausreichend, und Pawel selbst arbeitete am liebsten mit ihr zusammen. Rita war weder eigensinnig noch launisch, sie stellte keine überflüssigen Fragen und folgte immer genau seinen Anweisungen. Wichtig war nur, dass sie präzise, detaillierte Instruktionen bekam, denn sie verfügte über kein großes Improvisationstalent.

Rita war die Erste aus der Gruppe, die Pawel nach seiner Erholungspause auf Minajews Datscha traf. Nachdem er ihre Wohnung betreten hatte, begriff er sofort, dass sie in den letzten zwei Jahren praktisch ohne Arbeit herumgesessen hatte. Sie versah zwar irgendeinen staatlichen Dienst, aber das Gehalt reichte offensichtlich nur für das Nötigste. Pawels scharfer Blick entdeckte keinen einzigen neuen Gegenstand in der Wohnung, alles war noch genauso wie einst. Der alte Fernseher, dasselbe Mobiliar, derselbe Teppich auf dem Fußboden. Damals, vor zwei Jahren, nach Bulatnikows Tod, als Pawel beschlossen hatte, vorübergehend in einem Straflager unterzutauchen, hatte er den Mitgliedern seiner Gruppe streng verboten, sich auf irgendwelche unsauberen Geschäfte einzulassen.

»Ihr habt in der vergangenen Zeit genug verdient«, hatte er gesagt, »es muss euch reichen, bis ich wiederkomme. Haltet durch, sonst kommt ihr in Teufels Küche.« Insgeheim war er aber sicher gewesen, dass kein Einziger auf ihn hören würde. Denn er wusste, dass in Zeiten wie diesen ein immenser Bedarf an jenen besonderen Diensten bestand, die seine Leute erweisen konnten.

Nur an Rita hatte er im Grunde nicht gezweifelt. Und er hatte sich nicht getäuscht, sie hatte ihn nicht im Stich gelassen, war nicht abgesprungen.

Sie hatte ihm die Tür geöffnet und schweigend sein gealtertes Gesicht gemustert. Pawel hatte ihr, wie gewöhnlich, nicht in die Augen gesehen, um sie nicht zu irritieren. Endlich fühlte er, wie die unsichtbare Mauer, die Rita zwischen ihnen aufgerichtet hatte, einzustürzen begann.

»Du bist zurück«, sagte sie leise und begann zu weinen. »Mein Gott, endlich bist du zurück.«

»Ich habe es doch versprochen«, erwiderte Pawel mit einem schmalen Lächeln. »Wein nicht, Kindchen, hör auf, es ist alles gut. Ich bin zurück, und wir werden wieder zusammenarbeiten. Du bist wahrscheinlich arm wie eine Kirchenmaus.«

»Darum geht es nicht, Pawel, es geht nicht um Geld. Ich hatte Angst, große Angst. Da war kein Ziel mehr, kein Sinn. Früher hatte ich gewusst, wofür ich lebe. Da war unsere gemeinsame

Sache, die Arbeit, die ich so gut wie möglich machen wollte. Dann bist du verschwunden, und alles war aus. Ich hätte mir ja etwas anderes suchen können, aber du hast es verboten.«

»Wie gut, dass du auf mich gehört hast«, sagte Sauljak sanft. »Jetzt wird sich das bezahlt machen. Glaub mir, alles kommt wieder in Ordnung. Du kannst schon heute wieder anfangen zu arbeiten. Bist du bereit?«

»Ich weiß nicht.« Rita schüttelte unsicher den Kopf. »Ich habe schon so lange nicht mehr gearbeitet, vielleicht kann ich es gar nicht mehr.«

»Du kannst es«, versicherte ihr Pawel. »Du musst nur an dich glauben und dich darauf einstellen. Dann wird dir alles gelingen. Wir müssen jemanden anrufen und ein Treffen vereinbaren.«

Er reichte Rita einen Zettel, auf dem Schabanows Telefonnummer stand.

»Er soll in einer Stunde zur Profsojuznaja, Ecke Butlerowa-Straße kommen. Dann fahren wir zusammen zum Treffpunkt. Du wirst mit ihm sprechen, und ich werde ihn unbemerkt beobachten.«

Rita streckte ihre Hand gehorsam nach dem Telefonhörer aus.

»Und wenn er es ablehnt, sich mit mir zu treffen?«, fragte sie, während sie die Ziffern auf dem Tastentelefon drückte. »Soll ich dann versuchen, ihn zu überreden?«

»Auf keinen Fall. Du verabredest dich mit ihm und legst den Hörer auf. Wenn er an mir interessiert ist, wird er kommen. Wenn nicht, dann habe ich mich getäuscht.«

Zwanzig Minuten später waren sie unterwegs in Richtung Südwesten. Pawel schwieg, um Rita nicht abzulenken, sie sollte sich auf das bevorstehende Treffen konzentrieren. Erst kurz vorm Ziel brach er das Schweigen.

»Hast du dir alles gemerkt? Er soll dir sagen, wer konkret mich sucht und warum. Und du erklärst ihm, dass ich bereit bin, für diese Leute zu arbeiten, wenn sie mir Sicherheit garantieren. Von hier ab gehst du zu Fuß. Nach dem Gespräch mit ihm wechselst du die Straßenseite und gehst bis zur General-Antonow-Straße. Er wird nicht neben dir herfahren können, weil der Verkehr auf dieser Straßenseite aus der Gegenrichtung kommt. Hast du alles verstanden?«

»Ja, Pawel«, erwiderte sie.

Ihre Stimme war völlig emotionslos, und Pawel begriff, dass sie bereits ganz bei der Sache war. Er ließ sie aussteigen, fuhr ein kurzes Stück voraus, fand einen günstigen Parkplatz, schloss den Wagen ab und machte sich auf den Weg zum Treffpunkt.

Sauljak hatte diese Stelle nicht zufällig ausgesucht. Sie war von verschiedenen Seiten zu erreichen und gut einsehbar, während man selbst unbemerkt blieb. Rita näherte sich einem Kiosk und blieb davor stehen, so, als würde sie die Auslagen hinter der Scheibe betrachten. Die Stunde war bereits verstrichen, Schabanow musste jeden Moment erscheinen. Pawel lehnte sich gegen einen Baumstamm und verschränkte gewohnheitsmäßig die Arme über der Brust. Aber er durfte sich jetzt nicht entspannen, sondern musste bereit sein, Rita zu Hilfe zu eilen, falls es nötig werden sollte. Obwohl es nicht zu erwarten war. Solche und ähnliche Aufgaben hatte sie schon zahllose Male problemlos bewältigt.

Pawel erblickte ein Auto, das gegenüber dem Kiosk hielt, vor dem Rita stand. Er strengte seine Augen an und versuchte, den Mann zu erkennen, der am Steuer saß. Es war genau der, den er erwartet hatte. Der ältere der beiden Männer, die ihn auf dem Weg von Samara nach Moskau verfolgt hatten. Wie hieß er gleich wieder? Kolja, hatte Nastja gesagt. Und der jüngere hieß Serjosha. Der allerdings war im Innern des Autos nicht zu sehen.

Die Wagentür öffnete sich, Pawel erblickte einen stattlichen Mann, dessen Alter er in der Dunkelheit auf etwa vierzig schätzte. Rita machte eine kaum merkliche Handbewegung, und der Mann folgte ihr. Nachdem sie einige Schritte gegangen waren, konnte man sie von Pawels Beobachtungsposten aus nicht mehr sehen, die dicht nebeneinander stehenden Kioske verdeckten die Sicht. Sauljak steckte sich einen kleinen Kopfhörer ins Ohr.

»Haben Sie mich angerufen?«, hörte er den Mann fragen.

»Nein. Aber man hat mich zu dem Treffen mit Ihnen geschickt. Haben Sie Interesse an dem Mann, der aus Samara zurückgekommen ist?«

Es entstand eine Pause, und Pawel begriff, dass Rita sich diesmal anders verhielt als sonst. Früher hatte sie solche Gespräche ganz anders begonnen, sie hatte erst einmal eine Weile ganz harmlos geplaudert, um sich so auf ihren Gesprächspartner einzustellen, ihn in die notwendige Richtung zu lenken und ihm dann unter Einsatz ihrer ungewöhnlichen Fähigkeiten die Geständnisse zu entlocken, auf die es ankam. Heute war sie verständlicherweise nervös. Nach zwei Jahren Arbeitspause hatte sie keine Routine mehr und wollte das Gespräch so schnell wie möglich hinter sich bringen. Wahrscheinlich hatte sie, im Gegensatz zu früher, sogar Angst.

Die Pause zog sich in die Länge, aber endlich ertönte im Kopfhörer wieder die Stimme des Mannes, die plötzlich matt und gleichgültig klang.

»Ja, wir sind sehr an Sauljak interessiert.«

»Was wollen Sie von ihm?«

»Zuerst hatten wir vor, ihn loszuwerden.«

»Und dann?«

»Dann haben wir beschlossen, ihn für unsere Zwecke zu benutzen. Wir wollen uns mit ihm einigen.«

»Für welche Zwecke wollen Sie ihn benutzen?«

»Er soll auf einige Leute Einfluss ausüben. Er soll sie in die Enge treiben und dazu zwingen, andere Entscheidungen zu treffen. Er weiß viel über diese Personen.«

»Heißt das, Sie wollen, dass er andere für Ihre Zwecke erpresst?«

»Ja.«

»Geht es nur um Erpressung oder noch um etwas anderes?«

»Nein, nur um Erpressung.«

»Richten Sie Ihren Freunden aus, dass er einverstanden ist, allerdings nur unter der Bedingung, dass Sie ihn nicht verfolgen werden und er sich frei bewegen kann. Geben Sie mir die Telefonnummer Ihres Chefs, er wird anrufen.«

»Ja, natürlich ... drei sieben fünf null drei null sechs.«

»Und der Name?«

»Tschinzow.«

»Sein Vorname?«

»Grigorij Valentinowitsch.«

118

»Was noch?«

Erneut entstand eine Pause. Dann vernahm Pawel wieder Ritas Stimme.

»Ich glaube, Sie haben mir noch nicht alles gesagt.«

»Da ist noch diese Frau ...«

»Was für eine Frau?«

»Eine Frau, die auf dem Weg von Samara nach Moskau mit Sauljak zusammen war. Eine Verwandte. Man interessiert sich auch für sie.«

»Richten Sie Ihren Freunden aus, dass sie diese Frau vergessen sollen. Sie tut nichts zur Sache. Sie sollen sie vergessen. Ist das klar?«

»Gut.«

»Wer sucht Pawel noch?«

»Ich weiß es nicht.«

»Das ist nicht wahr. Denken Sie nach, und sagen Sie mir, wer noch an ihm interessiert ist.«

»Solomatin.«

»Wer ist das?«

»Ein Mann aus dem Umfeld des Präsidenten.«

»Vorname?«

»Wjatscheslaw Jegorowitsch.«

»Was will er von Pawel?«

»Das weiß ich nicht. Ich weiß es wirklich nicht.«

»Können Sie mich sehen?«

»Ja ...«

»Wie sehe ich aus?«

»Sie sind klein und dunkelblond, Sie tragen eine helle Pelzjacke.«

»Wie alt bin ich?«

»Etwa dreißig.«

»Falsch. Ich bin groß und brünett, etwa vierzig Jahre alt. Ich trage einen langen Nutria-Mantel. An der Unterlippe habe ich eine kleine Schramme. Und ich stottere leicht. Das ist alles. Haben Sie es sich gemerkt?«

»Ja, ist gut.«

»Wer ist der zweite Mann in Ihrem Auto?«

»Mein Mitarbeiter.«

»Wie heißt er?«

»Kolja.«

»Wird man ihm Fragen nach mir stellen?«

»Ich weiß es nicht, aber vermutlich schon.«

»Sagen Sie ihm, dass die Frau in der hellen Pelzjacke eine zufällige Passantin war, die ich gebeten habe, am Kiosk auf Sie zu warten. Das Gespräch haben Sie nicht mit ihr geführt, sondern mit mir. Diese Frau ist gleich nach meinem Eintreffen gegangen, sie kennt mich nicht. Haben Sie alles verstanden?«

»Ja, ist gut ...«

»Ich gehe jetzt, und Sie werden hier noch einige Minuten warten. Zählen Sie langsam bis dreihundert, dann können Sie zu Ihrem Wagen gehen. Teilen Sie Tschinzow unsere Bedingungen mit. Pawel wird ihn morgen um zehn Uhr anrufen. Und denken Sie daran: Er ist zur Zusammenarbeit bereit, aber wenn man versuchen sollte, ihn hereinzulegen, würde Sie das teuer zu stehen kommen. Pawel ist nicht geschwätzig, aber sehr rachsüchtig.«

»Ich werde alles ausrichten.«

»Ich gehe. Beginnen Sie zu zählen.«

Rita folgte streng den Anweisungen, die Pawel ihr gegeben hatte. Sie ging nicht an dem parkenden Wagen vorbei, in dem Kolja wartete, sondern verschwand hinter den Kiosken. Sauljak konstatierte befriedigt, dass Rita nichts von ihrer Qualifikation eingebüßt hatte. Sie hatte alles richtig gemacht.

Er blickte ihr hinterher, bis die Ampel auf Grün umschaltete und sie die Profsojuznaja-Straße überquerte. Dann ging er so lautlos wie möglich zu seinem Saab, wendete und fuhr zur General-Antonow-Straße, wo Rita auf ihn warten musste.

* * *

»Bist du müde?«, fragte er besorgt, als Rita endlich neben ihm im Auto saß.

»Ein wenig«, sagte sie mit einem schwachen Lächeln. »Ich bin es ja nicht mehr gewohnt ...«

»Du hast dir ganz unnötig Sorgen gemacht, Kindchen. Alles ist
bestens gelaufen. Jetzt bringe ich dich nach Hause, und du kannst
dich ausruhen.«

»Und morgen?«

Die Angst in ihrer Stimme war unüberhörbar.

»Was soll morgen sein?«

»Werden wir morgen wieder arbeiten?«

»Willst du nicht? Hast du Angst?«

»Nein, wo denkst du hin ... Ich habe Angst, dass du wieder ver-
schwindest. Und ohne dich ...«

»Was, Kindchen?«

»Ohne dich weiß ich nicht, was ich tun soll. Ich fühle mich völlig nutzlos.«

»Arbeitest du immer noch bei der Sparkasse?«

»Ja, immer noch.«

»Langweilst du dich?«

»Natürlich. Aber ich habe mich daran gewöhnt.«

Sauljak begriff plötzlich, wie einsam diese junge Frau war. Als er
sie vor zehn Jahren in seine Gruppe aufnahm, hatte er befürchtet,
dass sie ihm nicht lange erhalten bleiben würde. Frauen in diesem
Alter wollten in der Regel heiraten und Kinder bekommen. Aber
mit Rita passierte nichts dergleichen. Rita war sehr gehorsam und
fleißig und stellte keine Forderungen. Damals hatte er nichts von
ihr verstanden. Mit überheblicher Selbstverständlichkeit war er
davon ausgegangen, dass Rita aus purer Dankbarkeit für ihn arbeitete, weil er sie damals rechtzeitig aus dem Krankenhaus herausgeholt hatte, in das sie die bösartigen Mitbewohner ihrer da-
maligen Gemeinschaftswohnung gebracht hatten. Er selbst kam
sehr gut ohne feste Beziehungen zu Frauen aus, er brauchte keine
emotionalen Bindungen, keine seelische Nähe, er war unzugänglich und kalt. Und er hatte geglaubt, dass Rita genauso war, dass
sie deshalb keinen festen Freund hatte und sich nicht nach der Ehe
sehnte. Jetzt erinnerte sich Pawel daran, wie sie ihn angesehen
hatte, als er vorhin vor ihrer Tür erschienen war. Er erinnerte sich
daran, wie sie geweint hatte. Und er begriff, dass er in all diesen
Jahren völlig blind gewesen war. Rita liebte ihn.

Sie erreichten ihr Haus und gingen hinauf in ihre Wohnung. Rita schlug ihm vor, zum Abendessen zu bleiben, und ihr Gesicht leuchtete freudig auf, als er zustimmte.

»Allerdings habe ich nichts Besonderes da«, entschuldigte sie sich, »du bist so unerwartet gekommen.«

»Macht nichts, Kindchen, du weißt doch, dass ich keine Ansprüche ans Essen stelle.«

Nach dem Abendessen tranken sie Tee und aßen süße Brötchen dazu. Es war bereits nach Mitternacht, und Pawel ging immer noch nicht. Er konnte sich einfach nicht entscheiden, ob er Rita verlassen oder ob er bleiben sollte. Er wäre sehr gern in seine Wohnung gefahren, Rita hatte ihn als Frau noch nie gereizt, weder früher noch jetzt, aber er fürchtete, dass sich in den letzten zwei Jahren viel verändert hatte und Rita inzwischen vielleicht der einzige Mensch war, auf den er sich noch verlassen konnte. Also musste er versuchen, sie so eng wie möglich an sich zu binden.

»Ich wollte dir schon lange etwas sagen«, begann er unsicher.

»Was, Pawel?«

»Genauer, ich wollte dich fragen ... Sag mal, Rita, siehst du eigentlich nur deinen Chef in mir, oder bedeute ich dir mehr?«

Ein verlegenes Lächeln erhellte ihr Gesicht.

»Du bedeutest mir sehr viel, Pawel. Ich war mir sicher, dass du das längst weißt.«

»Nein, stell dir vor, ich habe es nicht gewusst. Ich musste erst zwei Jahre ohne dich sein, um es zu begreifen. Weißt du, ich habe dich in dieser Zeit sehr vermisst. Sehr. Du mich auch?«

»Ich wäre fast gestorben ohne dich«, sagte sie schlicht. »Wo warst du in diesen zwei Jahren?«

»Sehr weit weg. Aber es hat jetzt keine Bedeutung mehr, wo ich war. Die Hauptsache ist, dass ich zurück bin. Und jetzt werde ich dich nicht mehr verlassen.«

»Nicht einmal heute Nacht?«

»Nein, nicht einmal heute Nacht.

SECHSTES KAPITEL

Tschinzow wartete ungeduldig darauf, dass es zehn Uhr morgens wurde. Was für eine überraschende Wendung der Dinge! Das Opfer war dem Jäger von selbst vor die Flinte gelaufen. Die Sache war klar. Wer wollte schon am Hungertuch nagen. Sauljak hatte beschlossen, sich ein bisschen Geld zu verdienen. Eine lobenswerte Absicht. Ein lebender Freund war schließlich besser als ein toter Feind, den konnte man wenigstens für seine Zwecke benutzen. Und wenn er seine Dienste anbot, dann hatte er offenbar nichts Böses vor. Man musste aus ihm herausholen, was herauszuholen war, und danach würde man weitersehen. Vielleicht würde es ja gelingen, ihn für die eigene Mannschaft anzuwerben.

Schabanow hatte Tschinzow spätabends angerufen und mitgeteilt, dass er gleich vorbeikommen würde. Tschinzow war sofort klar gewesen, dass etwas passiert sein musste, aber er hatte nicht geahnt, mit welcher Neuigkeit Schabanow aufwarten würde. Am meisten interessierte ihn die Frau, mit der er gesprochen hatte. Ob es die Verwandte war, die Sauljak in Samara abgeholt hatte?

»War es so eine magere Blondine?«, fragte er Schabanow.

»Nein, sie ist brünett. Sie stottert ein bisschen und hat eine kleine Schramme an der Unterlippe.«

»Dann war es eine andere«, sagte Tschinzow enttäuscht. »Man müsste sie finden, diese Verwandte. Vielleicht könnte sie uns ebenfalls nützlich sein. Du bist so merkwürdig, Jewgenij, was ist los mit dir? Hast du vor Schreck einen getrunken?«

»Nein, mir ist einfach nicht gut. Ich fühle mich irgendwie schwach.«

»Wirst du etwa krank?«

»Vielleicht. Mein Kopf ist merkwürdig schwer, mir ist, als hätte ich drei Nächte nicht geschlafen.«

»Wie dem auch sei. Sauljak wird mich morgen anrufen. Ein schlauer Kerl, er macht es richtig. Kolja hat gesagt, dass er ihn und Serjosha bemerkt hat. Und jetzt hat er die richtige Entscheidung getroffen. Anstatt sich von uns jagen zu lassen, arbeitet er lieber mit uns zusammen. So ist es besser für ihn und auch für uns.«

Schabanow verabschiedete sich wieder, und Grigorij Valentinowitsch verbrachte eine schlaflose Nacht. Er dachte über das bevorstehende Gespräch mit Sauljak nach. Es war klar, dass er Geld für seine Dienste verlangen würde. Sollte man ihn vielleicht etwas einschüchtern, damit er mit dem Honorar heruntergeht? Oder sollte man lieber so tun, als wüsste man gar nichts über ihn, um ihn nicht misstrauisch zu machen?

Tschinzow sprang beim ersten Morgengrauen aus dem Bett und eilte in die Küche, um das Frühstück für seine Frau und seine Tochter zu machen. Und das nicht etwa deshalb, weil er ein guter Familienvater und liebender Ehemann war. Er wollte einfach nur, dass die beiden so schnell wie möglich frühstückten und aus dem Haus verschwanden. Normalerweise trödelten sie ewig herum und brauchten eine halbe Stunde, um ein Ei zu braten. Heute aber konnte Tschinzow keine überflüssigen Ohren in der Wohnung gebrauchen, sein Gespräch mit Sauljak ging niemanden etwas an.

»Oh, Schatz, was ist los?«, flötete Tschinzows Frau, als sie im Morgenmantel in die Küche geschlurft kam. »Ist heute Feiertag?«

»Ich konnte einfach nicht mehr schlafen«, sagte Tschinzow so unbefangen wie möglich, »darum bin ich früher aufgestanden. Geh dich duschen, alles ist schon fertig. Ich werde Lena wecken.«

Beim Frühstück brachte Tschinzow keinen Bissen hinunter, er trank nur drei Tassen Tee. Danach stellte er sogar das Bügeleisen an und bügelte den Rock, den seine Frau anziehen wollte. Ihm schien, dass die Zeit nur so raste, und die beiden Frauen wurden einfach nicht fertig, ständig suchten sie etwas und probierten mal diese, mal jene Bluse an, mal diesen, mal jenen Schmuck. Als wür-

124

den sie sich für einen Empfang bei der amerikanischen Botschaft zurechtmachen. Endlich, Viertel vor zehn, schloss sich die Wohnungstür hinter ihnen, und Tschinzow atmete erleichtert auf. Jetzt konnte das Telefon klingeln.

* * *

Wjatscheslaw Jegorowitsch Solomatin konnte nicht begreifen, was mit ihm vor sich ging. Seine Arme und Beine wurden plötzlich bleischwer, sein ganzer Körper füllte sich mit dieser warmen, lähmenden Schwere, und Geräusche drangen nur noch wie durch Watte zu ihm.

»Was wollen Sie von Pawel?«, fragte ihn die nicht sehr hoch gewachsene, dunkelblonde Frau in der kurzen hellen Pelzjacke.

»Er kann helfen«, erwiderte er mit Mühe.

»Wem kann er helfen?«

»Dem Präsidenten.«

»Weiß der Präsident davon, dass er Hilfe braucht?«

»Nein. Aber ich weiß es. Ich will ihm helfen.«

»Und was hat das mit Pawel zu tun? Wieso glauben Sie, dass er Sie dabei unterstützen kann?«

»Ich weiß es nicht … Ich hoffe es. Außer ihm kann niemand helfen. Alle andern sind gekauft, bestochen …«

»Weiß Pawel etwas Kompromittierendes über Sie?«

»Nein, da gibt es nichts zu wissen. Ich habe mir nichts zuschulden kommen lassen.«

»Ist Pawel gefährlich für Sie?«

»Nein. Ich hoffe es nicht … Ich habe ihm nichts getan. Ich möchte nur, dass er mir hilft.«

»Sehen Sie mich, Wjatscheslaw Jegorowitsch?«

»Ja.«

»Wie sehe ich aus?«

»Sie tragen eine Pelzjacke … Sie sind klein, schlank und hellhaarig. Ihre Augen kann ich nicht sehen, es ist zu dunkel …«

»Sie irren sich«, erwiderte die Frau. »Ich bin groß und füllig. Ich habe kurzes, blond gefärbtes Haar. Ich trage Brillantohrringe, einen grünen wattierten Mantel und bin stark geschminkt. Sehen Sie es?«

»Ja, ich sehe es«, erwiderte Solomatin gehorsam.

In der Tat. Wie war er darauf gekommen, dass sie klein und schlank war? Vor ihm stand eine große, korpulente Frau, und sie trug einen grünen Mantel. In der Dunkelheit konnte er zwar nicht erkennen, wie ihre Ohrringe aussahen, aber er war sich sicher, dass es sich um Brillanten handelte. Etwas stimmte nicht mit seinen Augen ...

»Pawel wird Sie morgen früh anrufen, dann können Sie alles mit ihm besprechen. Ich werde jetzt gehen, Sie werden noch ein paar Minuten hier stehen bleiben, dann können Sie nach Hause gehen. Und Sie werden sich an nichts erinnern, außer daran, dass ich mich mit Ihnen unterhalten und Ihnen versprochen habe, dass Pawel Sie anrufen wird. Nicht wahr, Wjatscheslaw Jegorowitsch?«

»So ist es«, murmelte er mit tauben Lippen.

Die Frau entfernte sich und verschwand in der Dunkelheit, sie löste sich förmlich in Luft auf. Solomatin blieb gehorsam stehen, in einer ihm selbst unverständlichen Erstarrung. Allmählich wurde ihm wieder etwas wohler, die Schwere wich aus seinem Körper, seine Arme und Beine begannen ihm wieder zu gehorchen. Was war los mit ihm? Was tat er hier eigentlich? Ach ja, er hatte mit einer Frau gesprochen, mit einer fülligen, stark geschminkten Blondine in einem grünen Mantel. Sie hatte ihm versprochen, dass Pawel ihn morgen anrufen würde. O mein Gott, durchfuhr es ihn plötzlich, woher weiß sie, dass ich ihn suche? Hat Wassilij etwa nicht dichtgehalten? Ich habe ihm doch ausdrücklich gesagt, dass er sich Sauljak nicht nähern und keinen Kontakt mit ihm aufnehmen darf. Und Wassilij schwört, dass Sauljak ihn nicht bemerkt hat. Auf dem Flughafen von Jekaterinburg war er angeblich nur deshalb plötzlich verschwunden, weil er den andern beiden entkommen wollte, die ihn verfolgten. Hat Wassilij etwa gelogen? Oder ist es tatsächlich so, wie Bulatnikow immer gesagt hat? Kann man vor Pawel nichts verbergen, bekommt er tatsächlich immer die Wahrheit heraus?

Wjatscheslaw Jegorowitsch fasste sich und sah auf die Uhr. Es war halb elf, längst Zeit, nach Hause zu fahren, und er stand immer noch hier, in Kunzewo, in irgendeiner Grischin-Straße. Der Teufel musste ihn hier hergelockt haben!

Er ging mit langsamen, vorsichtigen Schritten zu seinem Auto, stieg ein und ließ mit einer entschiedenen Bewegung den Motor an.

* * *

Heute hatte Rita ihre Arbeit besser gemacht als das letzte Mal. Sie hatte ihr Selbstvertrauen wieder gefunden und gezeigt, was sie konnte. Pawel wollte noch etwas abwarten und bat Rita, sich einstweilen ins Auto zu setzen. Er stand in der Dunkelheit, verborgen hinter Bäumen, und beobachtete Solomatin. Diesmal hatte Rita ihren Gesprächspartner nicht aufgefordert, bis dreihundert zu zählen, sie hatte ihn nur gebeten, eine Weile zu warten, und es dauerte dreiundzwanzig Minuten, bis Wjatscheslaw Jegorowitsch zu sich kam. Sauljak hatte absichtlich auf die Uhr gesehen. Rita hatte sich wirklich sehr gut geschlagen. Pawel hatte ein wenig befürchtet, sie könne nach der gemeinsam verbrachten Nacht schwach geworden sein, nachgelassen haben in ihrer Konzentration auf die Arbeit, aber genau das Gegenteil war eingetreten. Sie war noch besser geworden. Bestand darin vielleicht das ganze Geheimnis? Sie war die Schwächste in der Gruppe, für schwierige Aufgaben hatte er sie nie einsetzen können, aber vielleicht war das so gewesen, weil ihr der emotionale Ansporn gefehlt hatte. Wenn es sich tatsächlich so verhielt, dann bestand die Hoffnung, dass ihre Fähigkeiten jetzt zur vollen Entfaltung kommen würden, und wenn sie sich außerdem fest an Pawel binden würde, brauchte er außer ihr überhaupt niemanden mehr. Wenn sich herausstellen sollte, dass die andern sein Verbot missachtet hatten und unangenehm aufgefallen waren, dann konnte er sie zum Teufel schicken. Zum Glück wusste niemand von ihnen von Ritas Existenz, zu ihr führte keine Spur, auch im schlimmsten Fall hatte Rita nichts von ihnen zu befürchten.

Pawel sah, dass sie völlig erschöpft war, ihre Schläfen glänzten vor Schweiß. Mit einem Gefühl ungewöhnlicher Zärtlichkeit dachte er daran, dass sie sich in dem Gespräch mit Solomatin wahrscheinlich deshalb so verausgabt hatte, weil sie ihn, Pawel, nicht enttäuschen wollte. Es hatte in seinem Leben noch nie eine Frau gegeben, der er wirklich wichtig gewesen war und die Angst davor hatte, ihn zu enttäuschen. Er erinnerte sich plötzlich daran, wie er Rita zum ersten Mal gesehen hatte, ein kleines, mageres Mädchen mit bläulich-blassem Gesicht, sie trug einen hässlichen Krankenhauskittel und war so voll gepumpt mit Medikamenten, dass sie beim Gehen schwankte. Damals war sie neunzehn Jahre alt und glich einem verstörten Küken. Zuerst hatte die Miliz sie mitgenommen, weil die Nachbarin in der Gemeinschaftswohnung sie wegen Diebstahl angezeigt hatte. Angeblich entwendete Rita regelmäßig den Wodka ihres Mannes und kippte ihn in den Ausguss. Der Revierbeamte wollte den Streit gütlich beilegen, doch die Nachbarin, das wusste Pawel mit Sicherheit, hatte ihm eine ordentliche Summe zugesteckt, um Rita loszuwerden und deren frei gewordenes Zimmer für sich und ihren trunksüchtigen Mann zu beanspruchen. Man brachte Rita aufs Revier und schickte das entsprechend aufbereitete Beweismaterial an den Untersuchungsführer, der über die Einleitung eines Strafverfahrens entscheiden sollte.

»Sie haben den Wodka immer selbst ausgekippt«, behauptete Rita in ihrer heiligen Einfalt, »ich habe ihn nie angerührt.«

»Wissen Sie denn, was Sie da reden, junge Frau?«, fragte der verblüffte Untersuchungsführer. »Ihre Nachbarn haben also den Wodka gekauft und dann selbst ausgekippt? Das ist doch Unsinn.«

»Das ist kein Unsinn«, behauptete Rita starrsinnig. »Ich habe gewollt, dass sie ihn auskippen, und sie haben es getan.«

Irgendwelche weiteren, glaubwürdigeren Aussagen konnte man ihr nicht entlocken und traf schließlich eine weise Entscheidung: Rita musste sich zur Erstellung eines gerichtspsychiatrischen Gutachtens der Überprüfung ihres Geisteszustandes unterziehen. Da sie weiterhin hartnäckig bei der Behauptung blieb, sie hätte die Wodkaflaschen nie angerührt, die Nachbarn hätten den Wodka in Erfüllung ihres Willens selbst ausgekippt, erklärten die Ärzte sie leichten Herzens für unzurechnungsfähig und wiesen sie in eine psychiatrische Klinik ein. Zum Glück kam die Geschichte Bulatnikow rechtzeitig zu Ohren, und Pawel gelang es, Rita aus der Klinik herauszuholen, bevor die Medikamente sie zerstört hatten. Bulatnikow hatte eine feste Regel: Er ließ alle direkten Kontakte über Pawel laufen. Die Leute für Sauljaks Gruppe suchte er selbst aus, aber keiner von ihnen sollte wissen, dass Bulatnikow der Boss war und dass er mit Pawel in Verbindung stand. Die Leute in der Gruppe hatten es ausschließlich mit Sauljak zu tun.

Rita kehrte nicht in ihre Gemeinschaftswohnung zurück. Bulatnikow gab Anweisung, ihr eine kleine Einzimmerwohnung zu besorgen, sie von den Folgen der Psychiatrie kurieren zu lassen und sie für Sauljaks Gruppe anzuwerben. Rita war nach allem, was geschehen war, völlig verängstigt und so voller Dankbarkeit für Pawel, der sie aus der Höhle des Löwen herausgeholt hatte, dass sie den weit verbreiteten Fehler beging, in ihrem Retter und Beschützer den wunderbaren Prinzen zu erblicken, in den sie sich verliebte. Aber das hatte Pawel erst jetzt begriffen. Und er konnte nicht aufhören, sich darüber zu wundern.

Heute ging Sauljak nicht mit hinauf zu Rita, sondern setzte sie vor ihrem Haus ab. Er musste nach Hause, in seine neue Wohnung, um auszuschlafen, Kräfte zu sammeln und nachzudenken. Er hatte eine Aufgabe, die er um jeden Preis erfüllen musste. Er arbeitete jetzt für drei Herren gleichzeitig, für General Minajew, für die Mannschaft des Präsidentschaftskandidaten und für Solomatin, der auf der Seite des jetzigen Präsidenten kämpfte. Aber das alles tat er nur, um sich Handlungsfreiheit zu verschaffen und jenes Ziel zu erreichen, welches das einzig wichtige für ihn war.

* * *

Vor Michails Wohnung stand eine kleine Warteschlange. Es waren nur vier Personen, aber Pawel begriff sofort, was das zu bedeuten hatte, und stieß einen leisen Fluch aus. Michail war also abgesprungen. Er war es gewohnt, viel Geld zu verdienen, und er hatte die Langeweile nicht ausgehalten. Er hatte eine eigene Praxis eröffnet, der Hundesohn.

»Wer ist als Letzter dran?«, fragte Pawel, während er die vier Frauen flüchtig musterte.

Sie waren verschiedenen Alters, aber aus irgendeinem Grund hatten sie alle denselben Gesichtsausdruck.

»Für wann sind Sie denn bestellt?«, fragte die Älteste von ihnen.

»Für halb vier«, log Pawel auf gut Glück.

»Das kann nicht sein«, widersprach die Frau. »Für halb vier bin ich bestellt. Ich habe den Termin schon vor zwei Wochen bekommen.«

»Dann gehe ich nach Ihnen«, schlug Pawel friedliebend vor.

»Nein, nach ihr bin ich dran«, meldete sich eine andere, jüngere Frau zu Wort. »Ich bin auf vier Uhr bestellt.«

»Wo liegt das Problem, meine Damen? Ich lasse Ihnen den Vortritt und gehe als Letzter.«

Die Damen sahen ihn missbilligend an und schwiegen.

»Ich habe, ehrlich gesagt, überhaupt keinen Termin«, gestand Sauljak. »Aber bei mir geht es da um so eine Sache ... Jedenfalls ist es dringend. Sie verstehen. Aber machen Sie sich keine Sorgen, ich dränge mich nicht vor, ich warte, bis ich dran bin. Nur verraten Sie mich bitte nicht, falls noch jemand nach mir kommen sollte.«

Die Frau, die den Termin um vier Uhr hatte, sah Pawel mitfühlend an.

»Sie haben offenbar ein schweres Problem«, sagte sie. »Sie sehen sehr mitgenommen aus. Machen Sie sich keine Sorgen, nach Ihnen kommt niemand mehr, Michail Dawydowitsch hat nur bis fünf Uhr Sprechstunde, und nach vier vergibt er keine Termine mehr.«

Pawel sagte nichts, er ging eine halbe Treppe tiefer und setzte sich auf die Fensterbank. Michail empfing also jede halbe Stunde einen Patienten, dieser Stümper. In einer halben Stunde konnte man keine ordentliche Hypnose durchführen und einen Menschen davon überzeugen, dass alles gut werden würde. Dafür brauchte man mindestens zwei Stunden. Oder arbeitete er womöglich gar

130

nicht als Hypnotiseur? Michail war ein Universalgenie, ein Phänomen. Aber seine Geldgier würde ihn eines Tages den Kopf kosten.

Sauljak saß auf der Fensterbank und wartete geduldig. Michail arbeitete vielleicht stümperhaft, aber mit der Zeit ging er sehr genau um: Jede halbe Stunde verließ eine Frau seine Wohnung, und die nächste ging hinein. Endlich, pünktlich um halb fünf, erschien die Frau auf der Schwelle, die den Termin um vier Uhr gehabt hatte. Pawel stieg entschlossen die Treppe hinauf und betrat den dunklen Wohnungsflur.

»Michail Dawydowitsch«, rief er, »darf ich Sie auch ohne Termin sprechen?«

»Treten Sie ein«, erwiderte die bekannte Stimme aus dem unsichtbaren Inneren der Wohnung.

Pawel betrat ein kleines Zimmer und stellte mit Erleichterung fest, dass Michail zumindest nicht den Magier spielte. Keine Kerzen, keine Kreuze, keine Talismane und sonstigen Attribute, die den Patienten suggerieren sollten, dass der Hypnotiseur in Verbindung mit höheren Kräften und jenseitigen Welten stand. Michail saß hinter einem ganz gewöhnlichen Schreibtisch und trug einen ganz gewöhnlichen Anzug mit Hemd und Krawatte. Dennoch sah er nicht sehr solide aus, sondern glich eher einem Bohemien. Das gelockte Haar hing ihm bis auf die Schultern hinab, er trug eine getönte Brille, und der Bauchansatz war noch deutlicher zu sehen als früher.

»Pawel Dmitrijewitsch!«, rief er verdutzt aus.

»Überrascht?«, fragte Pawel grimmig. »Hast du gedacht, ich erfahre nichts von deinem freien Künstlerleben? Wahrscheinlich spricht ganz Moskau von dir, jedenfalls scheinst du guten Zulauf zu haben.«

»Aber nein, Pawel Dmitrijewitsch«, stammelte Michail, »so ist es wirklich nicht. Ich bin ein ganz gewöhnlicher Psychotherapeut, nichts weiter. Niemand weiß etwas, ich schwöre.«

»Und was für ein Psychotherapeut bist du? Einer, der böse Geister austreibt und Frauen die Rückkehr ihrer treulosen Liebhaber verspricht?«

»Aber nicht doch, nicht doch.« Michail fuchtelte hektisch mit den Armen. »Ich unterhalte mich einfach mit meinen Patienten und versuche, ihren Stress abzubauen. Ich rate ihnen, nicht auf das zu achten, was ihr Leben vergiftet. Kennen Sie das Prinzip? Wenn du die Situation, die dich belastet, nicht verändern kannst, dann verändere deine Einstellung zu ihr. Genau das versuche ich meinen Patienten beizubringen. Natürlich beeinflusse ich sie auch gegen ihren Willen, aber das merken sie ja nicht. Niemand weiß etwas, ich schwöre es. Versuchen Sie doch, sich in mich hineinzuversetzen, Pawel Dmitrijewitsch. Sie sind wortlos verschwunden, niemand wusste, für wie lange. Aber ich muss doch leben. Sollte ich bis an mein Lebensende dasitzen und Däumchen drehen?«

»Hör auf zu jammern, lass es gut sein. Ich bin zurück, wir müssen wieder arbeiten.«

»Aber ja, natürlich, Pawel Dmitrijewitsch«, murmelte Michail erfreut, der begriff, dass ihm verziehen war. »Ich bin bereit, ich habe diese Praxis ja nur eröffnet, um nicht aus der Übung zu kommen ...«

»Du hättest dabei leicht ums Leben kommen können«, sagte Sauljak erbost. »Was hast du eigentlich im Kopf? Ich habe dich doch ausdrücklich gewarnt.«

Aber Pawels Wut war verraucht. Jetzt überlegte er nur noch, wie er Michail so optimal wie möglich einsetzen konnte.

* * *

Julia Tretjakowa war eine junge Journalistin. Natürlich träumte sie vom Ruhm, von sensationellen Enthüllungen und unerhörten Publikationen, von Interviews, die sie mit den wichtigsten und bekanntesten Leuten im Land und vielleicht in der ganzen Welt machen würde. Aber vorläufig bestand ihre Aufgabe darin, Material für die Rubrik »Letzte Meldungen vor Redaktionsschluss« zu sammeln.

Heute hatte in einer Behörde der Miliz ein Bekannter von ihr Dienst, und Julia wollte sich eine Weile in seiner Nähe herumtreiben, um bis siebzehn Uhr mit einigen Meldungen über Diebstähle und Raubüberfälle in die Redaktion zurückzukehren. Vielleicht hatte sie Glück, und es war sogar ein Mord dabei. Sie verließ ihr Büro und ging in Richtung Metro, als sie plötzlich ein imposanter, etwas fülliger Mann mit langen Haaren und einer getönten Brille ansprach.

»Entschuldigen Sie«, sagte der Fremde mit angenehmer Stimme, »hätten Sie vielleicht ein paar Minuten Zeit für mich?«

Julia sah sich nervös um. Sie war noch nicht weit vom Redaktionsgebäude entfernt und konnte im Notfall schnell wieder zurücklaufen. Man konnte ja nie wissen ... Aber eine Gelegenheit wie diese durfte man sich nicht entgehen lassen, womöglich erwartete sie Stoff für eine Sensationsmeldung ...

»Worum geht es?«, fragte sie mit einem freundlichen Lächeln.

»Ich möchte Ihnen ein Angebot machen. Aber dieses Angebot ist von einer Art, dass ich während unseres Gesprächs nicht unbedingt von Ihren Kollegen gesehen werden möchte. Können wir uns vielleicht woanders unterhalten?«

Julia schwankte zwischen Neugier und Angst. Aber schließlich war sie Journalistin. Sie durfte keine Angst haben, wenn sie womöglich an eine heiße Geschichte herankommen konnte.

Der Mann visierte einen Hinterhof an, und Julia folgte ihm gehorsam. Im Hof ließen sie sich auf einer kleinen Bank nieder, die offenbar für Kinder bestimmt und zu niedrig für Erwachsene war.

»Ich möchte mich vorstellen«, begann der Mann. »Mein Name ist Grigorij. Und wie heißen Sie?«

»Ich heiße Julia. Also, Grigorij, worum geht es?«

»Wissen Sie, Julia, ich beobachte Sie schon seit einiger Zeit. Ich weiß, dass Sie Journalistin sind, und ... ich kann etwas dafür tun, dass Ihr Name in Journalistenkreisen bekannt wird.«

»Besitzen Sie etwa brisantes Material?«, fragte Julia, die sofort Feuer und Flamme war.

»Bis jetzt noch nicht. Aber wenn Sie wollen, werden wir dieses Material bekommen.«

»Ich verstehe Sie nicht«, sagte das Mädchen stirnrunzelnd.

»Ich werde es Ihnen erklären. Ich habe die Möglichkeit, ein Interview von Ratnikow zu bekommen.«

»Wie bitte?« Julia blieb fast der Mund offen stehen vor Überraschung. »Nein, das glaube ich Ihnen nicht. Ratnikow lässt seit zwei Jahren keinen einzigen Journalisten mehr an sich heran. Seit er für den Präsidenten arbeitet, ist es niemandem mehr gelungen, ihn zu interviewen.«

»Eben«, sagte Grigorij mit einem bestechenden Lächeln. »Kein einziges Interview in zwei Jahren. Und in der Presse und im Fernsehen wird immer wieder erwähnt, dass Ratnikow es ablehnt, mit Journalisten zu sprechen. Können Sie sich vorstellen, was für ein Aufsehen es erregen wird, wenn der unzugängliche Ratnikow bei Ihnen eine Ausnahme macht?«

»Aber er wird diese Ausnahme doch nicht machen«, widersprach sie unsicher.

»Doch, er wird. Wenn Sie einverstanden sind, wird das Interview in drei Tagen in Ihrer Zeitung erscheinen. Wollen Sie?«

»Ich verstehe nicht … Nein, ich glaube Ihnen nicht.«

»Julia, ich frage nicht danach, ob Sie mir glauben oder nicht, ich frage nur, ob Sie wollen.«

»Du lieber Gott, natürlich will ich. Das ist doch keine Frage. Doch wie soll das gehen?«

»Das Interview werde ich mit ihm machen. Sie haben Recht, Sie wird er nicht empfangen, so, wie er niemanden von der journalistischen Zunft empfängt. Aber mir wird er dieses Interview geben. Und ich gebe die Kassette mit der Aufzeichnung unseres Gesprächs an Sie weiter. Sie veröffentlichen das Interview unter Ihrem Namen.«

»Aber das ist doch Betrug!«, empörte sich Julia. »Und es wird sofort herauskommen. Ratnikow wird die Zeitung zu Gesicht bekommen und sofort richtig stellen, dass er das Interview nicht einer Julia Tretjakowa gegeben hat, sondern einem Mann namens Grigorij.«

»Das lassen Sie bitte meine Sorge sein. Ich gebe Ihnen mein Wort, dass nichts dergleichen passieren wird. Was meinen Sie, Julia? Entscheiden Sie sich.«

»Wozu soll das alles gut sein?«, fragte sie misstrauisch, während sie innerlich mit der Versuchung kämpfte, blindlings zuzustimmen.

»Ich möchte Ihnen etwas Gutes tun«, sagte Julias neuer Bekannter mit entwaffnendem Lächeln. Das ist der einzige Grund für mein Angebot.«

»Und wie kann ich sicher sein, dass die Stimme auf der Kassette wirklich die von Ratnikow sein wird? Woher weiß ich, dass Sie mich nicht betrügen?«

»Wenn Sie das befürchten, kann ich eine Videoaufnahme machen. Die Stimme von Ratnikow kennen Sie vielleicht nicht, aber sein Gesicht bestimmt.«

Julia schwirrte der Kopf. Sie brannte darauf, an das Material heranzukommen, das der Fremde ihr versprach. Das würde der erste Schritt auf dem Weg zum Ruhm für sie sein, sie würde von da an als Journalistin gelten, für die es keine verschlossenen Türen gab. Alle hatten bei Ratnikow bisher auf Granit gebissen, selbst die renommiertesten Journalisten, jedem war die Tür vor der Nase zugeschlagen worden, aber sie hätte es dann als Erste und Einzige geschafft! Trotzdem war das alles irgendwie unheimlich … Es kam so überraschend.

Aber plötzlich wurde Julia ganz klar im Kopf. Worüber dachte sie überhaupt nach? So eine Chance bekam man nur einmal im Leben, und man musste verrückt sein, um sie auszuschlagen.

»Ist in Ordnung«, sagte sie entschieden, »ich bin einverstanden.«

»Wunderbar. Ich werde übermorgen um die gleiche Zeit in diesem Hof auf Sie warten. Und Sie werden die Videokassette mit dem Interview von mir bekommen.«

»Und was werde ich Ihnen dafür schuldig sein?«

»Ich bitte Sie, Julia«, rief Grigorij entrüstet aus. »Glauben Sie denn nicht an Uneigennützigkeit?«

»Dann danke ich Ihnen im Voraus«, sagte sie und erhob sich von der Bank. »Ich hoffe sehr, dass es nicht Ihre Absicht ist, mich täuschen und hereinlegen zu wollen.«

Sie gingen durch den Torbogen wieder auf die Straße hinaus. Julia bog zur Metrostation ab, ihr neuer Bekannter überquerte die Straße und stieg in einen bordeauxroten Volvo.

* * *

Vor einer so schwierigen Aufgabe wie jetzt hatte Michail schon lange nicht mehr gestanden. Er hatte Pawel zwar versichert, dass er in Form geblieben war, aber das, was ihm jetzt bevorstand, war etwas ganz anderes als die Arbeit mit hysterischen, ständig von Problemen geplagten Frauen, die in ihrem Unglück bereit waren, sofort alles zu glauben, was man ihnen suggerierte. Heute musste Michail stahlharten, abgebrühten Männern gegenübertreten, die nichts und niemandem glaubten und in jedem einen Feind witterten. Nachdem er seinen Wagen abgeschlossen und die große Kameratasche umgehängt hatte, atmete er tief durch, schloss für ein paar Sekunden die Augen und konzentrierte sich. Dann betrat er entschlossen das mehrstöckige Backsteingebäude in der Starokonjuschennaja-Gasse. Am Eingang befand sich keine Klingelanlage mit Nummerncode, was hier auch nicht nötig war, denn hinter der Tür stand ein breitschultriger, durchtrainierter Wächter, dessen Hüfte eine offene Revolvertasche zierte.

»Wohin?«, fragte er unwirsch und versperrte Michail den Weg.

Michail sah ihm tief in die Augen und zückte einen Journalistenausweis. »Julia Tretjakowa«, stand in Druckbuchstaben auf der kleinen Plastikkarte. Der Wächter war ein resoluter Kerl, Michail musste ihm einen starken Impuls nach dem andern senden, um seinen inneren Widerstand zu brechen. Endlich ergriff der Mann die ausgestreckte Karte.

»Ich muss Sie eintragen«, sagte er mit matter Stimme.

»Natürlich«, stimmte Michail zu.

Alles lief richtig. Sollte es zu einer Überprüfung kommen, würde im Besucherbuch der Name von Julia Tretjakowa stehen. Genau so war es geplant. Der Wächter machte den Eintrag und gab Michail die Karte zurück. Michail steckte sie ein und ging entschlossen zu den Lifts. Das erste Hindernis war überwunden. Jetzt musste er in Ratnikows Wohnung gelangen und ihn dazu bringen, das in die Kamera zu sprechen, was nötig war. Hatte er die Kraft dazu? Er musste sich zusammennehmen, musste die Angst bekämpfen.

Im Lift schloss er erneut die Augen und versuchte, sich zu sammeln. Die automatische Tür öffnete sich lautlos, Michail erblickte vor sich die Gestalt des unvermeidlichen Leibwächters. Im Gegensatz zu dem Mann am Eingang, der für die Sicherheit der gesamten Hausbewohner zuständig war, bewachte dieser nur noch den Präsidentenberater, der diese Etage des Hauses bewohnte. Diesmal musste Michail sehr viel mehr innere Kraft aufwenden, der Leibwächter stand wie angewurzelt vor dem Lift und trat keinen Schritt beiseite. Zum Glück machte er wenigstens keine Anstalten, Gewalt anzuwenden. Geh zur Seite, befahl Michail ihm innerlich, mach drei Schritte nach hinten, dreh dich um, geh zu Ratnikows Tür und drücke auf die Klingel. Wenn man dich fragt, wer da ist, dann lass sie deine Stimme hören. Geh zur Seite, dreh dich um und drücke auf die Türklingel. Geh zur Seite.

Der Leibwächter machte endlich gehorsam drei Schritte in Richtung Wohnungstür und klingelte. Eine Minute später unterhielt sich Michail bereits mit Ratnikows Frau, die sich als leichte Beute erwies, da sie nicht im Geringsten auf Widerstand eingestellt war. Mit einem freundlichen Lächeln bat sie Michail, ihr zu folgen, und ging voraus durch den langen Flur.

»Du hast Besuch«, sagte sie und öffnete vor Michail die Tür zu Ratnikows Arbeitszimmer.

»Wer sind Sie? Warum hat man Sie hereingelassen?«, fragte Ratnikow gereizt.

»Alexander Iwanowitsch«, begann Michail mit weicher, einschmeichelnder Stimme ...

Er schwitzte vor Anstrengung, das lange Haar klebte ihm im Nacken fest. Bei Aufgaben wie diesen durfte er keine Brille tragen, damit die Impulse nicht blockiert und zerstreut wurden, deshalb verschwamm ihm jetzt alles, was mehr als drei Meter entfernt war, vor den Augen. Das war unangenehm, aber er ließ sich davon nicht ablenken, sondern konzentrierte sich mit aller Macht darauf, den Willen des Präsidentenberaters zu brechen.

Schon bald fühlte er, dass er die Situation völlig im Griff hatte. Ratnikow saß jetzt in entspannter Haltung im Sessel hinter seinem Schreibtisch und erzählte, direkt in die Kamera blickend, von den Meinungsverschiedenheiten im direkten Umfeld des Präsidenten. Ab und zu stellte Michail ihm eine Frage, sodass auch seine

Stimme auf das Band kam. Aber das war nicht weiter schlimm, diese Stellen konnte man mit der Stimme von Julia Tretjakowa überspielen, wenn es nötig werden sollte. Ins Bild konnte Michail nicht kommen, weil er mit der Kamera auf der Schulter vor Ratnikow stand.

Das Interview war beendet. Michail stellte die Kamera ab, verstaute sie in der Tasche und trat dicht an den Berater des Präsidenten heran.

»Wir haben gute Arbeit geleistet«, sagte er mit leiser, fast tonloser Stimme. »Und wenn Sie jemand fragen sollte, wem Sie dieses Interview gegeben haben, dann werden Sie sagen, dass ein junges Mädchen bei Ihnen war, ein sympathisches junges Mädchen namens Julia Tretjakowa. Ich lasse Ihnen ihre Visitenkarte da, damit Sie nicht vergessen, wie sie heißt und für welche Zeitung sie arbeitet. Und mich haben Sie nie gesehen. So ist es doch, nicht wahr?«

»Ja«, sagte Ratnikow mit gepresster Stimme.

Seine Augen waren immer noch auf den Punkt gerichtet, wo bis vor kurzem das rote Licht der Videokamera geleuchtet hatte. Er befand sich im Zustand tiefer Hypnose, und es war ein Leichtes, die Erinnerung an das Gewesene in ihm zu löschen.

»Auf Wiedersehen, Alexander Iwanowitsch«, sagte Michail. »Sie brauchen mich nicht hinauszubegleiten, ich finde den Ausgang allein. Sie werden hören, wie die Tür ins Schloss fällt, und dann wieder zu sich kommen. Und alles wird gut sein. Alles wird gut sein. Haben Sie mich verstanden?«

»Ja.«

»Dann verabschieden Sie sich jetzt von mir.«

»Auf Wiedersehen ... Julia.«

Michail verließ das Zimmer und schlich auf Zehenspitzen zur Tür. Es gelang ihm ohne Mühe, die Schlösser zu öffnen, mit denen die Tür von innen mehrfach gesichert war. Dann schlug er die Tür möglichst laut zu, damit Ratnikow das Signal empfing, das ihm befahl, aus der Trance zu erwachen.

* * *

Michail Dawydowitsch Larkin hatte seine ungewöhnliche Gabe schon in der Pubertät entdeckt. Sie erschreckte ihn nicht im Geringsten, er setzte sie vielmehr sofort dafür ein, gute Noten in der Schule zu bekommen. Auf dieselbe forsche Weise gelang ihm auch der Sprung auf die Technische Hochschule, denn jüdischen Knaben waren Anfang der siebziger Jahre die Türen zu den renommierten geisteswissenschaftlichen Universitäten verschlossen. In Physik und Mathematik war er schwach, aber seine Zensuren waren trotzdem nicht schlecht, und ohne Stipendium musste er auch nicht auskommen. Bei Prüfungen war es für ihn am wichtigsten, sich als Letzter einer Gruppe examinieren zu lassen, damit die Kommilitonen nicht hörten, was für einen Unsinn er faselte. So kam es, dass er schließlich trotz Diplom von nichts eine Ahnung hatte, und nachdem er eine Stelle in einem Konstruktionsbüro bekommen hatte, wurde das Leben endgültig öde. Die Vorgesetzten tadelten ihn ständig, die Kollegen zuckten verständnislos mit den Schultern, wenn sie seine dilettantischen Entwürfe sahen, ständig wurde er versetzt, weil jeder diesen Ballast loswerden und die Stelle mit einem besseren Ingenieur besetzen wollte. Hier nutzten auch seine außergewöhnlichen Fähigkeiten nichts, denn die technischen Geräte, die er konstruierte, reagierten nicht auf Hypnose, sie waren und blieben unbrauchbar.

Schließlich aber hatte Michail doch Glück. Seine Mutter arbeitete als Kostümbildnerin an einem Theater, das oft zu Gastspielen ins Ausland reiste. Seine Mutter wurde als Jüdin auf diese Reisen nicht mitgenommen, es gab am Theater auch andere Kostümbildner, bei denen im Pass nicht das Wort Jude stand. Aber Iraida Isaakowna war eine echte Theaterseele, alle in der Truppe liebten sie, jeder teilte seine Freuden und Leiden mit ihr, jeder weinte sich an ihrer Schulter aus, sie kannte alle Gerüchte und Klatschgeschichten. Michail hielt sich von Kindheit an sehr gern bei seiner Mutter im Theater auf, das gelockte, pausbäckige kleine Engelchen wurde dort nach Strich und Faden verwöhnt, und mit acht Jahren spielte Michail sogar eine winzige Rolle in einem Stück. Auch als er erwachsen war, blieb er dem Theater verbunden, man freute sich immer, wenn er zu Besuch kam, denn Iraida Isaakowna, seine Mutter, war nach wie vor sehr beliebt, und man übertrug die Liebe und das Vertrauen zu ihr auch auf ihren Sohn, der genauso offenherzig in alle Angelegenheiten eingeweiht wurde.

Eines Tages, nachdem Michail bereits fünf- oder sechsmal seinen Arbeitsplatz gewechselt hatte, wurde er zum Abteilungsleiter gerufen. In dessen Büro saß irgendein unbekannter Mann.

»Da ist er, Ihr Michail Dawydowitsch«, sagte der Abteilungsleiter offenherzig und erhob sich von seinem Platz. »Sie können sich hier in Ruhe mit ihm unterhalten, ich werde einstweilen hinausgehen.«

Der Gast erwies sich als Mitarbeiter des KGB und schlug Larkin sehr höflich und distinguiert vor, die Schauspieler und anderen Mitarbeiter des Theaters zu bespitzeln. Er sollte sie bei ihren Gesprächen belauschen, besonders dann, wenn Gastspielreisen ins Ausland bevorstanden. Ob jemand vielleicht vorhabe, irgendwelche Wertgegenstände außer Landes zu bringen, ob sich jemand Valuta besorge, um damit im Ausland einzukaufen, ob jemand vielleicht die schreckliche Absicht äußere, nicht aus dem Ausland zurückzukehren.

»Sie wissen doch selbst, Michail Dawydowitsch«, sagte der KGB-Mann liebenswürdig, »Sie sind ein so schlechter Ingenieur, dass Sie Gefahr laufen, Ihre Stelle erneut zu verlieren und arbeitslos zu werden. Sie werden ständig herumgeschoben, von einer Behörde in die nächste, von einer Abteilung in die andere, man weiß einfach nicht, was man mit Ihnen machen soll. Früher oder später wird man die Geduld mit Ihnen verlieren und Sie wegen mangelnder Qualifikation endgültig aus dem Staatsdienst entlassen. Und mit so einem Vermerk in Ihrem Arbeitspass werden Sie nie mehr eine Arbeit bekommen. Höchstens noch als Nachtwächter. Und das können Sie doch nicht wollen.«

»Nein«, gestand Michail, »das will ich tatsächlich nicht.«

»Sehen Sie. Wenn Sie bereit sind, uns zu helfen, wird die Personalabteilung eine Anweisung bekommen, und man wird Sie ab sofort in Ruhe lassen. Sie werden nicht einmal mehr jeden Tag zur Arbeit gehen müssen. Sie können die Zeichnungen mit nach Hause nehmen, und dafür, dass Sie ordentliche Konstruktionsentwürfe abliefern, wird unsere Organisation schon sorgen. Übrigens, wenn es kein Geheimnis ist, wie ist es Ihnen gelungen, mit einem so haarsträubend geringen Wissen in Ihrem Fach zu einem Diplom zu kommen? Haben Sie die Professoren bestochen?«

»Wo denken Sie hin«, sagte Michail mit einem herzlichen Lachen, und plötzlich, aus irgendeinem unerklärlichen Impuls heraus, erzählte er dem KGB-Mann, auf welche Weise er sein Studium abgeschlossen hatte.

Er war sicher, dass der Mann ihm nicht glauben und ihn für einen primitiven Lügner halten würde, aber er nahm Michails Bericht unerwartet ernst.

»Das ist sehr interessant«, sagte er nachdenklich. »Könnten Sie vielleicht einmal bei mir im Büro vorbeikommen, damit wir uns weiter über dieses Thema unterhalten können?«

Michail stimmte, ohne zu zögern, zu. Er glaubte, die Verbindung zu einer so mächtigen Organisation wie dem KGB könne zu einer wesentlichen Lebensstütze für einen Außenseiter wie ihn werden, der kein Talent für die exakten Wissenschaften besaß und im Grunde auch keinen Beruf, der eigentlich gar nichts besaß außer einem wertlosen Diplom.

Der KGB-Mann gab ihm einen Termin und ließ ihm einen Zettel mit der Adresse da. Michail wunderte sich darüber, dass es nicht die Adresse der Lubjanka war, aber er sagte nichts dazu. Wenn er schon beschlossen hatte, sich mit dem KGB anzufreunden, dann durfte er nicht vom ersten Moment an Argwohn zeigen und überflüssige Fragen stellen.

Am nächsten Tag fuhr Larkin zu der ihm angegebenen Adresse. Es handelte sich um ein ganz gewöhnliches Wohnhaus. Nachdem er die Wohnung gefunden hatte, läutete er, aber die Tür öffnete ihm nicht sein Bekannter vom Vortag, sondern ein Mann namens Pawel Dmitrijewitsch. Und er unterhielt sich mit ihm nicht über Theater und Gastspiele, nicht über Bespitzelung und Denunziation, sondern über Michails außergewöhnliche Gabe. Am Ende des Gesprächs wurde Michail gebeten, am nächsten Tag wieder zu kommen. Pawel Dmitrijewitsch wollte einige Tests mit ihm durchführen.

Am nächsten Tag befanden sich in der Wohnung außer Pawel Dmitrijewitsch noch zwei weitere Personen, ein Mann und eine Frau. Michail wurde aufgefordert, an diesen Personen zu demonstrieren, was er konnte. Der Überprüfbarkeit halber musste er auf einen Zettel schreiben, was er den beiden zu suggerieren gedachte, erst dann durfte er an die Arbeit gehen. Am Ende des Experiments wurde der Zettel dem verschlossenen Kuvert entnommen und die Vorgabe mit dem Resultat verglichen. Pawel Dmitrijewitsch war sehr zufrieden. Er begleitete den Mann und die Frau hinaus und bat Michail, noch ein wenig zu bleiben.

»Michail«, sagte er, »ich schlage Ihnen vor, alles Bisherige zu vergessen und ein neues Leben zu beginnen. Keine technischen Zeichnungen und Konstruktionen mehr, kein Ärger mit den Vorgesetzten, keine ewigen Versetzungen. Lassen Sie das alles hinter sich. Ich biete Ihnen ein Leben an, in dem Sie befreit sein werden von dem Damoklesschwert Ihrer unzulänglichen Ausbildung und Ihrer Nationalität, das jetzt ständig über Ihnen schwebt.«

»Und was muss ich dafür tun?«, fragte Michail.

»Wir werden Ihnen einen stillen, unauffälligen Posten beschaffen, denn nicht einmal wir können Sie vor der gesetzlichen Strafe für Schmarotzertum schützen. Aber ich verspreche Ihnen, dass es eine einfache, unaufwendige Arbeit sein wird, und vor allem wird sie keine besonderen Kenntnisse erfordern. Sie werden ausreichend freie Zeit haben, und manchmal, ich betone, nur manchmal, werde ich Sie im Zusammenhang mit Ihren ungewöhnlichen Fähigkeiten in dieser freien Zeit für bestimmte Aufgaben einsetzen. Von unserer Zusammenarbeit wird niemand außer uns beiden wissen. Wenn Sie sich also Sorgen um Ihren Ruf machen sollten, kann ich Ihnen versichern, dass es damit keine Probleme geben wird. Wir werden Ihre Arbeit sehr gut bezahlen. Sehr gut«, wiederholte Pawel Dmitrijewitsch bedeutungsvoll.

»Und was für Arbeit wird das sein?«, fragte Michail zaghaft.

»Ich sagte Ihnen doch, eine Arbeit, die ausschließlich mit Ihrer besonderen Gabe zusammenhängt. Ich muss Sie bitten, sich jetzt gleich zu entscheiden. Denken Sie nach, und dann sagen Sie mir, ob Sie annehmen oder ablehnen. Aber ich bitte Sie, bei Ihrer Entscheidung Folgendes zu bedenken: Wenn Sie ablehnen, werden Sie sich Ihr Leben lang dafür verachten, dass Sie sich Ihr Diplom praktisch erschlichen haben, dass Sie mit Ihrer Gabe nichts Besseres anzufangen wussten. Wenn Sie jedoch mit uns zusammenarbeiten, werden Sie ein nützlicher Mensch sein, man wird Sie schätzen und respektieren. Sie sind ein besonderer Mensch, und Sie können stolz darauf sein. Und jetzt denken Sie nach, ich gehe uns einstweilen einen Kaffee kochen.«

Pawel Dmitrijewitsch entfernte sich in die Küche und ließ Michail allein zurück, dessen Kopf von all dem Neuen und Unerwarteten schwirrte, das seit dem gestrigen Tag auf ihn eingestürmt war. Einerseits irgendwelche undurchsichtigen Aufträge, die er erfüllen sollte, andererseits würde er, falls er annahm, nie mehr ein Konstruktionsbüro betreten müssen. Und dann das viele Geld, das man ihm versprach ... Kurz, Michail Larkin dachte nicht lange nach, nicht mehr als zehn Minuten. Und bereits nach zwei Wochen verabschiedete er sich für immer von seinem Dasein als Ingenieur.

Und Pawel hielt Wort, er meldete sich schon sehr bald bei Larkin. Man zeigte Michail einen Mann, nannte ihm seinen Namen und bat ihn »ein wenig mit ihm zu arbeiten«. Michail tat alles, was man ihm aufgetragen hatte. Er lockte den Mann in ein Restaurant, brachte ihn dazu, seinen Aktenkoffer zu öffnen und ihm alle darin befindlichen Papiere zu zeigen. Michail musste sie lesen und einige Korrekturen vornehmen. Danach setzten sich zwei fremde Männer zu ihnen an den Tisch. Einer von ihnen hatte einen Fotoapparat dabei, und Michail fotografierte alle drei während eines freundschaftlichen Gesprächs, mit erhobenen Gläsern in der Hand. Zwei Tage später wurde eine Strafsache niedergeschlagen, bei der es um Unterschlagung und Bestechung in Millionenhöhe ging. Die Beweise erwiesen sich als nicht stichhaltig, und alle Verhafteten wurden wieder freigelassen. Michail war klar, dass dem Untersuchungsführer, mit dem er »gearbeitet« hatte, die Fotos einen großen Schrecken eingejagt hatten, denn sie zeigten ihn in feuchtfröhlicher Runde mit zwei großen Bossen der Schattenwirtschaft. Und einen Tag darauf überreichte Pawel Dmitrijewitsch

Michail ein Kuvert mit einer Summe, von der er nicht zu träumen gewagt hatte.

Nachdem Michail sich davon überzeugt hatte, dass er sein angeborenes Talent Gewinn bringend einsetzen konnte, begann er zu experimentieren, da er noch unentdeckte Möglichkeiten in sich vermutete. Er scheute weder Zeit noch Mühe und widmete sich seiner neuen Beschäftigung mit ganzer Hingabe. Schon nach zwei Jahren war er ein wahrer Meister der Hypnose.

Die Aufgaben, die man ihm übertrug, wurden immer schwieriger, allerdings stieg damit auch das Honorar. 1986 setzte er seinen Willen zum ersten Mal dafür ein, dass ein Mensch ermordet wurde ... Aber er war nicht mehr zu halten, er war wie im Rausch und hatte vor nichts mehr Angst.

SIEBTES KAPITEL

Grigorij Valentinowitsch Tschinzow saß im Sessel und ergötzte sich an den Fernsehkommentaren, die zu dem heute in einer Moskauer Zeitung abgedruckten Interview mit Ratnikow, dem Berater des Präsidenten, abgegeben wurden. Das Interview war einfach großartig, jeder Satz wie von Tschinzow persönlich bestellt. Dieser Sauljak war wirklich von unschätzbarem Wert. Wie hatte er das bloß geschafft?

»Nach Aussage Ratnikows bekundet der Präsident die feste Absicht, keinesfalls die Notenpresse anzuwerfen«, teilte der bekannte Fernsehkommentator mit. »Der Journalistin Julia Tretjakowa erklärte Ratnikow, dass im engsten Umfeld des Präsidenten völlige Einigkeit in dieser Frage herrscht. Ich zitiere wörtlich: ›Sollten Sie vom Präsidenten oder von jemandem aus seinem Umfeld das Versprechen hören, dass bis zum März oder April sämtliche Schulden getilgt und die rückständigen Gehälter ausbezahlt werden, auf die viele Bürger Russlands seit September letzten Jahres warten, dann müssen Sie wissen, dass das eine Lüge ist. Der Präsident hat nicht vor, neues Geld in Umlauf zu bringen. Deshalb werden die Gehaltsschulden bestehen bleiben.‹ Ende des Zitats.«

Der Kommentator fuhr fort, und Grigorij Valentinowitsch rieb sich die Hände vor Freude. Jetzt hatte man dem Präsidenten einen seiner drei Joker für immer aus der Hand geschlagen. Was auch immer er hinsichtlich der Auszahlung der Gehälter versprechen würde, es würde ihm keiner mehr glauben. Großartig, einfach großartig!

Grigorij Valentinowitsch sah sich das aktuelle Tagesprogramm gewissenhaft bis zum Ende an, einschließlich der Sportnachrichten und des Wetterberichts. Erst danach rief er seinen Brötchengeber, einen der Präsidentschaftskandidaten, an.

»Hast du es gehört?«, fragte er mit Genugtuung.

»Sehr gut«, sagte Malkow nur, aber Tschinzow merkte an seinem Tonfall, dass der Boss sehr zufrieden war. »Ausgezeichnete Arbeit. Die Prämie ist dir sicher.«

»Soll er vielleicht noch etwas für uns tun?«, erkundigte sich Grigorij Valentinowitsch. »Du siehst ja selbst, was der Junge kann. Das müssen wir ausnutzen.«

»Nein, er soll eine Pause machen. Je mehr er für uns tut, desto abhängiger werden wir von ihm. Gib ihm das versprochene Honorar und sag ihm, dass er sich in einer Woche wieder melden soll, aber setze ihn nicht unter Druck. Hast du verstanden, Grigorij? Setze ihn nicht unter Druck.«

»Ich habe verstanden, ja, ich habe verstanden.«

»Ich habe Angst vor ihm«, sagte Malkow nachdenklich. »Er ist gefährlich, Grigorij.«

»Hör doch auf. Er ist nicht gefährlich. Er ist ein ganz normaler Mensch, der seine Vorteile zu nutzen weiß. Wäre er gefährlich, würde er nicht mit uns zusammenarbeiten. Ihm ist doch klar, dass nicht nur er uns gefährlich werden kann, sondern auch wir ihm, sonst hätte er in Jekaterinburg nicht die Flucht ergriffen vor unseren Leuten. Und schließlich hat er uns seine Dienste selbst angeboten, weil ihm klar ist, dass er zwar das Wissen hat, aber wir die Macht. Und es ist noch nicht raus, was von beidem mehr wiegt.«

»Meinst du?«, fragte Malkow unsicher.

»Ich bin sicher. Ich verbürge mich für meine Worte.«

»Dann sieh zu, Grigorij. Wenn du dich irrst, dann weißt du selbst, was dir blüht.«

»Ich irre mich nicht, keine Angst«, versicherte Grigorij Valentinowitsch selbstgewiss.

Die Sache läuft, dachte er mit Genugtuung. Schabanow wird beim Besuch des Präsidenten in seiner Heimatstadt ebenfalls das Richtige tun. Wie gut, dass es uns gelungen ist, ihn in das Präsidententeam einzuschleusen. Ein Präsident mit solchen Mitarbeitern hätte selbst ohne Feinde keine Chancen mehr.

* * *

Auf der Liste, die General Minajew Pawel überreicht hatte, standen sieben Namen. Der erste war Malkow, der vierte Jewgenij Schabanow, der Imageberater des Präsidenten, der letzte der Generaldirektor einer Firma, die sich in einer der Schwarzmeerregionen befand. Er hieß Oleg Iwanowitsch Jurzew. Er kontrollierte genau den Teil der Küste, über den der Waffen- und Drogenhandel zwischen Russland, Georgien, Abchasien und der Türkei abgewickelt wurde.

Oleg Iwanowitsch war ein respektabler Mensch, ein Mann von Welt, der als großzügiger Sponsor von Festivals und Kunstpräsentationen auftrat, weshalb er auch gute Verbindungen zu Moskauer Handels- und Wirtschaftskreisen hatte. Pawel hatte von Minajew erfahren, dass man nicht ans Schwarze Meer fahren musste, um Jurzew zu treffen, da Letzterer sich häufig in der Hauptstadt aufhielt. In den nächsten Tagen wollte er nach Moskau kommen, um als Gast einer aufwendigen Veranstaltung beizuwohnen, für deren Organisation Jurzew eine recht ansehnliche Summe gespendet hatte, ohne eine Gegenleistung dafür zu verlangen.

Pawel setzte Michail auf Jurzew an. Er war begabter als Rita, zweifellos sein fähigster und skrupellosester Mitarbeiter. Solange Michail sich mit Jurzew befasste, wollte Sauljak nachsehen, was aus den beiden andern Mitgliedern seiner Gruppe geworden war.

Das Wiedersehen mit Asaturjan machte Pawel Freude. Garik war hektisch und umtriebig, der berühmte Hamster im Rad. Seine Beschäftigung bestand darin, ständig etwas zu kaufen und wieder zu verkaufen. Pawel lernte ihn zu Beginn der achtziger Jahre kennen, als Garik unermüdlich mit Ikonen, Antiquitäten und Brillanten spekulierte. Operative Ermittlungen hatten ergeben, dass seine Geschäftspraktiken mysteriös und seine Gewinne gigantisch waren. Man beobachtete ihn sehr lange, konnte ihm aber nicht auf die Schliche kommen. Mit Gariks Angelegenheiten befasste sich nicht die Miliz, sondern der KGB, da er seine Geschäfte entweder mit Ausländern abwickelte oder mit sowjetischen Bürgern, die ins Ausland reisten.

Es blieb unerklärlich, wie Asaturjan zu seinen riesigen Gewinnen kam, aber schließlich verhaftete man ihn trotzdem. Man legte ihn mit einem Spitzel zusammen, in der Hoffnung, dass sein Zellengenosse etwas aus ihm herausbekommen würde, damit der Untersuchungsführer bei den Vernehmungen irgendwo einhaken konnte. Aber man wartete umsonst. Garik hüllte sich keinesfalls in Schweigen, sondern führte sehr freundschaftliche Gespräche mit seinem Zellengenossen, aber von seinen Geschäften erfuhr auch der Spitzel nichts. Dem Untersuchungsführer riss allmählich der Geduldsfaden, da erhielt er vom Leiter der operativen Abteilung im Untersuchungsgefängnis eine Mitteilung: Beim Blick in Asaturjans Zelle war der Gefängniswärter Zeuge einer seltsamen Szene geworden. Der Spitzel lag auf der Pritsche, der Häftling Asaturjan stand über ihm und vollführte irgendwelche rätselhaften Körperbewegungen. Der von dem Wärter herbeigerufene Leiter der operativen Abteilung war in die Zelle gestürzt, und da er gebildeter und belesener war als der Wärter, hatte er sofort begriffen, was vor sich ging. Asaturjan hypnotisierte seinen Zellengenossen.

Am nächsten Tag wurde Garik zur Vernehmung gerufen, die nicht der Untersuchungsführer leitete, sondern General Bulatnikow selbst. Das allerdings blieb dem Häftling Asaturjan verborgen. Er wurde vor eine ganz einfache Wahl gestellt: entweder Straflager für eine ziemlich lange Zeit oder Freiheit und ziemlich viel Geld. Da gab es nicht viel zu überlegen, Garik wählte natürlich die Freiheit. Und zum Dank dafür, dass ihm die Vernichtung sämtlicher Unterlagen in seiner Strafsache versprochen wurde, erzählte er seinem Retter, wie es ihm bei seinen Geschäften gelungen war, so hohe Gewinne zu erzielen. Er hatte sowohl den Verkäufern als auch den Käufern der Ware die Preise einfach suggeriert. Hinterher griffen die Leute sich an den Kopf und konnten nicht fassen, wie es möglich war, dass sie diesem sympathischen Mann ein Brillantkollier, das fünfzigtausend Rubel wert war, mir nichts, dir nichts für tausend Rubel verkauft hatten. Die Käufer, die für dasselbe Kollier sechzigtausend Rubel auf den Tisch gelegt hatten, waren hinterher überzeugt, einen guten Kauf gemacht zu haben.

Die Zusammenarbeit mit Garik war einfach, da man die Akte mit seiner Strafsache, sozusagen, nur de jure vernichtet hatte, de facto aber schlummerte sie im Safe seines Wohltäters und konnte jederzeit wieder hervorgeholt werden. Deshalb erfüllte Garik alle Aufträge mit Freuden und ohne Skrupel, so schmutzig sie auch sein mochten. Er wollte nicht hinter Gittern landen, das war seine Rechtfertigung für alles.

»Pawel Dmitrijewitsch!«, rief er freudig aus, als er Sauljak erblickte. »Endlich sind Sie wieder da.«

Pawel sah ihn aufmerksam an und lächelte. Kein Wunder, dass Garik sich freute. In seiner Situation waren nur der ständige Kontakt mit seinem Kurator und die gewissenhafte Erfüllung seiner Aufträge die Garantie dafür, dass man den verfluchten Safe nicht öffnete.

»Man könnte meinen, du hast Sehnsucht nach mir bekommen«, brummte Pawel. »Wenn ich mich recht erinnere, kennst du irgendwelche Weiber im Metropol. Ich hoffe, du hast dich inzwischen nicht mit ihnen zerstritten.«

»Nicht doch, Pawel Dmitrijewitsch«, lächelte Asaturjan. »Frauen sind etwas Heiliges, mit ihnen darf man sich nicht zerstreiten. Frauen muss man auf Händen tragen.«

»Richtig«, stimmte Pawel zu. »Übermorgen ist eine Veranstaltung im Metropol. Da wirst du gebraucht.«

»Allzeit bereit!«, rief Garik freudig aus und warf die Arme in die Luft wie ein junger Pionier zum Gruß.

* * *

Als Letzten seiner Gruppe suchte Sauljak Karl Friedrichowitsch Rifinius auf, einen Mann in fortgerückten Jahren, der von jeher die Rolle des düsteren, geheimnisvollen Schönlings spielte. Karl war begabter als Rita, aber bei weitem nicht so begabt wie Michail Larkin. Er verfügte über ähnliche Fähigkeiten wie Garik

Asaturjan, aber er hatte eine ganz andere Persönlichkeitsstruktur. Ein hoch gewachsener, imposanter Mann mit dichtem, früh ergrautem Haar und funkelnden schwarzen Augen, der die Frauen um den Verstand brachte, ganz ohne Anwendung seiner hypnotischen Fähigkeiten. Bereits mit etwa zwanzig Jahren hatte er sich das Image des tragischen Helden zugelegt, und das pflegte er bis zum heutigen Tag.

Karl Friedrichowitsch war vom Fach, er arbeitete als Psychotherapeut und setzte dabei vor allem die Hypnose ein. Und das wurde ihm schließlich zum Verhängnis. Eine Patientin, die bis über beide Ohren in ihn verliebt war und monatelang darauf gewartet hatte, dass der schöne Arzt, der ihr so oft Komplimente machte, endlich zur Tat schritt, erstattete Anzeige gegen ihn. Sie behauptete, dass Doktor Rifinius sie unter Ausnutzung ihres hilflosen Zustandes in der Hypnose vergewaltigt hätte. Der Ehemann dieser Patientin war ein hohes Tier, er gehörte zur Staats- und Partei-Elite, und Doktor Rifinius begriff, dass er als praktizierender Arzt verloren war. Das Schicksal hatte ihm einen Strich durch die Rechnung gemacht.

Er hätte natürlich versuchen können zu kämpfen, seine Unschuld zu beweisen, Interviews zu geben und sich gegen die Verleumdung zu wehren. Er hätte es versuchen können, wenn alles das drei, vier Jahre später passiert wäre, zu einer Zeit, als man bereits von Demokratie, Pluralismus und Pressefreiheit zu sprechen begonnen hatte. Aber das Unglück hatte Karl Friedrichowitsch 1985 ereilt, und zu dieser Zeit hatte er nicht die geringsten Chancen, den Kampf zu gewinnen. Man gab ihm vielmehr deutlich zu verstehen, dass er stillschweigend aus der Hauptstadt verschwinden solle, irgendwohin, wo sich Fuchs und Hase gute Nacht sagten, denn für Leute wie ihn, für Perverse und nichtswürdige Halunken, gäbe es keinen Platz an dem Ort, wo die Elite des Landes lebte und arbeitete. Schweren Herzens entschloss Karl Friedrichowitsch sich zu einem Wohnortwechsel. Er bot seine Moskauer Wohnung zum Tausch gegen ein schönes großes Haus irgendwo in Zentralrussland an.

Eines Tages tauchte bei Rifinius ein Mann auf, der ihm versprach, dass er unter bestimmten Umständen in Moskau bleiben könne. Dazu hatte er drei Bedingungen zu erfüllen: Er musste ein für alle Mal seinen Beruf als praktizierender Arzt aufgeben, er musste seinen Namen und seine Adresse ändern und sich in den Dienst seines Besuchers stellen und dessen Aufträge erfüllen. Karl war weder dumm noch naiv, die Art des Angebotes und der vorgeschlagenen Problemlösung ließ keinen Zweifel daran, mit wem er es zu tun hatte, und er begriff auch sehr schnell, welche Dienste man von ihm erwartete. An Geld war Karl nicht interessiert, er hatte bereits genug verdient, um so zu leben, wie es ihm gefiel. Er hatte nichts zu fürchten, denn er hatte nie etwas Ungesetzliches getan, und das, was er nicht getan hatte, hatte man ihm ohnehin schon angehängt. Aber in ihm brannte der Hass. Der Hass auf das Luder, das sich an ihm gerächt hatte, weil er nicht mit ihr ins Bett gegangen war. Der Hass auf ihren selbstherrlichen Ehemann. Der Hass auf alle diejenigen, die sich anmaßten, Geist, Ehre und Gewissen zu verkörpern und mit denen er nicht in einer Stadt leben durfte.

Pawel besorgte ihm neue Papiere, sein Name war jetzt Konstantin Fjodorowitsch Rewenko. Sauljak erklärte ihm, dass man diesen Namen gewählt hatte, damit seine ursprünglichen Initialen erhalten blieben, so würde er es leichter haben mit seiner neuen Unterschrift. Der neugeborene Rewenko wechselte seine Adresse und tauchte im Dickicht der Millionenstadt unter.

Er arbeitete nicht aus Dankbarkeit und Liebe mit Sauljak zusammen, wie Rita, nicht aus Geldgier, wie Michail Larkin, und nicht aus Angst vor dem Gefängnis, wie Asaturjan. Sein Motiv war der Hass auf die ganze Welt. Pawel machte sich keine Illusionen hinsichtlich der Motive seines neuen Mitarbeiters und erteilte ihm die entsprechenden Aufträge. Er setzte ihn auf Parteifunktionäre an, auf Vertreter der Justiz, auf alles, was Macht und Obrigkeit verkörperte. Karl sollte bei der Erfüllung jedes Auftrags das süße Gefühl der Rache erleben.

In den zwei Jahren, die Pawel hinter Gittern verbracht hatte, hatte Karl alias Konstantin ein ruhiges Leben geführt. Er bewohnte eine geräumige Wohnung, versorgte seine zwei irischen Setter und ging auf die Jagd. Manchmal nahm er eine Frau mit nach Hause, aber er ließ es nie zu, dass eine von ihnen bei ihm wohnen blieb.

Nach einer halbstündigen Unterhaltung mit ihm musste Pawel enttäuscht feststellen, dass Karls Hass erloschen war. »Ich freue mich, Sie zu sehen«, sagte Karl Friedrichowitsch, aber Pawel war klar, dass er log. Er freute sich ganz und gar nicht. Er hatte zwei Jahre in Ruhe und Frieden verbracht und wollte sicher auch weiterhin so leben, anstatt sich in neue Abenteuer zu stürzen.

»Karl Friedrichowitsch, ich brauche Ihre Hilfe, aber ich verspreche Ihnen, dass ich Sie zum letzten Mal darum bitte. Sie haben sehr viel für mich getan, und ich bin Ihnen sehr dankbar dafür. Es war eine schwere Arbeit, und es ist nicht verwunderlich, dass Sie jetzt ihre Ruhe wollen. Ich möchte Sie nur um einen ganz persönlichen Gefallen bitten«, sagte Pawel mit weicher Stimme und vermied den Blickkontakt mit dem ehemaligen Psychotherapeuten. »Helfen Sie mir ein letztes Mal, und ich werde Sie nie mehr behelligen. Selbstverständlich werde ich Ihre Arbeit entsprechend honorieren.«

»Ist gut«, stimmte Rifinius mit einem tiefen Seufzer zu. »Ich werde alles tun, was nötig ist.«

Mit dir müssen wir Feierabend machen, dachte Pawel. Nur noch dieses eine Mal, dann ist Schluss.

* * *

Der Festsaal im Hotel Rossija war erfüllt von Glanz und Glitzer, wobei man auf den ersten Blick nicht hätte sagen können, was da mehr glitzerte, die vielen prächtigen Kristalllüster im Raum oder die Brillanten, mit denen die anwesenden Damen von Kopf bis Fuß behängt waren. Die Veranstaltung stand im Zusammenhang mit dem Ölgeschäft, das bekanntlich mit viel Blut und Tod verbunden ist, aber dafür diejenigen, die am Leben bleiben, sehr reich machen kann.

Oleg Iwanowitsch Jurzew war Ehrengast auf der Veranstaltung, weil er vielen von denen, die sich hier versammelt hatten, einst Starthilfe beim Einstieg ins Ölgeschäft gegeben hatte. Darüber hinaus hatte er den Veranstaltern angeboten, einige ausländische Geschäftsleute, die dem Vergnügen und dem Laster nicht abgeneigt waren, auf seine Kosten für drei Tage nach Moskau einzuladen. Auf eigene Kosten hätten sie diese Reise nicht gemacht, aber ihre Anwesenheit war nicht nur für das Image der Veranstalter wichtig, sondern auch für die Festigung der geschäftlichen und freundschaftlichen Kontakte.

Die Anwesenden waren vor dem Betreten des Saales alle kontrolliert worden, deshalb waren keine Bodyguards zugelassen, es herrschte ohnehin drängende Enge. Jurzew stand vor der reich gedeckten Tafel und bediente sich genüsslich der erlesenen Speisen, trank teuren Weißwein aus einem schmalen hohen Glas, stellte seinen Teller schließlich ab und begann, mit dem Glas in der Hand im Saal umherzugehen, nach rechts und links lächelnd und grüßend. Jurzew hatte keine Eile. Der Mann, auf den er es abgesehen hatte, sollte sich erst entspannen, sich satt essen und etwas trinken, erst dann würde Jurzew ihn sich greifen, um einige wichtige Dinge mit ihm zu besprechen. Immer wieder blieb sein Blick an langen, schön geformten Beinen hängen oder an einem schlanken entblößten Rücken, träge überlegte er, ob er eine der Damen in irgendein hohles Gespräch verwickeln sollte, aber dann beschloss er, noch etwas zu warten. In irgendeinem Moment wurde ihm plötzlich sehr seltsam zumute, ein Schauer lief ihm über den Rücken. Er blickte sich schnell nach allen Seiten um, aber er konnte nichts Auffälliges entdecken und beruhigte sich wieder.

Nach einiger Zeit zog ihn ein alter Bekannter, der im Moskauer Büro einer amerikanischen Ölgesellschaft arbeitete, in ein Gespräch, aber nach etwa zehn Minuten bemerkte Jurzew plötzlich, dass er gar nicht zuhörte. Was für ein Idiot, dachte er, warum vertue ich mit ihm meine Zeit? Er entschuldigte sich höflich und tat so, als hätte er am anderen Ende des Saales jemanden erblickt, den er unbedingt begrüßen musste.

Ganz plötzlich wurde ihm heiß, der Schweiß brach ihm aus, mechanisch griff er nach seiner Krawatte, um den engen Knoten zu lockern. Eine Minute später bekam er Schüttelfrost. Was ist los mit mir?, fragte er sich erschrocken. Werde ich etwa krank?

Doch gleich darauf verging der Anfall wieder, genauso plötzlich, wie er ihn überfallen hatte, und Oleg Iwanowitsch fühlte sich wieder völlig normal. Wie jeder Mann, fürchtete auch er sich panisch vor Krankheiten und Schmerzen. Ich muss mich ein wenig hinsetzen, dachte er und steuerte auf den Ausgang zu. In der Hotelhalle standen weiche Sofas und einige Sessel, aber sie waren alle besetzt, und Jurzew ging weiter, in Richtung Toiletten, in der Hoffnung, irgendwo ein ruhiges Plätzchen zu finden. Er hatte Glück. Nachdem er auf dem langen Korridor nach rechts abgebogen war, entdeckte er ein weiteres Sofa und zwei Sessel, zwischen denen ein kleiner Tisch stand. Hier saß nur eine einzige Person, ein etwas fülliger Mann mit langen gelockten Haaren und einer getönten Brille.

Jurzew ließ sich im Sessel nieder, streckte die Beine aus und lehnte sich erleichtert zurück. Der Schüttelfrost war vergangen, aber dafür wurde sein Kopf jetzt immer schwerer, im Nacken fühlte er einen pulsierenden Schmerz. Ich werde tatsächlich krank, dachte er, ausgerechnet jetzt. Wie ärgerlich.

»Haben Sie Kopfschmerzen?«, fragte der Mann mit der getönten Brille.

»Nun ja ... merkt man das?«

»Natürlich. Sie sind sehr blass. Das kommt von der stickigen Luft hier. Wahrscheinlich der Kreislauf.«

»Was soll ich denn jetzt machen?«, fragte Jurzew. Jedes seines Worte erzeugte einen dumpfen Nachklang in seinem Schädel.

»Es ist nichts Schlimmes«, lächelte der Mann. »Ab fünfunddreißig hat das jeder Dritte, nur achten die meisten nicht darauf. Und dann wundern sie sich, wenn sie einen Schlaganfall erleiden. Ich habe aus demselben Grund wie Sie den Saal verlassen. Ich habe eine Tablette eingenommen, und nach fünf Minuten war alles wieder in bester Ordnung. Möchten Sie vielleicht auch eine? Ich habe immer Vorrat dabei.«

Die Kopfschmerzen wurden immer stärker. Jurzew fühlte, wie ihm schwarz vor Augen wurde.

»Aber hier gibt es nicht einmal ein Glas Wasser, und in den Saal kann ich nicht zurück. Ich fühle mich zu schwach.«

»Zum Einnehmen dieser Tablette brauchen Sie kein Wasser. Sie legen sie einfach unter die Zunge, sie löst sich sofort von selbst auf. Und die Wirkung tritt praktisch sofort ein.«

Der Mann reichte Oleg Iwanowitsch ein dunkles Fläschchen, das zur Hälfte mit kleinen weißen Tabletten gefüllt war.

»Nehmen Sie eine«, sagte er, »es hilft sofort, Sie werden sehen. Sie quälen sich ganz umsonst.«

In der Tat, dachte Jurzew, warum soll ich mich so quälen? Mein Gott, was für ein unerträglicher Schmerz! Und wenn ich nun wirklich einen Schlaganfall bekomme? Er nahm das Fläschchen und ließ eine Tablette auf seine Handfläche rollen.

Der Mann nahm sein Medikament wieder an sich und lächelte erneut.

»Sie werden sehen. Noch bevor Sie bis hundert gezählt haben, werden Sie sich besser fühlen. Es ist ein sehr gutes Mittel, meine Frau hat es mir aus Kanada mitgebracht.«

Jurzew schloss die Augen und begann tatsächlich bis hundert zu zählen. Der Schmerz ließ erstaunlich schnell nach. Als er bei sechsundachtzig angekommen war, ging es ihm bereits wieder ganz ausgezeichnet, so, als sei nie etwas gewesen.

»Sie sind ein Zauberer«, sagte er voller Dankbarkeit. »Ich würde mir den Namen des Mittels gern aufschreiben.«

»Keine Ahnung, wie dieses Zeug heißt«, sagte der Mann mit einer unbekümmerten Handbewegung. »Meine Frau besorgt es mir immer, ich muss sie danach fragen.«

»Steht es denn nicht auf dem Fläschchen?«

»Das ist keine Originalverpackung, wissen Sie. Ich fülle mir immer etwas in dieses kleine Fläschchen ab, das passt in die Hosentasche. Ich gebe Ihnen gern etwas davon ab.«

»Ich möchte Sie nicht schädigen«, sagte Jurzew mit einem verlegenen Lächeln.

»Aber das ist doch nicht der Rede wert. Wie machen wir es? Haben Sie vielleicht ein Blatt Papier da?«

Jurzew holte einen Notizblock hervor und riss ein Blatt heraus.

»Ausgezeichnet«, sagte der Mann. »Machen Sie ein kleines Tütchen daraus.«

155

Er holte das dunkle Fläschchen wieder aus seiner Hosentasche, nahm den Kunststoffdeckel ab und füllte das kleine Tütchen mit Tabletten.

»So. Ich rate Ihnen, das nächste Mal nicht zu warten, bis der Anfall seinen Höhepunkt erreicht hat. Sobald Sie die ersten Anzeichen bemerken, schieben Sie sich sofort eine Tablette unter die Zunge. Wie beginnen diese Anfälle bei Ihnen? Wird Ihnen plötzlich heiß?«

»Ja«, sagte Jurzew überrascht.

»Und gleich danach setzt Schüttelfrost ein, richtig?«

»Richtig.«

»Das ist typisch. Bei mir ist es genauso. Ich habe es schon seit vier Jahren«, seufzte der Mann.

»Sagen Sie, wie oft wiederholt sich so etwas?«

»Das kommt darauf an. In stickiger Luft und in überfüllten Räumen kann es jede halbe Stunde auftreten. Aber normalerweise passiert es mir einmal im Monat oder sogar noch seltener. Es hängt vom Wetter ab, von der nervlichen Belastung, vom Arbeitsstress. Aber haben Sie keine Angst. Nehmen Sie gleich eine Tablette ein, und alles wird in Ordnung sein.«

»Danke«, sagte Jurzew voller Wärme und erhob sich vom Sessel. »Sie haben mich richtiggehend gerettet.«

»Keine Ursache«, winkte der Mann ab. »Ich freue mich, dass ich Ihnen helfen konnte.«

Jurzew kehrte in den Saal zurück und begann sofort Ausschau nach dem Mann zu halten, mit dem er heute Abend noch sprechen musste. Es war nicht einfach, in dem Gedränge nach ihm zu suchen, aber Oleg Iwanowitsch schritt langsam den Raum ab, nach allen Seiten nickend, hin und wieder wechselte er ein paar Worte mit Bekannten. Endlich hatte er den Gesuchten gefunden und kam problemlos mit ihm ins Gespräch. Es ging um einen Kredit zu vergünstigten Bedingungen, aber der Bankier erwies sich als außergewöhnlich hartnäckig. Oleg Iwanowitsch legte sich ins Zeug und ließ seinen ganzen Charme spielen, aber offenbar war er voreilig gewesen mit dem Gespräch, der Bankier hatte doch noch nicht genug getrunken. Plötzlich wurde ihm wieder heiß, er hatte das Gefühl, dass es im Raum unerträglich stickig war.

Ich muss wieder die Medizin einnehmen, fuhr es ihm durch den Kopf, und zwar sofort, bevor diese schrecklichen Schmerzen wieder kommen.

Er entschuldigte sich bei dem Bankier, entfernte sich und holte das kleine Tütchen mit den Tabletten hervor. Schnell, dachte er, schnell, es fängt schon an …

Er wollte das Tütchen wieder einstecken, aber aus irgendeinem Grund griffen seine Finger immer daneben und konnten die Hosentasche nicht finden. Jurzew bekam plötzlich keine Luft mehr, sein Kopf begann sich zu drehen, die Tabletten fielen ihm aus der Hand, er griff panisch nach dem Krawattenknoten an seinem Hals. Alles verschwamm vor seinen Augen, er machte eine ungeschickte Handbewegung und schlug der neben ihm stehenden Dame das Sektglas aus der Hand. Dann wurde es endgültig dunkel um ihn.

* * *

Der Mann, der in General Minajews Liste an fünfter Stelle stand, aß aus Anlass seines zwanzigsten Hochzeitstages mit seiner Frau im Metropol zu Abend. Garik Asaturjan, der sich der Unterstützung einer befreundeten Kellnerin versichert hatte, wartete geduldig auf die Gelegenheit, sein Opfer, Leonid Isotow, Abgeordneter der Staatsduma, für einen Moment unter vier Augen zu sprechen. Die Kellnerin hatte versprochen, Garik ein Zeichen zu geben, wenn Isotow den Speisesaal verlassen würde, um zur Toilette zu gehen oder vielleicht zum Telefon in der Halle. Er hatte Isotow der Kellnerin gezeigt, und diese war bereit, ihn notfalls unter einem Vorwand aus dem Speisesaal zu locken. Garik selbst hatte sich in eine Ecke zurückgezogen, von der aus er den Eingang zum Restaurant nicht sehen konnte, aber auch er selbst war hier unsichtbar.

Es war jedoch nicht nötig, einen Trick anzuwenden, Isotow stand von selbst auf, um zur Toilette zu gehen. Die Kellnerin stürzte durch den Dienstausgang zu Asaturjan, der mucksmäuschenstill in seiner Ecke saß.

»Er kommt«, sagte sie und eilte sofort wieder davon.

Garik sprang auf und ging Isotow schnellen Schrittes entgegen. Er folgte ihm auf die Toilette, wartete, bis er die Kabine wieder verlassen hatte, und berührte ihn vorsichtig an der Schulter.

»Leonid Michajlowitsch, kann ich Sie kurz sprechen?«

»Was, direkt hier?«, fragte der Abgeordnete und zog unwillig seine Augenbrauen hoch.

»Es muss ja nicht hier sein. Lassen Sie uns hinausgehen in die Halle.«

Sie verließen die Toilette, und Asaturjan deutete auf den Platz, an dem er in Erwartung seines Opfers drei qualvolle Stunden verbracht hatte. Hier würden sie ungestört sein.

»Worum geht es?«, fragte Isotow ungeduldig und warf einen Blick auf seine Armbanduhr.

Garik konzentrierte sich. Er hatte Isotow fast einen halben Tag lang beobachtet und herausgefunden, worauf dieser mit Vertrauen und Unterordnung reagierte. Nach einigen Minuten spürte Garik, dass Isotow so weit war.

»Und jetzt, von diesem Moment an«, sagte er mit eindringlicher, monotoner Stimme, »werden Sie nur noch mir gehorchen. Sie werden keine eigenen Gedanken und Wünsche mehr haben, Sie werden nur noch meine Stimme hören und das tun, was ich Ihnen befehle. Sie werden jetzt zu Ihrer Frau zurückkehren und sich so verhalten, als sei nichts geschehen. Sollte Ihre Frau Sie fragen, wo Sie so lange waren, werden Sie sagen, dass Sie einen alten Arbeitskollegen getroffen haben. Sie werden sich noch eine halbe Stunde in dem Restaurant aufhalten und dann auf den Heimweg machen. Wenn Ihre Frau vorschlagen sollte, ein Taxi zu nehmen, werden Sie ablehnen. Sie werden sagen, dass Sie Kopfschmerzen haben und lieber zu Fuß bis zur Metrostation Twerskaja-Straße gehen wollen, um etwas Luft zu schnappen. Sie haben keinen Grund, sich aufzuregen, es ist alles in Ordnung. Nachdem Sie zehn Minuten unterwegs sind, werden Sie Ihrer Frau sagen, dass Sie es sich anders überlegt haben und doch lieber ein Taxi nehmen möchten. Sie werden zusammen mit Ihrer Frau die Straße betreten und sie unter ein schnell vorüberfahrendes Auto stoßen. Danach werden Sie aus der Trance erwachen, aber Sie werden sich nicht an mich und unser Gespräch erinnern. Sie werden sich niemals erinnern und nie jemandem davon erzählen.«

Jetzt musste er nur noch abwarten. Isotow war in das Restaurant zurückgekehrt, Garik holte seinen Mantel aus der Personalgarderobe und ging hinaus auf die Straße. Nach intensiver Arbeit wurde sein Kopf immer etwas schwer, er atmete genussvoll die trockene kalte Luft ein. Das Ehepaar verließ das Restaurant nach fünfunddreißig Minuten, und Asaturjan stellte mit Genugtuung fest, dass alles nach Plan lief.

»Lass uns ein Taxi nehmen«, hörte er die Frau des Abgeordneten sagen.

»Ich würde gern ein Stück zu Fuß gehen«, erwiderte Isotow. »Wir gehen so selten spazieren. Außerdem habe ich zu viel getrunken, mir dröhnt der Kopf.«

»Gern«, stimmte seine Frau bereitwillig zu und hängte sich bei ihrem Mann ein.

Sie gingen im Schlenderschritt die Twerskaja-Straße entlang, Garik folgte ihnen in angemessenem Abstand und zählte die Minuten. Plötzlich hielt das Paar inne. Asaturjan trat ein paar Schritte zurück und verbarg sich im Schatten. Von hier aus konnte er nicht mehr hören, worüber das Paar sprach, aber an ihren Gesichtern war zu erkennen, dass sie über etwas diskutierten. Die Frau stand mit dem Rücken zu Garik, aber an der Art, wie sie ihre Handtasche von einer Schulter über die andere hängte, war zu erkennen, dass ihr an der Entscheidung ihres Mannes etwas missfiel. Endlich betraten die beiden die Fahrbahn, durch die Autos hindurch, die am Straßenrand parkten. Es herrschte starker Verkehr auf der Straße. Komm schon, spornte Garik Isotow in Gedanken an. Worauf wartest du! Gib ihr einen Schubs. Los. Jetzt.

Im selben Moment hörte man einen dumpfen Aufprall, das Aufkreischen von Bremsen und die panischen Aufschreie von Passanten.

* * *

Die leichteste Aufgabe erteilte Pawel Rita. Er hatte sich alle Personen auf Minajews Liste angesehen und einen Mann ausgesucht, mit dem Rita leichtes Spiel haben würde. Es war erstaunlich, dass dieser Mann überhaupt noch am Leben war. Das Grab schrie schon lange nach ihm.

Für diesen Menschen existierten keine Regeln, nicht einmal die einfachsten, deren Beachtung nicht die Gesetzestreue diktiert, sondern der ganz normale Selbsterhaltungstrieb. Er setzte sich ständig betrunken ans Steuer und tat eine Menge anderer dummer und gefährlicher Dinge. Außerdem war er sehr beeinflussbar und labil, fiel auf jede Provokation herein und hatte keine eigene Meinung. Sobald man den geringsten Druck auf ihn ausübte, wechselte er sofort seinen Standpunkt. Für ihn war es einfacher, einem noch so aberwitzigen Vorschlag zuzustimmen, als nein zu sagen und seine Ablehnung zu begründen.

»Er soll zwischen sechs und sieben Uhr abends mit Höchstgeschwindigkeit von der Ringstraße Sadowoje Kolzo in die Sretenskaja-Straße abbiegen und einen halben Kilometer weiterfahren«, erklärte Pawel Rita. »Danach soll er anhalten, aussteigen und warten, bis er angesprochen wird.«

Rita stellte, wie immer, keine Fragen. Wenn der Mann aussteigen und warten sollte, dann hatte das seinen Grund. Pawel wusste, was er sagte.

»Soll ich sein Gedächtnis blockieren?«

»Unbedingt. Er soll niemandem von der Begegnung mit dir erzählen.«

Rita nickte gehorsam.

Sie passte ihn vor dem Haus seiner Geliebten ab. Es war besser, ihn hier zu treffen als vor seinem Büro, wo Bekannte und Kollegen sie hätten sehen können. Pawel saß nicht weit entfernt im Auto, er hatte einen Minisender bei sich, über den er das Gespräch mithören konnte.

»Entschuldigen Sie, darf ich Sie kurz sprechen?«, hörte er Rita mit freundlicher Stimme sagen. »Können wir uns vielleicht zu Ihnen ins Auto setzen?«

»Aber sehr gern«, erwiderte der Mann mit einer Stimme, die

satt, träge und entgegenkommend klang. »Womit kann ich der schönen Unbekannten dienen?«

»Mit sehr vielem«, lachte Rita. »Als Erstes möchte ich, dass Sie mich genau ansehen.«

»Kenne ich Sie etwa? Sind wir uns schon einmal begegnet?«

»Sehen Sie mich erst einmal genau an, dann werde ich Ihnen alles erklären.«

Es entstand eine Pause, Rita sah dem Mann mit einem eindringlichen Blick in die Augen. Sie konnte ihren Gesprächspartner leicht in Trance versetzen, darin stand sie nicht einmal Michail Larkin nach. Ihre Schwäche bestand darin, dass sie nicht in der Lage war, einen Menschen dazu zu zwingen, bestimmte Grenzen zu überschreiten.

»Sie brauchen jetzt nicht ins Büro zurückzukehren«, hörte Pawel Rita sagen. »Ich werde jetzt wieder gehen, Sie fahren mit dem Auto in eine ruhige Seitenstraße und werden genau bis zehn vor sechs warten. Dann fahren Sie auf den Ring Sadowoje Kolzo und biegen auf dem Kolchos-Platz mit Höchstgeschwindigkeit in die Sretenskaja-Straße ab. Dort fahren Sie noch genau einen halben Kilometer, dann halten Sie an und steigen aus. Dort wird man Sie ansprechen und Ihnen sagen, was Sie zu tun haben …«

Nach einigen Minuten stieg Rita wieder zu Pawel ins Auto. Diesmal war ihre keine Erschöpfung anzumerken, die Arbeit mit diesem Objekt hatte ihr keinerlei Schwierigkeiten bereitet.

»Lass uns fahren, Kindchen«, sagte Pawel zärtlich. »Ich bringe dich nach Hause.«

»Und du?«

»Ich habe noch zu tun. Ruh dich aus, und abends komme ich zu dir.«

Gegen sechs Uhr bezog Pawel Posten an der Metro-Station Kolchosnaja. Eine Viertelstunde später bog ein funkelnagelneuer BMW mit Höchstgeschwindigkeit in die Sretenskaja-Straße ab, und gleich darauf hörte man einen ohrenbetäubenden Knall, das Krachen und Splittern von Glas und Metall. Die Sretenskaja-Straße war eine Einbahnstraße, der Zusammenstoß war unvermeidlich gewesen. Aber davon hatte Rita nichts gewusst.

ACHTES KAPITEL

Der Präsident bildete schließlich doch zwei Kommissionen, die Vorschläge zur Lösung der Tschetschenienkrise erarbeiten sollten, und Solomatin freute sich seiner weisen Voraussicht. Pawel hatte versprochen, alles dafür zu tun, dass der Präsident seine ganz persönliche Entscheidung treffen würde. Er war noch nicht höchstselbst bei Solomatin erschienen, aber er hatte ihn angerufen.

»Ich kann Ihre Sorgen und Motive nachvollziehen«, hatte er gesagt. »Ich verstehe wenig von Politik, zumal ich zwei Jahre lang praktisch von der Welt abgeschnitten war. Aber ich bin ein Mensch, der Stabilität und Gewohnheiten schätzt. Ich bin zufrieden mit der Politik des jetzigen Präsidenten und sehne mich nicht nach Veränderungen. Deshalb bin ich bereit, Ihnen zu helfen, damit alles bleibt, wie es ist.«

Solomatin war zufrieden mit Sauljaks Versprechen und verzichtete darauf, ihn in seine wahren Motive und wirklichen Sorgen einzuweihen.

Solomatins Tragödie bestand darin, dass der Präsident, den er schon seit seiner Jugend kannte und über die Maßen verehrte, ihn niemals wahrgenommen und als seinen treuesten Gefolgsmann erkannt hatte.

Im Windschatten des Präsidenten war Solomatin zu großem Wohlstand und Einfluss gekommen, aber dafür hatte er auch viele persönliche Opfer gebracht. Und seinem sehnlichsten Wunsch, die Achtung und Freundschaft seines Idols zu gewinnen, war er kein noch so kleines Stückchen näher gekommen.

Sein ganzes Leben lang hatte Wjatscheslaw Jegorowitsch Solomatin seinem Idol ergeben gedient, aber nach fünfundvierzig Jahren war plötzlich der Ehrgeiz in ihm erwacht. Enttäuscht stellte er fest, dass sein Idol ihn gar nicht wahrnahm, weil andere sich in den Vordergrund drängten, Wichtigtuer und Ellenbogenmenschen, während er, Solomatin, sich immer abseits gehalten und stillschweigend seine Arbeit gemacht hatte. Immer hatte er darauf gewartet, dass sein Idol ihn endlich bemerken würde. Ach, Slawa, Slawa, würde er dann gesagt haben, wir sind einen langen Weg miteinander gegangen, Schulter an Schulter, und immer warst du eine verlässliche Stütze für mich. Ohne dich hätte ich nichts im Leben erreicht. Und diese Worte hätte dann nicht nur Wjatscheslaw Jegorowitsch gehört, sondern jedermann im ganzen Land. Das hätte ihm genügt, um zu wissen, dass er nicht umsonst gelebt hatte. Aber sein Idol schwieg.

In der ersten Amtszeit des Präsidenten war es Solomatin nicht gelungen, auf sich aufmerksam zu machen. Und jetzt setzte er seine ganze Hoffnung darauf, dass der Präsident wieder gewählt wurde. Aber dafür musste man etwas tun. Und Wjatscheslaw Solomatin hatte sein Leben lang alles selbst gemacht, er hatte sich nie auf andere verlassen.

* * *

Schon von Anfang an, seit Solomatin seinem Idol zu folgen begann, wurden ihm Aufgaben auf dem Gebiet der Wissenschaft und Bildung übertragen. Es war schwer zu sagen, ob das Zufall oder Absicht war, aber wohin Solomatin seinem Idol auch folgte, immer wurde ihm ein Posten an einer Universität oder an einem wissenschaftlichen Institut zugeteilt, mal als Personalleiter, mal als Parteisekretär. Deshalb konzentrierte er sich jetzt nicht auf wirtschaftliche Probleme, sondern auf die Tschetschenienkrise, wenn er seine geringen Möglichkeiten erwog, dem Präsidenten im Wahlkampf nützlich zu sein. Er hatte gute Beziehungen zu den wissenschaftlichen Instituten der Hauptstadt, mit vielen ihrer Mitarbeiter war er gut bekannt, und es war ihm völlig klar, dass die Vorschläge zur Lösung der Tschetschenienfrage nicht die vom

Präsidenten gegründeten Kommissionen erarbeiten würden, sondern die Mitarbeiter dieser Institute. So war es in früheren Zeiten gewesen, so war es auch jetzt.

Solomatin setzte vor allem auf ein Institut. Es war dem Ministerium für Inneres unterstellt und beschäftigte Fachleute für Konfliktbewältigung, die Probleme wie die Tschetschenienkrise im Rahmen umfangreicher Themenkreise bearbeiteten. Die Kollektive, die sich diesen Themen widmeten, bestanden aus Politologen, Soziologen, Juristen, Militärs, Wirtschaftsfachleuten und sogar Psychologen und Psychiatern.

Kurz, das Institut besaß große Fachkompetenz, es analysierte die Dinge mit aller Gründlichkeit und Sorgfalt, was man von anderen wissenschaftlichen Institutionen, die ihr intellektuelles Potenzial in den Dienst der Regierung stellten, nicht behaupten konnte.

Solomatin musste sich nur darüber klar werden, wie es ihm gelingen konnte, die Studie, die das Institut erstellen würde, schon vorab in die Hände zu bekommen. Es war ein nahezu aussichtsloses Unterfangen, aber Pawel Sauljak hatte sich bereit erklärt, ihm zu helfen. Und dieser Sauljak hatte ja schon des Öfteren bewiesen, dass ihm nichts unmöglich war.

* * *

Der Leiter des Instituts, das sich auf Anweisung einer der vom Präsidenten eingesetzten Kommissionen mit Lösungsvorschlägen zur Tschetschenienkrise befasste, Pjotr Pawlowitsch Sergun, musste an diesem Tag mit der Metro nach Hause fahren. Auf den Straßen war es glatt, deshalb hatte er darauf verzichtet, sein Auto zu nehmen. Es war schon nach zehn Uhr abends, als er das Institutsgebäude verließ.

Das Institut befand sich im Stadtzentrum, in einem Labyrinth aus gewundenen Gassen mit brüchigem Kopfsteinpflaster. Ständig fiel hier die Straßenbeleuchtung aus, und bei jedem Schritt musste man darauf gefasst sein, dass man hinfallen und sich ein Bein brechen konnte. In der Umgebung des Instituts befanden sich drei Metrostationen, aber alle drei waren gleich weit entfernt und unbequem zu erreichen.

Pjotr Pawlowitsch konzentrierte seine ganze Aufmerksamkeit darauf, wohin er seinen Fuß setzte, um nicht zu stolpern oder auszurutschen, deshalb hatte er nicht bemerkt, woher dieser Mann plötzlich aufgetaucht war. Ob er ihn überholt hatte, aus der Gegenrichtung gekommen oder von der Seite an ihn herangetreten war.

»Pjotr Pawlowitsch?«, fragte der Mann mit dunkler, angenehmer Stimme.

»Ja«, sagte Sergun mechanisch und sah den Fremden erstaunt an.

Vor ihm stand ein gut gekleideter Mann seines eigenen Alters, er hatte dichtes graues Haar und dunkle, ausdrucksvolle Augen.

»Bitte schenken Sie mir ein paar Minuten Zeit. Ich werde Sie nicht lange aufhalten.«

»Verzeihen Sie«, sagte Sergun, der noch seine Dienstkleidung trug, eine Uniform, deren Schulterklappen ihn als Oberst auswiesen. »Es ist schon spät, ich bin in Eile. Außerdem kenne ich Sie nicht. Wenn Sie eine Frage an mich haben, besuchen Sie mich bitte in meinem Büro.«

»Wie sollte ich Sie in Ihrem Büro besuchen«, entgegnete der grauhaarige Fremde freundlich, »wenn mir dort der Zutritt ohne Sondergenehmigung nicht gestattet ist. Und anrufen kann ich Sie auch nicht, da ich Ihre Telefonnummer nicht kenne.«

Es ist besser, ihn jetzt anzuhören, dachte Sergun. Wenn ich ihm meine Telefonnummer gebe, werde ich ihn womöglich nicht mehr los.

»Gut«, stimmte er zu, »wir können uns auf dem Weg zur Metro unterhalten.«

»Verzeihen Sie, wahrscheinlich bin ich schlecht erzogen«, erwiderte der Fremde, »aber wenn ich mit einem Menschen spreche, muss ich ihm ins Gesicht sehen können, so wie es sich für einen Mann ja auch gehört. Mit jemandem, der ständig auf seine eigenen Füße sieht und nur mit dem Gedanken beschäftigt ist, nicht auszurutschen und hinzufallen, kann ich mich nicht unterhalten.«

Sergun empfand plötzlich Sympathie für diesen Mann. »Wir könnten uns auf eine Bank setzen«, schlug er vor und deutete in Richtung Grünanlage.

Sie gingen zu einer der Bänke und setzen sich. Pjotr Pawlowitsch stellte seine Aktentasche auf den Knien ab und wandte sich dem Fremden zu, der ihm mit jeder Sekunde sympathischer wurde, obwohl er nichts von Bedeutung sagte oder tat.

»Ich höre«, sagte Sergun und merkte, dass seine Zunge plötzlich seltsam schwer geworden war und ihm kaum noch gehorchte.

Er wollte anfangen, sich zu wundern, aber dazu kam er nicht mehr. Er fühlte plötzlich die warmen Finger des Mannes an seinen Händen, und gleich darauf überkam ihn eine Ruhe, als hätte er eben ein Bad genommen und läge jetzt zu Hause in seinem warmen, weichen Bett. Alles das kam ihm ganz selbstverständlich vor, und ebenso selbstverständlich erwartete er die Befehle, die der Mann ihm jetzt erteilen würde.

»Wann müssen Sie die Studie im Ministerium vorlegen?«

»Am Mittwoch, dem Einundzwanzigsten.«

»Wie weit sind Sie im Moment mit der Arbeit?«

»Die Recherchen sind alle gemacht, aber der Text muss noch geschrieben werden.«

»Wie viel Zeit werden Sie dafür brauchen?«

»Viel.«

»Wie viel?«

»Sehr viel. Aber wir werden es schaffen, wir haben viel Erfahrung und können sehr schnell arbeiten.«

»Hören Sie mir jetzt gut zu, Pjotr Pawlowitsch. Sie müssen diesmal noch schneller arbeiten als sonst. Haben Sie mich verstanden? Die Studie muss bereits fünf Tage vor dem Abgabetermin fertig sein und in meine Hände gelangen. Mir genügt eine Diskette, Sie müssen den Text nicht ausdrucken. Sie werden die fertige Studie in den zwei Tagen bis zum Abgabetermin niemandem zeigen und nichts davon verlauten lassen, dass sie bereits abgeschlossen ist. Lässt sich das einrichten?«

»Ich weiß nicht. Es ist schwierig. Es arbeiten viele Leute daran mit.«

166

»Sagen Sie ihnen, dass Sie die Studie nach Hause mitgenommen haben und sie noch einmal genau durchlesen wollen. Es handelt sich schließlich um ein sehr verantwortungsvolles Schriftstück, niemand wird sich wundern, wenn Sie es noch einmal genau überprüfen wollen. Sie müssen das tun, Pjotr Pawlowitsch. Sie müssen. Und Sie werden. Am nächsten Freitag werden Sie die Diskette mit dem fertigen Text an sich nehmen und nach Hause gehen. Auf dem Heimweg wird Sie jemand ansprechen und die Diskette von Ihnen entgegennehmen. Bis zum Freitag bleiben drei Tage. In diesen drei Tagen werden Sie in Trance sein. Sie werden zur Arbeit gehen, Ihre Pflichten erfüllen, Entscheidungen treffen, aber bei alledem werden Sie wissen, dass ich ein Teil von Ihnen bin, ein Teil Ihres Bewusstseins, Sie werden wissen, dass ich anwesend bin und sehr genau darauf achte, ob Sie meine Befehle befolgen. Sie werden niemandem etwas von unserer Begegnung sagen, sich aber immer daran erinnern, was Sie zu tun haben. Und Sie werden alles so gut wie möglich machen und die Frist einhalten, die ich Ihnen gesetzt habe. Haben Sie mich verstanden?«

»Ja«, sagte Sergun mit tonloser Stimme.

* * *

Am Freitag begegnete Pjotr Pawlowitsch Sergun auf dem Nachhauseweg erneut dem grauhaarigen Mann mit den funkelnden dunklen Augen und übergab ihm die Diskette mit dem sechzigseitigen Text der Studie. Dieses Mal hatte der Fremde eine große Tasche bei sich, der er einen Laptop entnahm. Er stellte ihn an und schob die Diskette hinein. Sergun hatte genau das mitgebracht, was man von ihm verlangt hatte. Rifinius hatte nicht daran gezweifelt, aber für alle Fälle musste er die Diskette überprüfen. Womöglich hatte sie irgendeinen raffinierten Schreibschutz und konnte nicht geöffnet werden. Oder Sergun hatte aus Versehen eine falsche Diskette eingesteckt. Alles war möglich ... Sobald er Sergun aus der Trance herausgeführt hatte, würde es zu spät sein. Doch alles erwies sich als vollkommen in Ordnung.

»Sie werden sich nicht mehr daran erinnern, wie ich aussehe«, sagte Karl Rifinius, während er Sergun ansah und seine Hand festhielt. »Aber Sie werden sich an alles erinnern, was zwischen uns vorgefallen ist. Sie werden sich daran erinnern, dass Sie mir die Diskette mit dem Text der Studie fünf Tage vor dem Ablieferungstermin übergeben haben. Und wenn Sie erfahren, dass jemand diese Arbeit als die seine ausgibt, werden Sie sich nicht wundern und nicht darüber aufregen. Sie werden sagen, dass das eine zufällige Übereinstimmung ist, dass ein anderer einfach vor Ihnen auf diese Gedanken gekommen ist. So etwas kommt in der Wissenschaft öfter vor, das ist nichts Außergewöhnliches. Ich möchte, dass Sie verstehen, was ich mache, denn nur dann werden Sie mir vertrauen können. Ich könnte Ihr Gedächtnis blockieren, und dann würden Sie sich nicht mehr erinnern, dass wir uns getroffen und dass Sie mir die Diskette gegeben haben. Aber dann würde alles ganz anders aussehen. Denn morgen werden Sie wieder zur Arbeit gehen, und nach einigen Tagen werden Sie durch die Medien erfahren, dass jemand Ihre Gedanken als die seinen ausgibt. Ohne die Erinnerung an unser Treffen würden Sie sich furchtbar aufregen und in den Reihen Ihrer Mitarbeiter denjenigen suchen, der nicht dichtgehalten und geheime Informationen nach draußen gegeben hat. Aber Sie würden den Verräter nicht finden. Sie würden Unschuldige verdächtigen, Ihre Untergebenen gegen sich aufbringen, und letzten Endes würde alles ans Licht kommen, es würde sich herausstellen, dass Sie selbst es waren, der die Studie aus dem Institut hinausgeschleust und an einen Fremden weitergegeben hat. Und dann würden Sie erledigt sein, als Wissenschaftler und als Militär. Deshalb ist es wichtig, dass Sie sich an alles erinnern, was geschehen ist, damit Sie keine Dummheiten machen. Wenn Sie sich richtig verhalten, wird nie jemand etwas erfahren. Werden Sie alles tun, was ich Ihnen befohlen habe?«

»Ja, ich werde alles tun.«

»Wiederholen Sie, was Sie tun müssen.«

»Ich kenne Sie nicht, ich kann mich nicht daran erinnern, wie Sie aussehen. Ich habe nur jemandem eine Diskette gegeben, aber ich habe keine Ahnung, wer das war und warum ich das getan habe. Und ich darf zu niemandem davon sprechen.«

»Richtig, Pjotr Pawlowitsch. Sie werden jetzt aus der Trance erwachen. Gehen Sie langsam, ganz langsam hinter mir her, vertrauen Sie mir ...«

* * *

Grigorij Valentinowitsch Tschinzow war in einem Zustand, der an Panik grenzte. Von Malkows Leuten sprang einer nach dem anderen über die Klinge, und es waren genau die, die an vorderster Front standen, die mächtigsten und verlässlichsten Verbündeten in ideologischer und in finanzieller Hinsicht. Aus völlig unersichtlichen Gründen hatte Jurzew sich das Leben genommen, und das direkt auf einem Empfang im Hotel Rossija. Augenzeugen berichteten allerdings, dass er von Anfang an sehr schlecht ausgesehen hatte und offenbar völlig verwirrt war. Er hatte mit einem Bankier über einen Kredit verhandelt, aber die Verhandlung war gescheitert. Daraufhin hatte er sich ein paar Schritte entfernt, irgendein Gift aus seiner Hosentasche geholt und es, ohne zu zögern, geschluckt. Natürlich war es auch möglich, dass Jurzew sich gar nicht selbst umgebracht hatte, sondern von seinen Gegnern aus dem Weg geräumt worden war. Er war knallhart, der verblichene Oleg Iwanowitsch, er kannte keine Gnade, und vielleicht hatte ihn jetzt die Vergeltung ereilt.

Am selben Abend hatte Leonid Isotow, dieser halbseidene Abgeordnete, den Verstand verloren und seine eigene Frau unter ein Auto gestoßen, wahrscheinlich im Suff. Der Teufel musste ihn geritten haben! Oder womöglich die Eifersucht. Jetzt saß er im Gefängnis, seine Immunität als Abgeordneter interessierte niemanden mehr, nachdem er seine Frau vor aller Augen praktisch ermordet hatte. Was für ein Idiot, lieber Gott, was für ein Idiot!

Und Semjonow, dieser hirnlose Bastard, hatte einen Autounfall gebaut. Er war schon von Jugend an so und hatte sich nie geändert. Für ihn galten keine Regeln. Betrunken Auto fahren – das war das Einzige, was er konnte.

Das alles war vor drei Tagen geschehen. Und gestern, nachdem das ganze Land den Besuch des Präsidenten in seiner Heimatstadt auf dem Bildschirm verfolgt hatte, hatte sich Jewgenij Schabanow erhängt. Sollte er das aus freien Stücken getan haben? Nie und nimmer. Natürlich hatte man nachgeholfen. Schabanow hatte zu viel des Guten getan, auch er kannte kein Maß. Tausendmal hatte man ihn gewarnt: immer schön langsam und vorsichtig, bevor du einen Schritt nach vorn tust, musst du erst zwei nach hinten machen. Aber nein. Jetzt hatte er es geschafft, er hatte aus dem Besuch des Präsidenten in seiner Heimatstadt eine Zirkusnummer gemacht. Und nur einem kompletten Dummkopf konnte verborgen bleiben, dass das alles die Absicht eines Einzelnen war. Wer hatte den Tagesablauf geplant? Natürlich Schabanow. Wer hatte dem Präsidenten geraten, in aller Herrgottsfrühe das Grab seiner Eltern zu besuchen? Natürlich einer, der wusste, dass die Temperaturen in diesen Breitengraden um diese Tageszeit bei minus dreißig Grad lagen. Wer hatte den Text seiner Rede bearbeitet? Alles das hatte natürlich Schabanow getan. Offenbar hatte er in seinem Leben nicht genug zu lachen, dieser Knallkopf, deshalb hatte er aus dem Präsidenten einen Clown gemacht. Er hätte sich lieber eine Zirkuskarte kaufen sollen, wenn ihm so danach war, sich totzulachen.

Der Präsident hatte schließlich nicht nur Feinde, sondern auch Freunde. Und weiß Gott nicht wenige. Schabanows Tod war natürlich bedauerlich. Immerhin hatte man in ihm einen Verbündeten im allernächsten Umfeld des Präsidenten gehabt. Ohne ihn würde es nicht einfach sein. Aber andererseits geschah es ihm recht, er war selbst schuld.

So dachte Grigorij Valentinowitsch in der Nacht, in der er von Schabanows Tod erfuhr. Doch schon am nächsten Tag nahmen seine Gedanken eine ganz neue Richtung. Gegen zwei Uhr erreichte ihn eine neue Schreckensbotschaft: Ein Mann aus Malkows Team, der im Fall des Wahlsieges bereits als neuer Innenminister vorgesehen war, war das Opfer eines Verbrechens geworden. Ein Wahnsinniger hatte direkt vor seiner Haustür mehrere Schüsse auf ihn abgegeben. Natürlich hatte man den Mann sofort festgenommen, denn das Verbrechen hatte sich morgens um zehn ereignet, auf einer belebten Straße. Aber die Tatsache, dass man den Mörder gefasst hatte, machte auch nichts besser, der potenzielle zukünftige Minister erlag noch vor Eintreffen der Miliz und des Rettungswagens seinen Verletzungen.

Und da begriff Grigorij Valentinowitsch, dass genau die Leute ins Jenseits befördert wurden, die sich vor Pawel Sauljaks Freilassung aus der Strafkolonie gefürchtet hatten. Diejenigen, in deren Interesse man vor einigen Jahren »Säuberungen« in Regierungskreisen verschiedener Landesregionen vorgenommen hatte. Diejenigen, die diese Regionen zu Umschlagplätzen für Waffen und Drogen gemacht hatten. Sollte jemand davon Wind bekommen haben und nun dafür sorgen, dass die Konkurrenten sukzessive beseitigt wurden?

Das kann nicht sein, sagte sich Tschinzow. Das ist Unsinn. Jurzew hat sich selbst vergiftet, jeder hat das gesehen. Isotow hat seine Frau selbst unter das Auto gestoßen. Sollte es ein Racheakt gewesen sein, dann war wahrscheinlich nicht er gemeint, sondern seine Frau. Semjonow hat den Autounfall selbst verursacht, niemand hat bei ihm im Auto gesessen. Und Schabanow? Es ist kaum anzunehmen, dass er sich freiwillig erhängt hat, die Leute von der Gegenseite werden nachgeholfen haben. Wahrscheinlich haben sie sich dafür gerächt, dass Schabanow den Präsidenten lächerlich gemacht hat. Und dieser Mann, den der Wahnsinnige erschossen hat? Es ist einfach die Tat eines Geisteskranken, nichts weiter. Ich muss aufhören, mir dummes Zeug einzureden, sagte sich Grigorij Valentinowitsch entschieden. Es kann nur ein Zufall sein.

Und doch war es nicht so einfach, den Verdacht loszuwerden. Und vor allem fiel der Verdacht natürlich auf Pawel Sauljak. Aber schon wenige Minuten später besann sich Tschinzow und lachte auf. Was tat hier Pawel zur Sache? Was ging ihn das alles an? Verständlich wäre es gewesen, wenn er angefangen hätte, Geld für sein Schweigen zu verlangen. Aber was hätte er davon gehabt, diese Leute umzubringen? Gar nichts. Sie hatten ihm persönlich nichts getan, er hatte keinen Grund, Rechnungen mit ihnen zu begleichen. Und die Tatsache, dass er selbst Kontakt aufgenommen und seine bezahlten Dienste angeboten hatte, bewies, dass er gesunden Menschenverstand besaß, und ein praktisch denkender, unsentimentaler Mensch war. Nein, Pawel Sauljak stand in keinerlei Beziehung zu alledem.

Doch das änderte nichts an der Tatsache, dass fünf von Malkows Leuten nicht mehr am Leben waren. Und man hatte genau diejenigen beseitigt, die die größten Summen für den Wahlkampf zur Verfügung stellten. Hinter Malkow stand ein mächtiges kriminelles Finanzvolumen, das durch den Handel mit Waffen, Drogen und »lebender Ware« erworben worden war. Malkow war nicht der einzige, fast jeder Präsidentschaftskandidat hatte eine mehr oder weniger kriminelle Geldmenge im Rücken. Ob Erdöl oder Gas, Schwerindustrie oder die Banken – jede Interessengruppe verfolgte ihre eigenen Ziele, jede wollte ihren Mann an die Macht bringen, das alles war hinlänglich bekannt.

Schon zu Zeiten der Sowjetmacht hatte es Leute gegeben, die so genannte Fenster an den Grenzen organisierten und beträchtliche Summen von denen kassierten, die diese Fenster nutzten. Unter den Bedingungen der Mangelwirtschaft blühte die Spekulation, rührige Schwarzhändler verschoben durch die illegalen Schlupflöcher im Zoll alle möglichen Waren zwischen den Staaten des einstigen sozialistischen Lagers, Massenbedarfsgüter wie Kosmetika, Kleidung, technische Geräte und anderes. Zu Beginn der neunziger Jahre kamen die bisher so knappen Konsumgüter ganz legal in die Geschäfte, aber die so genannten Fenster blieben bestehen. Es stellte sich die Frage, wie man sie unter den neuen Bedingungen so Gewinn bringend wie möglich nutzen konnte. Hinter Malkow standen genau jene Leute, die jetzt diese Fenster kontrollierten und über sichere Beziehungen zum Zoll verfügten. Sie waren es auch gewesen, die Verbindung zu Wladimir Wassiljewitsch Bulatnikow aufgenommen hatten, der ihnen geholfen hatte, die Rahmenbedingungen für ihre Geschäfte zu schaffen. General Bulatnikow hatte natürlich beseitigt werden müssen. Er wusste zu viel. Und Leute, die zu viel wussten, konnte niemand gebrauchen.

Inzwischen waren von den sieben Leuten, die die Spitze des Unternehmens gebildet hatten, nur noch zwei am Leben. Sergej Georgijewitsch Malkow, der Präsidentschaftskandidat, und ein gewisser Gleb Armenakowitsch Mchitarow, der im Fall von Malkows Wahlsieg Finanzminister werden sollte.

* * *

Auf Mchitarow setzte Pawel Garik und Rifinius an. Im Grunde hielt Sauljak nichts von Gemeinschaftsaktionen und war lange Zeit darauf bedacht gewesen, dass die Mitglieder seiner Gruppe sich nicht kennen lernten. Das war besser und ungefährlicher für alle. Es ging nicht nur darum, überflüssige Mitwisserschaft zu vermeiden, sondern auch darum, keine Konkurrenz und Eifersucht aufkommen zu lassen.

Einmal jedoch hatte sich der Einsatz von zwei Leuten nicht vermeiden lassen. Pawel hatte hin und her überlegt, aber wie er es auch drehte und wendete, eine Person allein hätte diese Aufgabe nicht bewältigen können, und er musste Garik Asaturjan und Karl Rifinius miteinander bekannt machen. Aber das war die einzige Ausnahme von der Regel geblieben.

Mchitarow lebte in St. Petersburg, er hatte den Kaliningrader Hafen und die Grenze nach Finnland unter seiner Kontrolle. Garik und Karl fuhren mit dem »Roten Pfeil« nach St. Petersburg, in einem Schlafwagenabteil für zwei Personen.

Die Zugbegleiterin war ein sympathisches Pummelchen mit fröhlichen Augen und appetitlichen Grübchen in den Wangen.

»Was wünschen die Herren?«, fragte sie. »Tee, Kaffee, belegte Brote, Kekse, Waffeln?«

»Für mich bitte Tee«, sagte Karl.

»Für mich bitte auch«, schloss Garik sich mit einem Augenzwinkern an. »Ob die gute Fee vielleicht auch ein Scheibchen Zitrone für mich hätte?«

»Für einen guten Menschen haben wir alles«, erwiderte die Zugbegleiterin lachend.

Garik bemerkte mit einem Seitenblick, dass sich der Gesichtsausdruck seines Partners verändert hatte und dieser offenbar zu überprüfen beschlossen hatte, ob das gemeinsame Arbeiten noch funktionierte. Immerhin brauchte man dafür Übung, und die erste und einzige gemeinsame Aktion lag schon so weit zurück …

»Seien Sie so nett und nehmen Sie auch mich in die Kategorie der guten Menschen auf«, sagte er, und Garik bemerkte, dass sich nicht nur sein Sprechrhythmus verändert hatte, sondern auch die Intonationen und die Atmung. Es war ihm schnell gelungen, sich auf das Pummelchen einzustellen.

»Sie nehme ich in die Kategorie der soliden Menschen auf«, scherzte die Zugbegleiterin.

»Gilt für die soliden ein anderes Angebot an Speisen und Getränken?«, mischte Garik sich ein, wobei er versuchte, in demselben Rhythmus zu sprechen wie sie. »Dann muss ich über die Sache nachdenken. Vielleicht sollte ich in diesem Fall die Kategorie wechseln. Was raten Sie mir? Betrachten Sie meinen Kollegen doch bitte mal mit Ihrem erfahrenen weiblichen Blick, und sagen Sie mir, warum ich immer so viel Pech habe.«

Die Zugbegleiterin richtete ihren Blick gehorsam auf Rifinius, und nun nahmen die beiden sie in die Zange. Karl wirkte über Augenkontakt auf sie ein, über Mimik und Gestik, während Garik ohne Punkt und Komma redete und dabei immer versuchte, ihren Sprach- und Atemrhythmus zu imitieren.

»Ich mache schon seit Jahren Dienstreisen mit ihm, und es ist immer dasselbe. Er ist immer jedermanns Liebling, und mich bemerkt man kaum neben ihm …«

Karl gab Garik ein unmerkliches Zeichen, und Garik verstummte. Die Zugbegleiterin hatte sich mit dem Rücken an die Tür gelehnt und sah Karl unverwandt an. Sie schien nicht einmal bemerkt zu haben, dass Garik zu reden aufgehört hatte.

Die Pause war nur ganz kurz, nur jemand mit sehr viel Erfahrung hätte bemerken können, was hier vor sich ging. Garik fuhr fort.

»Sie werden jetzt in Ihr Abteil zurückgehen und zwei Gläser Tee mit Zitrone für uns machen. Dann werden Sie auf einen Zettel eine Zeile aus Ihrem Lieblingslied schreiben und auf einen anderen eine Zeile aus Ihrem Lieblingsgedicht. Danach werden Sie uns den Tee bringen, und mit ihm zusammen die beiden Zettel. Gehen Sie jetzt.«

Die Zugbegleiterin drehte sich um, öffnete mit Mühe die Abteiltür und ging hinaus auf den Gang. Nach einigen Minuten kehrte sie mit einem Tablett in der Hand zurück. Neben den Teegläsern lagen zwei gefaltete Blätter Papier auf dem Tablett. Das Lieblingslied der Zugbegleiterin war »Der blaue Waggon« aus einem bekannten Zeichentrickfilm, ihr Lieblingsgedicht »Ich habe so lange um Liebe gefleht« von Semjon Nadson. Garik steckte die beiden Zettel ein, holte die Frau aus der Trance und schloss die Tür, hinter der sie verschwand.

»Eine interessante Mischung, nicht wahr?«, sagte Karl nachdenklich. »Ein simples Kinderliedchen und daneben das wenig bekannte Gedicht eines Künstlers, der nicht in der Schule durchgenommen wird und an den sich überhaupt kaum noch jemand erinnert. Seltsam.«

»Wissen Sie eigentlich, warum wir diesmal zu zweit arbeiten sollen?«, fragte Asaturjan, ohne weiter auf das Seelenleben der Zugbegleiterin einzugehen, und nahm einen Schluck von dem inzwischen abgekühlten Tee. »Gibt es Probleme?«

»Nicht dass ich wüsste«, erwiderte Rifinius mit einem Schulterzucken. »Man muss nur die psycholinguistische Herkunft des Objekts berücksichtigen.«

»Was muss man berücksichtigen?«, Garik sah seinen Partner verständnislos an.

»Mchitarow ist ein russifizierter Armenier, und da Sie ebenfalls gebürtiger Armenier sind, wird es Ihnen nicht schwer fallen, mit entsprechenden Schlüssel- und Reizwörtern auf sein Unterbewusstsein einzuwirken. In manchen Fällen ist es sehr nützlich, mit der Muttersprache des Objekts zu arbeiten, besonders dann, wenn das Objekt diese Sprache schon lange nicht mehr gesprochen hat. Indem man Wörter und Begriffe benutzt, die untrennbar mit der frühen Kindheit verbunden sind, erreicht man, dass das Objekt in einen Zustand frühkindlicher Abhängigkeit und Unterwürfigkeit zurückversetzt wird und dadurch bedingungslos gehorcht. Ich kann kein Armenisch, aber Sie können es. Aus diesem Grund werden Sie bei dieser Aktion gebraucht. Die andere Sache ist die, dass Herr Mchitarow sich wegen Schlaflosigkeit und überhöhter

Reizbarkeit des Öfteren in ärztliche Behandlung begeben hat. Ich
schließe nicht aus, dass dies die Symptome einer psychischen An-
omalie sind. In diesem Fall muss bei ihm eine besondere Methode
angewandt werden. Ich werde ihn mir mit den Augen des Fach-
manns ansehen und mich auf ihn einstellen. Vielleicht muss ich
bei ihm von meiner üblichen Arbeitsmethode abweichen.«

Mehr gab es nicht zu sagen, gegen halb elf gingen die beiden
schlafen. Am nächsten Morgen, pünktlich um acht Uhr neunundzwanzig, rollte der »Rote Pfeil« unter das Gewölbe des Moskauer Bahnhofs in St. Petersburg.

* * *

Sergej Georgijewitsch Malkow war Gouverneur eines großen Ge-
bietes. In dieser Region gab es natürlich keine illegalen Aktivitäten. Das eigene Nest musste man rein halten, das war eine eiserne
Regel. Malkow hielt sich oft in Moskau auf, ob in dienstlichen
oder privaten Angelegenheiten, aber Michail Larkin hielt es für
besser, ihn in seinen häuslichen Verhältnissen aufzusuchen. Pawel
war damit einverstanden.

Malkow war ein dicker, kahlköpfiger, immer schwitzender
Mann. Er hatte ein rundes, mondförmiges Gesicht mit kleinen
blauen Augen, die durchaus warm und freundlich dreinblicken,
aber auch gefährlich blitzen und Funken sprühen konnten. Seine
Kinder waren ihm frappierend ähnlich. Auch sie waren stark über-
ernährt, verweichlicht und unbeweglich. In ihrem Wesen waren
die beiden Geschwister allerdings sehr unterschiedlich. Der Sohn
stand kurz vor dem Schulabschluss, er hatte verschiedene Wett-
bewerbe in Literatur, Fremdsprachen und Geschichte gewonnen
und wollte im Sommer mit dem Studium beginnen. Mit ihm hatten die Eltern keine Probleme. Die Tochter des Gouverneurs hingegen war ganz anders, sie bereitete ihren Eltern von jeher nur
Kopfschmerzen.

Mit zwanzig Jahren hatte Angelique bereits die zweite Ehe-
scheidung hinter sich und wurde drogensüchtig. Mit fünfundzwanzig durfte man sie kaum noch aus dem Haus gehen lassen.

Sie hatte sich in eine Irre verwandelt, die sich nur noch für drei Dinge interessierte: für gutes, reichliches Essen, für Sex in jeder nur erdenklichen Form und für Heroin. Das Heroin war sicherlich ihre gefährlichste Leidenschaft, außerdem kostete es eine Menge Geld. Aber Angelique ließ sich nicht aufhalten, wenn es um die Befriedigung ihrer Wünsche ging. Sie war rücksichtslos, absolut zynisch und setzte sich mit der Gewalt einer Panzerdivision über alles hinweg, was sich ihr in den Weg stellte.

Michail Larkin betrat die Villa des Gouverneurs mit einem großen Rosenstrauß in der Hand. Er wurde erwartet, denn er hatte vorher angerufen und sich lange mit Angeliques Mutter unterhalten.

»Ich heiße Arkadij Grinberg«, hatte Larkin sich mit angenehmer Stimme vorgestellt. »Wissen Sie, ich habe Ihre Tochter vor einigen Jahren kennen gelernt, als ich ein Gastspiel in Ihrer Stadt hatte.«

»Sind Sie Künstler?«

»Ich bin Musiker und spiele in einem Symphonieorchester. Bekannte haben mir gesagt, dass Angelique sich stark verändert hat. Ich weiß nicht, ob Sie mich verstehen ...«

»Ich verstehe Sie sehr gut«, sagte die Ehefrau des Gouverneurs sarkastisch. »Ich sitze tagaus, tagein zu Hause und passe auf sie auf. Kaum lasse ich sie aus den Augen, geht sie auf und davon, und nie weiß man, womit ihre Ausflüge enden. Ich möchte nichts vor Ihnen verheimlichen, Arkadij, denn über unser Unglück weiß sowieso die ganze Stadt Bescheid. Wir sind machtlos dagegen.«

»Ich kann das nicht glauben«, sagte Larkin, bemüht, möglichst viel Entsetzen und Erschütterung in seine Stimme zu legen. »Wissen Sie, ich hatte damals eine Beziehung zu Ihrer Tochter, und ich glaube, sie hat mich wirklich geliebt. Ich bin fast sicher, dass ich das Gute wieder erwecken könnte, das sie in sich hat. Es kann doch nicht einfach verschwunden sein. Nur ist es wahrscheinlich nicht jedem gegeben, es in ihr zu erkennen.«

»Ich fürchte, Sie erliegen einem Irrtum«, sagte Malkows Frau mit einem traurigen Seufzer. »In meiner Tochter ist nichts Gutes mehr. Manchmal bitte ich Gott darum, dass sie stirbt, so schrecklich das klingen mag.«

»So dürfen Sie nicht denken!«, widersprach Larkin. Jeder Mensch hat etwas Gutes in sich. Ich bin davon überzeugt, dass Angelique sich verändern wird, wenn ich mit ihr spreche und sie an unsere Liebe erinnere. So starke Gefühle hinterlassen immer Spuren in einem Menschen.«

»Sie können es ja versuchen«, sagte Malkows Frau, nicht im Geringsten bemüht, ihren Unglauben zu verbergen.

Und so war Michail gekommen, um es zu »versuchen«. Er hatte sich absichtlich Arkadij Grinberg genannt, denn er wusste, wie viel Wert man in seinem Land auf Namen und Nationalitäten legte, wie magisch der Name Arkadij Grinberg klang. Ein junger Mann, der so hieß, konnte nur ein ehrenhafter, anständiger Jude sein. Er nahm auf keinen Fall Drogen, und er war natürlich Musiker.

Malkows Frau war eine stattliche Dame mit angenehmen, verblühenden Gesichtszügen. Nachdem Michail ihr einen Rosenstrauß überreicht hatte, begleitete sie ihn in das obere Stockwerk der Villa, wo Angelique in ihrem Zimmer saß und auf eine Fluchtmöglichkeit wartete. Das letzte Mal war es ihr gelungen, eine massive Goldkette ihres Vaters an sich zu nehmen, nachdem dieser nach der morgendlichen Massage vergessen hatte, die Kette anzulegen. Dafür hatte sie so viel Heroin bekommen, dass sie sich zwei bis drei Tage keine Sorgen mehr zu machen brauchte.

Michail betrat das Zimmer und verzog angewidert das Gesicht. Angelique wog mindestens hundertzwanzig Kilo und sah nicht gerade gepflegt aus. Er sah sofort, dass sie unter Drogen stand, obwohl die Wirkung bereits nachzulassen schien. Gut so, dachte er, wenn es gelingt, in das innere System ihrer Wahrnehmungen einzudringen, bevor sie auf Entzug kommt, lässt sich alles gleich heute erledigen.

»Salut«, rief die Tochter des Gouverneurs mit kreischender Stimme. »Wer bist du denn?«

Larkin blickte sich um, überzeugte sich davon, dass die Tür hinter ihm geschlossen war, und näherte sich auf Zehenspitzen dem breiten Bett, auf dem Angelique sich fläzte.

»Dornröschen, ich bin dein Prinz«, sagte er leise. »Du hast so lange geschlafen und auf mich gewartet. Jetzt bin ich da. Jetzt werde ich dich aufwecken, und für dich wird ein märchenhaftes Leben beginnen. Bis jetzt hast du geschlafen, und Albträume haben dir zugesetzt, deshalb ist es dir so schlecht gegangen. Hast du mich verstanden?«

»Na klar«, erwiderte Angelique. »Wirst du mich zuerst bumsen und dann aufwecken, oder umgekehrt?«

»Beides gleichzeitig«, sagte Larkin mit einem berückenden Lächeln. »Du wirst dich jetzt ausziehen, und dann werde ich anfangen, dich aufzuwecken. Es wird dir gefallen, du wirst sehen.«

»Meinetwegen«, stimmte sie willfährig zu. »Aber wer bist du denn? Kenne ich dich?«

»Natürlich.«

Michail setzte sich auf den Bettrand und nahm ihre Hand. Angeliques Finger waren aufgedunsen und klebrig. Er bewegte seine Hand vor ihren Augen ein paar Mal hin und her, dann schob er sie unter ihren Nacken.

»Natürlich kennst du mich«, wiederholte er, bemüht darum, ihren Sprech- und Atemrhythmus nachzuahmen. »Ich bin Musiker, ich heiße Arkadij. Arkadij Grinberg. Vor ein paar Jahren war ich mit meinem Orchester zu einem Gastspiel hier, und wir hatten ein Verhältnis. Du hast mich sehr geliebt. Und ich dich auch. Nach meiner Abreise bin ich noch mehrmals zurückgekommen, um dich zu treffen. Dann wolltest du mich nicht mehr sehen. Nicht ich habe dich verlassen, sondern du mich ...«

Nach zwei Stunden verließ er Angeliques Zimmer, schloss vorsichtig die Tür hinter sich und ging nach unten, wo die Mutter der jungen Frau saß.

»Es ist schrecklich, nicht wahr?«, sagte sie und hob ihren traurigen Blick zu Larkin. »Sie haben sicher nicht erwartet, dass es so schlimm ist. Ich nehme an, Sie haben nichts erreicht.«

»Sie haben Recht«, erwiderte Larkin betrübt. »Sie hat mich nur mit Mühe wieder erkannt. Mein Gott, mein Gott, was ist nur aus ihr geworden. Aber wissen Sie, ich glaube, es besteht trotzdem noch Hoffnung. Es ist mir tatsächlich gelungen, zu dem Guten vorzudringen, das Gute anzusprechen, das in ihr noch nicht ganz abgestorben ist. Und mir scheint, dass sie sich jetzt sogar für ihr Verhalten schämt. Wenn ich nur hier bleiben und sie jeden Tag besuchen könnte. Ich bin überzeugt davon, dass ich sie heilen könnte. Ich fühle, dass ich es könnte.«

»Und was hindert Sie daran?«

»Ich muss verreisen. Schon bald.«

»Sie können wirklich nicht bleiben?«

In der Stimme der Frau war eine leise Hoffnung erwacht. Wenn dieser nette jüdische Musiker nun tatsächlich ihre Tochter retten konnte, wenn er sie alle retten konnte?

»Nein, leider. In zehn Tagen geht unser Orchester auf Gastspielreise nach Australien. Aber vielleicht, wenn ich zurück bin ...«

In diesem Moment wurden auf der Treppe schwere Schritte hörbar. Beide hoben gleichzeitig die Köpfe und erblickten Angelique. Sie war durchaus anständig gekleidet, gewaschen und sogar gekämmt.

»Habt ihr etwas dagegen, wenn ich Tee für uns aufbrühe?«, fragte sie höflich.

Die Frau des Gouverneurs blickte ihren Gast verblüfft an, so hatte sie ihre Tochter noch nie sprechen gehört.

»Ich danke dir, Angelique«, erwiderte Larkin, wieder ihren Sprechrhythmus imitierend. »Das ist sehr freundlich, aber ich muss leider gehen. Deine Mutter wird sicher sehr gern eine Tasse Tee mit dir trinken.«

»Schade, dass du nicht länger bleiben kannst«, sagte Angelique in demselben ruhigen und höflichen Tonfall. »Ich begleite dich hinaus. Mama, willst du dich hier von unserem Gast verabschieden?«

»Nein, nein, ich komme mit hinaus.«

Die Frau des Gouverneurs sprang auf, sie traten gemeinsam vors Haus. Mutter und Tochter blieben Schulter an Schulter in der Tür stehen, bis Larkin unter den wachsamen Blicken der Leibwächter hinter dem hohen Stahlzaun verschwunden war, der die Villa umgab.

* * *

Die Mutter konnte es nicht fassen. Angelique versuchte nicht, wieder in ihrem Zimmer zu verschwinden, und bot sogar ihre Hilfe im Haushalt an.

»Ich schäme mich so, Mama«, sagte sie. »Ich habe mich einfach abscheulich benommen und ein abscheuliches Leben geführt. Es war, als hätte ich geschlafen und einen langen Albtraum gehabt. Aber jetzt bin ich aufgewacht. Jetzt wird alles anders, ich verspreche es dir.«

Sie sprach leise und ausdruckslos, aber ihre Mutter fand nichts Seltsames daran. Angelique wich ihrer Mutter nicht von der Seite.

»Wann kommt Papa nach Hause?«, fragte sie ständig. »Ich möchte mich bei ihm entschuldigen. Mir ist so schwer ums Herz, ich möchte mich endlich entschuldigen und diese innere Last loswerden.«

Um vier Uhr kam ihr jüngerer Bruder von der Schule nach Hause, er aß schnell etwas und ging auf sein Zimmer. Jetzt würde er vor neun Uhr, bis zum Abendessen, nicht wieder herunterkommen, er würde über seinen Büchern sitzen und lernen.

Gegen acht Uhr hörte man draußen ein Auto vorfahren.

»Jetzt ist Papa da«, sagte die Mutter mit einem Lächeln.

Im nächsten Moment zerfetzte eine Pistolenkugel ihr den Nacken. Die Unglückselige sollte nie erfahren, dass ihre Tochter gleich darauf in die Diele stürzte und in dem Moment, in dem Malkow auf der Schwelle erschien, erneut auf den Abzug drückte und noch einmal mehrere Schüsse abgab.

* * *

Larkin saß in seinem Hotelzimmer und sah sich die Abendnachrichten auf dem Regionalsender an. Er wollte die Stadt nicht verlassen, bevor er sich davon überzeugt hatte, dass alles nach Plan verlaufen war. Sollte heute etwas nicht geklappt haben, würde er morgen in die Villa zurückkehren müssen, um noch einmal nachzuhelfen. In weiser Voraussicht hatte er für diesen durchaus möglichen Fall vorgesorgt. Nach der rührenden Abschiedsszene vor dem Haus hätten die Leibwächter ihn am nächsten Tag wahrscheinlich ohne weiteres passieren lassen, auch ohne vorherige Ankündigung seines Besuchs.

Doch alles war bereits heute geschehen. Der Nachrichtensprecher kommentierte mit mühsam unterdrückter Empörung die Bilder aus der Villa des Gouverneurs. Seine Frau lag mit dem Gesicht nach unten auf dem Küchenfußboden, der unförmige, ebenfalls auf dem Boden liegende Körper des Gouverneurs füllte fast die ganze Diele aus. Angelique thronte in stoischer Ruhe auf einem Sessel im Wohnzimmer, umgeben von Ärzten und Mitarbeitern der Miliz. Auf dem kleinen Couchtisch vor ihr lag ein Revolver.

»Woher haben Sie den Revolver?«, fragte ein Mann in Zivil, wahrscheinlich ein Untersuchungsführer der Staatsanwaltschaft.

»Der gehört meinem Vater«, sagte Angelique mit unerwartet kindlicher Stimme. »Mein Vater hat viele Waffen im Haus, ich habe den Revolver gefunden und versteckt.«

»Warum haben Sie das getan?«

»Ich weiß es nicht. Ich kann mich nicht erinnern. Aber heute habe ich mich entschlossen, meine Eltern umzubringen.«

»Warum? Warum haben Sie Ihre Eltern umgebracht, Angelique?«

»Damit sie mich endlich in Ruhe lassen. Sie haben mir alles verboten und mir nie Geld gegeben. Ich hatte es satt …«

Der Bildbeitrag vom Tatort war zu Ende, auf dem Bildschirm erschien wieder der Nachrichtensprecher.

»Diese schreckliche Tragödie erinnert uns ein weiteres Mal daran, dass es nichts Wichtigeres gibt als den Kampf gegen die böse Macht der Drogen. Drogensüchtige schrecken vor nichts zurück, sie schonen weder Bekannte noch Freunde und nicht einmal ihre Eltern. Deshalb kann jeder von uns schon morgen das nächste Opfer sein.«

Alles bestens, dachte Michail Dawydowitsch, während er die Bettdecke zurückschlug und sich schlafen legte. Morgen geht es wieder nach Hause.

* * *

In den Tageszeitungen waren die hämischen Kommentare über Abgeordnete der Staatsduma, die ihre Ehefrauen einfach unter die Räder vorüberfahrender Autos stießen, noch nicht verstummt, als die Leser eine neue Hiobsbotschaft erreichte, eine Nachricht, die einem das Blut in den Adern gefrieren ließ. Einer der Präsidentschaftskandidaten war von seiner eigenen drogensüchtigen Tochter erschossen worden. Für Wjatscheslaw Jegorowitsch Solomatin war das eine gute Nachricht, jetzt konnte er freier atmen. Zuerst hatte Schabanow seinen letzten Gang angetreten, und jetzt war ihm Malkow gefolgt, sodass der Präsident einen Rivalen weniger hatte. Das Schicksal meinte es gut mit seinem Idol, es war auf seiner Seite in dem schweren, gerechten Kampf, den er kämpfte.

Am selben Tag teilte der Präsident öffentlich mit, dass die beiden von ihm gebildeten Kommissionen bis zum Ende der Woche ihre wissenschaftliche Studie zur Tschetschenienkrise vorlegen würden. So viel ihm bekannt sei, hätten die Kommissionen sieben Vorschläge zur Beendigung der Krise erarbeitet, aber er, der Präsident, habe bereits eine eigene, achte Variante. Solomatin triumphierte. Es war ihm schließlich doch noch gelungen, mit seinem Vorschlag zum Präsidenten vorzudringen, und dieser hatte ihn endlich bemerkt. Er hatte ihn nicht nur bemerkt, er hatte sich sogar bei ihm bedankt. Wjatscheslaw Jegorowitsch hatte es sich natürlich nicht verkneifen können, den Präsidenten an die alte Bekanntschaft zu erinnern. Der Präsident hatte freundlich gelächelt und so getan, als könne er sich genau erinnern, aber es war völlig offensichtlich gewesen, dass er keine Ahnung hatte, wovon Solomatin sprach. Aber das machte nichts. Jetzt hatte er Solomatin bemerkt und würde ihn von nun an nicht mehr vergessen. Das war die Hauptsache.

Bulatnikow hat Pawel Sauljak nicht umsonst so gelobt, dachte Wjatscheslaw Jegorowitsch. Der Mann verstand seine Sache. Wie war es ihm nur gelungen, an die wissenschaftliche Studie des Instituts heranzukommen, ohne auch nur das geringste Aufsehen zu erregen? Das wusste nur der liebe Gott. Nur zu gern hätte Solomatin Pawel als festen Mitarbeiter für sich gewonnen. Aber er musste sich damit abfinden, dass das unmöglich war. Pawel war nicht zu greifen, er nahm nur telefonisch Kontakt mit ihm auf und war nicht bereit, persönlich bei ihm zu erscheinen. Das Honorar für seine Dienste hatte er sich an einem geheimen Ort hinterlegen lassen.

* * *

Anton Andrejewitsch Minajew strich mit kräftigem Druck den letzten Namen auf seiner Liste aus. Eine Zeit lang betrachtete er nachdenklich das Blatt Papier, das vor ihm auf dem Tisch lag, dann zerriss er es in kleine Fetzen und verbrannte sie im Aschenbecher. Der erste Teil seines Vorhabens war abgeschlossen. Dumm war nur, dass Pawel plötzlich spurlos verschwunden war …

TEIL 3

NEUNTES KAPITEL

Das kalte Klima des Ural war nicht spurlos an Nastja vorübergegangen. Kaum zurück in Moskau, bekam sie Halsschmerzen und
Schnupfen, was aber keineswegs bedeutete, dass sie zu Hause im
Bett blieb und nicht zum Dienst ging. Es lag, wie immer, viel Arbeit an, und eine Krankschreibung wäre nicht nur für sie, sondern für alle Mitarbeiter der Abteilung zur Bekämpfung schwerer Gewaltverbrechen ein unzulässiger Luxus gewesen.

Die Reise nach Samara und die Begegnung mit Pawel Sauljak
hatten eine seltsame Beklemmung in ihr hinterlassen, obwohl
eigentlich alles gut gegangen war. Sie hatte ihren Auftrag erfolgreich erfüllt, sie hatte Pawel unbehelligt von seinen Verfolgern
nach Moskau gebracht und direkt bei General Minajew abgelie-
fert. Aber etwas beunruhigte sie ständig, brachte sie um Schlaf
und Ruhe.

Einige Tage nach ihrer Rückkehr blickte der Dezernatsleiter,
Oberst Gordejew, bei der obligatorischen Einsatzbesprechung
freudlos in die Runde.

»So, Kinder«, sagte er mit einem Seufzer, »es ist so weit. Der
Wahlkampf hat begonnen, und er hat uns bereits ein paar Aufsehen erregende Leichen beschert. In unserer Stadt hat ein hoch-
karätiger Mafioso aus südlichen Gefilden das Zeitliche gesegnet.
Wir haben Anlass zu der Annahme, dass man ihm dabei geholfen
hat, ins Jenseits zu gelangen. Nastja, du bleibst nach der Besprechung hier, mit dir muss ich gesondert reden.«

Als die Ermittlungsbeamten nach der Besprechung davoneilten,
um ihren Angelegenheiten nachzugehen, blieb Nastja allein in

Gordejews Büro zurück. Sie saß zusammengekauert in einer Ecke und drückte ein feuchtes Taschentuch in ihrer Hand zusammen. Gordejew sah sie mitfühlend an und schüttelte den Kopf.

»Nimmst du denn wenigstens Medikamente gegen deine Erkältung?«

»Nein. Ich nehme nie etwas ein.«

»Grundsätzlich nicht?«

»Grundsätzlich nicht. Mein Körper soll wissen, dass er von mir keine Hilfe zu erwarten hat. Er rechnet wahrscheinlich damit, dass ich ihn zu Hause unter der Decke hüte und mit Tabletten füttere, aber ich denke nicht daran. Er soll seine Arbeit gefälligst allein machen.«

»Donnerwetter!«, sagte Gordejew belustigt. »Wie kommst du eigentlich immer auf diese hirnverbrannten Theorien?«

»Ich weiß nicht«, lachte Nastja. »Sie fanden ja immer schon, ich sei völlig verquer.«

»Das bist du mit Sicherheit. Hör zu, Kindchen, sagt dir der Name Jurzew etwas?«

»Ist das dieser Mafioso, der sich angeblich vergiftet hat?«

»Genau der.«

»Ich kenne ihn nicht persönlich. Aber Stassow hatte mal mit ihm zu tun. Er hat mir davon erzählt.«

»Und jetzt wirst du mir sagen, dass du keinen Klatsch magst, nicht wahr?«, frotzelte Gordejew.

»Das stimmt, ich mag keinen Klatsch. Aber sagen werde ich es nicht. Fragen Sie, ich antworte. Aber besser wäre es natürlich, Sie würden die Kollegen von der Abteilung zur Bekämpfung des organisierten Verbrechens fragen oder General Satotschny selbst. Das ist deren Hoheitsgebiet.«

»Die kann ich immer noch fragen. Jetzt erzähl du erst mal, was du weißt.«

»Es ist nicht sehr viel. Im letzten Sommer hat Stassow mit seiner Tochter Urlaub im Süden gemacht, und seine geschiedene Frau arbeitete bei einem Filmfestival, das dort zur gleichen Zeit stattfand. Jurzew sponserte dieses Festival und verdiente dabei selbst nicht schlecht, indem er sämtliche Werbeeinnahmen kassierte. Außerdem gehörten ihm alle Restaurants und Kasinos in der Stadt, die während des Festivals natürlich überfüllt waren. Als Stassow ihn ein wenig unter die Lupe nahm, veranstaltete Jurzew eine regelrechte Hetzkampagne gegen ihn …«

Nastjas Bericht über die Erfahrungen, die Stassow, damals noch Oberstleutnant der Miliz, mit dem hochkarätigen Mafioso gemacht hatte, dauerte etwa eine halbe Stunde. Viktor Alexejewitsch hörte Nastja aufmerksam zu und stellte nur ab und zu eine Zwischenfrage.

»Mit anderen Worten, der Verstorbene war der unumschränkte Herrscher dieser Küstenregion«, resümierte Gordejew, nachdem er Nastja angehört hatte. »Die Sache geht uns natürlich nichts an, dafür ist die Abteilung zur Bekämpfung des organisierten Verbrechens zuständig, aber mein siebter Sinn sagt mir, dass sie dort ein Ermittlungsteam bilden und darum bitten werden, dass jemand von uns dazukommt. Was hältst du davon, wenn ich dich dafür einteile?«

»Muss das sein, Viktor Alexejewitsch?«

Nastja kräuselte die Nase und begann, beherzt ihr Nasenbein zu reiben. Aber die altbewährte Methode versagte diesmal, das Niesen war nicht zu unterdrücken. Schnell hielt sie sich das Taschentuch vor die Nase.

»Warum arbeitest du eigentlich so ungern im Team, Nastja?«

»Wahrscheinlich fehlt mir der Teamgeist. Ich bin nicht der Typ Kolchosbäuerin, mir liegt eher der Einmannbetrieb. Ich möchte nicht ins Team, bitte«, bettelte sie.

»Ich möchte dich ja selbst nicht hergeben«, lächelte der Oberst, »aber wen soll ich einteilen, wenn nicht dich?«

»Zum Beispiel Kolja Selujanow.«

»Gut, ich werde darüber nachdenken. Hör mal zu, dein Stassow …«

»Er ist nicht mein Stassow, Sie übertreiben. Wenn schon, dann ist er unser Stassow.«

»Gut, dann ist er eben unser Stassow. Meinst du, er wird uns erzählen, was er über Jurzew weiß?«

»Warum denn nicht? Er hat doch nichts zu verbergen.«

»Dann ruf ihn doch an und bitte ihn, mal bei uns vorbeizukommen. Abgemacht?«

Nastja war klar, worum es ihrem Chef ging. Derjenige aus der Abteilung, der dem Ermittlerteam zugeteilt wurde, sollte wenigstens ein kleines bisschen mehr Hintergrundwissen besitzen als die Kollegen aus der Abteilung zur Bekämpfung des organisierten Verbrechens, denn zwischen den Abteilungen und Dienststellen der Kripo herrschte immer eine gewisse Konkurrenz. Manchmal war das eine gesunde, sinnvolle Rivalität, aber manchmal ging es auch nur darum, die Kollegen vom anderen Ressort auszubooten und ihnen bei der Lösung eines Falles zuvorzukommen. Gordejew war nicht erpicht darauf, diese internen Machtspielchen mitzuspielen, aber manchmal wurden die Erfolge seiner Mitarbeiter zu wichtigen Trümpfen in diesem Gerangel um Autorität, in das Gordejew aufgrund seiner Stellung bei der Kripo automatisch verwickelt war, ob er nun wollte oder nicht.

Wladislaw Stassow erklärte sich bereit, am Nachmittag in der Petrowka vorbeizukommen. Er hatte mit sechsunddreißig Jahren die Kripo verlassen und eine Lizenz als Privatdetektiv erworben. Jetzt leitete er den Sicherheitsdienst der Filmgesellschaft Syrius und war mit seinem neuen Leben sehr zufrieden. Gegen fünf Uhr erschien er in Nastjas Büro. Er war fast zwei Meter groß, grünäugig, voller Lebensfreude und von unverwüstlicher Gesundheit. Nastjas Büro füllte sich mit dem Geruch des kalten, sonnigen Tages, den Stassow von draußen mitbrachte.

»Was ist denn passiert mit dem werten Oleg Jurzew?«, fragte er, während er eine Tasse heißen Kaffee von Nastja entgegennahm. »Hat er es endlich geschafft?«

Nastja nickte. »Angeblich hat er sich vergiftet.«

»Das gefällt mir«, grinste Wladislaw.

»Was gefällt dir? Dass er sich vergiftet hat?«

»Nein, mir gefällt dein bedeutungsvolles ›angeblich‹. Willst du damit sagen, dass so wohlhabende und erfolgreiche Leute wie er niemals freiwillig aus dem Leben scheiden?«

»So ungefähr. Oder bist du anderer Meinung?«

»Alles kommt vor im Leben, Nastja. Aber in Bezug auf Jurzew

hast du wahrscheinlich Recht. Er hat auf mich den Eindruck eines optimistischen Menschen gemacht, der nicht zu Depressionen neigt. Obwohl ich kaum mehr als zwei Stunden mit ihm verbracht habe. Wie ist das alles denn passiert?«

»Jurzew ist nach Moskau gekommen, um an einem Empfang der Ölgesellschaften teilzunehmen. Einigen Ehrengästen aus dem Ausland hatte er sogar die Anreise bezahlt. Der Empfang fand im Hotel Rossija statt. Jurzew war sehr liebenswürdig, unterhielt sich mit Bekannten, aber plötzlich wurde er sehr blass und verließ den Raum. Nach einiger Zeit kam er zurück und sah wieder ganz frisch und munter aus. Er begann erneut, im Raum umherzugehen und sich mit Bekannten zu unterhalten. Aber dann unterbrach er das Gespräch, das er gerade führte, ging ein Stück zur Seite und holte ein Päckchen mit Tabletten aus seiner Hosentasche. In diesem Moment sah er nicht sehr gut aus. Er schob sich eine Tablette unter die Zunge und brach im nächsten Moment zusammen. Etwa zehn Minuten später war er tot. Das ist im Grunde alles.«

»Was für Tabletten waren das?«

»Natürlich pures Gift. Er hatte ein ganzes Päckchen davon bei sich, es war neben ihm auf den Boden gefallen. Solche Tabletten kann man nirgends kaufen, es war kein legales Erzeugnis. Aber wenn es bei uns ganze Laboratorien gibt, die illegal Drogen herstellen, dann dürfte es kein Problem sein, auch tödliches Gift zu produzieren. Die Frage ist nur, warum er diese Tabletten mit sich herumgetragen hat, noch dazu in dieser Menge. Hatte er vielleicht vor, die ganzen Gäste zu vergiften?«

»Und das Päckchen, in dem die Tabletten waren?«

»Es war nur ein Blatt Papier aus Jurzews eigenem Notizbuch. Darin waren die Tabletten eingewickelt. Prima, was?«

»Besser könnte es nicht sein. Und was will dein Chef in dieser Situation von mir?«

»Ich vermute, er will mit den Kollegen von der Abteilung zur Bekämpfung des organisierten Verbrechens Wettrennen spielen. Aber lass mich weitererzählen. Die Obduktion der Leiche hat ergeben, dass bei Jurzew keinerlei ernsthafte gesundheitliche Schäden vorlagen, Herz und Kreislauf waren in einem für sein Alter durchaus zufrieden stellenden Zustand. Es bleibt also unklar, warum ihm auf dem Empfang so plötzlich schlecht geworden ist. Etwa eine halbe Stunde vor seinem Tod hatte er ein Medikament eingenommen, das zur Gruppe der Benzodiazepine gehört, Diazepam oder etwas in dieser Art. Diese Präparate helfen nicht gegen Schmerzen und werden nicht bei chronischen Erkrankungen angewandt. Die Frage ist, warum er es eingenommen hat.«

»Warum nimmt man so etwas überhaupt ein?«, fragte Stassow. »Sind das nicht Beruhigungsmittel? Hatte Jurzew irgendwelchen Stress?«

»Vielleicht. Fragt sich nur, warum. Die Gäste des Empfangs, die befragt wurden, konnten dazu nichts Aufschlussreiches sagen. Jurzew hatte mit niemandem Ärger oder Streit, alles verlief völlig friedlich. Aber es stellt sich eine andere Frage: Woher hatte er das Benzodiazepin? Man fand bei ihm kein entsprechendes Fläschchen oder Päckchen. Bedeutet das, dass er eine einzige solche Tablette in seiner Hosentasche herumgetragen hat? So etwas gibt es nicht. Wenn jemand gesundheitliche Probleme hat und auf ein Medikament angewiesen ist, dann trägt er es in ausreichender Menge bei sich. Er steckt nicht eine einzige Tablette ein, sondern nimmt das ganze Päckchen mit.«

»Das leuchtet ein. Du meinst also, dass ihm jemand die Tablette gegeben hat?«

»Genau das meine ich. Ihm ist schlecht geworden, er ist in die Halle hinausgegangen, um sich eine Weile hinzusetzen und zu erholen, und irgendein wohlmeinender Mensch hat ihm die Tablette gegeben. Aber keiner von den Gästen weiß etwas davon. Warum?«

»Weil er die Tablette von jemandem bekommen hat, der nicht zu den Gästen des Empfangs gehörte. Irgendein zufälliger Hotelgast.«

»Stassow, reiß dich am Riemen«, sagte Nastja empört. »Deine Phantasie geht mit dir durch. Du wirst doch nicht im Ernst glauben, dass an einem Ort, wo zu jedem Gast mindestens ein Bodyguard gehörte, ein zufälliger Hotelgast auftauchen konnte. Jeder Gast musste eine persönliche Einladung vorweisen. Nicht einmal

eine Maus hätte durch eine Ritze dieser heiligen Hallen schlüpfen
können, wo sich schwerreiche Ölmagnaten und Mafiosi ein Stell-
dichein gaben.«

»Vielleicht hast du Recht. Aber wie ist das alles dann zu erklären?«

»Ich habe keine Ahnung«, seufzte Nastja. »Ich werde darüber
nachdenken. Vielleicht kannst du mir ja helfen, du bist schlauer
als ich.«

»Schmeichle dich nicht bei mir ein«, lachte Stassow. »Wie viele
Leute waren auf diesem Empfang?«

»Etwa hundert. Ich weiß, worauf du anspielst, Stassow. Aber
das ist unrealistisch. Diese Arbeit kann bei uns nur Mischa Dozenko machen, aber es handelt sich um hundert Personen mit
ihren Bodyguards, und er ist allein. Das ist Arbeit für zwei Monate.«

Stassow schwieg und zwinkerte Nastja nur verschmitzt zu. Die
Taktik lag auf der Hand. Sollten die Mitarbeiter der Abteilung
zur Bekämpfung des organisierten Verbrechens ruhig Jurzews
Umfeld überprüfen, seine Verbindungen zu kriminellen Kreisen,
seine Geschäftspartner und Konkurrenten. Währenddessen würden Gordejews Mitarbeiter in aller Stille ihre konservative Ermittlungsarbeit weiterführen und herauszufinden versuchen, ob
ein Fremder auf dem Empfang gesehen wurde. Zwar kannten sich
auf Veranstaltungen dieser Art die Leute untereinander bei weitem nicht alle, aber es gab schließlich Ermittlungsbeamte, die ihre
Sache verstanden. Besonders solche wie Mischa Dozenko, der
berühmt war für seine Kunst der Zeugenbefragung.

* * *

Nach zwei Tagen hatte Nastja ihre Erkältung überwunden. Ihre
Stimmung wurde sofort besser, und sie stürzte sich Hals über
Kopf in die Auswertung der Zeugenaussagen, die inzwischen im
Zusammenhang mit Jurzews mysteriösem Tod vorlagen. In der
Abteilung zur Bekämpfung des organisierten Verbrechens hatte
man tatsächlich ein Ermittlerteam gebildet, aber Gordejew hielt

Wort, er teilte Selujanow ein und ließ Nastja in Ruhe. Doch diese trügerische Ruhe währte nicht lange.

»Schon wieder eine prominente Leiche«, verkündete Gordejew, als er Nastjas Büro betrat und sich auf einem freien Stuhl niederließ.

»Wer ist es diesmal?«

»Ein hoher Beamter der Generalstaatsanwaltschaft. Er wurde heute Morgen ermordet. Mach dir keine Hoffnungen, das Hauptkomitee wird den Fall nicht übernehmen. Der Mörder wurde am Tatort gefasst.«

»Und was wollen Sie dann von mir?«, fragte Nastja erstaunt.

»Irritiert Sie etwas?«

»Nicht im Geringsten. Am Tatort waren tausend Augenzeugen. Der Mörder hat das Opfer direkt vor dessen Haustür erschossen. Am helllichten Tag, unter den Augen der entsetzten Passanten. Aber er kann nicht erklären, warum er es getan hat.«

»Ein Verrückter? Oder tut er nur so, als sei er verrückt?«

»Das werden die Ärzte herausfinden. Aber ich möchte, dass du ihn mal im Zusammenhang mit anderen unaufgeklärten Mordfällen unter die Lupe nimmst und herausfindest, woher er die Waffe hatte.«

»Was sagt er denn? Dass er sie gefunden oder per Post zugestellt bekommen hat?«

»Das ist es ja, Kindchen. Er sagt überhaupt nichts Sinnvolles, sondern redet nur wirres Zeug.«

»Was denn zum Beispiel?«

»Er sagt zum Beispiel, dass er den Revolver seinem Nachbarn gestohlen hat.«

»Und wer ist der Nachbar?«

»Ausgerechnet ein Mitarbeiter der Miliz. Aber ihm wurde nie ein Revolver gestohlen.«

»Ist das sicher, oder lügt er vielleicht?«

»Vielleicht lügt er. Ich habe Korotkow zu ihm geschickt, damit er ihn sich mal anschaut, und dich möchte ich bitten, dich ein wenig mit der Persönlichkeit dieses schießwütigen Psychopathen zu befassen. Wir haben in Moskau Dutzende solcher Mordfälle.

Vielleicht lassen sich irgendwelche Zusammenhänge herstellen. Wenn er wirklich verrückt ist, ist das vielleicht bei weitem nicht seine erste Heldentat. Und dann brauchen wir uns nicht zu wundern, dass die Mordfälle unaufgeklärt geblieben sind. Ein geistesgestörter Mörder ist am schwersten zu fassen, das weißt du ja selbst.«

Natürlich wusste Nastja das. Am Anfang der Aufklärung eines Mordfalles stand von jeher die Frage: Qui prodest? Wem nutzt es? Finde das Motiv, und du findest den Mörder. Aber wenn man nicht herausfinden konnte, wem der Tod des Opfers nutzte, wurde alles sehr kompliziert. Es konnte sein, dass der Täter sein Opfer nicht einmal kannte, dass er es völlig willkürlich ausgewählt hatte, und dann musste man nach einem Psychopathen suchen, dessen Motive völlig im Dunkeln lagen.

Gegen Abend holte Nastja ihre Unterlagen über unaufgeklärte Verbrechen aus dem Safe und breitete sie vor sich auf dem Schreibtisch aus. Für den Anfang beschloss sie, sich auf die Fälle der letzten drei Jahre zu beschränken, danach konnte sie weiter zurückgehen, falls es nötig werden sollte.

Jeder unaufgeklärte Mordfall war in ihren Unterlagen einer bestimmten Gruppe zugeteilt. Die Zuordnung des Falles hing von verschiedenen Faktoren ab. Zum Beispiel davon, ob der Mörder von Zeugen gesehen worden war oder nicht, auf welche Weise die Tat begangen wurde, auch die Persönlichkeit des Opfers spielte eine Rolle, ebenso Tatort, Jahreszeit, Wochentag, Uhrzeit und so weiter. Es gab auch die Gruppe der Morde mit »unverhältnismäßiger Gewaltanwendung«. Das waren die Morde, bei denen das Opfer mit besonders vielen Schüssen oder Messerstichen getötet wurde.

Der Mord an dem Beamten der Generalstaatsanwaltschaft wurde an einem belebten Ort begangen, am Morgen eines Wochentags. Die Anzahl der Schüsse hätte genügt, um damit vier Menschen zu töten. Der Mörder war vierundzwanzig Jahre alt, mittelgroß, er hatte ein ungesund wirkendes, aufgeschwemmtes Gesicht. So weit, so gut, sagte sich Nastja. Was folgte nun daraus?

Sie fand in ihren Unterlagen zwei Fälle, in denen der Mörder als mittelgroßer junger Mann mit aufgeschwemmtem Gesicht beschrieben wurde. Der erste der beiden Morde wurde im Frühjahr 1993 begangen. Der Täter hatte die Schüsse ebenfalls aus nächster Nähe abgegeben, das Opfer war ein auf den ersten Blick völlig unauffälliger Mann, der sich jedoch als geschickter Erpresser erwies. Damals hatte sich die ganze Ermittlungsarbeit auf den Kreis der Personen konzentriert, die zu den Erpressten gehören konnten, aber der Mörder war unter ihnen nicht zu finden gewesen. Der Revolver, aus dem die Schüsse abgegeben wurden, wurde nach kurzer Zeit gefunden, aber es befanden sich keine Fingerabdrücke darauf. Der Mörder hatte ihn sorgfältig abgewischt.

Der zweite Mordfall hatte sich Ende 1994 ereignet, aber die Tat wurde in diesem Fall nicht mit einem Revolver begangen, sondern mit einem Messer. Nastja legte diesen Fall erst einmal beiseite und beschloss, sich den Mord an dem Erpresser näher anzuschauen. Natürlich stellte sich die Frage, wo der am heutigen Tag gefasste Mörder im Frühjahr 1993 gewesen war und was er zu dieser Zeit gemacht hatte. Vielleicht war er gar nicht in Moskau gewesen, dann erübrigten sich weitere Nachforschungen.

Das Läuten des Telefons ließ Nastja zusammenzucken.

»Wie sieht es aus, teure Freundin?«, hörte sie ihren Mann sagen. »Machst du noch nicht Feierabend?«

»Ist es denn schon so spät?«, fragte sie, ohne die Augen von den Blättern auf ihrem Schreibtisch zu heben.

»Jedenfalls später, als du denkst. Ich will ja nicht drängeln, aber es wäre ganz nett, wenn du bald nach Hause kommen würdest.«

»Wieso? Brauchst du mich?«, fragte Nastja begriffsstutzig.

»Nein, natürlich nicht«, lachte Alexej. »Wozu sollte ich dich brauchen? Mit dir hat man ja doch nur Ärger. Aber wir haben deinen Bruder für heute Abend eingeladen, er wird in einer halben Stunde hier sein.«

»O Gott, Ljoscha, verzeih!«, stöhnte sie auf. »Das habe ich völlig vergessen. Ich mache mich sofort auf den Weg. Aber warte. Warum hast du gesagt, dass Sascha in einer halben Stunde da sein wird? Kommt er etwa ohne Dascha?«

»Dascha ist längst hier. Und während du und dein Bruder durch Abwesenheit glänzt, begehen wir hier Ehebruch.«

»Gleich beide auf einmal?«

»Nein, nur ich. Ich betrüge dich, während Dascha ihrem Mann die Treue hält. Kommst du nun oder nicht?«

»Ich bin schon auf dem Weg, Ljoscha. Sag Sascha, dass er mich an der Metro abholen soll, ja?«

Sie packte ihre Unterlagen schnell ein und begann, sich anzuziehen. Es war ihr wirklich peinlich. Sie hatten ihren Halbbruder und seine Frau nach Ewigkeiten wieder einmal zu sich eingeladen, und sie kam zu spät. Natürlich würde ihr das niemand übel nehmen, aber trotzdem …

An der Metrostation erblickte sie sofort das Auto ihres Halbbruders.

»Hallo, Sascha«, sagte sie, während sie auf dem Beifahrersitz Platz nahm. »Verzeih mir bitte meine Dummheit.«

»Schon gut«, lachte Alexander Kamenskij. »Von dir ist nichts anderes zu erwarten.«

Er küsste seine Halbschwester, dann betrachtete er sie aufmerksam aus der Nähe.

»Du bist irgendwie …« Er verstummte und suchte nach dem richtigen Ausdruck.

»Wie bin ich? Gefällt dir etwas nicht?«

»Nein, so kann man es nicht sagen … Aber du siehst irgendwie verändert aus. Ich weiß gar nicht, wie ich es ausdrücken soll. Als wärst du eine andere geworden. Hast du Unannehmlichkeiten?«

»Nein, eigentlich nicht«, sagte sie mit einem Schulterzucken.

»Und du fühlst dich ganz normal?«

»Eigentlich sogar sehr gut.«

»Sagst du auch die Wahrheit?«

»Natürlich sage ich die Wahrheit. Was ist denn los, Sascha? Bei mir ist alles in Ordnung, wirklich.«

»Nein, ich glaube dir nicht«, widersprach er hartnäckig, während er den Motor anließ. »Ich fühle, dass mit dir etwas nicht stimmt.«

Sie waren schon die halbe Strecke bis zum Haus gefahren, als Nastja sich plötzlich anders besann.

»Du hast Recht, Sascha«, sagte sie. »Mit mir stimmt wirklich etwas nicht.«

»Bist du krank?«, fragte ihr Halbbruder beunruhigt.

»Nein, es ist etwas anderes. Ich war vor kurzem auf einer Dienstreise ...«

»Ja, ich erinnere mich, Ljoscha hat davon erzählt. Und was war auf dieser Dienstreise?«

»Ich habe einen sehr seltsamen Menschen kennen gelernt. Und aus irgendeinem Grund beunruhigt mich das ständig.«

»Du lieber Gott«, rief Alexander aus. »Hast du dich etwa verliebt?«

Nastja lachte laut auf. Die Vermutung ihres Bruders kam ihr völlig aberwitzig vor.

»Warum lachst du? Willst du mich erschrecken?«

»Nein, keine Angst, ich habe mich nicht verliebt. Kein Gedanke.«

»Und was ist es dann?«

»Genau das kann ich nicht verstehen. Und deshalb bin ich beunruhigt. Weißt du, ich habe das unangenehme Gefühl, dass ich etwas gesehen habe, etwas sehr Wichtiges, aber ich habe es nicht ernst genommen. Und das quält mich.«

»Die Sorgen einer Ermittlungsbeamtin? Das ist erlaubt«, sagte Kamenskij großmütig. »Hauptsache, Ljoscha muss nicht leiden.«

»Natürlich«, stichelte Nastja, »du denkst nur an ihn und nicht an mich.«

»Männersolidarität«, lächelte er. »Wir sind da. Lass uns schnell hinaufgehen, ich habe Hunger. Dein Mann muss etwas unglaublich Köstliches gekocht haben. Er hat mir nicht erlaubt, die Küche zu betreten, aber der Geruch in der Wohnung war Schwindel erregend.«

Sascha hatte Recht. Der Geruch erreichte sie bereits im Treppenhaus und war wirklich verlockend. Dascha kam ihnen entgegen und fiel Nastja um den Hals.

»Ich habe dich so vermisst, Nastjenka!«

Nastja war überrascht. Sie hatten sich erst vor zwei Wochen gesehen. Der kleine Sascha war acht Monate alt geworden, und

Nastja war zu den beiden gefahren, um zu gratulieren. Aber sie zweifelte nicht an Daschas Aufrichtigkeit. Diese junge Frau war einfach von Natur aus nicht in der Lage, sich zu verstellen. Dafür liebte Nastja sie auch so.

»Wem hast du heute meinen einzigen Neffen überlassen?«, fragte sie, während sie ihre Jacke abnahm und auf einen Bügel hängte.

»Seiner Großmutter.«

»Welcher?«

Dascha deutete mit dem Kopf auf ihren Mann.

»Meiner Schwiegermutter.«

»Und wie ist es mit Saschas und meinem Vater? Nimmt er keinen Anteil am Wohl seines Enkels?«

»Aber nicht doch, Nastja«, sagte Dascha vorwurfsvoll. »Pawel Iwanowitsch ist ein sehr besorgter Großvater, er hilft uns ständig. Bist du ihm böse, weil er deiner Mutter nicht geholfen hat, dich großzuziehen?«

»Er hat auch meiner Mutter nicht sehr dabei geholfen, mich großzuziehen«, bemerkte Alexander. »Immerzu war er auf Geschäftsreisen. Aber man sagt ja nicht umsonst, dass das erste Kind die letzte Puppe ist und erst der Enkel das erste Kind. Wahrscheinlich stimmt das. Wenn du erst einmal ein eigenes Kind hast, Nastja, dann wirst du schon sehen. Sein Großvater wird ihm nicht mehr von der Seite weichen.«

»Das glaube ich nicht«, lächelte Nastja, die merkte, dass das Gespräch in die falsche Richtung ging. »Wenn ich irgendwann ein Kind haben sollte, dann wird es für Pawel Iwanowitsch bereits der zweite Enkel sein. Und das ist etwas ganz anderes.«

»Was ist eigentlich los dort draußen«, ertönte Alexejs Stimme aus der Küche. »Wollt ihr ewig so im Flur stehen und die Familiendramen der Kamenskijs diskutieren? Wollen wir uns nicht endlich an den Tisch setzen?«

Alexej kochte hervorragend, die Getränke, die zum Essen gereicht wurden, waren ebenfalls ausgezeichnet, und schon nach einer Viertelstunde herrschte eine entspannte, fröhliche Atmosphäre. Nastja bemerkte allerdings, dass Dascha sehr zurückhaltend aß, dass sie jedes Mal zu überlegen und zu zögern schien, bevor sie sich etwas auf den Teller legte. Die alkoholischen Getränke rührte sie überhaupt nicht an, obwohl sie mit den anderen das Glas hob und anstieß.

»Dascha!«, sagte Nastja streng. »Was ist mit dir los? Machst du etwa eine Diät?«

»Nein«, murmelte Dascha irritiert und sah aus irgendeinem Grund zur Seite.

»Warum isst du dann so wenig? Ich habe dir schon tausendmal gesagt, dass du nicht abnehmen darfst, solange du dein Kind stillst.«

»Ich stille nicht«, sagte Dascha, diesmal noch leiser. »Schon seit zwei Monaten nicht mehr.«

»Wie bitte? Willst du damit sagen, dass ...«

Dascha nickte und errötete.

»Du bist verrückt geworden!«, meinte Nastja entsetzt. »Sascha ist erst acht Monate alt. Wie willst du das schaffen mit zwei so kleinen Kindern? Was geht bloß vor in deinem Kopf!«

»Ich schaffe es«, sagte Dascha mit einem freudigen Lächeln. »Da kannst du ganz sicher sein. Und dein Kind ziehe ich auch noch auf, wenn es so weit ist. Du würdest doch nie im Leben deine Arbeit aufgeben, während ich sowieso den ganzen Tag zu Hause sitze. Schimpf nicht mit mir. Ich wünsche mir so sehr eine kleine Nastja.«

»Dabei wird es doch nicht bleiben, erzähl mir nichts. Anschließend wirst du einen kleinen Alexej wollen, das hast du ja bereits angedeutet. Und danach noch irgendjemanden. Weiß Sascha es schon?«

»Natürlich. Er hat es sogar als Erster gewusst.«

»Wie meinst du das? Er kann es schließlich nicht vor dir selbst gewusst haben, oder?«

»Doch, stell dir vor, er hat es sogar vor mir selbst gewusst. Eines Morgens wacht er auf, schaut mich an und sagt: Dascha, ich glaube, wir werden eine kleine Nastja haben. Zuerst habe ich es nicht geglaubt, ich dachte, er macht einen Witz. Aber ein paar Tage später wurde mir klar, dass er Recht hatte. Verrückt, was?«

»Ja, verrückt«, stimmte Nastja zu. »Dascha, du bist ein tolles Mädchen. Ich beglückwünsche dich, und Sascha natürlich auch.«

Die beiden Frauen unterhielten sich leise über dies und das, während die Männer laut und heftig über die Chancen der Präsidentschaftskandidaten bei den bevorstehenden Wahlen diskutierten. In Daschas Anwesenheit überkam Nastja gewöhnlich ein stilles, friedliches Gefühl. Aber heute wollte sich dieses Gefühl nicht einstellen. Die Unruhe, die seit der Begegnung mit Pawel Sauljak in ihr war, ließ nicht nach, etwas nagte ständig an ihr, und sie konnte nichts dagegen tun.

* * *

Ihr Leben lang hatten sie drei Träume verfolgt. Den einen, in dem sie starb, träumte sie, wenn etwas mit ihrem Herzen oder Blutdruck nicht in Ordnung war. Im zweiten Traum stand sie auf einer hohen Felsenklippe und wusste, dass sie im nächsten Moment in die Tiefe stürzen würde, weil sie nicht von dem Felsen hinabsteigen konnte. Aber dann kam ihr der rettende Gedanke. Auf irgendeine Weise war sie auf den Felsen hinaufgekommen, und deshalb musste es möglich sein, dass sie auf demselben Weg auch wieder hinunterkam.

Auch der dritte Traum war bedrückend. Nastja machte ihren Schulabschluss und wusste, dass sie einen Teil der Prüfungen nicht bestehen würde. Sie hatte zusammen mit Alexej eine Schule mit den Schwerpunkten Mathematik und Physik besucht, aber seltsamerweise träumte sie, dass sie ausgerechnet in Mathematik und Physik versagen würde, da sie in beiden Fächern seit der sechsten Klasse nie mehr etwas gemacht hatte. Schreckliche Schuldgefühle überfielen sie im Traum. Sie hatte die ganzen Jahre verbummelt, sie hatte alles falsch gemacht, und jetzt musste sie dafür bezahlen. Verzweifelt suchte sie nach einem Ausweg, aber schließlich begriff sie, dass es keinen Ausweg gab, dass es zu spät war. Die Verzweiflung, die sie im Traum überfiel, war so abgrundtief, dass sie sich mit aller Gewalt zwang, endlich aufzuwachen.

Genau dieser Traum hatte sie auch in dieser Nacht wieder heimgesucht. Sie erwachte, schlüpfte leise aus dem Bett, um Alexej nicht zu wecken, und schlich auf Zehenspitzen in die Küche. Es war erst kurz nach fünf Uhr und dazu Samstag. Heute hätte sie bis in die Puppen schlafen können, aber sie wusste, dass sie es gar nicht erst zu versuchen brauchte.

In der Küche war es kalt, sie nahm ein Streichholz und zündete das Gas auf dem Herd an. Dann setzte sie Kaffeewasser auf. Es hatte sowieso keinen Sinn, noch einmal ins Bett zu gehen, sie würde sich nur herumwälzen und Ljoscha beim Schlafen stören. Sie verspürte plötzlich Hunger, öffnete den Kühlschrank und holte einen Teller mit kalten Kalbsschnitzeln heraus, ein Spezialgericht ihres Mannes. Sie schnitt sich eine dicke Scheibe Brot ab, belegte es mit einem Schnitzel und begann nachdenklich zu kauen und dazu den heißen Kaffee zu schlürfen. Warum ging ihr Sauljak nicht aus dem Kopf? Was stimmte nicht mit ihm?

Besaß er vielleicht hypnotische Fähigkeiten? Daran wäre nichts Besonderes gewesen, es gab Tausende von Leuten, die sich darauf verstanden. Jeder halbwegs gute Psychiater beherrschte diese Technik und wandte sie zur Heilung seiner Patienten an. War es Sauljaks besondere Verschlossenheit? Unsinn. Schließlich war sie selbst auch nicht gerade die Offenherzigkeit in Person. War es seine Unergründlichkeit? Wer sagte denn, dass sie, Anastasija Kamenskaja, die Klügste und Scharfsinnigste von allen war und jeden und alles verstehen musste? Als würde es auf der Welt nicht zahllose Dinge und Menschen geben, die sie nicht verstand. Aber nie hatte sie das so beunruhigt wie bei Pawel Sauljak. Warum? Was stimmte nicht mit ihm? Was war es nur?

»Erwischt, du Vielfraß«, ertönte plötzlich Ljoschas Stimme hinter ihrem Rücken. »Es ist ein schlechtes Zeichen, wenn man nachts Hunger hat. Bist du vielleicht krank?«

»Ich habe schlecht geträumt«, sagte sie mit einem schuldbewussten Lächeln. »Habe ich dich geweckt? Entschuldige bitte, mein Schatz.«

»Macht nichts, es ist ja Wochenende, ich werde noch genug Zeit zum Schlafen haben. Was hast du denn Böses geträumt?«

»Lach nicht, ich habe geträumt, dass ich Prüfungen in Mathe und Physik ablegen muss, aber von nichts eine Ahnung habe.«

»Wie bitte?« Er brach in so herzhaftes Gelächter aus, dass Nastja unwillkürlich den Kopf einzog. »Du warst in Physik und Mathe besser als ich, und ich habe es schließlich bis zum Professor gebracht. Was für einen Unsinn du im Kopf hast!«

»Na bitte, wir sind noch nicht einmal ein Jahr verheiratet, und schon beschimpfst du mich«, bemerkte Nastja seufzend. »Aber lassen wir diesen blöden Traum, Ljoscha. Es geht nicht darum.«

»Und worum geht es nach deiner Meinung?«

»Die Frage ist, warum ich ihn geträumt habe.«

»Aha, das klingt interessant.«

Alexej zog einen Stuhl zu sich heran und setzte sich Nastja gegenüber an den Tisch. Er streckte die Hand nach Nastjas Kaffeetasse aus, nahm einen Schluck und stellte die Tasse wieder ab.

»Und warum hast du ihn geträumt, diesen physikalisch-mathematischen Unsinn?«

»Ganz offensichtlich deshalb, weil mich irgendwo in meinem Unterbewusstsein der Gedanke quält, dass ich einen Fehler gemacht habe. Und jetzt muss ich für diesen Fehler bezahlen. Aber ich komme einfach nicht darauf, was ich falsch gemacht habe, was für ein Fehler das war.«

Vor Ärger auf sich selbst schlug sie mit der Faust auf den Tisch und verzog schmerzhaft ihr Gesicht.

»Und auf welche Art und Weise musst du jetzt bezahlen? Weißt du wenigstens das?«

»Nein, auch das weiß ich nicht.«

»Kann es sein, dass du dir das alles nur einbildest, Nastjenka? Du kennst weder den Fehler noch seine Folgen.«

»Vielleicht bilde ich es mir nur ein«, stimmte sie zu. »Aber man bildet sich doch nicht grundlos etwas ein, Ljoscha. Irgendetwas muss da gewesen sein. Aber ich komme einfach nicht darauf. Und darum kriege ich hysterische Zustände, als wäre ich mitten im Klimakterium.«

»Schon gut, schon gut, du bist eine Hysterikerin, ich habe alles verstanden. Gehen wir noch mal ins Bett, oder ist die Nacht zu Ende?«

»Wie spät ist es?«

»Sechs Uhr.«

»Du lieber Gott, so früh noch? Der ganze Samstag ist dahin. Warum komme ich nie aus dem Bett, wenn ich zur Arbeit muss, und wenn ich bis zum Mittag schlafen könnte, stehe ich mitten in der Nacht auf ...«

»Komm, wir gehen noch mal ins Bett und versuchen einzuschlafen. Obwohl ... du hast ja bereits Kaffee getrunken. Dann gehen wir eben spazieren.«

»Wie bitte?« Nastja sah ihren Mann fassungslos an. »An einem Samstagmorgen um sechs, mitten im Winter? Ich bin zwar verrückt, aber so verrückt nun auch wieder nicht.«

»Warum denn nicht?«, entgegnete Ljoscha ungerührt. »Es ist schön frisch draußen, leere Straßen, alle schlafen noch, selbst die Hunde werden jetzt noch nicht ausgeführt. Die pure Romantik. Wir gehen ein Stündchen spazieren, danach frühstücken wir mit gesundem Appetit und gehen mit frischen Köpfen an die Arbeit. Ich muss einen Vortrag vorbereiten. Und was hast du zu tun?«

»Was soll ich schon zu tun haben, Ljoscha! Bei mir regnet es Leichen, wie immer, Leichen in jeder Ausführung und für jeden Geschmack.«

»Wirst du den Computer brauchen?«

»Heute nicht. Höchstens morgen. Heute muss ich Unterlagen durchsehen, nachdenken und noch mal nachdenken.«

»Dann sollten wir erst recht spazieren gehen. Komm, Nastja, zieh dich an, überleg nicht lange.«

Wahrscheinlich hat er Recht, dachte Nastja, während sie sich lustlos erhob und anzukleiden begann. Es ist gar nicht schlecht, an die frische Luft zu gehen, während es draußen noch dunkel, still und menschenleer ist, wenn man von nichts abgelenkt und bedrängt wird.

Nach einer Stunde kehrten sie nach Hause zurück. Nastjas Stimmung hatte sich deutlich verbessert, sie verschlang zum Frühstück mit großem Appetit die Reste des Festessens vom Vortag und stellte dann enttäuscht fest, dass ihr die Augen wieder zufielen. Um nicht im Sitzen einzuschlafen, räumte sie schnell den Küchentisch ab und breitete die Unterlagen darauf aus, die sie aus dem Büro mitgebracht hatte.

Bis etwa zehn Uhr war es völlig still in der Wohnung, man hörte nur das leise Klappern von Tasten. Ljoscha saß am Computer und arbeitete an seinem Vortrag. Nastja war es gelungen, sich zu konzentrieren, eifrig verglich sie Fakten und unterschiedliche Zeugenaussagen miteinander. Dann unterbrach das Läuten des Telefons die himmlische Ruhe.

»Nastja, du hörst und siehst natürlich nach wie vor keine Nachrichten«, hörte sie Oberst Gordejew sagen.

»Nein, natürlich nicht«, erwiderte sie.

»Das solltest du aber tun. In St. Petersburg hat sich jemand erschossen. Ich vermute, das wird dich interessieren.«

»Wer denn?«

»Ein gewisser Gleb Armenakowitsch Mchitarow.«

»Wer soll denn das sein?«

»Nastja, deine politische Uninformiertheit grenzt an Analphabetentum. So geht das einfach nicht. Ich weiß, du hast deine Prinzipien, aber das geht zu weit. Dieser Mchitarow gehört zur Anhängerschaft des Präsidentschaftskandidaten Malkow. Hast du wenigstens diesen Namen schon einmal gehört?«

»Ja, den ich habe ich schon mal gehört.«

»Und dieser Mann von der Staatsanwaltschaft, den der Geistesgestörte auf der Straße erschossen hat, gehört ebenfalls zu Malkows Anhängerschaft. Klingelt es?«

»Nicht schlecht«, sagte Nastja mit einem Pfiff durch die Zähne. »Hat man die Jagd auf die Rivalen des Präsidenten eröffnet?«

»Es sieht so aus. Aber mit Mchitarow ist alles nicht so einfach. Er hat sich offenbar tatsächlich selbst erschossen. Morgen werden wir Genaueres wissen, aber bis jetzt gibt es keinerlei Anzeichen für einen Mord. In einer Stunde werde ich eine Liste mit den Namen der wichtigsten Gefolgsleute von Malkow auf dem Tisch haben. Diese Stunde muss dir reichen, um ins Büro zu kommen. Hast du alles verstanden?«

»Ich habe verstanden.«

Sie warf den Hörer auf die Gabel und zog sich ihre Jacke an.

* * *

In der Metro war es warm und fast menschenleer. Nastja setzte sich in eine Ecke und spürte plötzlich, wie müde sie war. Das kommt davon, wenn man die Nacht zum Tage macht, dachte sie träge und kämpfte mit aller Macht gegen den Schlaf an, der sie übermannen wollte. Nachdem sie an der Station Tschechowskaja ausgestiegen war, fühlte sie sich plötzlich so schwach, dass sie ins nächstbeste Café ging und eine Tasse Kaffee trank. Danach wurde es besser. Als sie endlich die Petrowka erreicht hatte, waren ihre Lebensgeister wieder vollständig zurückgekehrt.

Nastja schloss ihr Büro auf, legte ab und ertappte sich bei dem Gedanken, dass sie sich auf die bevorstehende Arbeit freute. Jura Korotkow hatte Recht, wenn er sagte, dass die Arbeit an einem ungelösten Fall für sie süßer war als jedes Bonbon.

Kaum war ihr Korotkow eingefallen, als dieser auch schon höchstpersönlich erschien. Auch er kam am Samstag gern ins Büro, ebenso wie Nastja, nur hatte er andere Gründe dafür. Er war nicht gern zu Hause bei seiner Frau.

»Hat Knüppelchen dich angerufen?«, fragte er. »Aus irgendeinem Grund braucht er dich dringend. Er ist zum General gegangen, und ich soll aufpassen, dass du nicht wieder wegläufst. Ich habe eine Idee, Nastja, und bin bereit, sie dir zu verkaufen.«

»Was willst du dafür haben?«

»Liebe und Freundschaft, wie immer. Etwas anderes ist bei dir doch sowieso nicht zu holen.«

»Her mit der Idee.«

»Erinnerst du dich, wen unser Freund Stassow geheiratet hat?«

»Er hat Tatjana geheiratet. Warum?«

»Wie kann man nur so begriffsstutzig sein! Wer ist denn unsere Tatjana?«

»Genau, Korotkow. Du bist ein Genie!«

Stassows Frau Tatjana lebte in St. Petersburg und war Untersuchungsführerin. Nastja wählte sofort Stassows Nummer. Zum Glück hatte er ein Handy und war immer zu erreichen.

»Wlad, könntest du mal deine Frau anrufen?«, fragte sie ohne Umschweife.

»Könnte ich. Warum?«

»In St. Petersburg hat sich ein gewisser Mchitarow erschossen. Meinst du, man kann es Tatjana zumuten, dass sie sich ein paar Gedanken über die Sache macht?«

»Das weiß ich nicht. Sie mag es eigentlich nicht, wenn sich jemand in ihre Angelegenheiten einmischt. Sie hat ihre Prinzipien, und ihre Unabhängigkeit als Untersuchungsführerin ist ihr heilig.«

»Dann erkläre ich es dir kurz. Vor ein paar Tagen wurde in Moskau ein hoher Beamter der Generalstaatsanwaltschaft ermordet. Man hat den Mörder festgenommen, er tut so, als sei er nicht zurechnungsfähig. Der Moskauer Beamte und Mchitarow gehören zu einer politischen Gruppierung, an deren Spitze ein gewisser Malkow steht. Es wäre nicht schlecht, die Umstände etwas näher zu betrachten, unter denen Mchitarow gestorben ist. Womöglich hat er sich ja gar nicht selbst erschossen. Das ist im Grunde alles.«

»Ich habe verstanden, was du willst. Ich bin ja nicht auf den Kopf gefallen«, lachte Stassow. »Wo bist du im Moment?«

»Im Büro.«

»Ich rufe zurück«, sagte er und legte auf.

Im nächsten Moment erschien Gordejew in Nastjas Büro. Er sah grimmig und geradezu beleidigt aus.

»Da bist du ja. Das ist gut. Setz dich, Kindchen, und hör mir aufmerksam zu. Eben haben wir die Nachricht bekommen, dass Malkow ebenfalls ermordet wurde. Nicht in Moskau allerdings, sondern bei sich zu Hause.«

»Donnerwetter«, entfuhr es Korotkow. »Wer war es denn?«

»Stell dir vor, seine eigene Tochter. Sie hat ihren Vater und ihre Mutter erschossen. Eine verrückte Drogenabhängige. Hier ist die Liste der Leute, die hinter Malkow standen und ihn als Präsidentschaftskandidaten unterstützten. In einer Stunde möchte ich hören, was euch dazu eingefallen ist. Das betrifft auch dich, Jura.«

Gordejew drehte sich um und verließ das Büro, ohne ein weiteres Wort zu sagen.

ZEHNTES KAPITEL

Die Liste der aktiven Anhänger von Sergej Georgijewitsch Malkow erwies sich als ziemlich lang. Nastja und Korotkow teilten sich die Liste, und jeder klemmte sich hinter sein Telefon. Nach etwa einer Dreiviertelstunde begann sich das Bild zu klären. Der Abgeordnete der Staatsduma Leonid Michajlowitsch Isotow befand sich wegen eines Mordanschlags auf seine Ehefrau in polizeilichem Gewahrsam. Er war, wie es schien, aus dem Spiel. Der Geschäftsmann Semjonow war bei einem Verkehrsunfall ums Leben gekommen. Dazu kamen Mchitarows Selbstmord und der unverständliche Mord an Lutschenkow, dem Beamten der Staatsanwaltschaft. Und allen voran Gouverneur Malkow, der von seiner eigenen Tochter erschossen wurde.

»Ich würde auch Jurzew hier einordnen«, sagte Nastja nachdenklich. »Semjonow machte Ölgeschäfte, und Jurzew muss zu diesen Leuten Kontakt gehabt haben. Nicht umsonst hat man ihn zu dem Empfang im Hotel Rossija eingeladen.«

»Aber Jurzew steht nicht auf der Liste«, widersprach Korotkow.

»Kein Wunder. Über den muss es doch eine Akte von mindestens fünf Kilo geben. Warum sollte ein Präsidentschaftskandidat seine Verbindung zu einem Mann an die große Glocke hängen, der unter Beobachtung der Miliz steht? Mir ist nur nicht klar, auf welchen gemeinsamen Nenner sich die sechs Männer bringen lassen. Zwei von ihnen, Lutschenkow und Malkow, wurden ermordet. Und die anderen? Gibt es vielleicht gar keinen gemeinsamen Nenner, ist alles nur Zufall? Ich sehe nicht, wie man einen Menschen dazu bringen könnte, seine eigene Frau unter die Räder eines Autos zu stoßen. Man kann jemanden zwingen, sich umzubringen, sich zu erschießen oder zu vergiften, solche Fälle sind aus der Geschichte der Kriminologie bekannt. Aber was ist mit Isotow und Semjonow geschehen?«

»Letztlich haben wir zwei Morde, zwei Selbstmorde und zwei unklare Todesfälle«, konstatierte Korotkow. »Hat Stassow noch nicht angerufen?«

»Bis jetzt noch nicht. Abwarten und Tee trinken, vielleicht erfahren wir ja etwas Interessantes von Tatjana. Aber lass uns jetzt zu Knüppelchen gehen. Die Stunde ist um.«

»Das ist nicht gerade viel«, sagte der Oberst skeptisch, nachdem er die beiden angehört hatte. »Was schlagt ihr vor?«

»Wir könnten die Leute auf der Liste überprüfen, die in Moskau wohnen«, sagte Korotkow schnell.

»Du bringst mich zum Lachen«, sagte Gordejew düster. »Wie viele Personen sind das? Und wie viele sind wir? Auf der Liste stehen hundert Namen. Man wird schließlich nicht alle diese Leute aus dem Weg räumen. Die Opfer werden nach einem bestimmten Prinzip ausgewählt. Und dieses Prinzip müsst ihr herausfinden, anstatt mir sinnlose Vorschläge zu machen. Wie sieht es aus?«

»Ich kann nicht nach dem Prinzip suchen, solange ich nicht weiß, um welchen Personenkreis es sich handelt«, sagte Nastja eigensinnig. »Was ist mit Isotow und Semjonow? Gehören sie auch zu diesem Personenkreis oder nicht?«

»Wie willst du das herausfinden? Ich würde dir raten, es umgekehrt zu machen. Nimm die vier, bei denen du keine Zweifel hast, finde den gemeinsamen Nenner, und dann wirst du sehen, ob die andern beiden dazupassen.«

»Das wird auch nichts zur Klärung beitragen. Hier ist doch alles völlig undurchsichtig, Viktor Alexejewitsch. Warum hat der Geistesgestörte Lutschenkow erschossen? Warum hat die Tochter des Gouverneurs ihre Eltern umgebracht? Was für einen gemeinsamen Nenner könnte es zwischen diesen beiden Mördern geben?«

»Tatsächlich, was könnten die beiden wohl gemeinsam haben?«, gab Gordejew zurück. »Es liegt doch auf der Hand, oder?«

»Sie sind beide nicht richtig im Kopf.«

»Also weißt du es doch.«

»Aber es überzeugt mich nicht«, entgegnete Nastja starrsinnig. »Zwei Verrückte in zwei verschiedenen Städten … nein.«

»Du sagst mir nicht die Wahrheit, Kindchen«, meinte Viktor Alexejewitsch unerwartet sanftmütig. »Aus irgendeinem Grund hast du Angst davor, mir zu sagen, was du denkst. Das ist schade. Habe ich dich denn je getadelt für deine Ideen? Habe ich deine Ideen jemals dumm oder abwegig genannt? Wovor hast du Angst?«

Nastja lächelte. Ihr Chef konnte in ihr lesen wie in einem offenen Buch, sie konnte nichts vor ihm verbergen. Natürlich hatte sie Angst. Die Tatsache, dass sowohl Gordejew als auch ihr eigener Mann sie innerhalb kurzer Zeit beide quasi als Spinnerin bezeichnet hatten, hatte großen Eindruck auf sie gemacht. Sie war vorsichtig geworden und horchte ständig misstrauisch in sich selbst hinein.

»Du sagst doch immer selbst, dass es nichts gibt, was es nicht gibt«, fuhr Gordejew fort. »Für alles existiert eine Erklärung, man muss sie nur finden. Also finde sie. Wir machen es so, Kinder. Ruft Mischa Dozenko an und bezieht ihn in die Sache ein. Offiziell ermitteln wir in den Fällen Jurzew und Lutschenkow. Mischa soll sich Lutschenkows Mörder vornehmen und die Leute, die auf dem Empfang im Hotel Rossija waren. Wir haben Glück, weil man beide Fälle Kostja Olschanskij übertragen hat. Ich werde selbst mit Kostja sprechen, er darf nicht zulassen, dass einer der beiden Fälle an einen anderen Untersuchungsführer geht. Ihr wisst ja, wie es gewöhnlich läuft: Bevor ein Fall endlich mehr schlecht als recht abgeschlossen ist, wird er hundertmal von einem Untersuchungsführer zum nächsten weitergegeben. Diesmal nicht, dafür werde ich sorgen. Ist euch alles klar? Dann an die Arbeit. Und lasst die Flügel nicht hängen.«

»Wie soll man da die Flügel nicht hängen lassen«, sagte Nastja niedergeschlagen, nachdem sie mit Korotkow wieder in ihrem Büro war. »Der hat gut reden. Es ist zum Verrücktwerden. Wenn wenigstens Stassow endlich anrufen würde.«

Aber Stassow meldete sich erst gegen Abend.

»Machst du Feierabend?«, fragte er und erklärte im selben Atemzug: »Dann hole ich dich ab. Ich bin ganz in der Nähe.«

»Wlad, hast du Tatjana erreicht?«

»Ich sagte doch, ich hole dich ab.«

Stassow erschien nach einer halben Stunde. Nastja stieg zu ihm ins Auto und erblickte auf dem Rücksitz seine Tochter Lilja. Es war Samstag, und die geschiedenen Väter hatten ihren Kindertag.

»Hallo«, grüßte Nastja das Mädchen.

»Guten Tag, Tante Nastja«, sagte Lilja höflich. Sie wurde in einem Monat neun Jahre alt.

»Wo kommt ihr her?«, erkundigte sich Nastja. »Habt ihr etwas Schönes unternommen?«

»Haben wir«, sagte Stassow, während er den Wagen anließ. »Ich habe Lilja gezeigt, wie Filme gedreht werden.«

»War es interessant?«

»Nicht besonders«, antwortete Lilja gleichmütig. »In den Büchern ist es interessanter. Die Wirklichkeit ist ein bisschen langweilig.«

»Gibt es denn Kinderbücher über das Filmemachen?«, fragte Nastja erstaunt.

»Unsere Lilja liest schon lange keine Kinderbücher mehr«, erklärte Stassow.

»Was liest sie denn dann? Lilja, wer ist dein Lieblingsschriftsteller?«

»Meine Stiefmutter.«

»Wer?« Nastja ließ vor Überraschung die Zigarette fallen, die sie sich eben hatte anstecken wollen.

»Meine Stiefmutter. Sie schreibt am besten von allen.«

Nastja wandte sich erstaunt an Stassow.

»Schreibt deine Tatjana etwa Bücher? Sie ist doch Untersuchungsführerin.«

»Sie ist beides. Tagsüber ist sie Untersuchungsführerin, abends schreibt sie Krimis. Lilja ist vernarrt in diese Krimis.«

»Was für eine Familie. Man könnte ja richtig neidisch werden.«

Sie brachten Lilja nach Sokolniki, wo ihre Mutter, Stassows Ex-

Frau, wohnte, dann fuhren sie in Richtung Stschelkowskij-Chaussee.

»Stassow, spann mich nicht auf die Folter«, flehte Nastja. »Was hat Tatjana gesagt?«

»Sie hat so einiges gesagt, aber es ist vertraulich. Mchitarow war ihr gut bekannt, er war des Schmuggels an der Nordwest-Grenze verdächtig und wurde schon lange beobachtet, aber man konnte ihm nichts nachweisen. Alle Erkenntnisse über ihn sind operativer Art. Er hat sich mit seiner eigenen Waffe erschossen, in seinem eigenen Haus. Er war zu dieser Zeit nicht allein in der Wohnung, seine Frau und sein erwachsener Sohn waren ebenfalls zu Hause. Sonst niemand. Nach Aussagen seiner Frau und seines Sohnes hat Mchitarow sich am Vorabend seines Selbstmords mit irgendwelchen Geschäftspartnern aus Chabarowsk getroffen, danach war er sehr verstimmt und irgendwie verändert, seltsam verlangsamt in seinen Bewegungen. Und am Tag darauf hat er sich erschossen. Das ist die ganze Geschichte, Anastasija Pawlowna.«

»Könnte es Erpressung gewesen sein? Hat man ihm vielleicht angedroht, ihn zu entlarven?«

»Könnte sein«, stimmte Stassow zu.

»Was waren das für Geschäftspartner? Sind ihre Namen bekannt?«

»Das ist genau der Punkt. Nach Mchitarows Selbstmord hat die Miliz sämtliche Hotels der Stadt nach diesen zwei Männern abgesucht, aber man hat sie nicht gefunden. Allerdings ist ja noch nicht viel Zeit vergangen seither. In zwei, drei Tagen wird man mehr wissen. Möglicherweise haben sie auch gar nicht im Hotel gewohnt. Natürlich wird man auch den Flughafen überprüfen, aber auch das will nicht viel heißen. Es könnte ja sein, dass sie gar nicht direkt aus Chabarowsk gekommen sind, sondern ein Flugzeug nach Moskau genommen haben und von dort den Zug oder das Auto.«

»Kann es denn sein, dass niemand ihre Namen kennt?«, wunderte sich Nastja. »Mchitarows Frau zum Beispiel. Sie weiß schließlich auch, dass sie aus Chabarowsk sind.«

»Sie weiß es von ihrem Mann, mehr hat er ihr nicht gesagt.«

»Hat sie die Männer wenigstens gesehen?«

»Jetzt wird es interessant. Mchitarows Frau kam gegen acht Uhr abends nach Hause. Als sie im siebten Stock aus dem Lift trat, begegnete sie zwei Männern. Sie stiegen in den Lift und fuhren nach unten. In der Wohnung sah die Frau ihren Mann Tassen aus dem Wohnzimmer in die Küche tragen und fragte ihn, ob er Besuch gehabt habe. Er sagte, dass zwei Geschäftspartner aus Chabarowsk da gewesen seien. Waren es die, die ich eben am Lift getroffen habe? fragte die Frau. Der eine so ein Großer, Grauhaariger, schon etwas älter, der andere so ein Kleiner, Dunkler, wahrscheinlich ein Kaukasier. Nein, erwiderte Mchitarow, meine Gäste sahen völlig anders aus. Es waren zwei junge Russen. Aber als man heute Morgen die Nachbarn befragte, stellte sich heraus, dass niemand von ihnen Besuch gehabt hat von den zwei Männern, die Mchitarows Frau gesehen hat. Jedenfalls hat es niemand zugegeben.«

»Vielleicht haben sie jemanden im Haus gesucht und waren irrtümlich auf diese Etage geraten.«

»Vielleicht«, sagte Stassow. »Aber die Petersburger Kollegen waren sehr rührig und haben einen halbwüchsigen Jungen ausfindig gemacht, der an dem bewussten Tag vor dem Hauseingang mit seinem Hund gespielt hat. Dieser Junge hat die beiden Männer gesehen, als sie das Haus betraten. Und das war nicht gegen acht Uhr abends, sondern viel früher. Der Junge hatte zwar keine Armbanduhr, aber er erinnerte sich, dass er gegen fünf Uhr nach oben gegangen war, um sich eine französische Kinderfilmserie im Fernsehen anzuschauen.«

»Die Frage ist, was sie fast drei Stunden in diesem Haus gemacht haben, wenn sie bei niemandem zu Besuch waren. Oder warum derjenige, bei dem sie waren, es nicht zugeben will. Es gibt natürlich noch eine dritte Möglichkeit. Die zwei waren Einbrecher und haben sich in einer leeren Wohnung aufgehalten. Allerdings kenne ich keine Einbrecher, die sich drei Stunden Zeit lassen, um eine Wohnung auszuräumen.«

»Ein Einbruch wurde nicht gemeldet. Allerdings gibt es Wohnungen im Haus, deren Bewohner zurzeit verreist sind.«

»Wenn die beiden aber doch bei Mchitarow waren, dann stellt sich die Frage, warum er seine Frau angelogen hat.«

»Diese Frage musst du dir selbst beantworten.«

»Das werde ich auch tun. Die Männer wussten etwas über ihn, das auf keinen Fall bekannt werden durfte, weil es sonst auch das Leben seiner Frau und seiner Kinder in Gefahr gebracht hätte. Nach der Unterhaltung mit den beiden hat Mchitarow beschlossen, sich das Leben zu nehmen, aber die Männer sollten auf keinen Fall gefunden werden, weil nicht herauskommen durfte, was sie über ihn wussten. Es durfte nicht einmal bekannt werden, dass er mit ihnen in Verbindung gestanden hatte. Übrigens, Wlad, mit Jurzew, deinem Bekannten, könnte man doch genauso verfahren sein wie mit Mchitarow. Man fing ihn auf dem Empfang ab und stellte ihn vor die Alternative: Entweder du bringst dich um, oder wir decken alles auf, was wir über dich wissen.«

»An Phantasie mangelt es dir jedenfalls nicht, Nastja«, lachte Stassow. »Weißt du denn nicht, wer Jurzew war? Einem wie dem kann man keine Angst einjagen. Alle wussten, dass er ein sehr mächtiger Mafioso war, man hat ihn verehrt und gefürchtet. Er brauchte nicht im Geringsten um die Ehre und das Wohlergehen seiner Familie zu bangen. Was kann man über Leute wie diese schon aufdecken? Dass sie Vampire sind und ihnen nachts im Schlaf die Eckzähne wachsen? Man weiß sowieso alles über sie, da gibt es keine Geheimnisse.«

»Warum hat man dann den einen in Malkows offizielle Anhängerliste aufgenommen und den anderen nicht?«

»Interessante Frage. Wen hat man denn nicht aufgenommen?«

»Jurzew. Ich habe angenommen, dass man ihn weggelassen hat, weil man wusste, dass er kein unbeschriebenes Blatt für die Miliz war, und sich deshalb nicht unbedingt mit ihm schmücken wollte. Aber wenn es bei Mchitarow auch nicht anders war … Dann verstehe ich überhaupt nichts mehr. Dann hat Jurzew mit dieser ganzen Geschichte wahrscheinlich überhaupt nichts zu tun. Scheinbar handelt es sich um einen Zufall.«

»Nastja, du weißt, was ich von Zufällen halte. Ich mag sie nicht, und ich glaube nicht an sie. Besonders dann, wenn zwei daseinsfrohe Ganoven sich fast gleichzeitig ohne jeden ersichtlichen Grund das Leben nehmen.«

»Dann gibt es nur eine einzige Antwort. Der gemeinsame Nenner, unter dem man das alles betrachten muss, ist nicht Malkows Präsidentschaftskandidatur, sondern etwas ganz anderes. Falls es überhaupt einen gemeinsamen Nenner gibt.«

Stassow hielt vor Nastjas Haus.

»Kommst du noch mit nach oben?«, fragte sie. »Ljoscha würde sich freuen.«

»Nein, Nastjenka, danke. Ein andermal. Viele Grüße an Tschistjakow.«

»Ich werde es ausrichten.«

Sie lächelte und winkte dem davonfahrenden Auto nach.

* * *

Der Sonntag verlief für Nastja verhältnismäßig ruhig. Sie ging nicht ins Büro, sondern saß den ganzen Tag am Tisch in der Küche und machte irgendwelche Skizzen mit rätselhaften Pfeilen und Häkchen. Die meisten Fragen, die sie sich stellte, blieben natürlich offen, aber immerhin gelang es ihr, sich einen Plan zu erarbeiten, wie sie am besten an nötige Informationen herankommen würde, auf deren Grundlage sie dann versuchen konnte, die gesuchten Antworten zu finden.

Der Montag hingegen begann sehr turbulent. Nastja fuhr etwas früher als sonst ins Büro und holte sich vom Bereitschaftsdienst den Lagebericht der letzten zwei Tage. Sofort fiel ihr Blick auf einen Eintrag über den Fund einer männlichen Leiche, bei der keine Papiere gefunden wurden. Der Mann war etwa fünfzig Jahre alt, 1,83 Meter groß, graues Haar, dunkle Augen. Die Beschreibung der Leiche gefiel ihr ganz und gar nicht. Ein älterer, hoch gewachsener, grauhaariger, sehr gut gekleideter Mann. Das hatte große Ähnlichkeit mit dem Mann, den Mchitarows Frau beschrieben hatte.

Sie stürzte zu Gordejew, und gleich nach der morgendlichen Einsatzbesprechung fuhr sie zusammen mit Korotkow zur Dienststelle der Miliz in Krylatskoje, wo sich die Unterlagen über den Fund der Leiche befanden.

Die Leiche war in einem Waldstück entdeckt worden. Der Revolver, aus dem der Schuss abgegeben worden war, wurde ganz in der Nähe gefunden. Ein typisches Zeichen der Zeit, dachte Nastja sarkastisch. Noch vor zehn Jahren, als Waffen nur einem sehr begrenzten Personenkreis zur Verfügung standen, hätte so etwas nicht passieren können. Man ermordete sogar Milizionäre, um an deren Revolver heranzukommen. Jetzt konnte man sich problemlos Revolver aller Marken besorgen, da eine Unmenge gestohlener und geschmuggelter Waffen in Umlauf war. Die Täter warfen die Waffen oft einfach weg.

Nastja und Korotkow kehrten mit einem Foto des Ermordeten in die Petrowka zurück. Nastja nahm den Telefonhörer und rief Stassow an.

»Wlad, wie können wir ein Foto zur Identifizierung nach St. Petersburg weitergeben, ohne deine Frau zu verraten?«, fragte sie.

»Kommt darauf an, wessen Foto es ist.«

»Ein grauhaariger älterer Mann mit dunklen Augen.«

»Großartig. In ganz Russland gibt es wahrscheinlich nur einen einzigen Mann, der so aussieht.«

»Nein, Wlad, solche gibt es zu Tausenden. Aber als Leiche bisher nur einen.«

»Ach? Und jetzt hoffst du, dass demnächst die Leiche eines dunkelhaarigen Kaukasiers gefunden wird?«

»Ja, ich kann warten, ich bin geduldig. Wie sieht es nun aus mit dem Foto, was meinst du?«

»Ich muss Tatjana anrufen.«

»Gut, ruf sie an. Ich warte.«

* * *

Spätabends fuhr Nastja zum Leningrader Bahnhof. Stassow hatte sie zurückgerufen und gesagt, Tatjana könne alles so einrichten, dass kein unnötiger Lärm entstehen würde, da sie die operativen

Mitarbeiter gut kannte, die sich mit dem Fall Mchitarow befass-ten. In der Version für die Petersburger Kollegen handelte es sich bei dem Ermordeten um einen Mann, dessen Identität nicht be-kannt war, der aber nach operativen Erkenntnissen vor kurzem in St. Petersburg gewesen war; man hatte ihn dort in der Nähe des Hauses gesehen, in dem Mchitarow wohnte. Nastja sollte das Foto einem Leutnant Wesselkow mitgeben, der an diesem Abend mit dem Zug von Moskau nach St. Petersburg fuhr. Wesselkow würde natürlich keine Uniform tragen, aber Nastja hatte die Nummer des Waggons und des Abteils, das für Wesselkow reser-viert war.

Sie ging langsam über den Bahnsteig und hielt Ausschau nach dem Waggon mit der Nummer sieben. Der Vorteil des »Roten Pfeils« bestand darin, dass der Zug immer schon lange vor der Abfahrt auf dem Bahnsteig stand. Man konnte in aller Ruhe seinen Platz suchen, sein Gepäck verstauen, sich auskleiden, hinlegen und sogar noch vor Abfahrt des Zuges einschlafen. Nastja hatte sich beizeiten auf den Weg gemacht und war früh dran.

Hier war der Waggon, den sie suchte. Er war hell erleuchtet, Nastja konnte durch das Fenster erkennen, dass das von ihr ge-suchte Schlafwagenabteil bereits belegt war.

Sie zeigte der Zugbegleiterin ihren Dienstausweis, betrat den Waggon und klopfte an die Tür des Abteils mit der Nummer vier.

»Einen Moment bitte«, hörte sie eine männliche Stimme sagen.

Kurz darauf erschien Wesselkow in der Tür.

»Wollen Sie zu mir?«

»Wenn Sie Gennadij Petrowitsch Wesselkow sind …«

»Was kann ich für Sie tun?«

Es kamen ständig neue Leute in den Waggon, Nastja und Wes-selkow standen in dem schmalen Gang und behinderten die Vorübergehenden. Es war besser, auf den Bahnsteig hinauszuge-hen.

»Tatjana Grigorjewna Obraszowa hat mich gebeten, Ihnen die-ses Kuvert zu übergeben. Sie wird es morgen bei Ihnen abholen«, sagte Nastja.

»Was ist in dem Kuvert?«

»Spielt das eine Rolle?«, fragte Nastja. »Man sieht doch, dass es keine Bombe ist.«

»Ich muss es wissen. Öffnen Sie das Kuvert bitte.«

Alles richtig, dachte Nastja. Du hast deine Lektion gut gelernt, Leutnant Wesselkow. Nimm niemals ein Kuvert von einem Fremden an, wenn du nicht weißt, was drin ist. Eines der heiligen Gebote für Ermittlungsbeamte.

Sie öffnete das Kuvert und zog das Foto des unbekannten Mannes heraus.

»Hier. Das ist alles.«

»Weiß Tatjana Grigorjewna Bescheid?«

»Ja.«

»Soll ich ihr etwas ausrichten?«

»Nein. Richten Sie ihr nur aus, dass ich ihr danke.«

Er ging ein paar Schritte in Richtung Nachbarwagen, um das Foto bei Licht zu betrachten. Die Zugbegleiterin des Nachbarwaggons, ein sympathisches Pummelchen, das sich bis jetzt flüsternd mit der Kollegin aus Waggon sieben unterhalten hatte, warf den beiden einen schiefen Blick zu, dann gab sie plötzlich einen überraschten Laut von sich und fasste Wesselkow am Ellenbogen.

»Wer ist das auf dem Foto?«

Wesselkow warf Nastja einen schnellen Blick zu und zog die Hand mit dem Foto zurück.

»Warum fragen Sie?«

»Ich glaube, der ist neulich bei mir im Wagen gefahren. So ein feiner Herr, sehr höflich. Darf ich mal sehen?«

Nastja nickte unmerklich, und Wesselkow reichte der Frau das Foto.

»Gütiger Gott!«, rief sie aus. »Der ist ja tot.«

»Ja, er ist tot«, bestätigte Nastja. »Erkennen Sie ihn? Ist er tatsächlich bei Ihnen im Waggon gefahren, oder sieht er einfach nur jemandem ähnlich, den Sie kennen?«

»Nein, das war er. Sie waren zu zweit. Er und so ein sympathischer kleiner Armenier. Sie hatten ein Schlafwagenabteil für zwei Personen.«

Nastja überfiel leichte Panik. Bis zur Abfahrt des Zuges blieben nur noch wenige Minuten, gleich würde diese Frau, eine unschätzbare Zeugin, verschwunden sein, und dann musste man warten, bis sie erneut nach Moskau kommen würde, wahrscheinlich erst wieder in mehreren Tagen.

Nastja holte innerhalb weniger Minuten das Äußerste an Information aus der verdutzten Zugbegleiterin heraus und nahm ihr das feste Versprechen ab, dass sie anrufen würde, sobald sie wieder in Moskau wäre. Der Zug fuhr an, die Zugbegleiterin stand in der offenen Tür und berichtete immer noch, während Nastja neben dem Zug herging und schließlich zu laufen begann, immer schneller, um ja kein einziges Wort zu verpassen. Sie hatte gar nicht gewusst, dass sie so schnell laufen konnte.

»Rufen Sie an!«, rief sie der Zugbegleiterin hinterher, als der Bahnsteig zu Ende war und sie dem Zug nicht länger folgen konnte. »Rufen Sie unbedingt an! Es ist sehr wichtig!«

»Ich rufe an …« Das war der letzte Stimmfetzen, den Nastja noch aufschnappen konnte.

Sie kam mühsam wieder zu Atem und trottete in Richtung Bahnhofshalle. Das Herz klopfte ihr im Hals, der Mund war trocken, die Knie knickten ein. Aber sie lächelte glücklich, während sie über den Bahnsteig ging. Etwas begann sich zusammenzufügen.

* * *

Die meisten Menschen mögen keine Arbeitsroutine, finden sie langweilig, ermüdend und unkreativ. Aber für Nastja hatte die Arbeitsroutine eine wichtige Funktion: Sie half ihr, Zeiten angespannten Wartens zu überbrücken. Wären da nicht die tausend Kleinigkeiten gewesen, die erledigt werden mussten, wäre sie wahrscheinlich vor Spannung gestorben, während sie die Ergebnisse aus St. Petersburg erwartete.

»Stassow«, hatte sie ihren Freund gewarnt, »ich verlasse mein Büro nicht, solange du nicht angerufen hast. Wenn nötig, werde ich bis in die Nacht warten.«

»Kannst du nicht zu Hause warten?«, fragte Stassow gehässig.

»Nein, kann ich nicht. Hier ist es einfacher, hier bin ich abgelenkt.«

Sie hatte tatsächlich sehr viel zu tun, denn jeder ihrer Kollegen ging mehreren Mordfällen gleichzeitig nach, und Nastja musste jedem von ihnen zuarbeiten. Einen Abzug des Fotos mit dem unbekannten Toten hatte sie Mischa Dozenko gegeben, er sollte ihn den Gästen des Empfangs im Hotel Rossija zeigen. Auch hier wartete sie voller Ungeduld auf das Ergebnis.

Der disziplinierte Mischa rief sie alle zwei Stunden an, doch bis jetzt waren seine Nachrichten nicht sehr ermutigend. Nicht ein Einziger von den Befragten hatte den Mann auf dem Foto wieder erkannt. Allerdings hatte Mischa noch lange nicht alle Gäste befragt.

Kurz nach zehn Uhr rief Stassow an.

»Verrat mir ein Geheimnis, Nastja«, rief er fröhlich in den Hörer. »Wie gelingt es dir, aufgrund so vager Informationen die richtigen Leute zu finden? Noch dazu in so kurzer Zeit?«

»Bedanke dich bei dem Mörder, nicht bei mir. Was ist, Wlad? Hat es geklappt?«

»Und ob es geklappt hat. Bei dir klappt ja immer alles, Nastjenka. Mchitarows Frau hat den Mann auf den ersten Blick wieder erkannt, sie hat keine Sekunde gezögert. Wir haben ihr acht Fotos mit verschiedenen Leuten gezeigt, und sie hat sofort auf ihn gedeutet. Meine Frau lässt dich grüßen und beglückwünscht dich. Der junge Wesselkow hat ihr gesagt, dass du eine ausgezeichnete Sportlerin bist. Er hat durch das Fenster gesehen, wie du mit dem Zug um die Wette gelaufen bist. Du hast bei diesem Jungen einen unauslöschlichen Eindruck hinterlassen. Er ist so begeistert von dir, dass Tatjana dich jetzt für einen weiblichen James Bond hält und Komplexe bekommen hat.«

»Sag ihr, dass ich beim Laufen normalerweise schon nach drei Metern keine Luft mehr bekomme. Diesem Zug bin ich aus purem Entsetzen hinterhergerannt. Ich hatte eine erste Zeugin gefunden, und sofort entschwand sie wieder. Deine Tanja braucht wirklich keine Komplexe zu bekommen. Ich arbeite seit Jahren bei der Kripo und bin gestern zum ersten Mal gerannt. Bis dahin habe ich alles im Sitzen geschafft.«

* * *

Es vergingen einige Tage, bis die Zugbegleiterin namens Vera sich meldete. In dieser Zeit war die Sache kaum vorangekommen. Keiner weiteren Person aus Malkows Mannschaft widerfuhr ein Unglück, die Identität des Mannes, der in Krylatskoje ermordet worden war, konnte ebenfalls nicht festgestellt werden.

Vera kam zu Nastja in die Petrowka, obwohl Nastja keineswegs darauf bestanden hatte. Aber Vera gestand stotternd, dass sie die legendäre Moskauer Kriminalbehörde furchtbar gern einmal mit eigenen Augen sehen würde. Nastja hatte nichts dagegen, so war es sogar besser für sie.

»Ich habe eine Bitte an Sie«, sagte Nastja, als ihr Vera endlich gegenübersaß. »Lassen Sie uns eine Tasse Tee trinken, und dann gehen wir gemeinsam ins Labor und versuchen, ein Phantombild von dem Armenier zu erstellen, mit dem der Ermordete im Abteil war.«

Vera begann sofort in ihrer riesigen Tasche zu kramen.

»Ich habe Brot dabei und ein paar Dosen Pastete. Wollen wir etwas essen?«, fragte sie schüchtern.

Sie vertilgten mit großem Appetit je zwei dicke Scheiben von dem frischen dunklen Brot, dick bestrichen mit finnischer Pastete, tranken Tee dazu und waren bereits dabei, ins Labor aufzubrechen, als Korotkow plötzlich ins Zimmer hereingestürzt kam.

»Hier!«, sagte er und legte ein Foto vor Nastja auf den Tisch. »Schau dir das an.«

Auf dem Foto war ein toter Mann mit eindeutig kaukasischen Gesichtszügen zu sehen.

»Wer ist das?«, fragte Nastja und sah Jura verblüfft an. »Hatte der auch keine Papiere bei sich?«

»Doch, diesmal haben wir das volle Sortiment. Pass, Visitenkarten, Notizbuch. Aber zeig das Foto doch für alle Fälle einmal deinem Gast.«

»Hier, Vera, schauen Sie mal«, sagte Nastja und reichte der Zugbegleiterin das Foto.

Sie nahm es in die Hand und nickte.

»Das ist er. Mein Gott, hat man den auch …? Warum denn nur?«

»Das wissen wir auch noch nicht«, erwiderte Korotkow zornig.

»Die Damen essen hier also und geben einem hungrigen Mann nichts ab.«

»Jura, halt dich zurück«, sagte Nastja vorwurfsvoll.

»Aber nein, nicht doch.«

Vera öffnete sofort wieder ihre bodenlose Tasche und holte erneut Brot und ein Döschen Pastete hervor. »Bitte essen Sie, essen Sie, so viel Sie wollen, ich habe noch eine Menge von diesen Dosen.«

»Danke, Vera Michajlowna«, sagte Korotkow mit einem Augenzwinkern. »Anastasija Pawlowna soll ruhig mal ein Beispiel echter Großherzigkeit und Freigebigkeit sehen. Von ihr bekommt man nicht einmal eine Tasse Kaffee. Sie ist ein richtiger Geizkragen.«

Vera begriff, dass er scherzte, und lachte irritiert und gleichzeitig übermütig auf.

Korotkow zog geschickt den Deckel von der Dose, schnitt sich eine Scheibe Brot ab und begann, die Pastete direkt mit einem Löffel aus der Dose zu essen.

»Sie müssen ja schrecklich hungrig sein«, sagte die Zugbegleiterin, während sie Jura voller Mitgefühl und beinah mit Zärtlichkeit anblickte, so, wie Mütter manchmal ihre erwachsenen Söhne ansehen, wenn sie nach einem schweren Arbeitstag nach Hause kommen und sich auf das liebevoll zubereitete Essen stürzen. Nastja kochte Korotkow eine Tasse Kaffee.

»Trink, du unverschämter Kerl«, lächelte sie. »Wie kommst du dazu, mich vor einer Zeugin zu blamieren?«

»Vera Michajlowna ist keine Zeugin«, sagte er mit vollem Mund. »Sie ist eine freiwillige Helferin, fast eine von uns. Vor ihr brauchen wir uns nicht zu genieren.«

Ganz schön raffiniert, dachte Nastja. Der weiß, wie man sich gut stellt mit wichtigen Zeugen, das muss man ihm lassen. Gleich wird er ihr auf den Pelz rücken. Ich kenne meine Pappenheimer.

»Vera Michajlowna, wenn wir schon das Glück haben, dass Sie uns helfen«, begann er im selben Moment ...

»Dann könnten Sie doch Ihre Kollegen einmal fragen, ob jemand von ihnen die beiden Männer vielleicht auf der Rückfahrt von St. Petersburg nach Moskau gesehen hat«, setzte Nastja hinzu. »Bestimmt hatten sie wieder ein Schlafwagenabteil im ›Roten Pfeil‹.«

»Gern«, stimmte Vera bereitwillig zu. »Geben Sie mir die Fotos mit, damit ich sie meinen Kollegen zeigen kann?«

»Nein, Vera, die Fotos dürfen Sie Ihren Kollegen nicht zeigen. Nicht alle sind schließlich so mutig wie Sie«, schmeichelte ihr Korotkow. »Sie würden beim Anblick der Leichen erschrecken. Sie dürfen niemandem erzählen, dass die Männer ermordet wurden, beschreiben Sie die beiden einfach nur. Abgemacht? Und wenn jemand sie gesehen hat, dann soll er unbedingt bei uns anrufen, entweder Anastasija oder mich. Ich werde Ihnen meine Telefonnummer auch geben.«

Nachdem Vera gegangen war, setzte Korotkow sich sofort auf ihren Platz hinter Nastjas Schreibtisch.

»Also, hör zu, Nastja. Der Tote ist unser gesuchter Garik Robertowitsch Asaturjan, ein kleiner Schieber mit großen Geschäftsaktivitäten. Ledig, wohnhaft in der Podbelskaja-Straße. Die Leiche wurde heute im Bezirk von Chimki gefunden. Der Tod ist gestern am späten Abend eingetreten.«

»Todesursache?«

»Rate mal. Du bist doch die Gescheiteste von uns allen.«

Nastja überlegte. Eine Schusswunde – das wäre jetzt die einfachste Antwort gewesen. Wenn man davon ausging, dass die beiden Morde nichts miteinander zu tun hatten, dann wäre das vermutlich auch die einzig richtige Antwort gewesen. Aber wenn da ein und derselbe Täter am Werk war und wenn es sich um einen Profi handelte, dann hatte er bei seinem zweiten Mord eine andere Methode gewählt, um zu verhindern, dass irgendwelche superschlauen Bullen auf die Idee kamen, die beiden Morde miteinander in Verbindung zubringen. Eine Stichwaffe? Das war möglich, aber unwahrscheinlich. Profis mochten keine Stichwaffen. Das hinterließ meistens Blutspuren auf der Kleidung und an den Händen, das war viel zu riskant. Ein Schlag mit einem schweren Gegenstand auf den Schädel? Das konnte durchaus sein. Aber zu einem Profi passte auch das nicht.

»Hatte Asaturjan ein Auto?«, fragte sie unvermittelt.

»Nicht zu fassen!«

Korotkow fiel fast das Kinn herunter vor Verblüffung.

»Wie bist du darauf gekommen?«

»Worauf?«

»Auf das Auto.«

»Ich habe bis jetzt nur gefragt. Wo ist das Auto?«

»Am Tatort.«

»Alles klar. Wie oft hat das Auto ihn überfahren?«

»Anscheinend zweimal. Einmal vorwärts und einmal rückwärts. Nein, wirklich, Nastja, wie bist du darauf gekommen?«

»Ich weiß es nicht«, sagte sie mit einem Schulterzucken. »Wahrscheinlich zufällig. Wie kommt es, dass Asaturjan sich von seinem eigenen Auto überfahren ließ? War er bewusstlos?«

»Die Obduktion wird es zeigen. Nur gut, dass ich rechtzeitig daran gedacht habe, den Gerichtsmedizinern zusammen mit der Leiche eine Flasche zu präsentieren, damit wir gleich drankommen. Die Jungs dort sind völlig überlastet, sie schaffen es einfach nicht mehr. Wie sich die Zeiten doch verändert haben! Früher standen die Lebenden um finnische Stiefel und Räucherwurst an, jetzt bilden sich Schlangen von Toten, die auf ihre Obduktion warten. Wird dir eigentlich nie unheimlich, Nastja? Ich habe manchmal das Gefühl, dass unser Leben sich nach und nach in einen Albtraum verwandelt. Der Übergang ist so fließend, dass es gar nicht auffällt. Unmerklich passt man sich an und nimmt die Veränderung kaum wahr. Aber dann erinnert man sich plötzlich, wie es noch vor ganz kurzer Zeit war, noch vor ein paar Jahren, und dann packt einen das Grauen. Was haben wir nur aus unserem Leben gemacht! Du beschäftigst dich doch ständig mit Statistik, dir muss es doch auffallen.«

»Natürlich fällt es mir auf. In den Zeiten, von denen du sprichst, wurden in Moskau durchschnittlich drei, vier Morde pro Woche begangen. Heute sind es vier bis fünf pro Tag, manchmal auch sieben oder acht. Kein Wunder, dass niemand mehr nachkommt. Aber wenn wir hier sitzen und jammern, hilft uns das auch nicht weiter.«

»Klar«, brummte Korotkow, »das habe ich mir gedacht. Kann man sich mit dir eigentlich nie über das Leben unterhalten, ein bisschen philosophieren? Hast du immer nur die Praxis im Kopf? Was hast du denn jetzt schon wieder vor mit mir?«

»Erstens müssen wir uns dringend mit dem Untersuchungsführer unterhalten. Hast du übrigens schon Gordejew Bescheid gesagt? Weiß er, dass Asaturjan tot ist?«

»Keine Sorge, ich bin ja nicht auf den Kopf gefallen. Den Fall übernimmt Olschanskij.«

»Zweitens müssen wir uns Garik Robertowitschs Notizbuch vornehmen und damit beginnen, alle seine Bekannten zu befragen.«

»Hoffst du darauf, dass jemand von ihnen seinen Mörder kennt?«, fragte Jura skeptisch.

»Ich hoffe, dass sie den Ermordeten kennen, dessen Identität wir bisher noch nicht feststellen konnten. Vera hat übrigens gesagt, dass die beiden ganz offensichtlich gute Bekannte waren. Anscheinend sind sie des Öfteren miteinander verreist. Asaturjan soll sich sogar scherzhaft über den Erfolg seines Bekannten bei Frauen beschwert haben. Zufällige Reisegefährten machen miteinander keine Scherze dieser Art.

Sie verließen gemeinsam das Büro. Nastja musste ins Fotolabor, sie brauchte einen Abzug des Fotos von Asaturjan. Mischa Dozenko sollte es den Gästen des Empfangs zeigen, auf dem Oleg Iwanowitsch Jurzew sich vergiftet hatte.

ELFTES KAPITEL

Der Besuch der psychiatrischen Klinik für Straftäter hinterließ bei Nastja immer ein unangenehmes Gefühl. Das Mitleid mit den unglücklichen kranken Menschen, die nichts für ihre Krankheit konnten, stand im Widerstreit mit dem Entsetzen über die grausamen, blutigen Verbrechen, die sie begangen hatten. Natürlich betraf das bei weitem nicht alle Häftlinge. Viele von ihnen waren nicht wirklich krank, sondern wurden hier nur auf ihren Geisteszustand überprüft. Manche simulierten, spielten im wahrsten Sinn des Wortes verrückt. Und nicht alle, die hier waren, hatten schwere Verbrechen begangen, viele hatte man lediglich wegen Diebstahls oder Rowdytums verhaftet. Aber wie Nastja es auch drehte und wendete, welche Argumente sie auch anführte, jedes Mal, wenn sie hier durch die Pforte ging und den Innenhof betrat, wurde sie innerlich zerrissen von widerstrebenden Gefühlen, von Mitleid und Abscheu gleichzeitig.

Kyrill Basanow, der den Beamten der Generalstaatsanwaltschaft erschossen hatte und am Tatort festgenommen worden war, befand sich inzwischen an diesem Ort. Seine Vernehmung hatte bis jetzt nichts von Bedeutung ergeben. Basanows Nachbar arbeitete tatsächlich bei der Miliz und besaß eine registrierte Waffe, aber sie befand sich nach wie vor in seinem Besitz und war ihm nie entwendet worden.

Die Ärztin empfing Nastja sehr freundlich, Nastja kannte sie gut und traf sich nicht zum ersten Mal mit ihr.

»Eine Diagnose kann ich bis jetzt noch nicht stellen, aber ich kann mit fast hundertprozentiger Sicherheit sagen, dass hier von einer schweren Geisteskrankheit nicht die Rede sein kann. Basanow orientiert sich sehr gut in der Realität und verhält sich durchaus adäquat. Die Unterlagen, die wir aus der für ihn zuständigen Poliklinik erhalten haben, besagen, dass bei ihm lediglich eine leicht ausgeprägte Form von Debilität vorliegt. Ich kann mir keinen Reim darauf machen, was ihn zu dieser Tat bewogen haben könnte«, sagte die Ärztin, während sie in Basanows Krankenakte blätterte.

»Und was sagt Basanow selbst?«, fragte Nastja.

»Er sagt, dass er eine Stimme gehört hat und dass diese Stimme ihm Befehle erteilt hat. Hier steht es wörtlich: ›Die Stimme hat mir befohlen, ihn zu töten.‹«

Die Ärztin reichte Nastja das Gesprächsprotokoll.

Frage: Hat Ihnen die Stimme den Namen und die Adresse dessen genannt, den Sie töten sollten?

Antwort: Sie hat gesagt, dass ich diesen Mann töten muss.

Frage: Wer ist »dieser« Mann? Woher wussten sie, dass sie ihn erschießen sollten und nicht irgendeinen anderen?

Antwort: Am Tag vorher habe ich gesehen, wie dieser Mann aus einem Auto ausstieg. Die Stimme sagte mir: »Das ist ein sehr schlechter Mensch, er will zuerst dir Böses antun, dann deiner Familie und danach der ganzen Menschheit. Das muss verhindert werden. Sieh ihn dir an, er hat schwarze Haare und ein Muttermal an der Schläfe – das ist das Zeichen des Satans. Du wirst einen Revolver nehmen und ihn bei nächster Gelegenheit erschießen.« Deshalb habe ich ihm am nächsten Tag aufgelauert.

Frage: Kannten Sie den Namen des Mannes?

Antwort: Nein.

Frage: Wussten Sie, was dieser Mann von Beruf war?

Antwort: Nein, damals wusste ich es nicht. Das hat man mir erst später bei der Miliz gesagt.

Frage: Haben Sie früher schon einmal Stimmen gehört, die Ihnen Befehle erteilt haben?

Antwort: Nein ... So etwas ist vorher nie vorgekommen.

Frage: Und was war nach dem Mord? Hat die Stimme danach noch etwas zu Ihnen gesagt?

Antwort: Nein.

Frage: Und was glauben Sie selbst? Was ist mit Ihnen passiert? Haben Sie eine Erklärung dafür?

Antwort: Nein, ich weiß nicht, was passiert ist. Wahrscheinlich bin ich verrückt geworden.

»Siehst du«, sagte die Ärztin, während sie das Gesprächsprotokoll wieder in die Mappe zurücklegte. »Er hat keine Erklärung für sein Verhalten, er hält das, was vorgefallen ist, nicht für normal. Mehr noch, er denkt, dass er verrückt geworden ist. Und das ist ein deutliches Anzeichen geistiger Gesundheit. Ein Geisteskranker hält sich nicht für krank, das ist sein größtes Problem.«

»Du meinst also, dass Basanow nicht zu den geisteskranken Tätern gehört?«

»Keinesfalls«, erwiderte die Ärztin. »Ich verstehe nicht, was ihm widerfahren ist. Ich halte es für möglich, dass er einfach lügt, dass er ein Simulant ist. Vielleicht hat man ihn für den Mord angeheuert und ihm geraten, den Verrückten zu spielen, falls er gefasst werden sollte. Aber an diese Version glaube ich, ehrlich gesagt, nicht, Nastja. Wenn einer einen Auftragsmord begeht, hat er, wenn er gefasst wird, immerhin noch eine Chance. So hoch die Strafe auch sein mag, irgendwann kommt jeder frei. Und Basanow hätte aufgrund seiner Oligophrenie sowieso nicht die Höchststrafe bekommen. Aber ein geisteskranker Mörder kommt automatisch in die Psychiatrie, und das für immer. Aus der Psychiatrie wird er nie mehr entlassen, das ist hinlänglich bekannt. Und falls doch, dann als geistiges und körperliches Wrack. Ich kann mir nicht vorstellen, dass ein Mensch sich dem freiwillig ausliefert. So schrecklich es im Straflager auch sein mag, es ist immerhin noch Leben. Aber in den Kliniken für geisteskranke Verbrecher gibt es kein Leben. Nur endloses Grauen und Leiden. Und schließlich, wenn die Medikamente ihr Werk getan haben, nur noch völlige Gleichgültigkeit und dumpfes Dahinvegetieren.«

Der vierundzwanzigjährige Kyrill Basanow hatte eine Sonderschule für geistig zurückgebliebene Kinder besucht. Bei der Armee hatte man ihn dennoch mit Freuden genommen. Er war gutmütig, fügsam und diszipliniert. So jemanden ließ man sich dort nicht entgehen. Manchmal bekam er zwar unkontrollierte Wut-anfälle, aber er war nachgiebig und beruhigte sich genauso schnell, wie er aufbrauste. Er war außerordentlich empfänglich und be-einflussbar, wie fast alle Menschen mit Neigung zu Debilität. Nach dem Armeedienst wurde er Hilfsarbeiter in einer Schuhfa-brik, zu mehr reichte es nicht bei ihm, und natürlich besaß einer wie er nicht im Geringsten das Zeug zum Killer.

Nastja Kamenskaja verließ die Klinik für Gerichtspsychiatrie in völliger Verwirrung. Der Mord an dem Beamten der General-staatsanwaltschaft schien sich mehr und mehr als Zufall zu ent-puppen. Aber wenn der Mord an Lutschenkow ein Unglücksfall war, dann musste auch der Mord an Malkow, der aus völlig un-erfindlichen Gründen von seiner drogenabhängigen Tochter er-schossen wurde, unter diesem Blickwinkel betrachtet werden. Und was folgte daraus? Jurzew und Mchitarow hatten sich das Leben genommen, der Abgeordnete Isotow hatte einen Mordan-schlag auf seine Frau begangen, der Geschäftemacher Semjonow war bei einem Autounfall ums Leben gekommen. Unter dem Strich folgte aus alledem nichts, buchstäblich gar nichts. Es gab keine Parallelen zwischen den Todesfällen, keine Zusammen-hänge, jeder stand für sich, jedes der Opfer hatte ein eigenes, von den anderen völlig unabhängiges Schicksal und einen eigenen Tod.

Allerdings war da noch etwas. Die zwei Männer, die man im Haus von Mchitarow gesehen hatte. Man wusste zwar immer noch nicht mit Sicherheit, bei wem sie gewesen waren, aber wahrscheinlich eben doch bei Mchitarow. Gleb Armenakowitsch hatte sich umgebracht, und gleich darauf waren die beiden Män-ner ermordet worden. Wenn es auch hier keinen Zusammenhang gibt, dachte Nastja Kamenskaja, dann soll mich auf der Stelle der Schlag treffen.

* * *

Rita war wieder allein, aber diesmal fühlte sie sich nicht so unglücklich und verlassen wie früher. Diesmal war alles anders.

Zwar hatte Pawel gesagt, dass sie sich eine Weile nicht sehen würden, aber erstens würde diese Trennung keine zwei Jahre dauern, sondern höchstens einen Monat. Und zweitens würde Pawel zu ihr zurückkommen, anders konnte es gar nicht sein, denn sie liebten einander.

»Fährst du wieder weg?«, hatte Rita traurig gefragt.

»Nein, Kindchen, ich werde hier sein, in der Nähe. Wir dürfen uns einfach nur eine Weile nicht sehen. Ich habe etwas sehr Wichtiges zu erledigen, und bis dahin werde ich dich nicht mehr besuchen. Dafür werden wir uns danach nie mehr trennen. Abgemacht?«

Pawel hatte fröhlich gelächelt, aber Rita hatte gefühlt, wie konzentriert und angespannt er war. Sie bemerkte immer sofort, was mit ihm vor sich ging, wie er sich fühlte und in welcher Stimmung er war.

Für Rita hatte wieder der gewohnte Alltag begonnen. Sie machte ihren Schichtdienst in der Sparkasse und wartete auf Pawels Rückkehr. Das war alles.

An diesem Tag hatte Rita morgens zu arbeiten begonnen. Auf dem Heimweg kaufte sie rasch etwas ein, griff nach dem Nächstbesten im Regal und eilte im Laufschritt nach Hause. Sie dachte ununterbrochen an Pawel, nahm ihre Umwelt kaum noch wahr, immerzu schwelgte sie in der Erinnerung an die zwei Wochen, in denen sie sich so zärtlich und leidenschaftlich geliebt hatten. Sie bemerkte nicht, dass der Schlüssel in ihrer Wohnungstür klemmte und das Schloss ein unangenehmes, knirschendes Geräusch von sich gab, als der Schlüssel sich doch endlich drehte. Ein erfahrener, vorsichtiger Mensch hätte daran sofort erkannt, dass die Tür von einem fremden Schlüssel oder von einem Dietrich geöffnet worden und dass das Schloss beschädigt war. Theoretisch wusste Rita das zwar auch, aber sie befand sich nicht in einer Verfassung, in der man so etwas bemerkte und Vorsichtsmaßnahmen traf. Sie öffnete die Tür und betrat ihre Wohnung. Im nächsten Augenblick tauchte ein Schatten neben ihr auf, etwas umfasste ihren

Hals, sie rang nach Luft. Ritas Hände öffneten sich, die Tüte mit den Lebensmitteln fiel zu Boden. Es dauerte nicht lange, bis die Funktionen des von der Sauerstoffzufuhr abgeschnittenen Gehirns aussetzten.

Der Mann legte den erstorbenen Körper der jungen Frau vorsichtig auf den Fußboden, öffnete ihre Handtasche und entnahm ihr mit einer behandschuhten Hand ein kleines Fläschchen Parfüm. Dann öffnete er vorsichtig die Tür zum Treppenhaus. Die Uhrzeit war günstig, die Bewohner des Hauses waren entweder zur Arbeit oder standen am Küchenherd und bereiteten das Mittagessen zu. Der Mann wandte sich abrupt um, öffnete, auf der Türschwelle stehend, das Parfümfläschchen und verspritzte seinen Inhalt rasch auf dem Boden des Flurs, an der Stelle, wo er eben gestanden hatte. Als das Parfümfläschchen leer war, zog er die Tür leise ins Schloss, lief schnell die Treppe hinunter und verschwand.

* * *

Nastja und Jura Korotkow grasten die ganze Stadt nach Asaturjans Bekannten ab, die sie nach einem hoch gewachsenen, etwa fünfzigjährigen Mann mit grauen Haaren und funkelnden schwarzen Augen fragten. Aber niemand von ihnen hatte Garik jemals in Gesellschaft eines solchen Mannes gesehen.

»Das soll ein Mensch verstehen!«, sagte Korotkow unmutig. »Der Zugbegleiterin haben sie gesagt, dass sie seit Jahren gemeinsam verreisen. Wie kann es dann möglich sein, dass ihn niemand aus Asaturjans Umgebung kennt?«

»Das war gelogen«, winkte Nastja ab. »Die haben der Zugbegleiterin einen Bären aufgebunden.«

»Aber wozu?«, wunderte sich Korotkow. »Ich sehe darin keine Logik, Nastja. Wenn Menschen nicht zugeben wollen, dass sie sich gut kennen, dann hat das einen Grund. Es soll nicht herauskommen, dass Absprachen zwischen ihnen bestehen, dass sie Komplizen sind. Aber umgekehrt? So etwas ist mir noch nicht untergekommen. Erinnere dich daran, wie viele Fälle wir gelöst haben, nachdem sich herausgestellt hatte, dass Leute, die so taten, als würden sie sich nicht kennen, doch sehr gut miteinander bekannt waren.«

»Und doch ist es so«, erklärte Nastja geduldig. »Sie geben sich als alte Freunde aus, die zudem beruflich zusammenarbeiten, denn wenn man sie unter diesen Vorzeichen sucht, wird man sie niemals finden. In Wirklichkeit haben sie sich in diesem Zugabteil vielleicht zum ersten Mal gesehen. Oder zum zweiten Mal.«

Jura wollte widersprechen, aber er kam nicht mehr dazu. Sie waren nach einer ihrer erfolglosen Visiten bei Bekannten von Asaturjan in die Petrowka zurückgekehrt und gingen gerade durch den langen Flur, als Kolja Selujanow auf sie zugestürzt kam.

»Da seid ihr ja endlich, ich habe euch schon überall gesucht. Wir müssen dringend zu Knüppelchen.«

Jura und Nastja beschleunigten ihren Schritt, und schon nach einigen Sekunden standen sie vor ihrem Chef, dessen Glatze rot angelaufen war vor Wut. Mischa Dozenko, ein sympathischer, hoch gewachsener junger Mann, saß in völliger Verwirrung am Konferenztisch. Viktor Alexejewitsch nickte den Eintretenden zu.

»Setzt euch«, befahl er. »Mischa habe ich bereits beglückwünscht, jetzt seid ihr dran. Es gibt Probleme, Kinder. Keine Angst, ihr habt nichts verbrochen. Wir sitzen nur wieder einmal in der Scheiße. Der Ausdruck sei mir erlaubt. Eben hat Kostja Olschanskij angerufen, er hat das Gutachten des Gerichtschemikers bekommen, es geht um die Tabletten, mit denen Jurzew sich vergiftet hat. Es ist eine lange Geschichte, wir haben jetzt keine Zeit, darüber zu diskutieren, ich sage euch nur das Ergebnis. Dieses sofort wirkende Präparat wurde bereits Anfang der achtziger Jahre in einem Speziallabor des KGB entwickelt. Schnell wirkende Gifte wurden für Spionagezwecke natürlich immer gebraucht. Das Präparat, das Jurzew ins Jenseits befördert hat, besitzt genau dieselbe Formel, die in diesem Labor entwickelt wurde. Nur die Herstellungsweise ist eine etwas andere. Nicht grundsätzlich anders, aber ein wenig. Wobei die neue Technologie sich keineswegs auf die Qualität der Tabletten ausgewirkt hat. Das ist im Moment alles, ich bin müde, ich rede schon seit einer halben Stunde ohne Unterbrechung. Jetzt bist du dran, Nastja.«

»Die Tabletten, mit denen Jurzew sich vergiftet hat, wurden also nicht im Labor des KGB hergestellt«, resümierte Nastja. »Jemand hat die Formel und die Technologie, die dort entwickelt wurden, für seine Zwecke benutzt. Entweder hat er eine große Partie des Präparats entwendet und es gründlich analysiert, oder er hat die Unterlagen gestohlen, aus denen die Formel hervorging. Letzteres halte ich für wahrscheinlicher. Die Unterlagen muss man ja nicht einmal stehlen, es genügt, jemanden zu finden, der sie gegen gute Bezahlung direkt am Arbeitsplatz kopiert. Um die Formel des Giftes herauszufinden und das Herstellungsverfahren nachzuvollziehen, hätte man eine große Menge des Präparates benötigt, so viel wurde im Labor des KGB sicher gar nicht hergestellt, denn man wollte schließlich nicht ganz Moskau vergiften. Und außerdem, wenn es möglich gewesen wäre, eine große Menge des Präparates zu entwenden, dann wäre es nicht nötig gewesen, Experimente damit anzustellen. In diesem Fall hätte der Gerichtschemiker uns jetzt mitgeteilt, dass Jurzew sich mit Tabletten aus einem Speziallabor des KGB vergiftet hat. Vielleicht handelt es sich um irgendein illegales Labor zur Herstellung von Drogen. Dort arbeiten Pharmazeuten und Chemiker, für sie ist es eine Kleinigkeit, ein tödliches Gift herzustellen, zumal dann, wenn die Formel bekannt ist. Jetzt habe ich allerdings eine Frage, Viktor Alexejewitsch. Woher wissen unsere Gerichtschemiker eigentlich so gut Bescheid, was in den Speziallabors des KGB für Spionagezwecke hergestellt wurde? Man muss schließlich großes Detailwissen besitzen, um sagen zu können: Es ist genau dasselbe Präparat, nur die Herstellungsweise ist eine etwas andere.«

»Richtig gesprochen«, stimmte Gordejew Nastja zu. »Einer der Spezialisten aus diesem Labor wurde im Alter von sechzig Jahren höflich gebeten, seinen Hut zu nehmen und in Pension zu gehen. Ich kann mir das nicht erklären, denn solche Spezialisten hält man normalerweise auf jeden Fall bei der Stange, sonst könnte es ja passieren, dass ihr Wissen plötzlich den Besitzer wechselt und auf die Seite des Feindes gelangt. Aber offenbar hat es dort irgendein größeres Ränkespiel gegeben, jedenfalls hat man den Mann an die Luft gesetzt. Und unser Sachverständigenzentrum hat ihn sich gegriffen. Wir sind ja nicht anspruchsvoll, für uns ist auch ein Greis gut genug, wenn er über das entsprechende Wissen verfügt, und ein sechzigjähriger Mann ist ja fast noch ein Jüngling. Als 1990 eine junge Dame Hand an sich legte, fand man bei ihr Tabletten, deren Zusammensetzung natürlich untersucht wurde. Damals hat der Mann festgestellt, dass es genau die waren, die er aus seinem ehemaligen Labor im KGB kannte. Die Idee stammt von uns, sagte er, nur das Herstellungsverfahren ist nicht ganz dasselbe. Ein Gottesgeschenk von einem Sachverständigen.«

»War er es, der Jurzews Tabletten untersucht hat?«, fragte Nastja hoffnungsvoll.

»Nein, Kindchen, leider nicht. Der Mann ist vor einem Jahr gestorben. Aber seine Arbeitsunterlagen sind natürlich alle noch erhalten. Und jetzt stellt sich die Frage, wie die Tabletten in Jurzews Besitz gekommen sind.«

»Und wie sind sie in den Besitz der Dame gekommen, die sich 1990 das Leben genommen hat? Konnte man das klären?«

»Schön wäre es«, seufzte Gordejew. »Dieser Fall ist immer noch ungelöst. Aber das Schlimmste kommt noch, Kinder. Heute haben wir etwas erfahren, das man bisher sorgsam geheim gehalten hat. Ein Mann des Präsidenten hat sich das Leben genommen, ein gewisser Jewgenij Schabanow. Und das bringt mich auf sehr traurige Gedanken.«

»Wollen Sie damit sagen, dass nun, nachdem man mit Malkows Leuten kurzen Prozess gemacht hat, jemand damit begonnen hat, die Reihen des Präsidententeams zu lichten?«

»Was sollte ich sonst damit sagen wollen?«, fragte der Oberst grimmig. »Bist du etwa anderer Meinung?«

»Das weiß ich noch nicht. Wann ist das passiert?«

»Am sechzehnten Februar, am Tag nach dem historischen Auftritt unseres Präsidenten.«

»Dann sieht es nicht danach aus«, widersprach Nastja. »Heute ist bereits der sechsundzwanzigste. Wenn es in allen Fällen dieselben Täter sind, dann hätten sie in zehn Tagen mindestens fünf bis sechs Leute umgebracht. Malkows Team haben sie doch praktisch innerhalb einer Woche ausgesiebt. Aber etwas verstehe ich trotzdem nicht, Viktor Alexejewitsch. Wenn das Präparat in größeren Mengen hergestellt wird, wofür wird es dann verwendet? Hat man in all den Jahren nur zwei Leute damit umgebracht? So viel Aufwand und nur zwei praktische Anwendungen in so langer Zeit? Daran glaube ich nicht.«

»Ich warte schon die ganze Zeit, dass du danach fragst«, sagte Gordejew. »Es ist richtig, dass du nicht daran glaubst. Aber zwei Fälle haben wir ja nur in Moskau. Wie viele sind es im ganzen Land und erst recht in der gesamten GUS? Der Informationsfluss stockt jetzt überall, die Verbindungen zwischen den Dienststellen sind unterbrochen. Ich habe auf gut Glück zwei Kollegen in zwei verschiedenen Regionen Russlands angerufen. Und beide hatten in letzter Zeit mit mehreren Selbstmordfällen zu tun, in denen unbekanntes Gift in Tablettenform zum Tod geführt hat. Da es sich in allen Fällen eindeutig um Selbstmord handelte, ist man der Sache nicht weiter nachgegangen. Die Sachverständigen hatten festgestellt, dass schnell wirkendes Gift verwendet wurde, und sich damit zufrieden gegeben. Niemand hat danach gefragt, woher die Leute diese Tabletten hatten. Um solche Dinge kümmert sich doch heute keiner mehr. Aber wenn sie alle, einschließlich Jurzew, tatsächlich Selbstmord begangen haben, dann muss doch irgendwo dieses Schwein sitzen, das Gift herstellt und die Leute damit versorgt. Warum hat nie jemand danach gefragt? Weil heutzutage einfach allen alles schnuppe ist.«

Gordejew hatte sich wieder in Rage geredet, und Nastja begriff jetzt, warum er von Anfang an so verärgert gewesen war. Wahrscheinlich hatte er bereits Mischa Dozenko dasselbe erzählt.

Mischa hatte ebenfalls keine guten Nachrichten. Niemand hatte auf dem Empfang einen hoch gewachsenen Mann mit grauen Haaren und funkelnden schwarzen Augen gesehen, weder ihn noch einen kleinen sympathischen Armenier. Aufgefallen war allerdings ein anderer Mann, einer, den niemand gekannt hatte. Mittelgroß, etwas füllig, langes gelocktes Haar und eine getönte Brille. Aber damit konnte Nastja bis jetzt nicht viel anfangen …

* * *

Als sie Gordejews Büro verließen, war es bereits fast sieben Uhr abends. Korotkow folgte Nastja in ihr Büro.

»Warum hört man nichts von deinen Gerichtsmedizinern?«, fragte sie, während sie den Wasserkocher anstellte. »Du hast doch geschworen, dass sie Asaturjan außer der Reihe obduzieren werden.«

»Du scheinst auf dem Mond zu leben, Nastja«, empörte sich Jura. »Ich habe ihnen doch lediglich eine einzige Flasche mitgebracht. Das bedeutet, dass wir innerhalb der nächsten zehn Tage drankommen. Sofortige Obduktion hätte mindestens fünf Flaschen gekostet. So viel Geld habe ich nicht.«

»Gut, wenden wir uns jetzt erst einmal Schabanow zu. Obwohl uns natürlich kein Mensch irgendwelche Auskünfte über ihn geben wird. Mir scheint, in so einer Zwickmühle waren wir schon lange nicht mehr. Eine Leiche nach der andern, und wir kommen keinen einzigen Schritt weiter. Die Identität des Grauhaarigen ist uns immer noch unbekannt. Ebenso die Umstände von Jurzews Tod. Warum Basanow diesen Lutschenkow erschossen hat, wissen wir auch nicht. Und jetzt auch noch dieser Schabanow …«

Nastjas Wortschwall wurde vom Läuten des Telefons unterbrochen.

Es war für Jura. Er nahm den Hörer, und nachdem der Anrufer sich gemeldet hatte, zwinkerte er Nastja zu. Seinen kurzen Repliken konnte Nastja nicht entnehmen, worum es ging. Endlich legte er wieder auf und sah Nastja mit einem breiten Grinsen an.

»Siehst du, und du hast dich beschwert, dass die Gerichtsmediziner nicht anrufen. Jetzt ist alles klar. Man hat in Asaturjans Blut und Lunge Spuren von Gas mit nervenlähmender Wirkung entdeckt.«

»Genau«, rief Nastja aus und wäre dabei fast vom Stuhl aufgesprungen. »Ich habe es geahnt. Man hat mit einer Gaspistole auf ihn geschossen, direkt ins Gesicht. Danach hat sich der Täter ins Auto gesetzt und den Bewusstlosen seelenruhig überfahren. Anschließend ließ er das Auto einfach stehen und machte sich davon. Kein Lärm, kein Blut. Sauber und akkurat. Lieber Gott, was für eine Kreatur muss das sein. Diese Visage würde ich ja nur zu gern einmal sehen.«

»Du solltest lieber auf deinen Wasserkocher aufpassen«, riet Korotkow.

Nastja schlug die Hände über dem Kopf zusammen. Das Wasser sprudelte bereits über den Rand der hohen Keramikkanne. Nastja zog schnell den Stecker aus der Steckdose, aber für zwei Tassen Kaffee reichte das Wasser nicht mehr.

»Das ist für dich«, sagte sie großmütig. »Ich setze gleich noch einmal Wasser auf. Was bin ich nur für ein Tölpel.«

»Trink nur, trink«, lachte Jura. »Du kommst doch um ohne Kaffee. Ich kann noch etwas warten.«

Die beiden hatten ein sehr freundschaftliches Verhältnis, obwohl sie sehr unterschiedlich waren, aber vielleicht verstanden sie sich gerade deshalb so gut. Jura war leicht entflammbar, Nastja hingegen kühl und gelassen. Korotkow verlor leicht den Mut, gewann ihn aber ebenso schnell wieder, krempelte die Ärmel hoch und ging wieder an die Arbeit. Nastja nahm Niederlagen klaglos hin, analysierte sie gründlich, ging ihren Fehlern auf den Grund und lernte aus ihnen. Um sie zur Verzweiflung zu bringen, bedurfte es vieler Misserfolge gleichzeitig. Aber wenn sie wirklich schwach wurde, dann verfiel sie ernsthaft und lange in Depressionen, gegen die kein Kraut gewachsen war. Da halfen keine freudigen Überraschungen, kein Trost und kein gutes Zureden. Sie war still und bedrückt, brach wegen jeder Kleinigkeit in Tränen aus, und wenn sie sprach, dann so leise und monoton, als würde sie einen fertigen Text vorlesen. Es gab nur ein einziges Mittel gegen ihre Depression. Sie musste begreifen, dass ihr Zustand sowohl sie selbst als auch andere an der Arbeit hinderte. Sobald sie das erkannte, gab sie sich einen Ruck. Genug, Kamenskaja, sagte sie sich, nimm dich zusammen und arbeite. Sie atmete tief ein und hielt die Luft an, worauf ihre Tränen auf wundersame Weise versiegten, sie begann wieder lebhaft und ausdrucksvoll zu sprechen, und das, was sie eben noch bedrückt hatte, erschien ihr nebensächlich und beinah komisch. Natürlich dauerte der Kampf mit der Depression länger als ein paar Minuten. Manchmal brauchte Nastja Stunden dafür. Aber es gelang ihr immer nur aus eigener Kraft, das Tief zu überwinden, von außen konnte ihr dabei nichts und niemand helfen.

Nastja und Jura waren so aufeinander eingespielt, dass sie manchmal sogar dasselbe dachten. Sie tranken schweigend Kaffee, jeder vertieft in seine eigenen Gedanken, aber als Jura das Schweigen brach, vollendete Nastja sofort den von ihm begonnenen Satz.

»Asaturjan hatte sein Notizbuch bei sich ...«, begann Korotkow.

»Und der andere hatte aus irgendeinem Grund überhaupt nichts bei sich. Leere Taschen. Nur ein Geldbeutel. Jura, du bist doch ein Mann, sag mir, ob es sein kann, dass er tatsächlich nur mit dem Geldbeutel in der Tasche aus dem Haus gegangen ist. Bei einer Frau wäre das undenkbar. Wie ist das bei den Männern?«

»Ganz genauso«, lachte Korotkow. »Wer geht schon ohne Schlüssel aus dem Haus? Von Taschentuch, Kamm und Zigaretten ganz zu schweigen.«

»Demnach hatte Asaturjans Mörder nichts dagegen, dass die Miliz sofort an Ort und Stelle die Identität seines Opfers feststellt. Es war ihm offenbar gleichgültig. Aber wenn er auch den Grauhaarigen umgebracht hat, warum hat er dann alles Erdenkliche getan, um dessen Identifizierung zu erschweren?«

»Willst du damit sagen, dass die beiden von zwei verschiedenen Tätern und aus verschiedenen Gründen umgebracht wurden?«

»Nein, Jura. Ich will sagen, dass bei dem Grauhaarigen irgendetwas anders ist als bei Asaturjan. Die beiden Fälle unterscheiden sich voneinander, und zwar grundsätzlich. Wenn wir uns mit Asaturjans Kontaktpersonen befassen, vertun wir nur unsere Zeit. Man hat eine falsche Spur gelegt, und wir laufen ihr hinterher wie zwei blinde Gäule. Man hat uns absichtlich auf den großen Bekanntenkreis eines energischen, aktiven Mannes gestoßen, um uns in die Irre zu führen, uns genau da suchen zu lassen, wo wir den Mörder niemals finden werden. Aber im Fall des Grauhaarigen liegen die Dinge anders. Entweder kannte er seinen Mörder so gut, dass wir nach der Identifizierung des Opfers sofort auch den Mörder gefunden hätten, oder da ist noch etwas anderes im Spiel. Aber auf jeden Fall ist da etwas, Jura, das steht fest. Ich spüre es.«

* * *

Pawel fühlte sich sehr schlecht, aber er wusste, dass es bald wieder vergehen würde, er musste sich nur ein wenig gedulden. Er verfügte über dieselbe Gabe wie alle Mitglieder seiner Gruppe, aber bei ihm war diese Gabe sehr viel schwächer ausgeprägt. Er konnte einen Menschen dazu bringen, dass er erstarrte, sich entspannte und seinen Widerstand aufgab, aber das bedurfte bei ihm kolossaler Anstrengung, es kostete ihn so viel Kraft, dass er danach lange brauchte, um sich wieder zu erholen. Das, was sogar Rita mit Leichtigkeit zustande brachte, war bei ihm das Äußerste seiner Möglichkeiten. Und die Fähigkeit, jemanden in ein willenloses Objekt seiner eigenen Wünsche und Befehle zu verwandeln, ging Pawel Sauljak gänzlich ab.

Pawel war in Ungarn geboren, sein Vater war dort Militärattaché gewesen, seine Kindheit verbrachte Pawel in der engen, abgeschlossenen Welt des sowjetischen Botschaftsviertels. Sein Vater, ein Berufsoffizier, erzog ihn von klein auf zu Disziplin und impfte seinem Sohn ein, dass die bestehende Ordnung für immer unerschütterlich bleiben musste, weil es so für alle am besten, am gesündesten und am praktischsten war. Und der Junge glaubte ihm. Er glaubte ihm von ganzem Herzen und überzeugte sich Tag für Tag davon, dass sein Vater Recht hatte.

In jenen Jahren trug er den Namen Wolodja, und auch sein Familienname war ein ganz anderer. Er war ein begabtes, fröhliches, kommunikatives Kind, das von Anfang an zweisprachig aufwuchs. Er besuchte nicht die russische Schule für die Kinder der Botschaftsangehörigen, sondern eine ungarische Eliteschule, an der die Kinder der Staats- und Partei-Elite unterrichtet wurden. Wolodja schloss dort viele Freundschaften, was dazu führte, dass auch die Eltern der Kinder sich nach und nach kennen lernten.

Nach Ungarn kam die Tschechoslowakei, von wo die Familie 1968, nach dem Prager Frühling, endgültig nach Moskau zurückkehrte. Wolodja war zu dieser Zeit achtzehn Jahre alt, er hatte gerade die Schule abgeschlossen und sprach fließend Ungarisch und Tschechisch. Er war für ein Studium an der Hochschule des KGB prädestiniert, aber um dort aufgenommen zu werden, musste er erst den Armeedienst ableisten. Davor hatte Wolodja keine Angst, er war gesund, kräftig und gewöhnt an Disziplin.

Er diente sehr gut und sogar mit Begeisterung. Das, was die anderen Soldaten verfluchten, machte ihm überhaupt nichts aus. Weckappell und Zapfenstreich, strapaziöse sportliche Übungen, das Büffeln von Dienstvorschriften, das Scheuern von Fußböden – alles das nahm er mit Gelassenheit hin und empfand dabei keinerlei Unbehagen. Er hatte schon von jeher so gelebt, er kannte nichts anderes. Sein Vater hatte ihn dazu erzogen, sich Erwachsenen widerspruchslos unterzuordnen und sich eisern an Disziplin und Ordnung zu halten. Man brauchte über nichts nachzudenken, keine Entscheidungen zu treffen, denn über alles hatten bereits andere nachgedacht und entschieden. Wolodja kam das entgegen. Er hatte eine lebhafte, stark ausgeprägte Phantasie und war froh, dass er sich nicht mit banalen alltäglichen Entscheidungen herumschlagen musste, denn er brauchte seine ganze Zeit und Energie für das Leben in seiner hermetisch abgeschlossenen, schillernden Innenwelt.

Nach dem Armeedienst begann das Studium an der Hochschule. Auch hier gab es keine Probleme mit Disziplin und Lehrstoff. Wolodja war begabt, er besaß eine gute Auffassungsgabe, ein ausgezeichnetes Gedächtnis und Talent für Fremdsprachen. Der ehemalige sowjetische Botschafter in der Ungarischen Volksrepublik war bereits seit 1967 KGB-Vorsitzender, und da ihn mit Wolodjas mittlerweile verstorbenem Vater eine persönliche Freundschaft verbunden hatte, bekam der junge Offizier nach Abschluss seines Studiums einen Posten im Verwaltungsapparat des KGB.

Der Vorsitzende nutzte Wolodjas spezifische Fremdsprachen-kenntnisse und setzte ihn des Öfteren als Dolmetscher bei wichtigen Besprechungen ein.

Eines Tages erfuhr Wolodja ganz zufällig, dass in seiner Behörde ein hoch geheimes Labor existierte, in dem mit Hypnose und anderen ungewöhnlichen Suggestionsmethoden experimentiert wurde. Ihn übermannte die Neugier, und er fand einen Weg in dieses Labor, nur um einmal nachzusehen, was man dort eigentlich machte.

»Das ist unser Spezial-Enzephalograph«, erklärte man ihm, »unsere neueste Erfindung. Mit diesem Gerät lässt sich augenblicklich feststellen, ob jemand das entsprechende Potenzial besitzt und ob es sich lohnt, mit ihm zusammenzuarbeiten. Willst du es ausprobieren?«

»Natürlich«, stimmte Wolodja sofort begeistert zu.

Man setzte ihm einen Helm auf und schaltete die Impulsgeber ein. Etwas begann zu summen, zu piepen, dann war es vorbei, man nahm ihm den Helm wieder ab.

»Du hast gewisse Anlagen«, sagte man ihm im Labor. »Aber offenbar hast du bisher nichts davon gewusst und nicht versucht, sie weiterzuentwickeln. Dein Gehirn verfügt über ziemlich starke Bioströme, aber du kannst sie nicht in die entsprechende Richtung lenken.«

»Natürlich kann ich es nicht«, sagte Wolodja verwirrt. »Wie sollte ich?«

»Man kann es lernen. Wir erarbeiten hier entsprechende Methoden und Techniken. Denn die natürliche Begabung allein genügt nicht. Man muss lernen, mit dieser Gabe umzugehen, sie zu steuern und entsprechend einzusetzen. Andernfalls bleibt sie eine tote Last im Körper, ungenutzt und überflüssig. Ich werde dir jetzt etwas sagen, wovon du wahrscheinlich noch nie etwas gehört hast«, fuhr Wolodjas guter Bekannter fort. »Der Mensch ist von Natur aus mit einem großen bioenergetischen Potenzial und ähnlichen Gaben ausgestattet. Das ist nicht etwa die Ausnahme, sondern die Regel. Nur wurde diese Gabe früher immer nur zufällig und deshalb sehr selten entdeckt, und noch seltener kam es vor, dass jemand in der Lage war, sie zu entfalten und entsprechend einzusetzen. Erst heute erlaubt es die technische Entwicklung, das bioenergetische Potenzial eines Menschen zu messen. Und bei diesen Messungen hat sich herausgestellt, dass nicht nur besondere Menschen über ein ausgesprochen hohes bioenergetisches Potenzial verfügen, sondern jeder Siebte bis Achte. Aber nur einer von zehntausend ist in der Lage, dieses Potenzial zu nutzen. Alle andern wissen nicht einmal, dass sie es besitzen. Man wundert sich immer nur, dass in den Händen mancher Menschen ständig Geschirr zerbricht, man in ihrer Anwesenheit Kopfschmerzen bekommt oder der Schmerz, im Gegenteil, plötzlich verschwindet. Ich könnte dir noch viel über diese Dinge erzählen. Aber um es kurz zu machen, wir haben spezielle Methoden und Techniken entwickelt, mit deren Hilfe jeder lernen kann, seine Fähigkeiten auf diesem Gebiet zu entdecken und optimal einzusetzen. Wenn du also möchtest, bitte sehr, du kannst gern einen Kurs bei uns belegen.«

Wolodja begann, dieses geheime Labor zu besuchen. Er war der persönliche Dolmetscher des KGB-Vorsitzenden, er kam ihm näher als viele andere. Für ihn gab es nichts Geheimes in diesem Labor. Eine der wichtigsten Errungenschaften bestand darin, dass man hier beim Training die Bioenergetik mit der traditionellen, bereits seit Jahrhunderten bekannten Hypnosetechnik verband. Und die Ergebnisse waren überzeugend. Wolodja lernte nicht nur, zweihundertfünfzig Prozent jener schwachen Gabe zu nutzen, mit der ihn die geizige Natur ausgestattet hatte, sondern eignete sich auch alle Techniken und Praktiken an. Er begriff, dass die Gabe an sich nicht viel bedeutete. Wichtig war es nur, seine Fähigkeiten zu trainieren und zu vervollkommnen. Und nur wenige Auserwählte waren in der Lage, das zu tun, das natürliche Potenzial in sich zu entfalten und praktisch zu nutzen.

Natürlich wusste der Vorsitzende von Wolodjas neuer Leidenschaft, er selbst hatte ihm erlaubt, das Labor zu besuchen. Eines Tages, nachdem er bemerkt hatte, wie viel Zeit Wolodja im Labor verbrachte, sprach er ihn darauf an.

»Wozu machst du das, mein Junge?«, fragte er mit einem feinen Lächeln. »Was willst du damit erreichen?«

»Nichts«, antwortete Wolodja offenherzig. »Aber man weiß ja nie, wozu es eines Tages gut sein könnte. Ich könnte zum Beispiel einmal den Schlüssel zum Safe verlieren, und dann wird man ihn nicht aufschweißen müssen, weil ich ihn mit den Augen öffnen kann.«

Beide brachen in freundschaftliches Gelächter über diesen gelungenen Witz aus. Der Vorsitzende war ein sehr subtiler, gebildeter Mensch, aber er bevorzugte den einfachen, schlichten und unzweideutigen Humor. Wolodjas Witz war ganz nach seinem Geschmack.

Und schließlich geschah es, dass der Vorsitzende beschloss, eine operative Dienststelle für die Länder des Warschauer Paktes einzurichten. Einer der ersten, die er zur Mitarbeit in dieser Dienststelle heranziehen wollte, war natürlich Wolodja.

»Du kannst wählen, in welcher Gruppe du arbeiten möchtest, in der ungarischen oder in der tschechischen«, bot der Vorsitzende dem frisch gebackenen Major an, ihm damit seine Großherzigkeit und Loyalität demonstrierend. »Da du beide Sprachen fließend sprichst, überlasse ich die Entscheidung dir.«

Wolodja versuchte, sich mit einem Scherz aus der Affäre zu ziehen. Das Angebot kam überraschend und gefiel ihm ganz und gar nicht. Aber der Vorsitzende ließ nicht mit sich scherzen. Er meinte es ernst mit seinem Angebot.

»Bitte verstehen Sie mich doch«, begann Wolodja sich zu ereifern, »ich kann das nicht tun. Ich kann doch nicht gegen Menschen arbeiten, bei denen ich als Kind auf dem Schoß gesessen habe. Es handelt sich schließlich um die Eltern meiner einstigen Schulfreunde, ich habe mit ihren Kindern gespielt und wurde zu ihren Geburtstagen eingeladen. Und nicht zuletzt waren sie die Freunde meines Vaters.«

»Dein Vater, Gott hab ihn selig, war mit diesen Leuten nicht befreundet, er hat gegen sie gearbeitet. Es wird Zeit, dass du das erfährst, mein Junge. Diese Leute sind Katholiken, sie haben ein anderes Denken und können sich in jedem Augenblick als unsere Gegner erweisen. Das hat dein Vater niemals vergessen. Genau deshalb hat er dich auch nicht auf die russische Botschaftsschule geschickt, sondern auf die ungarische. So hat er die Eltern deiner Schulfreunde kennen gelernt, er bekam Zugang zu privaten ungarischen Kreisen und führte auch andere Botschaftsmitglieder in diese Kreise ein. Du musst das Werk deines Vaters fortsetzen.«

»Warum haben denn dann andere Botschaftsmitglieder ihre Kinder nicht auch auf die ungarische Schule geschickt?«, fragte Wolodja misstrauisch.

Der Vorsitzende lächelte kaum merklich, nur mit einem Mundwinkel.

»Weil die Kinder der anderen dumm, faul und desinteressiert waren. Sie waren nicht in der Lage, Ungarisch zu lernen, deshalb besuchten sie die russische Botschaftsschule. Du hingegen warst sehr sprachbegabt. Als dein Vater und ich das bemerkten, beschlossen wir, das für unsere Zwecke zu nutzen. Ich hoffe, du nimmst uns das nicht übel, mein Junge. Schließlich warst du so das einzige Botschaftskind, das sich frei und ohne alle Einschränkungen in der Stadt und sogar über ihre Grenzen hinaus bewegen konnte, während alle anderen Kinder das Botschaftsgelände nur zusammen mit ihren Eltern verlassen durften. Im Gegensatz zu ihnen hast du deine Kindheit und Jugend im wahrsten Sinne des Wortes im Westen verbracht. Meinst du nicht, dass es Zeit wird, eine Gegenleistung für dieses Geschenk zu erbringen?«

»Bitte, ich bitte Sie ... zwingen Sie mich nicht. Schicken Sie mich in eine beliebige andere Gruppe, setzen Sie mich ein, wo Sie wollen, in jedem anderen Land, nur bitte nicht in Ungarn und nicht in der Tschechoslowakei.«

»Entweder Ungarn oder die Tschechoslowakei«, sagte der Vorsitzende kalt. »Entscheide dich.«

Alles in Wolodja zog sich zusammen vor Schmerz und Hass. Sie hatten ihn für ihr Spiel benutzt, als er noch ein Kind war. Und jetzt wollten sie ihn erneut benutzen, wollten alles aus ihm herauspressen, was sie nur konnten. Der Hass brannte ihm hinter den Augen, in den Handflächen, hinter der Stirn und brach durch die Poren der Haut. Er hob die Augen und sah den Vorsitzenden an. Es waren nur einige Sekunden, aber sie genügten.

»Ich werde mich weder in Ungarn noch in der Tschechoslowakei einsetzen lassen«, sagte er leise, langsam und sehr deutlich. Dann erhob er sich und verließ das Büro des Vorsitzenden, sorgfältig die Tür hinter sich schließend.

Seltsamerweise geschah nichts. Die Erde tat sich nicht auf, kein Blitz traf ihn. Er wurde nicht einmal entlassen. Der Vorsitzende rief ihn nicht mehr zu sich und machte ihm auch keine weiteren Angebote.

Drei Monate später kam ein Anruf aus dem KGB-Hospital. Man bat, einen Offizier mit Fremdsprachenkenntnissen vorbeizuschicken. Der Rettungswagen habe einen Mann eingeliefert, dem auf der Straße schlecht geworden war, offenbar hatte man ihn verprügelt. Er hatte keine Papiere bei sich und sprach kein Russisch. Der Dienstleiter schickte Wolodja zum Hospital und bat ihn, die Angelegenheit zu klären.

Im Hospital brachte man Wolodja zum Wartezimmer und bat ihn, sich kurz zu gedulden. Gleich darauf erschienen drei bullige Männer, verdrehten Wolodja die Arme auf dem Rücken, rissen ihm die Hose herunter und jagten ihm eine Spritze mit einer Pferdedosis Aminasin ins Gesäß. So begann man zu jener Zeit mit der Behandlung von Kranken, die sich in psychotischen Wahnzuständen befanden und eine Gefahr für die Öffentlichkeit darstellten.

Nach einigen Tagen fand der behandelnde Arzt, dass man Wolodja genug von dem Mittel verabreicht hatte und er nun ein Gespräch mit ihm führen konnte.

»Warum bin ich hier?«, fragte Wolodja entsetzt. »Es handelt sich um einen Irrtum, irgendeinen schrecklichen Irrtum. Sie müssen mich verwechselt haben.«

»Aber nicht doch, nicht doch«, sagte der Arzt begütigend. »Sie sind doch ...«

Er warf einen Blick ins Krankenblatt und nannte Wolodjas Namen und Vatersnamen, sein Geburtsjahr, seine Adresse und Telefonnummer, seinen Dienstgrad und seine Stellung beim KGB.

»Ja, das bin ich«, sagte Wolodja verwirrt. »Aber warum, wofür? Was ist passiert?«

»Freundchen, Sie saßen im Büro ihres Chefs, blickten auf den Safe und behaupteten, dass Sie gerade versuchen, ihn mit ihren

Augen zu öffnen. Geben Sie zu, dass das nicht normal ist. Natürlich sind Sie krank, und wir müssen Sie behandeln.«

Von da an fragte Wolodja nicht mehr, warum er hier war. Der Vorsitzende hatte kurzen Prozess mit ihm gemacht. Elegant und effizient hatte er sich für seinen Ungehorsam und seinen kindlichen Moralisierungsversuch revanchiert. Und für Wolodjas letzten Blick, unter dem ihm plötzlich so seltsam heiß geworden war und seine Arme und Beine sich mit bleierner Schwere gefüllt hatten.

Natürlich, mein Junge, hätte er in diesem Moment am liebsten gesagt, ich werde dich für China einteilen. Für Ungarn und die Tschechoslowakei finden wir andere. Du hast Recht, diese Länder sind nichts für dich. Einen Moment lang war der Vorsitzende ganz sicher gewesen, dass er genau das sagen musste, weil dann alles ganz leicht, einfach und gut werden würde. Es hatte nicht länger als drei Sekunden gedauert, aber die hatte der Vorsitzende Wolodja nie verziehen.

Wolodja blieb im Hospital. Nach dem Willen des Vorsitzenden sollte er es erst in einigen Jahren als geistiges und körperliches Wrack verlassen. Dieser Wille hätte sich zweifellos auch erfüllt, wäre nicht Wladimir Wassiljewitsch Bulatnikow gewesen, der Wolodja aus dem Hospital herausholte, bevor es gelang, ihn endgültig auszulöschen. Natürlich raubte Bulatnikow Wolodja nicht bei Nacht und Nebel aus dem Hospital, sondern machte das ganz legal. Er erreichte einfach, dass man ihn als geheilt entließ. Wolodja hatte die Schwelle zum Hospital als gesunder, kraftvoller, erfolgreicher KGB-Major überschritten, jetzt, als er es verließ, war er niemand mehr. Seine Beine trugen ihn kaum noch, er sah schlecht, die Mittel, die man ihm gespritzt hatte, hatten zu einer Netzhautablösung geführt. Er war stark geschwächt und hilflos. Aber sein Kopf war noch in Ordnung, er konnte noch normal denken.

Bulatnikow begann, Wolodja zu hegen und zu pflegen. Er versorgte ihn mit Vitaminen, mit Naturprodukten vom Markt, er ging mit ihm im Park spazieren und hielt ihn dabei am Ellenbogen fest, er brachte ihn zu einem Augenarzt, der seine Netzhaut behandelte.

Er weihte Wolodja von Anfang an in seine Pläne ein. Der gescheiterte, kranke KGB-Major musste aus der Welt verschwinden, an seine Stelle musste ein Mann mit einem neuen Namen und einer neuen Biographie treten. Dieser Mann war dazu ausersehen, eine Gruppe von Menschen mit großer natürlicher Begabung zu leiten, er sollte diese Menschen führen und sie lehren, ihre natürliche Gabe zu entfalten und praktisch zu nutzen. Wolodja war dafür der ideale Mann. Er besaß eine Spezialausbildung, beherrschte die entsprechenden Techniken und hatte einige Erfahrung in operativer Arbeit. Außerdem war er allein stehend, sein Vater war vor einigen Jahren, seine Mutter ganz vor kurzem gestorben, er hatte keine Geschwister, keine Frau und keine Kinder. Sein Verschwinden würde wahrscheinlich niemandem großen Schmerz zufügen.

So wurde ein Mann namens Pawel Sauljak ins Leben gerufen. Und danach die Gruppe. Alle vier Mitglieder fand Bulatnikow selbst und rettete sie aus ihrem Unglück. Aber keiner der Gruppe kannte auch nur seinen Namen. Pawel unterrichtete jeden von ihnen einzeln und hielt sich dabei streng an die Methoden, die er sich in dem geheimen Labor angeeignet hatte und die, wie er feststellte, wirklich brauchbar und effektiv waren. Selbst Rita, die überhaupt nichts konnte, deren höchste Kunst darin bestanden hatte, ihren Nachbarn dazu zu bringen, dass er seinen eigenen Wodka in den Ausguss kippte, lernte in kurzer Zeit erstaunliche Dinge. Das einzige Hindernis bestand in ihrer Gutmütigkeit und Naivität.

Die junge, naive und verliebte Rita war die einzige in der Gruppe, die Pawel von Anfang an duzte. Die drei Männer, die sich ihres schmutzigen Geschäfts und ihrer Abhängigkeit von Pawel sehr genau bewusst waren, sprachen ihn mit Namen und Vatersnamen und per Sie an. Rita hingegen wusste nicht, was sie eigentlich tat, sie war Pawel unendlich dankbar und liebte ihn so, dass sie mit Begeisterung auch umsonst für ihn gearbeitet hätte.

Damals hatte Pawel leider vieles nicht begriffen. Erst jetzt waren ihm die Augen aufgegangen.

Vor einer Woche hatte er Rita darauf vorbereitet, dass er für eine Weile verschwinden würde. Er wollte in dieser Zeit das erledigen, was er zu erledigen hatte, und dann zu Rita zurückkehren. Aber völlig unerwartet für sich selbst begann er sie bereits nach einer Woche zu vermissen. Zum ersten Mal in seinem Leben war er in einer Situation, in der er völlig auf sich allein gestellt war. Niemand gab ihm Anweisungen und niemand entschied für ihn. Nachdem er aus dem KGB hinausgeflogen war, war Bulatnikow sein Chef geworden. Wieder war er Befehlsempfänger gewesen, der nur dazu da war, die ihm gestellte Aufgabe so gut wie möglich zu erfüllen. Dann, nach Bulatnikows Tod, kam das Straflager und auch hier das Gewohnte. Disziplin, Ordnung, Gesetze, Kontrolle, Hierarchie. Und danach war es Minajew, der ihm Befehle erteilte. Pawel hatte wieder nichts anderes zu tun, als seinen Auftrag zu erfüllen und das Honorar dafür in Empfang zu nehmen.

Und jetzt? Pawel hatte nie gelernt, selbst zu entscheiden, selbst über sein Leben zu bestimmen. Er konnte nur über das Leben anderer entscheiden, aber nicht über sein eigenes.

Und plötzlich zog es ihn zu Rita, die noch hilfloser und verwirrter war als er. Durch sie hoffte er Sicherheit zu gewinnen. Wenn er Verantwortung für sie übernahm, dann würde diese Verantwortung zu seinem neuen Gebieter werden, zu jener Autorität, die die Entscheidungen für ihn treffen würde. Rita brauchte ihn, und vielleicht würde ihm das zeigen, wie er weiterleben sollte.

Er hatte gestern und heute bei ihr angerufen, mindestens zwanzigmal, er hatte morgens, abends und nachts angerufen, aber Rita nahm nicht ab. Pawel hatte ihre Dienstnummer, aber er wollte nicht in der Sparkasse anrufen. Das konnte gefährlich werden und ging gegen seine Prinzipien. Rita war zwar sehr zuverlässig und diszipliniert, aber in ihrer Überraschung und Freude über seinen Anruf würde sie vielleicht ungewollt seinen Namen ausrufen, und das durfte Pawel auf keinen Fall riskieren. Warum meldete Rita sich nicht? Wo war sie nur?

Er erhob sich mühsam von dem Sofa, auf dem er lag, und ging hinaus auf die Straße. Die nächste Telefonzelle war nicht weit entfernt. Er steckte eine Münze in den Schlitz und wählte erneut Ritas Nummer. Diesmal wurde abgenommen, aber es meldete sich eine Männerstimme.

»Hallo«, sagte der Mann. »Wer ist da? Hallo?«

»Guten Tag«, erwiderte Pawel gefasst, obwohl sich ihm innerlich alles zusammenschnürte. »Kann ich bitte Swetlana Jewgenjewna sprechen?«

»Swetlana Jewgenjewna?«, wiederholte der Mann unsicher. »Wissen Sie, sie ist gerade hinausgegangen, sie kommt in fünf Minuten wieder. Könnten Sie noch einmal anrufen? Oder soll ich ihr etwas ausrichten?«

»Vielen Dank«, entgegnete Pawel ruhig. »Sagen Sie ihr bitte, dass Martynenko angerufen hat. Wenn Sie erlauben, melde ich mich später noch einmal.«

Er hängte auf und lehnte sich an die Wand der Telefonzelle. So war das also. Rita war nicht zu Hause, und in ihrer Wohnung befand sich ein fremder Mann. Einer, der nicht einmal wusste, wer in dieser Wohnung wohnte. Hätte er Rita gekannt, hätte er dem Anrufer gesagt, dass er sich verwählt hatte, dass es hier keine Swetlana Jewgenjewna gab. Dies aber war ein völlig fremder Mensch gewesen, der keine Ahnung hatte, in wessen Wohnung er sich überhaupt aufhielt.

Rita musste etwas zugestoßen sein.

Und in diesem Moment erinnerte sich Pawel plötzlich an eine andere Frau, eine, die er bereits aus seinem Gedächtnis getilgt hatte. Er erinnerte sich an die, die ihn gerettet hatte. Er erinnerte sich an Nastja.

ZWÖLFTES KAPITEL

General Minajew traute seinen Ohren nicht, als er Pawels Stimme im Telefonhörer vernahm. Was für ein unerwarteter Glücksfall! Zwar hätte er Pawel im Notfall jederzeit erreichen können, es existierte eine Absprache zwischen ihnen, wie er auf indirektem Weg Kontakt zu ihm aufnehmen konnte, aber damit hätte er womöglich Pawels Argwohn erweckt, und das wollte Minajew auf keinen Fall. Es war sehr viel besser, dass Pawel von sich aus anrief.

»Wohin sind Sie denn verschwunden, Pawel?«, fragte der General so unbefangen wie möglich, bemüht, sich nichts von seiner freudigen Erregung anmerken zu lassen. »Ich habe mir schon Sorgen um Sie gemacht.«

»Ich mache Urlaub. Ich habe alle Ihre Aufträge erfüllt und habe das Recht, mir jetzt eine Pause zu gönnen. Oder sind Sie anderer Meinung?«

»Nein, nein, keinesfalls«, versicherte Minajew hastig. »Ruhen Sie sich nur aus, erholen Sie sich. Unsere Vereinbarung bleibt in Kraft.«

»Anton Andrejewitsch, ich bin auf der Suche nach der Frau, die mich in Samara abgeholt hat.«

»Warum denn das?«, fragte Minajew argwöhnisch. »Was wollen Sie von ihr? Haben Sie Probleme, Pawel?«

»Sie hat mir einfach gefallen. Ich möchte sie wieder sehen und näher kennen lernen. Im Moment habe ich Zeit dafür. Geben Sie mir bitte ihre Telefonnummer.«

»Aber ...« Minajew war verwirrt. Auf so eine Bitte war er nicht gefasst, nichts hatte er weniger erwartet als das, und er wusste nicht, wie er reagieren sollte. »Wissen Sie«, sagte er schließlich, »das wäre nicht sehr taktvoll.«

»Warum denn? Wir kennen uns doch, ich bin kein Fremder für sie.«

»Wenn sie gewollt hätte, dass Sie sie anrufen, hätte sie Ihnen ihre Telefonnummer selbst gegeben. Da sie das aber nicht getan hat ...«

»Hören Sie, Anton Andrejewitsch«, sagte Pawel trocken, »ich kann auch selbst nach ihr suchen, und zwar unter dem Namen, der in ihrem gefälschten Pass gestanden hat. Es hat mich übrigens sehr erstaunt, dass Sie sie nicht vor diesem unüberlegten Schritt gewarnt haben. Wollen Sie vielleicht, dass sie Schwierigkeiten bekommt?«

Minajew wurde nervös. Natürlich hatte Pawel völlig Recht. Aber das konnte er ihm schließlich nicht sagen! Wenn Pawel tatsächlich beginnen sollte, nach Anastasija Pawlowna Sauljak zu suchen, noch dazu über die Miliz, würde Nastja tatsächlich in Schwierigkeiten kommen.

»Also gut«, gab er schließlich unwillig nach. »Notieren Sie ...«

Er diktierte Pawel Nastjas Privatnummer.

»Wer ist sie eigentlich in Wirklichkeit?«, erkundigte sich Pawel.

»Nun ...« Minajew lachte bedeutungsvoll. »Das ist ihr Berufsgeheimnis. Sie wird es Ihnen selbst sagen, wenn sie das möchte.«

Er hatte bereits eine Entscheidung getroffen und sich wieder beruhigt. Schließlich hatte Pawel seine Aufträge erfüllt, und jetzt hatte es keinerlei Bedeutung mehr, wenn er erfuhr, dass man ihn mit Hilfe der Miliz aus Samara herausgeholt hatte. Hätte er das vorher gewusst, hätte es ihn erschrecken und verärgern können, dann wäre er vielleicht von der Angel gegangen, aber jetzt war das nicht mehr wichtig. Außerdem wollte Minajew Pawel finden. Und jetzt wusste er wenigstens, dass er früher oder später bei der Kamenskaja auftauchen würde.

* * *

Der Tag begann mit Stress und Hektik. Gegen Mittag rief Gordejew Nastja zu sich und befahl ihr, sofort zum Ministerium zu fahren.

»Bei denen sind irgendwelche interessanten Informationen über Serienmorde eingegangen. Fahr gleich einmal hin und erkundige dich.«

»Wer wird mir dort schon etwas sagen!«, winkte Nastja resigniert ab. »Die bewachen ihre Informationen doch wie Kettenhunde. Fangen selbst nichts damit an und lassen auch andere nichts tun.«

»Wende dich an Konowalow. Er ist ja quasi in unserer Schuld, weil du Sauljak aus Samara herausgeholt hast. Ich habe mit ihm gesprochen, er wird dir alles zeigen.«

Es erwies sich allerdings als gar nicht so einfach, General Konowalow zu erwischen. Gordejew hatte ihm zwar das Versprechen abgenommen, dass er Nastja die Unterlagen zeigen würde, aber keinesfalls, dass er wie angenietet in seinem Büro sitzen und die Mitarbeiterin von der Petrowka außerhalb der Reihe empfangen würde. Mal verließ Konowalow sein Büro und blieb für längere Zeit verschwunden, dann kam er zurück und bat seinen Sekretär, jemanden zu suchen und dringend zu ihm zu rufen, dann ging er erneut weg und kam mit einem Gast zurück. Nastja wartete und wartete. Endlich, gegen fünf Uhr, gelang es ihr, zum General vorzudringen. Da war sie schon so gereizt, dass selbst die Serienmorde sie nicht mehr interessierten, sie ärgerte sich nur noch darüber, dass sie so viel Zeit sinnlos im Vorzimmer des Generals verbracht hatte.

»Nehmen Sie Platz«, sagte der General nicht sehr freundlich und deutete auf einen Stuhl. »Machen Sie es kurz, lesen Sie diagonal. Wir werden ein Arbeitsteam zur Aufklärung dieser Mordfälle zusammenstellen. Wenn Sie wollen, können Sie mitarbeiten.«

Er warf nachlässig einen Ordner auf den Tisch und vertiefte sich in irgendwelche eigenen Unterlagen, während Nastja in dem Ordner blätterte. Sie konnte nichts Neues darin entdecken. Unaufgeklärte Mordfälle der Jahre 1992 und 1993. Das alles kannte sie bereits. Darunter Morde an Kindern, die in Uralsk begangen wurden. Wozu hatte man ihr das gegeben? Und warum hatte man erst jetzt beschlossen, ein Arbeitsteam zu bilden? Die Fälle befanden sich schon seit langer Zeit zur Überprüfung im Ministerium, warum hatte man bisher geschlafen?

Nastja las und stutzte. Hier also lag der Hund begraben. In einer der Regionen, wo 1992 die Leichen von sechs jungen Mädchen gefunden worden waren, wurde jetzt der Leichnam eines Mannes entdeckt. Das klang interessant. Die Morde an den Mädchen wurden seinerzeit alle einem Täter zugeschrieben, da dieser allen seinen Opfern einen Ohrring aus dem Ohr gezogen und in den Mund gesteckt hatte. Und bei dem jetzt entdeckten Toten hatte man ebenfalls einen Ohrring im Mund gefunden. Zuerst war man davon ausgegangen, dass es sich wieder um denselben Täter handelte, um einen Wahnsinnigen, der sein tödliches Handwerk wieder aufgenommen und diesmal einen Mann ermordet hatte. Man hatte der Leiche Fingerabdrücke abgenommen, Haar- und Gewebeproben, und mit Erstaunen festgestellt, dass die Spuren des Mannes in der einen oder anderen Form bei jedem der ermordeten Mädchen zu finden waren. Was besagte, dass es sich bei dem Ermordeten um den Mörder der Mädchen handelte. Aber wer hatte ihn umgebracht? Wer es auch gewesen sein mochte, er hatte auf jeden Fall gewusst, warum und wofür er diesen Mann ermordete. Der Ohrring im Mund des Toten war kein Zufall, sondern sprach Bände.

Nastja blätterte weiter. Eine andere Meldung aus Uralsk besagte, dass man die Leiche eines Mannes gefunden hatte, in dessen Brust das russisch-orthodoxe Kreuzzeichen hineingeschnitten war. Genau dasselbe, das man auf den Körpern der elf Jungen entdeckt hatte, die drei Jahre zuvor ermordet worden waren. Die Fingerabdrücke dieses Mannes wurden seinerzeit auf den Schultaschen der ermordeten Kinder gefunden. Nicht schlecht! Auch hier hatte der Rächer des Volkes zugeschlagen. Er besaß ein beneidenswertes Wissen. Die Miliz suchte den Mörder bereits seit Jahren, und er hatte ihn gefunden. Und zwar nicht nur einen, sondern gleich zwei auf einmal.

Nastja schloss den Ordner und wartete schweigend, bis der General sich dazu herablassen würde, ihr seine Aufmerksamkeit zu schenken.

»Fertig?«, fragte er schließlich, ohne die Augen von seinen Papieren zu heben.

»Ja.«

»Und was sagen Sie dazu?«

»Interessant«, erwiderte Nastja zurückhaltend.

»Haben Sie irgendwelche Ideen?«

»Ja«, sagte sie mit einem leisen Schmunzeln. »Aber sie gehören nicht in dieses Büro.«

»Tatsächlich?« Alexander Semjonowitsch hob endlich den Kopf, nahm seine Brille ab und würdigte Nastja seines Blickes. »Und wohin gehören Ihre Ideen, wenn ich fragen darf? In Gordejews Büro?«

»Nein, dort würden sie ebenfalls wenig Gefallen finden. Für diese Ideen würde Gordejew mich fristlos entlassen.«

»Hören Sie auf zu kokettieren und sprechen Sie endlich«, befahl der Leiter des Hauptkomitees.

»Die Stunde des Henkers«, sagte Nastja ruhig. »Wir sollten ihn nicht stören. Ganz offensichtlich weiß er besser als wir, wer die Mörder sind. Wir müssen nur herausfinden, wer dieser Henker ist, wer mit dem Schwert der Rache umhergeht und die Schuldigen zum Tode verurteilt.«

»Alles klar«, sagte der General. »Und Ihnen wird nicht übel von dieser Idee?«

»Doch, durchaus. Aber nur, wenn der selbst ernannte Henker auch weiterhin die Opfer rächen wird. Wenn das an seiner Stelle der Staat tut, wird mit meinem Rechtsempfinden alles in Ordnung sein. Geben Sie dem Henker Gelegenheit, uns den Weg zu seinen Opfern zu zeigen, stören Sie ihn nicht dabei. Die Strafe werden wir dann selbst verhängen. Einige Kompromisse werden wir dabei natürlich machen müssen, aber ich nehme an, Sie bestehen nicht um jeden Preis auf Ihren Prinzipien.«

»Kommt darauf an, um welche Prinzipien es sich handelt.«

»Wenn es uns gelingt, den Henker zu finden, werden wir ihn so lange gewähren lassen, bis er uns zu allen seinen Opfern geführt hat. Er wird frei herumlaufen, und wir werden das ganz bewusst zulassen. Mehr noch, wir werden sehr vorsichtig sein müssen, um ihn nicht misstrauisch zu machen. Wenn er uns, bildlich gesprochen, den Weg zum Haus seines nächsten Opfers gezeigt haben wird, und sich dann plötzlich herausstellt, dass diese Person verhaftet wurde, wird der Henker unruhig werden und den Weg zum nächsten Opfer womöglich nicht mehr gehen. Aber im Grunde würde ich die Sache an Ihrer Stelle erst einmal anders angehen.«

»Und wie?«

»Ich würde bei unseren eigenen Mitarbeitern beginnen. Das heißt bei den Behörden des Innenministeriums in den bewussten Regionen. Woher weiß der Henker, wer diese Serienmorde begangen hat? Die Antwort liegt auf der Hand. Er ist einer unserer Mitarbeiter. Über die Morde liegen viele operative Informationen vor, diese Informationen wurden wahrscheinlich nie irgendwo gebündelt, sie erschienen dem Untersuchungsführer nicht glaubhaft genug oder konnten nicht zur Beweisführung benutzt werden, da sie jenseits offizieller Ermittlungen oder mit illegalen Mitteln gesammelt wurden. Sie wissen doch selbst sehr gut, Alexander Semjonowitsch, wie das oft läuft. Da existiert eine ganze Akte über jemanden, jeder im Land weiß, dass er ein Verbrecher ist, aber wir können ihn nicht verhaften, weil die Beweise nicht ausreichen. Und dieser Mitarbeiter der Miliz hat gewartet und gewartet, er hat ausgeharrt und gehofft, und dann hat er die Ausübung des Rechts selbst in die Hand genommen. Vielleicht war unter den Opfern ein Mensch, der ihm nahe gestanden hat. Vielleicht wurde er gerade zu der Zeit, als in diesen Fällen ermittelt wurde, wegen eines Vergehens aus dem Dienst entlassen. Könnte es vielleicht so gewesen sein?«

»Durchaus«, stimmte Konowalow zu. »Ich verstehe Gordejew.«

»In welcher Hinsicht?«, fragte Nastja verwirrt.

»Außer Ihnen hätte es niemand geschafft, den Mann aus Samara herauszuholen und sicher nach Moskau zu bringen. Ich meine, niemand wäre auf die Idee gekommen, wie man das machen muss. Hätten Sie nicht vielleicht Lust, Ihren Arbeitsplatz zu wechseln?«

Nastja fühlte sich plötzlich nur noch angeödet. Sie wäre nie auf den Gedanken gekommen, dass das Gespräch mit dem General so banal enden könnte. Er hatte ihr ihre Ideen entlockt, gleichzeitig getestet, wofür sie zu gebrauchen war, und jetzt schlug er ihr vor, die Mannschaft zu wechseln. Als würden fähige Mitarbeiter nur im Hauptkomitee gebraucht, während die Petrowka mit Dummköpfen auskommen konnte.

General Konowalow sah sie fragend und etwas belustigt an. »Möchten Sie nicht für mich arbeiten?«, wiederholte er seine Frage, jetzt schon sehr konkret.

»Es tut mir Leid«, sagte Nastja mit flacher, ausdrucksloser Stimme.

»Es braucht Ihnen nicht Leid zu tun«, erwiderte der General unerwartet heiter. »Ich kenne Oberst Gordejew seit langer Zeit. Und ich weiß, dass niemand aus eigener Initiative seine Abteilung verlässt. Wenn einmal jemand geht, dann höchstens deshalb, weil ihm auf einem anderen Posten eine neue Wohnung in Aussicht gestellt wird oder weil es sich um eine ungewöhnliche Beförderung handelt. Aber wer bleiben kann, der bleibt. Ihr Chef ist ein einzigartiger Mensch, Major Kamenskaja, und ich freue mich, dass Sie sich dessen bewusst sind. Wie steht es, wollen Sie sich wenigstens unserem Ermittlerteam anschließen?«

»Kommt darauf an, was ich in diesem Team machen soll.«

»Was möchten Sie denn machen?«

»Ihre Güte beängstigt mich, Alexander Semjonowitsch«, scherzte Nastja. »Wenn ein sehr hoher Chef eine sehr kleine Untergebene fragt, was sie machen möchte, dann steht entweder Regen bevor oder ein kalter Sommer.«

»Hören Sie auf«, sagte der General stirnrunzelnd. »Sie sind kein kleines Mädchen mehr, dessen Fähigkeiten man auf Schritt und Tritt hervorheben muss, alle wissen längst, dass Sie eine kluge und qualifizierte Mitarbeiterin sind. Das ganze Ministerium kennt Sie, Ihren Namen und Ihre Erfolge. Sie sind längst über die Stellung hinausgewachsen, die Sie bei Gordejew einnehmen, aber wenn es Ihnen gefällt, in dieser Stellung zu bleiben, dann bedeutet das nicht, dass alle andern Sie behandeln müssen wie eine untergeordnete Arbeitskraft. Deshalb sollten Sie keinen Unsinn reden und mich nicht als hohen Chef und sich selbst als kleine Untergebene bezeichnen. Ich weiß von Gordejew, dass man Sie nicht zwingen kann, etwas zu tun, was Sie nicht tun wollen, Sie lassen sich nichts befehlen. Das gehört sich zwar nicht für einen Offizier, und ich habe nicht vor, Sie dafür zu loben, aber darüber soll sich Ihr Chef den Kopf zerbrechen. Was mich angeht, so möchte ich nur nicht, dass Sie etwas tun, was Ihnen gegen den Strich geht. Deshalb frage ich Sie, welche Aufgabe Sie innerhalb des Teams gern übernehmen würden.«

Nastja lächelte leise und musste sich dabei beherrschen, um nicht in lautes Gelächter auszubrechen. Schließlich hielt sie es nicht mehr aus und lachte doch.

»Sie haben mich ganz schön eingewickelt, Alexander Semjonowitsch. Zuerst haben Sie mir einen süßen Kuchen in Form rätselhafter Verbrechen vor die Nase gehalten, dann haben Sie mir eine Menge Komplimente gemacht, und beiläufig haben Sie mich wissen lassen, dass Sie in keiner Weise vorhaben, Druck auf mich auszuüben und mich in meiner Freiheit einzuschränken. Und nun bin ich ganz in Ihrer Macht.«

»Heißt das, Sie sind einverstanden?«

»Ich habe doch keine andere Wahl mehr, Alexander Semjonowitsch. Natürlich bin ich einverstanden. Ich möchte die Personalakten sämtlicher Mitarbeiter aus den Regionen überprüfen, in denen die Serienmorde begangen wurden. Das soll mein Anteil an der Sache sein.«

»Wollen Sie sich diese Sisyphusarbeit wirklich antun? Stellen Sie lieber eine Liste von Fragen zusammen, und ich gebe sie zur Klärung an eine Hilfskraft weiter. Sie sollten eine kreativere Aufgabe übernehmen.«

»Sie haben mich nicht verstanden, Alexander Semjonowitsch«, seufzte Nastja. »Eine Hilfskraft könnte niemals das tun, was in diesem Fall nötig ist.«

»Sind Sie von vornherein von der Unzuverlässigkeit einer Hilfskraft überzeugt?«, fragte Konowalow mit hoch gezogenen Augenbrauen, und zum ersten Mal während des ganzen Gesprächs war Gereiztheit in seiner Stimme zu hören.

»Es könnte die zuverlässigste Person der Welt sein, das würde trotzdem nichts bringen. Auch die langweiligste und ödeste Arbeit wird zum Fest, wenn man eine eigene Idee verfolgt und überprüfen will, ob sie stimmt. Während eine Hilfskraft nur auf Namen, Dienstgrade und Nummern starrt. Sie erfüllt nur die dumme Anweisung irgendeines dummen Chefs, der der Bitte irgendeiner dummen Kamenskaja nachkommt.«

»In Ordnung. Man hat mich darauf vorbereitet, dass Sie sehr scharf und grob sein können. Aber zumindest besitzen Sie Überzeugungskraft. Welche Unterlagen soll ich Ihnen besorgen?«

Nastja zählte rasch alles auf, was sie an Informationen benötigte. »Außerdem brauche ich die Telefonnummern von Mitarbeitern in diesen Regionen, die ich Tag und Nacht anrufen und denen ich jede beliebige Frage stellen kann.«

»In den nächsten Tagen werden Sie alles bekommen«, versprach Konowalow und verabschiedete sich von Nastja. »Grüßen Sie Gordejew von mir.«

Nastja beschloss, noch einmal ins Büro zu fahren, obwohl es bereits spät war. Gordejew war auf seinem Platz, durch die Tür seines Büros hörte man seine laute, gereizte Stimme, er schimpfte mit jemandem am Telefon. Nastja öffnete vorsichtig die Tür und steckte ihren Kopf durch den Spalt. Außer Gordejew erblickte sie zu ihrem Erstaunen Jura Korotkow.

»Komm herein«, flüsterte Jura ihr zu. »Wir haben Neuigkeiten. Du auch?«

»Ja, ich auch, aber nicht in unseren Angelegenheiten. Knüppelchen hat mich als Sklavin verkauft.«

»An wen?«

»An unser geliebtes Hauptkomitee, an Konowalow.«

»Für lange Zeit?«

»Das wird sich zeigen. Aber das bedeutet nicht, dass ich hier ausfalle. Du kennst ja die Psychologie unserer Vorgesetzten. Das Wichtigste müsst ihr in eurer Arbeitszeit machen, das Zweitwichtigste in eurer Freizeit. Und alles andere könnt ihr machen, wann ihr wollt, es muss nur getan werden. Und was gibt es Neues bei uns?«

»Man hat den Grauhaarigen identifiziert.«

»Nicht möglich!«

»Doch, es ist möglich. Hörst du, wie Knüppelchen mit den Kollegen aus der Kreisverwaltung schimpft? Die haben genaue Anweisungen dafür, was sie tun müssen, wenn eine Leiche ohne Papiere gefunden wird. Und wir beide sitzen schön brav hier in der Petrowka und warten, bis diese Anweisungen erfüllt werden. Aber heute hat sich herausgestellt, dass sie nicht im Traum daran gedacht haben, etwas zu unternehmen. Sie haben die Leiche ins Leichenschauhaus gebracht und darauf gewartet, dass eine Vermisstenmeldung eingeht. Diese Schafsköpfe! Kein Wunder, dass Knüppelchen so wütend ist.«

»Und wer hat unseren Grauhaarigen schließlich als vermisst gemeldet? Seine Verwandten?«

»Nein, stell dir vor, es waren Nachbarn. Er hat nämlich zwei Hunde, irische Setter. Und die wollen natürlich fressen und Gassi geführt werden. Zuerst haben sie gebellt und geheult und schließlich nur noch gewinselt. Die Nachbarn wurden unruhig, sie wussten ja, dass in der Wohnung ein allein stehender Mann wohnte, und wenn die Hunde sich so aufführten, musste etwas passiert sein. So war es dann ja auch.«

In diesem Augenblick warf Viktor Alexejewitsch den Hörer auf die Gabel, er hatte den Kollegen aus der Kreisverwaltung alles gesagt, was er über sie dachte, und wischte sich mit einem riesigen Taschentuch den Schweiß von der Glatze.

»Da bist du ja endlich«, brummte er. »Und ich habe schon gedacht, du bleibst für immer weg. Hat Konowalow versucht, dich abzuwerben?«

»Ja, hat er. Aber ich bin standhaft geblieben, ich habe mich nicht ergeben.«

»Und was ist mit dem Team? Willst du mitarbeiten, oder hast du auch das abgelehnt?«

»Nein, ich habe zugestimmt. Hätte ich ablehnen sollen?«

»Nein, nein«, sagte Viktor Alexejewitsch zerstreut. Nichts auf der Welt schien ihn in diesem Moment weniger zu interessieren als Nastjas Mitarbeit im Team des Ministeriums.

Ersten Erkenntnissen zufolge handelte es sich bei dem in Krylatskoje ermordeten Mann um Konstantin Fjodorowitsch Rewenko, ledig, arbeitslos. Die Nachbarn hatten ihn als ruhigen, unauffälligen Mann beschrieben. Nach der Wohnungseinrichtung zu urteilen, handelte es sich um einen durchaus wohlhabenden Mann, der allerdings auf allen neureichen Schick verzichtet hatte. Die teuren, sorgfältig gepflegten Gewehre besagten, dass er die Jagd liebte, wovon auch die Tatsache zeugte, dass er zwei Jagdhunde besessen hatte. Frauenkleider oder andere weibliche Accessoires waren in seiner Wohnung nicht zu finden, woraus sich der Schluss ziehen ließ, dass er nie für längere Zeit Damenbesuch gehabt hatte. Rewenko war kurz vor seinem Tod tatsächlich für drei Tage weggefahren, er hatte den Nachbarn die Wohnungsschlüssel dagelassen und sie darum gebeten, nach den Hunden zu sehen.

»Ich verstehe überhaupt nichts«, sagte Nastja ratlos. »Was könnte dieser Rewenko mit einem so gerissenen Kerl wie Asaturjan gemeinsam haben? Weiß man wenigstens, was er von Beruf war?«

»Du hast vielleicht Wünsche!«, spottete Korotkow. »Bedanke dich dafür, dass wir jetzt wenigstens seinen Namen und seine Adresse wissen. Einzelheiten erfahren wir frühestens in zwei Tagen. Aber du hattest Recht. Mit diesem Rewenko stimmt tatsächlich etwas nicht. Die Jungs, die seine Wohnung aufgebrochen haben, haben so gut wie keine Papiere gefunden. Quittungsblöcke für Miete, Strom und Telefon und zwei Sparbücher, ein Rubel- und ein Devisenkonto. Sonst nichts. Seinen Pass kann er bei sich gehabt haben, und der Mörder hat ihn an sich genommen. Aber wo ist alles andere? Kein Arbeitsbuch, keine Geburtsurkunde, keinerlei Zeugnisse oder Diplome. Einfach überhaupt nichts. Hat er das alles versteckt, oder hat man es ihm gestohlen?«

»Oder es existiert überhaupt nicht.«

»Wie meinst du das?«

»Einfach so. Es existiert nicht und basta. Diese Geschichte gefällt mir nicht, Jura. Wir müssen so schnell wie möglich Rewenkos Biographie erkunden. Ich habe das Gefühl, diese Leiche wird
uns noch lange Wochen beschäftigen.«

Vor dem Nachhausegehen holte Nastja sich den Lagebericht aus
dem Büro des Bereitschaftsdienstes. Am Morgen war es ihr nicht
gelungen, ihn durchzusehen, nun wollte sie es zu Hause nachho-
len. Alexej war heute bei seinen Eltern in Shukowskij, die alten
Leute ließen ihre Wohnung renovieren, und Alexej musste ihnen
helfen, die Möbel von einem Zimmer ins andere zu schleppen,
um Platz für die Arbeiter zu schaffen. Während Nastja in der Metro saß, freute sie sich bereits auf den langen stillen Abend für sich
allein, sie stellte sich genüsslich vor, wie sie eine Tasse Kaffee trinken, ein paar belegte Brote essen und sich danach an den Computer setzen würde, um den Lagebericht auszuwerten. Das Abteil
war fast leer, niemand saß neben Nastja, und sie konnte der Versuchung nicht widerstehen. In allem, was ihre Arbeit betraf, war
sie neugierig und ungeduldig wie ein Kind. Sie blickte sich ver-
stohlen um, fast so, als hätte sie etwas Unanständiges vor, dann
holte sie die bedruckten, zusammengehefteten Blätter aus ihrer
Handtasche. Diebstähle, Raubüberfälle, Leichen, Vermisstenan-
zeigen … Ihre Augen glitten flüchtig über die Zeilen und blieben
nur an bestimmen Sätzen und Wörtern haften, was aber nicht bedeutete, dass Nastja den Lagebericht unaufmerksam las. Alles
prägte sich genau in ihr Gedächtnis ein und konnte jederzeit ab-
gerufen und verwertet werden.

Mit dem Bus hatte sie Glück, sie musste nicht warten und bekam
nicht einmal kalte Füße. Zu Hause setzte sie sofort Kaffeewasser
auf, machte sich ein paar belegte Brote und ließ sich in der Küche
nieder, mit den Beinen auf einem Hocker, in einer Hand ein Käse-
brot, in der anderen den Lagebericht. Dieser trockene Text las sich
für sie spannender als ein Abenteuerroman.

Das Läuten des Telefons unterbrach ihre Lektüre.

»Anastasija Pawlowna?«, sagte eine fremde Männerstimme in
der Leitung.

»Ja, ich höre.«

»Hier spricht Sauljak.«

»Pawel?«, rief sie erstaunt aus. Nichts hatte sie weniger erwartet als das. »Was verschafft mir die Ehre?«

»Ihre Telefonnummer hat mir Minajew gegeben. Ich hoffe, Sie nehmen ihm das nicht übel.«

»Das weiß ich noch nicht«, erwiderte sie trocken. »Worum geht es denn?«

»Ich habe eine Bitte an Sie ... genauer, ich möchte Ihnen einen Vorschlag machen. Ich würde Ihnen gern einen Auftrag erteilen, wenn das möglich ist.«

»Das ist problematisch«, sagte Nastja vorsichtig, während sie fieberhaft überlegte, wie sie sich verhalten sollte. »Was ist denn passiert?«

»Bis jetzt weiß ich es nicht, vielleicht gar nichts. Wissen Sie, meine Freundin ... Kurz, sie ist verschwunden.«

»Verzeihen Sie, Pawel, aber das gehört nicht zu meinem Aufgabengebiet. Ich observiere keine nervösen Ehefrauen. Wenden Sie sich an ein Detektivbüro, dort wird man Ihnen helfen.«

»Sie verstehen mich nicht«, sagte er mit deutlicher Ungeduld in der Stimme. »Ich verdächtige sie nicht, ich fürchte, dass ihr etwas zugestoßen ist.«

»Welchen Grund haben Sie zu dieser Annahme?«

»Sie nimmt das Telefon nicht ab, selbst nachts nicht. Und Sie brauchen mir jetzt nicht zu sagen, dass sie bei einem anderen Mann übernachtet. Ich weiß, dass das nicht der Fall ist, dazu kenne ich sie zu gut.«

»Vielleicht ist ihr Telefon gestört. Haben Sie noch nicht an der Wohnungstür geklingelt?«

»Nein. Wissen Sie, ich bin nicht in Moskau ... ich musste in geschäftlichen Angelegenheiten verreisen.«

»Heißt das, Sie möchten, dass ich zu ihr nach Hause fahre und an ihrer Tür läute?«

»Ja, genau das möchte ich. Können Sie das für mich tun? Ich werde Sie für Ihre Bemühung natürlich bezahlen.«

»Nun gut, nehmen wir an, ich fahre zu ihrer Wohnung, läute an der Tür, und sie öffnet mir. Was weiter? Was soll ich ihr sagen?«

»Wenn sie zu Hause ist, dann fragen Sie sie einfach, ob alles in Ordnung ist und warum sie das Telefon nicht abnimmt. Nastja ...«

Es entstand eine Pause in der Leitung. Nastja wartete.

»Bitte. Tun Sie mir den Gefallen. Ich bezahle Ihnen so viel Sie verlangen.«

Nastja wollte ablehnen, aber plötzlich stieg wieder die qualvolle Unruhe in ihr auf, die sie schon seit ihrer Rückkehr aus Samara peinigte. Was bohrte so in ihr? Konnte vielleicht Pawels Freundin ihr helfen, das herauszufinden?

»Also gut«, sagte sie mit einem Seufzer. »Geben Sie mir die Adresse, den Namen und die Telefonnummer.«

»Rita Sergejewna Dugenez, Sewastopolskij-Boulevard 44 ...«

»Wie sagten Sie«, unterbrach ihn Nastja. »Rita Sergejewna Dugenez?«

Diesen Namen hatte sie eben im Lagebericht gelesen, buchstäblich vor zehn Minuten. Sie blätterte hastig die Seiten um, die vor ihr auf dem Tisch lagen. Ja, hier war sie. R. S. Dugenez, Sewastopolskij-Boulevard 44.

»Pawel«, sagte sie, »Sie sollten so schnell wie möglich nach Moskau zurückkommen.«

»Warum?«

»Glauben Sie mir, es ist besser so. Man wird Sie spätestens morgen sowieso zu suchen beginnen.«

»Aber warum denn?«

»Ihrer Freundin ist wirklich etwas zugestoßen. Sie wurde ermordet. Pawel, hören Sie ...«

Im Hörer ertönte ein unterdrücktes Aufstöhnen, dann folgte das Besetztzeichen. Pawel hatte aufgelegt.

Eine schöne Geschichte! Zuerst schoss Nastja durch den Kopf, dass Pawel seine Rita Dugenez umgebracht hatte und nun herausfinden wollte, ob die Miliz die Leiche gefunden hatte. So etwas kam öfter vor. Aber ... würde Pawel sich so dumm und stereotyp verhalten? Das war eher unwahrscheinlich.

Das Telefon läutete erneut.

»Verzeihen Sie«, sagte Pawel, »ich habe die Beherrschung verloren. Wie ist das passiert?«

»Wundern Sie sich denn gar nicht darüber, woher ich das überhaupt weiß?«

»Doch ... Ich bin verwirrt. Rita ... In der Tat, woher wissen Sie es?«

»Hat Ihr Freund Minajew Ihnen denn nicht gesagt, dass ich bei der Kripo arbeite?«

»Nein. Er hat mir nur Ihre Telefonnummer gegeben. Was ist mit Rita passiert?«

»Man hat sie erwürgt. Pawel, glauben Sie mir, Sie müssen sofort zurückkommen. Sie sind der Erste, auf den der Verdacht fallen wird, weil Sie vorbestraft sind. Sie sind aus dem Straflager zurückgekommen, zwei Wochen später wird Ihre Freundin ermordet aufgefunden, und Sie selbst sind spurlos verschwunden. Kommen Sie so schnell wie möglich zurück, und melden Sie sich selbst bei der Miliz. So werden Sie zumindest keine zusätzlichen Schwierigkeiten bekommen.«

»Ja, Sie haben Recht.« Seine Stimme klang jetzt gefasster, offenbar hatte der Schock inzwischen ein wenig nachgelassen. »Ich komme zurück. Gleich morgen. So ist es wirklich besser. Nastja ...«

»Ja?«

»Arbeiten Sie wirklich bei der Kripo?«

»Ja, wirklich.«

»Kann ich Sie treffen, wenn ich zurückkomme?«

»Natürlich. Sie haben ja meine Telefonnummer, rufen Sie mich an.«

»Ich meine, kann ich Sie treffen, bevor ich zur Miliz gehe?«

»Ja. Wann werden Sie in Moskau ankommen?«

»Morgen, gegen elf Uhr vormittags.«

»Dann rufen Sie mich im Büro an. Notieren Sie die Nummer. Ich verspreche Ihnen, dass ich bis morgen Mittag mit niemandem über die Sache sprechen werde. Aber wenn Sie sich nicht melden, dann werde ich gezwungen sein, das zu tun. Und dann wird die Maschine anlaufen. Ich möchte, dass Sie das verstehen.«

»Ich verstehe es. Ich werde kommen, Sie können sicher sein. Bis morgen.«

Nastja legte den Hörer vorsichtig auf die Gabel. Gut gemacht, Kamenskaja, dachte sie. Als hättest du nicht genug anderes zu tun, ewig lässt du dich auf zusätzliche Abenteuer ein. Und wenn er nun nicht erscheint? Wenn er die Zeit, die du ihm gegeben hast, dazu nutzt, um unterzutauchen, im Dickicht zu verschwinden? Was, wenn du ihn völlig falsch eingeschätzt hast und er einfach die Psyche eines banalen Kriminellen hat? Nein, das konnte nicht sein. Vielleicht war Pawel der größte Schurke aller Zeiten, aber ein Dummkopf war er nicht, das stand fest. Er würde sich nicht so unklug verhalten.

* * *

Der Zauber des stillen Abends in der leeren Wohnung war verflogen. Nastja war nervös, immer wieder ging sie in Gedanken das Gespräch mit Pawel durch und versuchte zu verstehen, ob sie alles richtig gemacht hatte. Sie schlief schlecht, wälzte sich im Bett herum und verfluchte sich und die ganze Welt. Immer wieder versuchte sie, sich an Sauljaks Gesicht zu erinnern, aber vor ihrem geistigen Auge tauchten nur zusammenhanglose Einzelheiten auf. Die kleinen Augen mit den farblosen Wimpern, die hohe Stirn, die eingefallenen Wangen, die lange schmale Nase. Die Details fügten sich nicht zu einem Ganzen zusammen.

Sie erwachte völlig zerschlagen und in düsterer Stimmung, nicht einmal der heiße Kaffee und der eiskalte Saft konnten sie aufmuntern. Sie fuhr zur Arbeit und schloss sich in ihrem Büro ein. Wenn es nur schon Mittag wäre, dachte sie, Pawel wird sowieso nicht auftauchen. Ich hätte ihm nicht glauben dürfen. Er hat mich angelogen, das steht fest. Aber ich habe ihm mein Wort gegeben und muss mich daran halten. Bis zum Mittag muss ich noch warten, dann werde ich guten Gewissens bei der Dienststelle anrufen, die sich mit dem Mord an Rita Dugenez befasst. Und dann wird man beginnen, Pawel zu suchen. Vielleicht ist es noch nicht zu spät, vielleicht wird es ihm bis dahin noch nicht gelungen sein, auf Nimmerwiedersehen zu verschwinden.

Um Viertel nach elf läutete das Telefon.

»Ich bin auf dem Flughafen«, sagte Pawel. »Wo soll ich hinkommen?«

* * *

»Das Problem ist, dass ich kein Alibi habe«, sagte Pawel.

Sie saßen in einem Café und Nastja schien, dass Pawel noch kränker und erschöpfter aussah als bei seiner Entlassung aus der Kolonie.

»Warum haben Sie denn kein Alibi? Sie sagen, dass Sie vor einer Woche Moskau verlassen haben. Zu dieser Zeit war Rita noch wohlauf und am Leben. Das Gutachten besagt, dass sie vor drei Tagen ermordet wurde. Wo waren Sie in dieser Woche?«

»Sie verstehen mich nicht. Ich kann Beweise vorlegen, aber ich habe falsche Papiere. Ich war in verschiedenen Städten, ich besitze die Flugtickets, man kann nachprüfen, in welchen Hotels ich gewohnt habe, aber alles das läuft nicht unter meinem richtigen Namen.«

»Natürlich«, lachte Nastja, »da man so hinter Ihnen her war, als Sie das Straflager verließen, wäre es töricht anzunehmen, dass Sie unter Ihrem richtigen Namen herumlaufen. Hat Minajew Ihnen diesen Freundschaftsdienst erwiesen?«

Pawel nickte.

»Wenn ich die Sache mit den falschen Papieren offen legen würde, würde ich Minajew verraten. Und das kann ich nicht tun. Ich habe Moskau im Grunde nur deshalb verlassen, weil man nach wie vor hinter mir her ist. Zwei Wochen habe ich hier verbracht, bei Rita, weil ich nicht anders konnte. Und dann bin ich weggefahren, weil es zu gefährlich wurde. Ich hätte überhaupt nicht zu Rita gehen dürfen. Aber ich habe es nicht ausgehalten.«

Nastja blickte ihn zweifelnd an, sagte aber nichts. Pawel machte auf sie nicht den Eindruck eines Mannes, der aus Sehnsucht nach einer Frau seine Sicherheit vergaß. Aber man konnte nie wissen … Schließlich kannte sie ihn ja so gut wie gar nicht.

»Und wie wollen Sie nun zu einem Alibi kommen?«, fragte sie.

»Wenn Sie Minajew nicht verraten wollen, dann gibt es nur einen

Ausweg. Sie müssen behaupten, dass Sie einen Pass gestohlen und Ihr Foto eingeklebt haben. Oder dass Sie den Pass bei einer nicht mehr zu identifizierenden Person auf dem Schwarzmarkt gekauft haben. Sie müssen etwas gestehen, das Sie nicht getan haben.«

»Raten Sie mir dazu als Schauspielerin und Hochstaplerin oder als Kripobeamtin?«

»Ich rate Ihnen dazu als Idiotin«, sagte Nastja ärgerlich. »Als hinterletzte Idiotin, die, Gott weiß warum, versucht, Ihnen zu helfen. Womöglich haben Sie Ihre Freundin ja selbst umgebracht. Und ich trinke hier mit Ihnen Kaffee und mache Konversation.«

»Das sollten Sie nicht sagen«, erwiderte Pawel leise. »Sie wissen genau, dass ich sie nicht umgebracht habe.«

»Woher sollte ich das wissen? Warum sollte ich Ihnen glauben?«

»Sie wissen es. Und Sie glauben mir.«

»Hören Sie auf, mich mit Ihren Beschwörungsformeln zu hypnotisieren«, entgegnete Nastja ärgerlich. »Lassen Sie uns gemeinsam die letzte Woche durchgehen, möglichst nach Stunden. Wann genau haben Sie Moskau verlassen? Uhrzeit, Flugnummer, alles ganz präzise.«

Pawel saß mit halb geschlossenen Augen da und rekapitulierte akkurat, wo er im Lauf der letzten Woche gewesen war. Nastja hatte die Tasse mit dem kalt gewordenen Kaffee und dem belegten Brot zur Seite geschoben und machte sich Notizen.

»In Belgorod habe ich im Hotel Junost gewohnt und bin jeden Tag aus der Stadt hinausgefahren, um spazieren zu gehen. Am Montagabend wurde ich krank und verbrachte den ganzen Dienstag im Bett im Hotelzimmer. Am Mittwoch ging es mir wieder besser, und ich fuhr wieder hinaus ...«

»Kann jemand bezeugen, dass Sie den ganzen Dienstag im Hotelzimmer verbracht haben?«, unterbrach sie Pawel. Das war eine wichtige Frage, denn am Dienstag war Rita Dugenez ermordet worden.

»Die Etagenfrau, das Zimmermädchen. Zum ersten Mal kam das Zimmermädchen gegen elf Uhr, um sauber zu machen, und als sie sah, dass ich im Zimmer war, entschuldigte sie sich und ging wieder. Das zweite Mal erschien sie etwa zwei Stunden später. Sie war beunruhigt und schlug vor, einen Arzt zu rufen. Ich lehnte ab. Sie fing an aufzuräumen, aber ich hatte starke Kopfschmerzen und ging deshalb hinaus in die Halle, wo die Etagenfrau saß. Sie war sehr nett und bewirtete mich mit Tee …«

»Glauben Sie, dass die beiden Frauen sich noch an Sie erinnern?«

»Ich denke schon. Das Zimmermädchen auf jeden Fall. Gestern bin ich ihr auf dem Flur begegnet, und sie hat mich gefragt, wie es mir geht.«

»Würden die Frauen Sie auf einem Foto wieder erkennen?«

»Ich hoffe es.«

»Gut.« Nastja erhob sich entschieden. »Bleiben Sie eine Weile hier sitzen, gehen Sie nicht weg. Ich muss kurz telefonieren. Aber ich warne Sie, Pawel, meine Gutgläubigkeit ist nicht grenzenlos. Wenn sich herausstellen sollte, dass Sie mich belügen …«

Sie hielt inne und suchte nach den richtigen Worten. Am liebsten hätte sie so etwas wie »dann werde ich Sie hinter Gitter bringen« oder »das werde ich Ihnen nie verzeihen« gesagt, aber das hätte zu melodramatisch geklungen.

»Was dann?«, fragte Pawel sehr ernst.

»Nichts«, antwortete sie brüsk. »Aber es ist besser für Sie, mich nicht anzulügen.«

»Sie haben alles vergessen«, sagte er mit unverändertem Ernst.

»Woran sollte ich mich denn erinnern?«

»An das, was ich Ihnen gesagt habe. Ich werde Sie nie kränken.«

Er schloss erneut die Augen, lehnte sich im Stuhl zurück und verschränkte die Arme über der Brust. Einen Moment lang hatte Nastja das Gefühl, dass die Reise von Samara nach Moskau noch andauerte und völlig unklar war, ob und wann sie enden würde. Alles war noch genauso wie damals: Pawels Körperhaltung, die undurchdringliche Maske seines Gesichts mit den geschlossenen Augen, die Mauer des Misstrauens, die zwischen ihnen stand.

Sie löste sich aus der Erstarrung, verließ das Café und ging ein Telefon suchen. Als sie nach etwa zwanzig Minuten zurückkehrte, saß Pawel immer noch in derselben Haltung da.

»Haben Sie in Moskau eine Bleibe?«

Er nickte wortlos, ohne die Augen zu öffnen.

»Sie müssen in Ihrer Wohnung bleiben und dürfen sie nicht verlassen. Ich habe eine Absprache getroffen. Niemand wird von Ihren falschen Papieren erfahren. Wir fahren jetzt zusammen an einen bestimmten Ort, man wird sie fotografieren, und dann fahren Sie nach Hause. Einer unserer Mitarbeiter wird gleich heute nach Belgorod fliegen und Ihr Foto den Angestellten des Hotels vorlegen, in dem Sie gewohnt haben. Wenn man Sie wieder erkennt, haben Sie Glück gehabt. Man wird Sie dann nur vernehmen, Sie werden von Ihrer Freundin erzählen müssen, man wird Sie danach fragen, wie sie gelebt hat und welche Bekannte sie hatte. Ansonsten wird Ihnen nichts geschehen.«

»Kann ich danach wieder wegfahren?«

»Ist es denn so eilig?«

»Ich kann vorläufig nicht in Moskau bleiben.«

»Haben Sie etwa Angst?«, fragte Nastja spöttisch.

»Ich will doch den Erfolg Ihrer Arbeit nicht zunichte machen«, erwiderte er ebenso spöttisch. »Sie haben mich schließlich nicht durch halb Russland geschleppt und mich meinen Feinden entrissen, damit man mich ein paar Wochen später schließlich doch noch ins Jenseits befördert.«

Sie verließen das Café und fuhren zur Dienststelle auf dem Nachimowskij-Prospekt, wo sie die Beamten erwarteten, die im Mordfall Rita Dugenez ermittelten.

* * *

Grigorij Valentinowitsch Tschinzow musste mit Verbitterung einsehen, dass es für ihn praktisch nichts mehr zu tun gab. Er hatte so viel Energie für Malkow investiert, und nun war alles umsonst gewesen. Schade, denn Malkow hatte gut bezahlt. Natürlich konnte Tschinzow seine Dienste auch einem Anderen anbieten, er musste nur einen finden, der zuverlässig und solvent genug war. Vor einigen Tagen hatte man ihm schon angeboten, einen großen Boss aufzusuchen, der es ebenfalls auf den Präsidentenstuhl abgesehen hatte und seine Kräfte im Wahlkampf messen wollte.

Während Tschinzow in seinem Wagen saß, dachte er darüber nach, über welche Möglichkeiten er im Moment verfügte und was er seinem neuen Herrn anbieten konnte. Schade, dass ihm Sauljak von der Angel gegangen war. Er hatte seinen Auftrag erfüllt und war angeblich weggefahren, um sich zu erholen. Zwar hatte er versprochen, nach einiger Zeit wiederzukommen, aber wann würde das sein? Malkow war der Meinung gewesen, man dürfe Sauljak nicht unter Druck setzen, man solle ihn wegfahren und sich erholen lassen. Jetzt bedauerte Grigorij Valentinowitsch diesen voreiligen Entschluss. Man hätte Pawel einen weiteren Auftrag erteilen sollen, man hätte ihn mit gutem Geld locken müssen, dann wäre er in Moskau geblieben und gezwungen gewesen, regelmäßig Kontakt aufzunehmen. Jetzt bestand keine Aussicht, ihn irgendwo zu finden. Eine schöne Dummheit, die sie da begangen hatten. Dieser Malkow mit seiner übertriebenen Vorsicht. Er hätte lieber auf seine verrückte Tochter aufpassen sollen. Das hatte er nun davon.

Am Steuer des silberfarbenen Audi saß Serjosha, einer von den beiden Männern, die Pawel in Samara aufgelauert hatten. Tschinzow fuhr nicht gern selbst Auto, er zog es vor, sich chauffieren zu lassen und währenddessen auf dem Rücksitz zu dösen. Plötzlich bremste der Wagen scharf, Grigorij Valentinowitsch runzelte ärgerlich die Stirn.

»Was ist los?«, fragte er gereizt.

»Das ist sie«, sagte Serjosha und deutete mit der Hand irgendwohin nach rechts.

»Wer?«

»Die Frau, die Sauljak in Samara abgeholt hat.«

»Wo?« Tschinzow war plötzlich hellwach.

»Dort geht sie, die Frau in der schwarzen Jacke. Sie trägt keine Mütze und betritt gerade das Geschäft dort drüben.«

»Halt sofort an«, befahl Tschinzow.

Der Wagen rollte noch ein kleines Stück nach vorn und hielt dann an. Durch die getönten Scheiben konnte Grigorij Valentinowitsch die Straße gut übersehen und musste dabei nicht befürchten, selbst gesehen zu werden. Durch das Rückfenster hatte er den

Eingang des Geschäfts gut im Blick. Pawels Verwandte! Sehr gut. Wenn man ihr auf den Pelz rückte, würde auch der Weg zu Pawel nicht mehr weit sein. Und im Übrigen konnte man sich vielleicht auch mit ihr selbst unterhalten. Vielleicht konnte sie ja auch etwas von dem, was Pawel vermochte. Tschinzow hatte keine konkrete Vorstellung von Pawels Fähigkeiten und Vorgehensweisen, aber eines wusste er genau: Auf irgendeine Weise konnte er Menschen beeinflussen. Grigorij Valentinowitsch war sehr wundergläubig, mit Begeisterung und Entzücken las er Berichte über Wunderheiler und Hellseher, die beim Blick auf ein Foto genau sagen konnten, ob dieser Mensch noch lebte oder tot war, wo er sich befand und wie er hieß. Tschinzow glaubte von ganzem Herzen an diese Dinge und war davon überzeugt, dass Pawel Sauljak eines dieser wundertätigen Wesen war. Und da eine solche Gabe von der Natur verliehen wurde, konnte es ja durchaus sein, dass auch Pawels Verwandte sie besaß. Schließlich war es eine Frage der Gene.

Grigorij Valentinowitsch besaß das Naturell eines Glücksritters, für ihn war das Leben ein Roulettespiel. Er hielt nichts von Fleiß und Kleinarbeit. Wozu sich abmühen, wenn es genügte, auf die richtige Zahl zu setzen, um mit einem Schlag ohne jeden Aufwand den Hauptgewinn einzustreichen. Man musste nur an das Wunder glauben, dann würde es mit Sicherheit geschehen. Einer wie Sauljak war genau dieses Wunder, das den großen Gewinn im Machtspiel der verrückt gewordenen Politiker versprach.

Die Frau in der schwarzen Jacke trat aus dem Geschäft, und Tschinzow musterte sie aufmerksam. Irgendwie glich sie ganz und gar nicht der Millionärin, als die Kolja und Serjosha sie beschrieben hatten. Tschinzow tippte seinem Chauffeur auf die Schulter.

»Ich werde ein Taxi nehmen, ich darf mich nicht verspäten. Du wirst sie beobachten und mir heute Abend berichten.«

Grigorij Valentinowitsch stieg aus dem Wagen und ließ dabei die ihm entgegenkommende Frau nicht aus den Augen. Wie hieß sie gleich wieder? Anastasija Pawlowna Sauljak? Eine wirklich höchst interessante Person.

DREIZEHNTES KAPITEL

Über Nastja war eine regelrechte Lawine von Arbeit hereingebrochen. Noch fünf Minuten, dachte sie mit Entsetzen, und ich klappe zusammen. Jede halbe Stunde ereignete sich etwas Neues, ständig rief Gordejew sie zu sich und übertrug ihr neue Aufgaben, ständig kamen Kollegen in ihr Büro und lieferten ihr neue Informationen über Fälle, in denen sie ermittelten, und ausgerechnet jetzt läutete außerdem ständig das Telefon. Nastja schwirrte der Kopf, sie konnte sich kaum noch erinnern, wann sie zum letzten Mal etwas gegessen hatte. Und dann erschien gegen Abend auch noch ein Bote aus dem Ministerium und lud auf ihrem Schreibtisch ein Gebirge von Aktenordnern ab, die Unterlagen, um die Nastja General Konowalow gebeten hatte. In dem Chaos, in dem sie sich befand, hatte sie den geheimnisvollen Henker ganz vergessen.

Die Herkunft der Tabletten, mit denen Jurzew sich vergiftet hatte, war immer noch nicht festgestellt worden. Dafür hatten die Ermittlungen in Bezug auf Konstantin Fjodorowitsch Rewenko, den Grauhaarigen, der in Krylatskoje ermordet wurde, sehr seltsame, wenn auch teilweise durchaus vorhersehbare Ergebnisse erbracht. Rewenko war erst seit etwa zehn Jahren polizeilich in Moskau gemeldet, vorher hatte er den Angaben zufolge in Estland gelebt. Man hatte herauszufinden versucht, was er vor seinem Umzug nach Moskau gemacht hatte und ob er Verwandte in Estland besaß, aber hier war man gegen eine Wand gestoßen. Der unabhängige baltische Staat wollte den Bitten aus Moskau nicht nachkommen, die Kollegen stellten sich taub am Telefon und taten so, als würden sie kein Russisch verstehen. Die gründliche Durchsuchung von Rewenkos Wohnung hatte so gut wie gar nichts erbracht, allerdings hatte man ein kleines Päckchen mit Tabletten gefunden. Die Gutachter hatten festgestellt, dass es sich um genau dasselbe Präparat handelte, dessen Zusammensetzung sie im Fall Jurzew untersucht hatten. Wenigstens ein ganz kleiner Fortschritt, dachte Nastja mit einem Seufzer der Erleichterung. Jurzews und Mchitarows Selbstmorde konnte man also unter einem Nenner zusammenfassen und dem noch die Leichen von Rewenko und Asaturjan hinzufügen. Ein reizendes Potpourri!

Der Kripobeamte, der nach Belgorod gereist war, teilte enttäuscht mit, dass die Angestellten des Hotels Junost den Mann auf dem Foto sofort erkannt und bestätigt hatten, dass er den ganzen Dienstag in seinem Hotelzimmer verbracht hatte.

»Schade«, meinte der Beamte düster, »es war eine so schöne Version. Ein Vorbestrafter, der gerade aus dem Lager entlassen wurde, rechnet mit seiner Freundin ab, weil sie ihm in der Zeit seiner Abwesenheit nicht treu war. Und schon wäre der Mordfall gelöst gewesen.«

»Mach dir nichts daraus«, ermunterte ihn Nastja, »habt ihr denn keine anderen Versionen in petto?«

»Doch, aber die sind alle mit einer Menge Arbeit verbunden. Wirklich verdammt schade, dass Sauljak als Täter ausscheidet.«

Nastja verstand ihren Kollegen, und gleichzeitig freute sie sich. Es hätte sie sehr enttäuscht, wenn Pawel sie angelogen hätte. Nicht deshalb, weil er ihr sympathisch war und sie ihn vor dem Gefängnis bewahren wollte, mitnichten. Das Gegenteil war der Fall. Sie fühlte sich unwohl in seiner Gesellschaft, sie spürte immer die Gefahr, die von ihm ausging. Manchmal war er ihr so fremd wie ein Wesen von einem andern Stern. Aber sie wollte nicht belogen werden, und schon gar nicht von Sauljak. Vielleicht deshalb, weil sie ihm nicht glauben wollte und selbst nicht verstand, warum sie es trotzdem tat.

»Man bittet Sie, noch zwei, drei Tage in Moskau zu bleiben«, sagte sie zu Pawel, »es könnte sein, dass man noch Fragen an Sie hat und Sie deshalb noch brauchen wird.«

»Und danach darf ich wieder wegfahren?«

»Ja. Falls nichts Unvorhergesehenes passiert.«

Sie hatten sich auf dem Lenin-Prospekt getroffen. Nastja kam aus dem Ministerium, man hatte sie angerufen und ihr mitgeteilt, dass in Konowalows Vorzimmer ein großes Kuvert für sie hinterlegt war. Sie hatte das Kuvert abgeholt, war aber noch nicht dazu gekommen, es zu öffnen, da sie ohnehin zu spät zu der Verabredung mit Pawel kam.

»Soll ich Sie irgendwo hinbringen?«, fragte er und deutete mit dem Kopf auf seinen funkelnden Saab.

Nastja schüttelte den Kopf.

»Nicht nötig, ich nehme die Metro.«

Der Gedanke daran, sich mit Sauljak in einen engen, abgeschlossenen Raum zu begeben, in diesem Fall in das Innere eines Autos, erzeugte diffuses Entsetzen in ihr. Habe ich denn wirklich dermaßen Angst vor ihm?, fragte sie sich ärgerlich. Das kann doch wohl nicht wahr sein!

Pawel ergriff plötzlich ihr Handgelenk und drückte es schmerzhaft zusammen.

»Schnell ins Auto«, murmelte er kaum hörbar.

Nastja wollte sich umsehen, aber Pawels Gesichtsausdruck sagte ihr, dass keine Zeit zu verlieren war. Sie tauchte in das warme Innere des komfortablen Saab ein, in dem es noch ganz unverkennbar nach neuem Auto roch. Pawel fuhr so scharf an, dass die Reifen aufquietschten. Es war Stoßzeit, und Nastja fragte sich, wie Pawel es in Anbetracht der völlig verstopften Straßen schaffen wollte, seinen Verfolgern zu entkommen. Aber Sauljak kannte Moskau offenbar sehr gut. Er bog blitzschnell in irgendwelche Gassen ab, steuerte das Auto geschickt durch schmale Durchfahrten und offene Höfe. Nastja hasste schnelles Autofahren, sie saß zusammengekauert auf dem Sitz, mit eingezogenem Kopf und zusammengekniffenen Augen. Endlich verlangsamte Pawel die Fahrt, sie begriff, dass sie die Augen wieder öffnen und sich langsam entspannen konnte.

»Was ist passiert?«, fragte sie, während sie sich umsah und zu verstehen versuchte, wo sie sich befanden. Die Gegend war ihr völlig unbekannt, aber die vielen rauchenden Schlote besagten, dass es sich um ein Industriegebiet irgendwo am Stadtrand handeln musste.

»Haben Sie es nicht bemerkt? Unsere Freunde aus Samara. Wie hießen sie noch, Kolja und Serjosha? Ich weiß nicht, wie es Ihnen geht, aber ich lege keinen Wert darauf, ihnen zu begegnen. Übrigens«, er lachte ungut auf, »schließe ich nicht aus, dass Sie mir die beiden auf den Hals gehetzt haben.«

»Wozu hätte ich das tun sollen?«, fragte Nastja mit einem gleichmütigen Schulterzucken. Nach der halsbrecherischen Autofahrt steckte ihr die Angst noch in den Knochen, deshalb kam sie gar nicht auf die Idee, Pawel seinen Verdacht übel zu nehmen. »Ich kenne doch Ihre Adresse. Wozu sollte so ein Aufwand gut sein?«

»Das ist auch wieder wahr. Aber Sie haben eine sehr eigenwillige Logik, bei Ihnen kann man nie wissen. Außerdem ist es einfach nicht möglich, dass sie mich aufgespürt haben«, sagte er mit Nachdruck.

»Und?«

»Sie müssen Ihnen gefolgt sein. Dabei habe ich Ihnen ausdrücklich gesagt, dass es gefährlich ist, meinen Namen zu tragen. Oder sind Sie so mutig und fürchten sich vor gar nichts?«

Nastja sah ihn überrascht an und brach in Gelächter aus.

»Worüber freuen Sie sich so?«, fragte Pawel missbilligend. »Ich sehe keinen Grund zur Heiterkeit.«

»Das kommt daher, dass Sie noch nie richtig Angst gehabt haben ...«

* * *

»Das kommt daher, dass Sie noch nie richtig Angst gehabt haben«, hatte sie erwidert.

Pawel war zusammengezuckt. Bereits zum zweiten Mal hörte er diesen rätselhaften Satz von ihr. Das erste Mal hatte sie ihn in Uralsk gesagt, im Supermarkt. Schon damals hatte Pawel fragen wollen, was sie damit meinte, aber er war nicht mehr dazu gekommen, weil sie genau in diesem Augenblick zahlen mussten.

»Was wollen Sie damit sagen?«, fragte er.

»Jemand, der wirkliche Angst kennt, besitzt die Fähigkeit, sich in jedem Augenblick darüber zu freuen, dass er noch am Leben ist. Uns beiden ist es eben gelungen, diese halsbrecherische Autofahrt zu überleben, und darum freue ich mich.«

»Sind Sie sehr erschrocken?«

»Ja, sehr«, gestand Anastasija.

Sie wühlte in ihrer Handtasche und suchte nach Zigaretten, Pawel sah schweigend in die Dunkelheit vor dem Autofenster. Sollte sie wirklich Recht haben? Hatte er wirklich noch nie echte, lähmende, tödliche Angst um sein Leben gehabt?

Wahrscheinlich war es so. Lange Zeit hatte er in der Gewissheit gelebt, dass ihm nichts Böses widerfahren konnte. Die Spielgefährten seiner Kindheit fielen ständig hin, verletzten sich, brachen sich einen Arm oder ein Bein, aber ihm geschah nie etwas dergleichen. Seine Mutter sagte, er hätte einen Schutzengel. Selbst in der Psychiatrie hatte sein Schutzengel ihn davor bewahrt, den Verstand zu verlieren und zum Krüppel zu werden. Aber die Frau neben ihm schien ganz anders zu sein. Sie saß schweigend da, rauchte, und Pawel sah, wie ihre Finger zitterten.

Waren diese beiden Männer wirklich hinter ihr her? Er hätte sich gern eingeredet, dass sie selbst schuld war, weil sie sich diesen falschen Pass mit seinem Namen besorgt hatte. Aber in Wirklichkeit war sie nicht schuld. Sie hatte es ja nicht wissen können. Minajew hätte sie warnen müssen, aber aus irgendeinem Grund hatte er das nicht getan. Warum? Hatte er nicht daran gedacht? Aber letzten Endes musste Pawel Sauljak sich sagen, dass er selbst schuld war. Hätte er all die Jahre nicht das getan, was er getan hatte, wäre niemand auf die Idee gekommen, eine Frau zu verfolgen, die seinen Namen trug. Er musste etwas für sie tun. Sie hatte ihn gerettet, jetzt war er an der Reihe. Nachdem er schon Rita nicht hatte retten können … War er schuld an ihrem Tod? Nein, das konnte nicht sein. Irgendein dummer Zufall. Vielleicht ein Raubüberfall, vielleicht eine Vergewaltigung. Mit ihm, Pawel, hatte das nichts zu tun. Wenn man ihn selbst bis jetzt nicht aufgespürt hatte, dann konnte man auch Rita nicht aufgespürt haben.

Niemand wusste von ihrer Verbindung zu ihm. Und Rita hatte immer dafür gesorgt, dass keiner, zu dem sie in seinem Auftrag Kontakt aufnahm, sich an ihr Äußeres erinnern konnte.

»Was wollen Sie jetzt tun?«, fragte er Nastja.

»Nach Hause fahren.«

Ihre Stimme klang ruhig und gelassen, aber die Anspannung war trotzdem nicht zu überhören.

»Haben Sie keine Angst?«

»Doch, aber was ändert das? Ich kann ja nicht ewig hier in Ihrem Auto sitzen bleiben. Ich muss nach Hause fahren, und morgen muss ich wieder zur Arbeit gehen.«

»Ich werde Sie nach Hause bringen.«

»Ja, das wäre nett. Ich habe keine Ahnung, wo wir sind und wie ich von hier aus nach Hause finde.«

»Wohnen Sie allein?«

»Im Moment bin ich allein, ja.«

»Das heißt, zu Hause erwartet Sie niemand?«

»Nein. Wollen Sie wissen, ob jemand da ist, der mir helfen kann, wenn es gefährlich werden sollte?«

»Ja, so ungefähr...«

»Nein. Mein Mann kommt erst in ein paar Tagen wieder zurück. Er ist zur Zeit bei seinen Eltern.«

»Was halten Sie davon, wenn ich Sie an einen anderen Ort bringe, zu Ihren Eltern zum Beispiel, bei denen Sie übernachten können?«

»Nein, auf keinen Fall. Sie würden gleich merken, dass bei mir etwas nicht in Ordnung ist.«

»Wir könnten zusammen zu mir fahren. Niemand weiß, wo ich wohne.«

»Und morgen früh fahren Sie mich zur Arbeit? Pawel, Sie schlagen mir völlig unmögliche Dinge vor.«

»Warum unmöglich?«

»Weil ich es vorziehe, in meinem eigenen Bett zu schlafen, zu Hause das Telefon abzunehmen und meinem Mann keine Erklärungen abgeben zu müssen wegen zweifelhafter Übernachtungen bei fremden Männern.«

277

»Ist Ihr Mann etwa eifersüchtig?«

»Mein Mann ist völlig normal, aber selbst ein normaler Mensch hat Grenzen, und die möchte ich nicht verletzen. Wenn ich ihm den wahren Grund meiner Übernachtung bei Ihnen sagen würde, würde er verrückt werden vor Angst um mich.«

»Dann gibt es nur noch eine Möglichkeit«, sagte Pawel. »Ich bringe Sie nach Hause und bleibe über Nacht bei Ihnen. Ich vermute, das bringt Sie nicht in Verlegenheit, denn wir haben ja bereits einmal gemeinsam in einem Zimmer übernachtet.«

Sie verstummte erneut und steckte sich die nächste Zigarette an.

»Wissen Sie, worin der Unterschied zwischen Ihnen und mir besteht?«, fragte sie plötzlich.

»Worin?«

»Sie sind ein Pragmatiker, während ich analytisch und strategisch denke. Warum haben Sie auf dem Lenin-Prospekt die Flucht ergriffen? Das war dumm und unvorsichtig. Jetzt sitzen wir beide hier und wissen nicht, wie wir aus der Sache wieder herauskommen sollen. Ich hätte mich an Ihrer Stelle ganz anders verhalten.«

»Und wie?«

»Ich wäre nicht geflohen. Eine Flucht zieht eine Menge Schwierigkeiten nach sich. Wir haben die Verfolger abgeschüttelt. Und nun? Wie geht es weiter? Sie zwingen mich dazu, mich zu verstecken und erneut zu flüchten. Sie denken nicht konstruktiv, Sie haben keine Strategie.«

»Und Sie haben eine Strategie?«, fragte Pawel mit leichtem Spott in der Stimme.

»Natürlich. Wenn Sie mir einfach gesagt hätten, dass Sie unsere Bekannten erblickt haben, dann hätte ich mir etwas einfallen lassen. Ich hätte dafür gesorgt, dass meine Kollegen auftauchen, man hätte die beiden festgenommen und Tacheles mit ihnen geredet. Ich hätte sie zu Handlungen provoziert, die das Erscheinen der Miliz unvermeidlich gemacht hätten. Aber so? Wir sind hier, und die beiden wer weiß wo. Die ganze Aktion hat mir eine Menge Angst eingebracht, aber keine einzige Antwort auf meine Fragen. Nur Verluste und keinen einzigen Pluspunkt.«

»Entschuldigen Sie«, sagte er trocken. »Ich habe mehr an Ihre Sicherheit als an Strategie gedacht. Und ich bestehe nach wie vor darauf, dass Sie nicht allein bleiben, zumindest heute nicht.«

Sie erwiderte nichts, und er nahm ihr Schweigen als Zeichen der Zustimmung.

»Wo wohnen Sie?«

»In der Stschelkowskij-Chaussee.«

Auf der Ringstraße gab es keine Staus, sie erreichten ziemlich schnell Nastjas Wohnung. Sauljak hatte während der ganzen Fahrt kein einziges Wort mehr gesagt.

* * *

»Kommen Sie herein«, sagte Nastja müde, nachdem sie die Tür zu ihrer Wohnung aufgeschlossen hatte. »Obwohl ich mir nicht sicher bin, ob ich mich richtig verhalte. Wahrscheinlich wäre es besser, wenn Sie nach Hause fahren würden. Sie haben mich nach Hause gebracht, ich danke Ihnen dafür. Jetzt kann mir nichts mehr passieren.«

Pawel antwortete nicht und betrachtete kritisch die Wohnungstür. »Sie haben ja nicht einmal ein Sicherheitsschloss«, bemerkte er. »Und das normale Schloss ist auch recht fadenscheinig. Ich muss schon sagen, Sie sind eine leichtsinnige Dame.«

»Bei mir gibt es nichts zu holen.«

»Doch, es gibt Sie selbst. Fürchten Sie nicht um Ihre persönliche Sicherheit?«

»Schon, aber ich will kein Geld ausgeben für Türschlösser. Es wäre sinnlos. Wenn jemand mir etwas tun will, dann kann er das auch jederzeit auf der Straße tun. Legen Sie ab, da Sie nun schon einmal hier sind.«

Jede Minute, die sie in Pawels Anwesenheit verbrachte, bereitete ihr fast körperliche Schmerzen. Wie dumm, dass Ljoscha nicht in Moskau war! Doch nein, so war es besser für ihn. Er kannte Nastja durch und durch und hätte sofort gemerkt, dass sie etwas beunruhigte.

Nachdem Pawel abgelegt hatte, ging er sofort zum Fenster und begann, die Straße zu observieren. Nastja kümmerte sich um das Abendessen. Was ließ sich auf die Schnelle zubereiten? Sie holte zwei Hühnerkeulen aus dem Gefrierfach und legte sie zum Auftauen in die Mikrowelle. Aus zwei Gurken und drei Tomaten ließ sich ein durchaus annehmbarer Salat herstellen, die Hühnerkeulen würden in Verbindung mit grob gewürfelten Kartoffeln und saurer Sahne vielleicht ebenfalls etwas Essbares ergeben. Der Brotkasten war schon seit drei Tagen leer, sie mussten also ohne Brot auskommen.

»Was ist, Pawel«, rief sie aus der Küche, »sind Sie eingeschlafen?«

»Nein. Ich betrachte den luxuriösen Audi, der eben unten vorgefahren ist, und seine Passagiere.«

Nastja legte das Messer beiseite, mit dem sie das Grünzeug für den Salat geschnitten hatte, und trat ans Küchenfenster. Vom achten Stock aus konnte sie in der Dunkelheit auf der Straße nichts erkennen.

»Was sehen Sie denn dort unten? Es ist doch dunkel.«

»Sie waren so unvorsichtig, den Wagen zuerst unter der Straßenlaterne zu parken und sind sogar für einen Moment ausgestiegen. Dann haben sie sich besonnen und das Auto an einer anderen Stelle geparkt. Sie kennen also bereits Ihre Adresse.«

»Das ist nicht gesagt«, widersprach sie unsicher. »Es könnte auch sein, dass sie Ihr Auto gesucht und gefunden haben.«

Sie stand nach wie vor am Fenster, mit dem Rücken zur Tür, und zuckte zusammen, als sie Pawels Stimme ganz dicht neben sich vernahm. Er besaß die Fähigkeit, sich völlig lautlos zu bewegen.

»Machen Sie sich keine Illusionen«, sagte er. »Innerhalb von zwei Stunden ist es in einer so riesigen Stadt wie Moskau ohne Hilfe der Miliz unmöglich, ein bestimmtes Auto zu finden. Und selbst mit Hilfe der Miliz gelingt es nicht immer.«

Nastja löste sich vom Fenster und wandte sich erneut dem Salat zu. Pawel hatte sich mit dem Rücken an die Wand gelehnt und beobachtete sie.

»Sie machen das nicht besonders geschickt«, bemerkte er. »Sind Sie nervös?«

»Nein, ich habe wenig Übung in solchen Dingen«, erwiderte sie kurz, während sie die gehackte Petersilie und den Dill zum Salat gab.

»Haben Sie lange bei Ihrer Mutter gewohnt, die für Sie gekocht hat?«

Er löste sich von der Wand, setzte sich auf einen Hocker und verschränkte die Arme über der Brust.

»Nein, ich habe lange allein gelebt und bin mit einfacheren Gerichten ausgekommen.«

»Und was ist mit Ihrem Mann? Kochen Sie nicht für ihn?«

»Nein, im Gegenteil, er kocht für mich. Hören Sie, irgendetwas stimmt hier nicht. Wenn sie meine Adresse kennen, dann haben sie mich nicht erst heute ausfindig gemacht, sondern schon früher. Sie sind mir mit Sicherheit bis zu meiner Dienststelle gefolgt und wissen, wer ich bin. Sie sind nicht hinter mir her, sondern hinter Ihnen. Sie haben mich nur in der Hoffnung verfolgt, dass ich mich mit Ihnen treffen werde. Meinen Sie nicht auch, dass es so ist?«

»Durchaus möglich.«

»Dann besteht keinerlei Grund für Sie, mich zu bewachen.«

»Möchten Sie, dass ich gehe?«

Nastja hob den Kopf und sah ihm ins Gesicht, aber wieder wich er ihrem Blick aus.

»Ja, das möchte ich«, sagte sie ruhig. »Das bedeutet natürlich nicht, dass ich Sie vor die Tür setze. Wir werden zu Abend essen, und danach fahren Sie nach Hause.«

»Wenn ich Ihr Haus verlasse, laufe ich den beiden direkt in die Arme.«

»Sie können Ihren Verfolgern sehr gut entkommen, das haben Sie vorhin bewiesen.«

»Fürchten Sie nicht, dass Sie sich getäuscht haben könnten? Was wird geschehen, wenn ich wegfahre und die beiden hier bleiben? Denken Sie an Uralsk. Sie haben mir dort gedroht, dass Sie weggehen und mich allein und ohne Waffe im Hotelzimmer zurücklassen werden. Damals hat mich nur Ihre Anwesenheit geschützt. Und jetzt schützt meine Anwesenheit Sie. Solange ich hier bin, werden sie es nicht wagen, hier einzudringen. Aber sobald ich weg bin, werden sie an Ihrer Tür läuten. Was werden Sie dann tun?«

Nastja hatte den Salat gewürzt und setzte sich nun ebenfalls an den Tisch, Pawel gegenüber. Er hat Recht, dachte sie. Ich weiß nicht genau, was vor sich geht, aber ich fühle, dass er Recht hat. Warum werden sie mir nichts tun, solange Pawel hier ist? Ich weiß es nicht, aber Pawel scheint davon überzeugt zu sein. Darüber muss ich nachdenken. Und wenn sie tatsächlich nicht hinter mir, sondern hinter ihm her sind, dann wäre es unverantwortlich, ihn auf die Straße hinauszuschicken, die Beute dem Jäger direkt vor die Füße zu werfen. Aber Gott allein weiß, wie sehr ich mir wünsche, dass er nicht hier wäre! Seine Anwesenheit ist qualvoll für mich, sie enerviert mich wie das Geräusch, das beim Kratzen von Glas auf Metall entsteht. Wie ist das nur möglich? Auf dem Weg von Samara nach Moskau habe ich drei Tage mit ihm verbracht und nichts dergleichen empfunden. Wahrscheinlich lag es daran, dass es den Auftrag gab, den ich ohne Rücksicht auf eigene Wünsche, Gefühle und Wahrnehmungen zu erfüllen hatte. Ich musste es einfach tun und basta. Friss oder stirb. Aber jetzt zwingt mich niemand mehr, seine Anwesenheit zu ertragen, ich habe mich selbst auf die Situation eingelassen und verstehe einfach nicht, was ich da mache, ob es richtig ist oder falsch. Daher die unangenehmen, qualvollen Empfindungen.

»Gut«, sagte sie kalt, »Sie können bleiben. Aber Sie werden auf dem Fußboden schlafen müssen, ich habe kein Klappbett.«

»Machen Sie sich keine Sorgen, ich kann in der Küche sitzen.«

»Wollen Sie denn nicht schlafen?«

»Das muss nicht sein, es geht auch ohne. Schließlich kann ich auch in einem Sessel schlafen oder auf einem Stuhl. Das soll nicht Ihre Sorge sein.«

Es ertönte ein melodisches Klingelzeichen, die Mikrowelle teilte dezent mit, dass das Essen fertig war. Nastja erhob sich unwillig und begann, Teller und Besteck aus dem Schrank zu holen. Der Appetit war ihr vergangen, der Geruch des geschmorten Hühnerfleisches bereitete ihr Widerwillen, aber sie wusste, dass sie etwas essen musste, um nicht ohnmächtig zu werden vor Schwäche.

Gewaltsam schob sie sich die Bissen in den Mund, bemüht, sich abzulenken und an etwas anderes zu denken, an die Arbeit, an ihren Mann, an alles Mögliche, nur nicht an den Mann, der mit ihr am Tisch saß.

Sauljak aß ebenfalls ohne besonderen Appetit, die Augen missmutig auf den Teller geheftet. Schließlich bedankte er sich höflich.

»Danke, es hat sehr gut geschmeckt.«

Nastja räumte wortlos die Teller ab, stellte sie in die Spüle und goss Tee ein. Pawel ging ans Fenster.

»Wie sieht es aus?«, fragte sie desinteressiert.

»Das Auto steht noch da.«

»Und die Passagiere?«

»Die sind nicht zu sehen. Vielleicht sitzen sie im Wagen, vielleicht gehen sie spazieren oder warten an der Haustür. Aber das ist ein gutes Zeichen.«

»Warum?«, fragte Nastja erstaunt.

»Da sie noch hier sind, haben sie wahrscheinlich nichts mit meinem Auto angestellt. Wären sie weggefahren, hätten sie sicher eine nette kleine Bombe hinterlassen.«

Sie tranken Tee und schwiegen erneut. Die Spannung stieg, Nastja musste sich beherrschen, um nicht das nächstbeste Geschirrstück an die Wand zu werfen. Sie hatte keine Lust, sich mit Pawel zu unterhalten, am liebsten wäre es ihr gewesen, wenn sie sich in zwei verschiedenen Zimmern aufgehalten hätten. Sie hätte ihm sogar liebend gern ihr Zimmer überlassen, er hätte dort fernsehen können, während sie sich in der Küche eingerichtet hätte, um ein wenig zu arbeiten oder zu lesen.

»Ich gehe jetzt«, sagte Sauljak und erhob sich abrupt. »Man kann ja regelrecht sehen, wie Sie leiden und nicht wissen, wohin mit sich.«

Nastja zuckte zusammen und hob den Kopf.

»Wohin wollen Sie denn gehen?«

»Das spielt keine Rolle. Sie hatten Recht, ich darf hier nicht bleiben.«

»Warum haben Sie es sich plötzlich anders überlegt?«

»Weil Sie meine Anwesenheit nur unter Qualen ertragen. Sie

fühlen sich so bedrängt, dass es Ihnen nicht einmal gelingt, es zu verbergen. Entschuldigen Sie, ich hätte das alles nicht tun sollen.«

Nastja fiel ein Stein vom Herzen, doch schon im nächsten Moment empfand sie Scham. Warum stellte sie sich eigentlich so an? Auf der Welt gab es schließlich nicht nur angenehme Menschen, und immer war es ihr bisher gelungen, das Persönliche vom Grundsätzlichen zu trennen, Arbeit und persönliche Gefühle auseinander zu halten. Es war noch kein Monat vergangen, seit sie Pawel vor den Leuten gerettet hatte, die ihm jetzt draußen auflauerten, sie hatte ihre ganze Phantasie und ihren ganzen Ehrgeiz in die Erfüllung dieser Aufgabe investiert, und sie hatte das für richtig und notwendig gehalten. In diesem Moment befand sich Sauljak in genau derselben Lage wie damals. Warum wollte sie ihm jetzt nicht helfen? Nur deshalb, weil sie jetzt niemand damit beauftragt hatte, es zu tun?

»Bleiben Sie«, sagte sie so liebenswürdig wie möglich. »Seien Sie mir bitte nicht böse. Ich bin von Natur aus nicht sehr gesprächig, die Quasseltante, als die Sie mich kennen gelernt haben, habe ich Ihnen nur vorgespielt. Beziehen Sie meine Schweigsamkeit bitte nicht auf sich. Ich sage Ihnen ehrlich, dass mir wesentlich wohler wäre, wenn Sie sich zu irgendeiner Erklärung herablassen würden. Wenn Sie mir sagen würden, wer diese Leute dort draußen sind. Ich glaube Ihnen nicht, dass Sie sie nicht kennen. Warum sind sie plötzlich wieder aufgetaucht, und was wollen sie? Ich bin mir sicher, dass Sie das wissen, aber Sie schweigen, und das macht mich misstrauisch.«

Mit diesen Worten hatte Nastja genau den halben Schritt auf ihn zu gemacht, den sie sich ausgerechnet hatte. Den nächsten halben Schritt musste sie in Gedanken tun. Es konnte einfach nicht sein, dass ein Profi wie Pawel Sauljak sich so verhielt, wie er es heute getan hatte. Er hätte nicht einfach fliehen dürfen, ohne den geringsten Versuch zu machen, seine Verfolger zu identifizieren. Er hätte sich etwas ausdenken, etwas tun müssen, das die Verfolger gezwungen hätte, sich zu offenbaren. Aber er hatte es nicht getan. Und zwar, weil er ohnehin wusste, wer die beiden waren. Es war ihm nur darum gegangen, den Kontakt mit ihnen zu vermeiden. Und da war noch etwas, das Nastja noch weniger gefiel. Pawel war kein unerfahrener, impulsiver Dummkopf, der beim Anblick verdächtiger Personen einfach nur davonlief. Außerdem hatte er ganze drei Tage mit Nastja verbracht und kannte sie gut genug, um zu wissen, dass sie in einer prekären Situation niemals einfach fliehen, sondern immer auf die Gefahr zugehen, ihren Kopf in die Höhle des Löwen stecken und sich voller Neugier umsehen würde. In den gemeinsamen Tagen mit Pawel hatte sie sich immer genau so verhalten, sie hatte die Verfolger ständig provoziert und abgewartet, wie sie reagieren würden. Die Tatsache, dass Pawel sie heute buchstäblich ins Auto gestoßen hatte und Hals über Kopf geflohen war, sprach Bände. Natürlich wusste er, wer die beiden waren, und er hatte nicht gewollt, dass auch Nastja es erfuhr. Er hatte nicht gewollt, dass sie genau das tat, was sie in dieser Situation getan hätte, wenn es ihr möglich gewesen wäre. Das hatte Nastja bereits in dem Moment gewusst, als sie noch neben Pawel im Auto gesessen und ihm sein falsches Verhalten vorgeworfen hatte. Sie hatte ihn dabei genau beobachtet und seine Reaktion registriert. Pawel war nicht der Mann, der die Vorwürfe einer Frau wortlos hinnahm, wenn es dabei nicht um das schmutzige Geschirr in der Spüle ging, sondern um sein Handwerk. Die Tatsache, dass er sie schweigend angehört und nicht widersprochen, sein Verhalten nicht nur nicht gerechtfertigt, sondern sich sogar entschuldigt hatte, konnte nur eines bedeuten: Er war bereit, alles hinzunehmen, um zu verhindern, dass Nastja erfuhr, wer diese beiden Männer waren. Er tat nur so, als wolle er sie beschützen. In Wahrheit, davon war Nastja inzwischen überzeugt, beschützte er Kolja und Serjosha vor ihr.

Jetzt wartete sie darauf, wie Pawel auf ihre Worte von eben reagieren würde. Natürlich würde er ihr nicht die Wahrheit sagen, davon war sie überzeugt, aber sie war gespannt, wie er sich herausreden würde. Schließlich tat sie ihm einen Gefallen, indem sie ihm erlaubte, über Nacht in ihrer Wohnung zu bleiben, deshalb konnte er sich keine Unhöflichkeiten oder gar Grobheiten erlauben und einfach sagen, dass sie das nichts anging. Es war klar, dass sie eine ausweichende Antwort bekommen würde, aber die

Art der Lüge würde ihr etwas über Pawels Persönlichkeit sagen. Versuche nicht herauszufinden, ob man dir die Wahrheit sagt, hatte sie ihm selbst vor kurzem erklärt, versuche zu verstehen, warum jemand so lügt, wie er lügt, dann wirst du die Wahrheit erkennen.

»Wissen Sie, ich möchte keine Einzelheiten über meine Arbeit für Bulatnikow preisgeben«, sagte Pawel, ohne Nastja anzusehen. »Sie wissen selbst, dass jemand, der einen so hohen Posten bei einer so mächtigen Behörde besetzt, es mit sehr heiklen und kritischen Angelegenheiten zu tun hat, und selbst jetzt, nachdem zwei Jahre seit Bulatnikows Tod vergangen sind, fühle ich mich nicht berechtigt, über das zu sprechen, was ich weiß. Ich denke, Sie verstehen mich richtig.«

Das war die ausweichende Antwort, kommentierte Nastja innerlich. Jetzt wird die Lüge folgen.

»Natürlich«, stimmte sie zu, »Ihre Berufsgeheimnisse gehen mich nichts an. Mich interessieren nur diese zwei Männer, die so darauf erpicht sind, Ihnen zu begegnen. Und wissen Sie, was mich besonders beschäftigt? Dass von unseren Verfolgern nur noch die Hälfte übrig geblieben ist. Der Mann mit dem Wolfspelz will ganz offensichtlich nichts mehr von Ihnen, mein Verehrer lässt sich ebenfalls nicht mehr blicken. Aber diese beiden lassen nicht locker. Und ich glaube nicht, dass Sie keine Erklärung dafür haben. Sie wollen es mir nur nicht sagen, Sie sind nicht ehrlich. Sie haben sich an mich gewandt, als Ihre Freundin verschwunden war und Sie Hilfe brauchten, und Sie haben meine Hilfe in Anspruch genommen, um für die Tatzeit ein Alibi beizubringen, ohne Minajew preisgeben zu müssen. Sie haben mich gebraucht, und Sie brauchen mich auch jetzt, Sie benutzen mich einfach wie einen Gegenstand, dem man nichts erklären muss, weil ein Gegenstand nur zu funktionieren hat.«

»Ich vermute, das ist purer Zufall«, erwiderte Pawel. »In Jekaterinburg haben uns alle vier aus den Augen verloren, und nur diesen beiden ist es gelungen, uns in Moskau wieder zu finden. Ich glaube nicht, dass die anderen plötzlich abgesprungen sind und nur noch diese beiden sich für meine Wenigkeit interessieren. Ich sagte Ihnen bereits, dass ich mich mit einigem Erfolg verstecke und aus diesem Grund auch Moskau verlassen habe. Wenn ich nicht wegen Rita zurückgekommen wäre, hätten sie mich nicht gefunden.«

»Sie haben vergessen«, erinnerte Nastja ihn sanftmütig, »dass sie nicht Sie gefunden haben, sondern mich. Und erst danach Sie. Allein die Tatsache, dass ihnen meine Adresse bekannt ist, bedeutet, dass sie mich bereits vor meinem heutigen Treffen mit Ihnen ausfindig gemacht haben. Und es würde mich sehr interessieren, wie die Dinge sich entwickelt hätten, wenn Sie zurzeit nicht in Moskau gewesen wären.«

In Pawels Gesicht zuckte etwas, und Nastja begriff, dass sie eine für ihn unangenehme Wahrheit berührt hatte. Fürs Erste reicht es, dachte sie, lockern wir die Zügel ein wenig, damit er durchatmen kann. Du bist unverbesserlich, Nastja, sagte sie sich. Noch vor einer halben Stunde hast du dich gewunden vor Qual und hättest alles dafür getan, damit Sauljak endlich geht. Und jetzt hast du dich wieder auf ein Spiel eingelassen, du hast wieder zu arbeiten begonnen, und aller Widerwille ist wie weggeblasen. Deine Leidenschaft für Denksportaufgaben wird dir früher oder später zum Verhängnis werden.

»Möchten Sie noch Tee?«

»Nein, danke. Ich wollte sagen ...«

»Ja?«

»Sie brauchen mich nicht zu unterhalten. Tun Sie das, was Sie tun würden, wenn ich nicht hier wäre. Kümmern Sie sich nicht um mich.«

Du meine Güte, wie feinfühlig wir sind, antwortete Nastja in Gedanken. Offenbar magst du nicht mehr mit mir sprechen. Hast du etwa Angst? Gefällt dir die Wendung nicht, die unser Gespräch genommen hat, Pawel Dmitrijewitsch? Nun gut, dann schweigen wir eben.

Sie spülte rasch das Geschirr ab und ging nach nebenan. Pawel blieb in der Küche zurück. Endlich war sie allein und konnte das Kuvert öffnen, das Konowalow für sie hinterlegt hatte. Sie entdeckte darin lediglich einige Blätter, Fotokopien von Unterlagen, aus denen eindeutig hervorging, dass der geheimnisvolle Henker noch einen weiteren Verbrecher hingerichtet hatte, einen Mann, der Ende 1992 die gesamte Familie eines für seine demokratischen Ansichten bekannten Abgeordneten ermordet hatte. Es handelte sich um fünf Opfer, um den Abgeordneten selbst, seine Frau, zwei Kinder im Alter von drei und acht Jahren und die alte Mutter des Abgeordneten, die gerade zu Besuch gewesen war. Alle fünf Opfer wurden erschossen, den Revolver hatte der Mörder auf der Brust des Abgeordneten zurückgelassen, mit dem Lauf nach oben, sodass er das Kinn des Toten berührte. Der Henker, der den Mörder des Abgeordneten gerichtet hatte, hatte den Revolver auf genau dieselbe Weise auf der Brust seines Opfers drapiert.

Dieser Mord hatte sich an einem ganz anderen Ort ereignet als die beiden vorangegangenen. Wahrscheinlich musste nun auch der Personalwechsel bei der Miliz in dieser Region überprüft werden. Obwohl Nastja in Anbetracht des neuen Mordfalles nicht mehr so recht an ihre eigene Hypothese glaubte. Es war denkbar, dass ein Milizionär während der Ermittlungen in diesen blutigen Mordfällen zweimal seine Stelle gewechselt hatte. Aber gleich dreimal? Das war zu viel des Guten. Am ehesten war es wohl so, dass es bei den Behörden in allen drei Regionen undichte Stellen gab, durch die die Information nach draußen floss. Vielleicht hatte der Henker Freunde in diesen Ämtern. Oder er kaufte sich die Informationen, die er brauchte. Um einen Milizionär zu bestechen, bedurfte es heute keiner großen Anstrengung mehr. Ein vor kurzem in Moskau durchgeführtes Experiment hatte gezeigt, dass von sieben Milizstreifen nur eine einzige ihren Dienst versah, die restlichen sechs gingen in der Arbeitszeit ausschließlich ihren mafiosen Angelegenheiten nach.

Nastja saß mit untergeschlagenen Beinen auf dem Sofa, mit den verstreuten Papieren um sich herum, sie war so in Gedanken versunken, dass sie die Zeit vergessen hatte. In der Wohnung war es still, so still, als wäre sie allein, nichts störte sie beim Denken, und als sie sich besann, war es schon fast ein Uhr nachts. Sie schob die Blätter schnell wieder ins Kuvert, sprang vom Sofa und lief in die

Küche. Pawel saß in seiner Lieblingspose da, mit dem Rücken an die Wand gelehnt, die Hände über der Brust verschränkt, die Augen geschlossen. Die Augäpfel bewegten sich nicht unter der dünnen Haut der Lider, sodass Nastja annahm, dass er eingeschlafen war.

»Ich kann Ihnen ein Bett auf dem Fußboden machen«, sagte sie leise.

Sauljak öffnete sofort die Augen.

»Nicht nötig, ich kann im Sitzen schlafen. Aber wenn es Ihnen lieber ist, dass ich auf dem Fußboden neben Ihrem Bett schlafe, kann ich auch das tun. Wenn meine Anwesenheit Sie belästigt und bedrängt, bleibe ich hier sitzen. Glauben Sie mir, ich bin Ihnen dankbar für Ihre Hilfe und möchte Ihnen keinerlei Umstände machen.«

Gut gemacht, dachte Nastja. Wie könnte ich dich jetzt noch hier in der Küche sitzen lassen! Damit würde ich ja zugeben, dass deine Anwesenheit mich tatsächlich belästigt und bedrängt. Zum Teufel mit dir. Es wird mir nichts anderes übrig bleiben, als dich tatsächlich neben meinem Bett schlafen zu lassen, was allerdings den Vorteil hat, dass ich dich dann sehen kann. Sonst müsste ich ständig auf der Hut sein und mich fragen, ob du in der Küche vielleicht gerade ein Messer wetzt, mit der unguten Absicht, es mir in den Hals zu stoßen.

Sie hievte eine Matratze von der Zwischendecke im Flur, warf sie in der Mitte des Zimmers auf den Boden, holte ein Kissen, eine Wolldecke und Bettwäsche aus dem Schrank und ging ins Bad. Als sie wieder zurückkam, lag Pawel unter der Decke auf der Matratze. Das Kissen steckte im Überzug, das Bettuch und der Überzug für die Decke lagen unberührt auf dem Sessel. Nastja bemerkte den Pullover, der ebenfalls auf dem Sessel lag, sonst konnte sie keinerlei abgelegte Kleidung entdecken. Pawel hatte sich also nicht ausgezogen, er hatte sich in seinen Kleidern hingelegt, genauso wie sie selbst, als sie mit ihm im Hotel übernachtet hatte.

Nastja löschte das Licht und schlüpfte in ihr Bett. An Schlafen war nicht zu denken, sie rollte sich nur bequem zu einem Knäuel zusammen und versank wieder in Gedanken. Mal dachte sie an den Henker und daran, wie man ihn fassen könnte, mal an Pawel und die beiden Verfolger. Sauljak bewegte sich nicht auf der Matratze, aber sie konnte seine Anwesenheit nicht vergessen. Zwischendurch gelang es ihr, ein wenig einzudösen, aber ihr Schlaf blieb flach und unruhig, nach kurzer Zeit erwachte sie wieder, zuckte zusammen und fühlte sich immer unwohler. Schließlich gab sie ihre erfolglosen Schlafversuche auf und begann einfach darauf zu warten, dass es halb sieben wurde und der Wecker klingelte.

Als das elektronische Fiepen ertönte, drückte Nastja sofort mit der flachen Hand auf den Knopf, erhob sich und ging ins Bad. Als sie es nach einer Viertelstunde verließ, war Pawel nicht mehr in der Wohnung. Nastja ging zum Fenster und sah nach unten. Weder Sauljaks schwarzer Saab noch der silberfarbene Audi waren zu sehen. Sie zuckte verständnislos mit den Schultern und begann, Kaffee zu kochen. Nach der schlaflosen Nacht war ihr Kopf dumpf und schwer, die Gedanken regten sich nur langsam und lustlos.

Sie trank bereits die zweite Tasse Kaffee, als es an der Wohnungstür läutete. Sie zuckte zusammen und warf einen Blick auf die Straße, bevor sie öffnen ging.

Pawels Saab stand direkt unter dem Fenster.

»Ich bitte um Verzeihung«, sagte Pawel kalt, während er die Wohnung betrat. »Ich musste kurz hinuntergehen und einiges überprüfen, mich vergewissern, dass mein Wagen nicht mit Bomben gespickt ist. Bei dieser Gelegenheit habe ich die beiden von Ihrem Haus weggelotst, damit Sie in Ruhe zur Arbeit gehen können.«

»Und warum sind Sie zurückgekommen?«, fragte Nastja erstaunt.

»Ich wollte mich von Ihnen verabschieden. Morgen fahre ich wieder weg, vielleicht sogar schon heute. Wir werden uns in nächster Zeit wohl kaum wieder sehen, vorausgesetzt natürlich, es passiert nicht wieder etwas. Außerdem habe ich Ihnen versprochen, Sie zur Arbeit zu bringen.«

Schlaumeier, dachte Nastja. Du hast die beiden doch nur von meinem Haus weggelotst, damit ich ihnen nicht begegne. Warum liegt dir nur so viel daran, dass ich nicht mit ihnen zusammenkomme? Warum hast du so große Angst davor, dass ich erfahre, wer sie sind?

»Das muss nicht sein«, lächelte sie. »Ich kann die Metro nehmen. Wollen Sie mit mir frühstücken?«

Er schüttelte den Kopf.

»Wenn Sie nicht wollen, dass ich Sie fahre, werde ich jetzt gehen.«

»In Ordnung«, sagte sie und wickelte sich fröstelnd in ihren Morgenmantel. Im Flur war es viel kälter als in der Küche, wo schon lange die Gasflammen auf dem Herd brannten.

»Auf Wiedersehen.«

»Alles Gute, Pawel.«

»Passen Sie auf sich auf.«

»Sie auch«, sagte Nastja mit leichtem Spott.

Sie schloss die Tür hinter ihm, ging zum Fenster und sah so lange auf die Straße, bis Pawel ins Auto eingestiegen und weggefahren war. Erst jetzt spürte sie fast körperlich, wie die Anspannung nachzulassen begann.

TEIL 4

VIERZEHNTES KAPITEL

Nastja begann, den Fall des geheimnisvollen Henkers gründlich zu studieren, und machte sofort einige kleine Entdeckungen. Erstens lag die Akte über den Mord an dem Abgeordneten und seiner Familie zwar zur Überprüfung beim Ministerium, aber man hatte diesen Fall nicht den Serienmorden zugeordnet, mit denen sich das Arbeitsteam befasste. Zweitens hatten in einigen Bezirken wesentlich mehr personelle Veränderungen stattgefunden als in anderen, wo es ebenfalls Serienmorde gegeben hatte. Und drittens war der Henker genau in den Regionen aktiv geworden, wo die meisten Kaderwechsel zu beobachten waren.

Die Recherchen waren unwahrscheinlich arbeitsintensiv, erforderten sehr viel Konzentration, Sorgfalt und Erinnerungsvermögen. Jeden Abend und natürlich auch die Wochenenden verbrachte Nastja am Computer, erstellte Listen, Skizzen, Tabellen und Datenverarbeitungsprogramme. Schließlich war ihr, als kenne sie den gesamten Personalbestand der Ämter für Inneres in einem Dutzend russischer Regionen auswendig, jeden Namen einzeln. Ständig verlangte sie von Konowalow neue Daten und bekam von ihm dicke Aktenordner und lange Listen. Es dauerte zwei Wochen, bis sie ihre vierte kleine Entdeckung machte, die sich als die wichtigste erwies.

Nastja ging mit einer Diskette in der Handtasche zu Konowalow ins Ministerium. Sie war sicher, dass sich in seinem Büro ein Computer befand, obwohl sie noch nie gesehen hatte, dass er ihn benutzte. Diesmal musste sie nicht lange warten, der General empfing sie sofort.

»Sehen Sie«, sagte Nastja, nachdem sie den Computer angestellt und die Diskette eingeschoben hatte, »das ist die Karte von Russland. Die blauen Kringel markieren die Gebiete, in denen unaufgeklärte Serienverbrechen vorliegen. Die roten Kringel bezeichnen die Gebiete, in denen 1993 eine starke Personalfluktuation innerhalb der Ämter für Inneres stattfand.«

»Und was bedeuten die schwarzen Kringel?«, erkundigte sich Alexander Semjonowitsch.

»So weit bin ich noch nicht. Eins nach dem anderen. In dem ersten Ordner, den Sie mir gegeben haben, befanden sich die Unterlagen über zwölf Mordserien, richtig?«

»Richtig«, bestätigte der Leiter des Hauptkomitees.

»Hier sind sie, zwölf blaue Kringel. Neben fünf dieser blauen Kringel befindet sich jeweils ein roter. Erinnert Sie das an etwas?«

»Bis jetzt nicht. Woran sollte es mich denn erinnern?«

»An die Weltgeschichte«, scherzte Nastja. »An den brennenden Reichstag zum Beispiel oder an verschiedene Episoden des Kampfes gegen das frühe Christentum.«

»Geht es nicht etwas einfacher?«, fragte Konowalow.

»Doch, es geht auch einfacher«, erwiderte Nastja nachsichtig. »In fünf Regionen finden brutale Serienmorde statt, gleich darauf beginnen auffällige Kaderumstellungen in den entsprechenden Ämtern für Inneres. In weiteren sieben Regionen, in denen ebenso brutale Morde stattfinden, geschieht nichts dergleichen. Haben Sie als Leiter des Hauptkomitees eine Erklärung dafür?«

»Hier ist keinerlei Erklärung nötig. Das eine hat einfach nichts mit dem anderen zu tun.«

»Glauben Sie wirklich? Dann möchte ich Sie daran erinnern, dass vor genau einem Jahr im Zusammenhang mit dem Mord an einem bekannten Fernsehjournalisten von heute auf morgen ein Staatsanwalt und der Leiter der Hauptverwaltung für Inneres entlassen wurden, und dem Innenminister hat man im Parlament sogar das Misstrauen ausgesprochen. Haben Sie das vergessen?«

»Nun gut, nehmen wir an, dass das eine mit dem anderen zusammenhängt. Dann möchte ich hören, welche Schlüsse Sie daraus ziehen.«

»Bitte sehr, nur wappnen Sie sich mit Geduld, Alexander Semjonowitsch. Wir haben also festgestellt, dass in fünf Regionen, in denen Serienmorde stattfanden, in den Ämtern für Inneres etwa siebzig Prozent des gesamten Personalbestandes ausgetauscht wurden. Sehen Sie sich nun die roten Kringel an. Wie Sie sehen, gibt es zehn Regionen, in denen auffällige Kaderumstellungen stattfanden, aber nur in fünf von ihnen wurden Serienmorde begangen. Und was ist mit den anderen fünf Regionen? Weshalb wurden dort die Kader ausgetauscht? In zwei dieser Regionen haben wir es ebenfalls mit unaufgeklärten Mordfällen zu tun, die aber nicht als Serienmorde klassifiziert wurden, seinerzeit allerdings großes Aufsehen erregten. Nur in drei Regionen ist in der Zeit vor den Personalumstellungen nichts dergleichen geschehen. Genau diese Regionen sind mit schwarzen Kringeln markiert. Sehen Sie nun, was daraus folgt. Wir haben zwei verschiedene Faktoren: Austausch der Milizkader und unaufgeklärte Mordfälle, die der gesamten Bevölkerung in der Region bekannt sind. Und wir haben sieben Regionen, in denen beide Faktoren vorliegen. In fünf Regionen handelt es sich um Serienmorde, in den beiden anderen zwar nicht um Serienmorde, aber um solche, die ebenfalls viel Staub aufgewirbelt haben. Und in allen sieben Regionen wurden fast alle Mitarbeiter in Schlüsselpositionen ausgetauscht. Drücke ich mich verständlich aus?«

»Durchaus«, sagte Konowalow schmunzelnd.

»Gehen wir weiter. In drei von diesen sieben Regionen hat der sein Unwesen getrieben, den wir den Henker nennen. Die Frage ist nun, ob die Aktivitäten des Henkers mit jenen beiden Faktoren zusammenhängen, die ich Ihnen eben genannt habe. Wenn tatsächlich ein Zusammenhang besteht, befinden sich die nächsten Opfer in den restlichen vier Regionen, und dann müssen wir den Henker genau dort suchen. Verstehen Sie? Das nächste Mal wird er mit Sicherheit in einer dieser vier Regionen zuschlagen.« Nastja tippte mit dem Bleistift auf verschiedene Stellen des Bildschirms. »Und wenn es uns gelingt, das gesamte operative Material zu nutzen und alle Verdächtigen, denen keine Schuld nachgewiesen werden konnte, unter Beobachtung zu stellen, werden wir den

Henker auf ganz simple Weise finden. Denn entsprechend seiner Logik wird er früher oder später in der Nähe einer dieser Personen auftauchen.«

»Das klingt einleuchtend«, stimmte Konowalow zu. »Haben Sie auch irgendwelche personenbezogenen Überlegungen angestellt? Ist es Ihnen gelungen, eine Gruppe von Mitarbeitern einzukreisen, unter denen sich der Henker befinden könnte?«

»Das eine oder andere ist mir auch dazu eingefallen«, sagte Nastja und machte ein paar Eingaben auf der Tastatur. »Aber es ist alles noch sehr vage. Hier ist die Liste Nummer eins, in ihr sind die Personen zusammengefasst, die seit 1992 in allen drei Regionen gearbeitet haben, in denen der Henker aktiv geworden ist. Die Liste ist, wie Sie sehen, sehr kurz, nur drei Personen, was vollkommen verständlich ist. Es kommt vor, dass jemand in vier Jahren fünf-, sechsmal seinen Arbeitsplatz wechselt, aber kaum jemand wird in so kurzer Zeit so oft seine Wohnorte wechseln. Hier ist die Liste Nummer zwei. Die Mitarbeiter verschiedener Regionen, die in dem uns interessierenden Zeitraum wegen Dienstvergehen entlassen wurden. Handgreiflichkeiten gegen verdächtige und festgenommene Personen, ungesetzliche Verhaftungen und so weiter. Diese Liste ist sehr lang, aber Sie wissen ja, dass solche Entlassungen in Zeiten massenhafter ›Säuberungen‹ an der Tagesordnung sind. Deshalb habe ich zwei zusätzliche Listen nach chronologischem Prinzip erstellt. Liste Nummer drei enthält die Personen, die in der Zeit nach der ersten Verbrechensserie und vor Einstellung des neuen Verwaltungsleiters entlassen wurden. In der Liste Nummer vier sind die Personen aufgeführt, die bereits von der neuen Amtsleitung entlassen wurden.«

»Und welche Liste ist nach Ihrer Ansicht die wichtigste?«, fragte Alexander Semjonowitsch.

»Wenn wir konsequent unserer Logik folgen, dann Liste eins und drei. Aber ich habe noch keine sicheren Erkenntnisse, Alexander Semjonowitsch. Das alles habe ich mir ja hier, in Ihrem warmen Büro, ausgedacht, hier bin ich auf die Idee gekommen, dass der Henker einer unserer Kollegen sein könnte, ein jetziger oder ein einstiger, der über operative Informationen verfügt.

Womöglich hat man ihm auf die Finger geklopft, als er den Wahnsinnigen schon fast hatte. Er sah die Hilflosigkeit der Justiz und beschloss, die Mörder selbst zu richten. Woher hat er die Informationen über die anderen Verbrechen? Von seinen Freunden, die bei der Miliz in anderen Landesregionen arbeiten. Aber verstehen Sie mich richtig, Alexander Semjonowitsch, alles das ist nur eine der möglichen Versionen. Ich habe noch eine zweite, die allerdings verwandt ist mit der ersten. Der Henker ist keiner unserer Kollegen, aber er hat dennoch Freunde bei der Miliz, und zwar nicht wenige, in allen drei Regionen. Es könnten Leute sein, mit denen er dieselbe Universität besucht hat und die er aus dieser Zeit gut kennt. Hier ist Liste Nummer fünf, in der die Mitarbeiter aller Regionen in Abhängigkeit von der Universität aufgeführt sind, die sie besucht haben. Aber diese Liste hat nicht viel praktischen Nutzen, ich habe sie nur für alle Fälle gemacht. Und hier ist schließlich Liste Nummer sechs. Hier finden Sie die Namen der Mitarbeiter, auf die mehrere der uns interessierenden Faktoren zutreffen. Solche Personen zum Beispiel, die bereits vor den großen Personalumstellungen entlassen wurden und einstige Kommilitonen in anderen Dienststellen haben. Solche, die noch im Dienst sind, einstige Kommilitonen in anderen Dienststellen haben und gleichzeitig in den uns interessierenden Fällen ermitteln. Und so weiter. Die Liste ist nicht gerade klein, aber durchaus noch überschaubar.«

»Gut, ziehen wir Bilanz«, sagte Konowalow. »Sie schlagen vor, zwei Personengruppen unter Beobachtung zu stellen: alle Personen, die bisher im Zusammenhang mit den unaufgeklärten Mordfällen unter Verdacht standen, und alle Personen, die auf der Liste Nummer sechs stehen. Habe ich Sie richtig verstanden?«

»Ja. Sie haben mich richtig verstanden.«

»Und warum sagen Sie das so freudlos?«, fragte der General. »Sind Sie müde?«

»Nein. Ich bin nur bei weitem nicht sicher, dass meine Hypothesen stimmen.«

»Machen Sie sich keine Sorgen, Ihre Version ist nicht die einzige, es gibt noch andere, die wir überprüfen.«

»Dann müssen wir noch eines machen: feststellen, ob die Opfer des Henkers sich jemals im Blickfeld jener Mitarbeiter befunden haben, die mit der Aufklärung dieser Verbrechen befasst waren. Ich habe darüber keine Angaben, und ohne sie komme ich nicht weiter.«

»In Ordnung, ich werde veranlassen, dass Sie diese Informationen morgen bekommen.«

Aus dem Ministerium fuhr Nastja nach Hause. In der Metro versuchte sie, ein Buch zu lesen, aber ständig schwirrten ihr Namen durch den Kopf, Namen und noch mal Namen … Sie versuchte, an etwas anderes zu denken, aber es gelang ihr nicht. Immer wieder kamen ihr neue Ideen, was sie noch überprüfen, vergleichen, klären musste.

Zu Hause erwartete sie Alexej, was immerhin hoffen ließ, dass sie etwas Ablenkung finden würde.

»So früh heute?«, wunderte sich Ljoscha. »Draußen ist es noch nicht einmal dunkel, und du bist schon zu Hause. Was ist passiert? Bist du in den Streik getreten?«

Sie verspeiste genussvoll das Abendessen, das er zubereitet hatte, und protestierte nicht einmal dagegen, dass er den Fernseher anstellte. Alexej hörte gern Nachrichten, während er in der Küche saß und Patiencen legte. Deshalb stellte er den Fernseher nebenan auf volle Lautstärke. Nastja konnte laute Geräusche nicht ertragen, aber heute war sie in guter Stimmung und nahm es hin.

Sie hatte das Geschirr abgespült und freute sich bereits auf eine heiße Dusche und auf ihr weiches Bett, als es an der Wohnungstür läutete. Draußen stand Mischa Dozenko, und auch sein ungewöhnlicher Charme und seine Attraktivität konnten nicht über das blaue Auge und den tiefen Kratzer in seinem Gesicht hinwegtäuschen.

»Nicht schlecht!«, sagte Nastja und pfiff durch die Zähne, während sie Mischa von Kopf bis Fuß betrachtete. »Was ist passiert, Mischa? Aber bevor Sie erzählen, müssen Sie sich waschen und Ihr Gesicht in Ordnung bringen.«

Mischa machte sich lange im Bad zu schaffen, er wusch den Schmutz und das angetrocknete Blut von seinem Gesicht und bearbeitete die Wunde mit Wasserstoffperoxid. Als er wieder auftauchte, sah er wesentlich besser aus als vorher. Nastja stellte sofort einen Teller und eine Tasse mit dampfendem Tee vor ihn auf den Tisch.

»Essen Sie etwas, Mischa, erzählen können Sie danach. Suchen Sie immer noch nach dem Auto?«

»Nein, jetzt nicht mehr«, sagte Dozenko, während er sich gierig über das Schnitzel und den Blumenkohl hermachte. »Ich habe die Nummer herausbekommen. Gerade eben.«

»Und wofür hat man Sie so zugerichtet?«

»Kommt darauf an, wie man es betrachtet«, lächelte Mischa. »Die Prügel habe zwar ich bezogen, aber abgehauen sind die andern, nicht ich. Lieber Himmel, Anastasija Pawlowna, wie viele Idioten es heute unter den Kriminellen gibt! Ich muss mich wirklich wundern. Warum gelingt es uns nicht, sie alle zu fassen, wenn sie so dumm sind?«

»Das kann ich Ihnen erklären, Mischa«, lachte Nastja. »Weil es unter uns ebenfalls viele Dummköpfe gibt. Was ist nun mit dem Auto?«

»Sie wollten, dass ich Leute suche, die den silberfarbenen Audi vor Ihrem Haus gesehen haben. Von diesen Leuten habe ich einige gefunden, aber niemand konnte sich an das Kennzeichen erinnern. So bin ich auf den Gedanken gekommen, Zeugen unter den Autodieben zu suchen. In einem Stadtteil, in dem es viele ausländische Marken gibt, müssen die Autodiebe einen Komplizen haben, der hier wohnt und sich auskennt, der die Autos und ihre Besitzer ausspioniert, die Alarmanlagen, die Garagen und so weiter.«

»Und Sie haben sich natürlich erkundigt, wie es mit den Autodiebstählen in meiner Gegend aussieht«, bemerkte Nastja.

»Natürlich. Und da hier ziemlich viele Autos gestohlen und selten wieder gefunden werden, habe ich es riskiert, Ihr zuständiges Polizeirevier aufzusuchen und mit unschuldigen Augen zu fragen, ob es möglich wäre, mich mit dem Komplizen der Autodiebe zusammenzuführen. Zuerst wollten sie natürlich nicht und taten so, als wüssten sie nicht, wovon die Rede ist, aber schließlich gelang es mir doch, sie zu überreden. Sie organisierten für mich ein Treffen mit diesem Mann, flehten mich aber an, ihm nicht zu sagen, dass man im Revier über ihn Bescheid weiß. Sie nehmen ihn nämlich gerade aufs Korn und hoffen, über ihn der ganzen Bande auf die Schliche zu kommen. Und da erscheine ich mit meinen albernen Wünschen.«

Michail lächelte so charmant und strahlend, dass man sofort begriff, auf welche Weise es ihm gelungen war, die Mitarbeiter der Miliz zu überreden.

»Jedenfalls, ich habe mit Engelszungen auf ihn eingeredet, was für ein wichtiger Zeuge er sei, was für schreckliche Verbrecher die Besitzer des silberfarbenen Audi seien, wie wichtig es wäre, sie zu fassen und hinter Gitter zu bringen, weil sonst das Übel über die Welt kommen würde. Er wand sich wie ein Regenwurm und wollte partout nicht zugeben, dass er den fremden Audi ins Visier genommen hatte, ebenso wie den schwarzen Saab, der daneben stand. Der Saab hat ihm übrigens besser gefallen, weil er noch ganz neu ist. Wären nicht die Männer im Audi gewesen, hätte Ihr Bekannter seinen Saab nie wieder gesehen.«

»Und das Kennzeichen? Spannen Sie mich nicht so auf die Folter, Mischa«, flehte Nastja.

»Das Kennzeichen hat er sich gemerkt. Genauer, er tat so, als hätte er es sich gemerkt. Oh, Anastasija Pawlowna ...« Mischa hielt es nicht mehr aus und begann, laut zu lachen, aber gleich darauf verzog er schmerzhaft sein Gesicht. Die frische Wunde auf der Wange machte sich bei jeder Bewegung der Muskeln bemerkbar. »Hätten Sie diese Szene gesehen. Ein Kindergarten ist das, nicht mehr und nicht weniger. Hast du dir das Kennzeichen gemerkt? frage ich. Und er druckst herum und murmelt etwas Unverständliches, er sei sich nicht sicher und so weiter, er müsse, um sein Gedächtnis aufzufrischen, mal kurz in die Büsche, die kleine Notdurft verrichten. Geh nur, sage ich, und er geht, bleibt mit dem Rücken zu mir stehen, ich beobachte ihn genau und sehe, dass er etwas ganz anderes verrichtet. Er holt ein Notizbuch aus der Tasche und blättert klammheimlich darin. Verstehen Sie? Er schreibt sich jede Autonummer auf, jede Marke, die Adresse des Besitzers und alle anderen Daten, die die Bande braucht. Aber er kann dieses Notizbuch natürlich nicht vor meinen Augen zücken. Ohne das Notizbuch ist er einfach nur ein Zeuge, der sich die Nummer eines parkenden Autos gemerkt hat. Ich habe natürlich so getan, als hätte ich nichts bemerkt, schrieb mir die Nummer auf, die er mir diktierte, verabschiedete mich höflich und ging los, um die Verkehrspolizei anzurufen. Und da fielen irgendwelche Schwachköpfe über mich her. Offenbar irgendwelche Kumpane des Mannes, mir war nur nicht klar, ob in Sachen Autodiebstahl oder in anderen Angelegenheiten. Der Knabe hatte sich noch keine hundert Meter von mir entfernt, und diese Typen stürzen sich auf mich wie die Wilden. Der Mann kommt zurückgelaufen und brüllt, dass sie mich in Ruhe lassen sollen. Kurz, alles nahm ein jähes Ende, aber ganz ohne Schaden ist es nicht abgegangen.«

Nastja räumte den leeren Teller weg und schob eine Schale mit Keksen und Rosinenkuchen näher an ihren Gast heran.

»Essen Sie, Mischa, genieren Sie sich nicht. Sie sind ein Schatz. Haben Sie es geschafft, bei der Verkehrspolizei anzurufen?«

»Nein. Wohin hätte ich mit diesem zerschundenen Gesicht gehen sollen? Ich wollte aus der Telefonzelle anrufen, aber ich hatte keine Münze bei mir. Und Ihr Haus war ganz in der Nähe. Ist es schlimm, dass ich einfach so hereingeschneit bin?«

»Nein, das haben Sie richtig gemacht. Geben Sie mir die Telefonnummer und trinken Sie einstweilen Tee, ich rufe selbst an.«

Eine halbe Stunde später verabschiedete sich Dozenko. Kaum hatte er die Tür hinter sich geschlossen, fiel die Maske des freundlich lächelnden Gastgebers von Alexejs Gesicht ab.

»Wie soll ich das verstehen?«, fragte er Nastja. »Was für ein Auto war das, das die ganze Nacht hier gestanden hat?«

»Du hast es doch gehört«, versuchte Nastja sich herauszureden. »Ein silberfarbener Audi.«

»Hör auf damit«, sagte Alexej ärgerlich. »Hängst du schon wieder in irgendeiner dummen Geschichte drin? Was geht hier vor?«

»Gar nichts, beruhige dich um Himmels willen«, sagte sie, mühsam ihren Unmut hinunterschluckend. »Das war schon vor fast zwei Wochen, und in dieser Zeit ist mir nichts passiert. Also ist alles gut gegangen.«

»Und warum suchst du dann nach den Männern?«

»Wie sollte ich nicht nach ihnen suchen?«, wunderte Nastja sich aufrichtig. »Ich muss doch wissen, wer diese Leute sind und warum sie eine ganze Nacht unter meinen Fenstern verbracht haben.«

»Nastja, du lügst schon wieder«, sagte Alexej mit einer müden Handbewegung. »Jeden Abend parken irgendwelche Autos unter deinen Fenstern, aber du hast dich noch nie für sie interessiert. Beobachten dich diese Männer?«

»Jetzt nicht mehr. Jedenfalls bemerke ich davon nichts.«

»Und vorher?«

»Ja, vorher haben sie mich beobachtet. Aber nicht besonders intensiv. Und außerdem bin ich nicht sicher, ob sie wirklich mich beobachtet haben.«

»Wen denn sonst?«

»Den Mann, mit dem ich Anfang Februar auf Dienstreise war.«

Alexej verstummte und begann wieder, die Karten zu mischen. Das Patiencenlegen war für Tschistjakow eine Art Antistress-Therapie, deshalb griff er jedes Mal nach den Karten, wenn er nervös wurde, so wie seine Frau in solchen Situationen immer nach einer Zigarette griff.

»Habe ich es richtig verstanden, dass dieser Mann vor zwei Wochen hier bei dir übernachtet hat?«, fragte er.

Nastja zuckte zusammen. Woher wusste er das? Er konnte es natürlich erraten haben, denn sie hatte ja eben gesagt, dass die Männer vielleicht gar nicht sie beobachtet hatten, sondern Pawel. Und da sie die ganze Nacht vor dem Haus verbracht hatten, war es nahe liegend, dass der, den sie suchten, sich in diesem Haus befunden hatte. Ljoscha hatte einen starken Intellekt, nicht umsonst war er Doktor und Professor.

»Ja«, erwiderte sie ruhig, ohne die Augen von seinen langen, kräftigen Fingern abzuwenden, die die Karten auf dem Tisch sortierten. »Du hast es richtig verstanden, er hat hier übernachtet.«

»Und wenn heute nicht zufällig Mischa vorbeigekommen und die Sprache auf das Auto gebracht hätte, das die ganze Nacht hier stand, dann hättest du mir nichts davon gesagt?«

»Nein, wahrscheinlich nicht. Das sind meine dienstlichen Angelegenheiten, warum sollte ich dich damit belasten.«

»Willst du damit sagen, dass ein fremder Mann, der eine Nacht in deiner Wohnung verbringt, eine dienstliche Angelegenheit ist?«

»Ja, genau das will ich damit sagen.«

»Ist er ein Kollege von dir?«

»Fast.«

»Geht es nicht etwas genauer?«

»Er hat zwei Jahre wegen schweren Rowdytums abgesessen, in diesem Sinne kann er natürlich keinesfalls mein Kollege sein. Aber vorher hat er viele Jahre lang so etwas wie operative Arbeit gemacht.«

»Nastja, ich frage dich nicht, warum er die Nacht bei dir in der Wohnung verbracht hat. Du bist eine erwachsene, vernünftige Frau, und du musst tun, was du für richtig hältst. Du hast einen fremden Mann mit nach Hause gebracht, also hattest du Gründe dafür. Aber ich verstehe nicht, warum ich das zufällig von einem Fremden erfahren muss, von Mischa Dozenko. Die Tatsache, dass du versucht hast, mir das zu verheimlichen, zwingt mich anzunehmen, dass es sich hier um mehr als eine dienstliche Angelegenheit handelt.«

»Ljoscha …«

»Warte, lass mich ausreden. Mir ist dieses Gespräch ebenso unangenehm wie dir, deshalb möchte ich es so schnell wie möglich beenden. Ich bitte dich, Nastja, zwinge mich nicht, an dir zu zweifeln. Weißt du, was Eifersucht ist? Ich vermute, du weißt es nicht. Aber ich weiß es sehr gut. Und wenn ich schweige und dich nichts frage, dann bedeutet das nicht, dass ich nichts bemerke und nichts spüre. Mir ist genau aufgefallen, dass zwei Monate vor unserer Hochzeit etwas mit dir passiert ist. Und etwa einen Monat später war es vorbei, auch das habe ich deutlich gespürt. Aber du ahnst nicht, was ich in diesem Monat durchgemacht habe. Deshalb bitte ich dich, mich das alles nicht noch einmal durchmachen zu lassen, insbesondere dann, wenn es dafür keinen Grund geben sollte. Ich glaube dir, dass dieser Mann nicht dein Liebhaber ist. Ich glaube dir, weil du es gesagt hast. Aber ich habe gesehen, wie durcheinander du nach dieser Dienstreise warst, und ich kann mich noch gut an die Gespräche erinnern, die wir in dieser Küche geführt haben. Du hast dich ständig gefragt, ob du keinen Fehler gemacht hast und ob du nun vielleicht für diesen Fehler bezahlen musst. Aber du hast mir bis heute nicht gesagt, um welchen Fehler es ging, du überlässt mich meinen Vermutungen. Hättest du mir gesagt, dass er hier übernachtet hat, wäre es mir nicht in den Sinn gekommen, mir deshalb Sorgen zu machen. Versteh mich, Nastja, ich verlange keinerlei Erklärungen von dir. Ich bitte dich nur, so etwas nicht mehr zu machen. Verheimliche mir nichts, was du nicht unbedingt verheimlichen musst. Lass es nicht so weit kommen, dass ich verrückt werde vor Zweifeln und Eifersucht, wenn es dafür keinen Grund gibt.«

»Gut, ich verspreche es dir«, sagte Nastja fügsam. Ihr Mann hatte Recht, sie konnte ihm nicht widersprechen.

*　*　*

Kaum hatte Nastja am nächsten Morgen die Schwelle ihres Büros überschritten, rief Gordejew sie zu sich. Sie zog ihre Jacke aus, warf sie auf den Schreibtisch, strich sich mit einer Bürste schnell durchs Haar, das der Wind auf den zugigen Bahnsteigen der Metro zerzaust hatte, und ging zu ihrem Chef.

»Ich habe vier Neuigkeiten für dich«, verkündete Viktor Alexejewitsch. »Eine schlechte, eine sehr schlechte mit etwas Gutem daran, eine neutrale und eine ganz ausgezeichnete. In welcher Reihenfolge soll ich die Gerichte servieren?«

»Zuerst das ungenießbarste«, seufzte Nastja. »Jetzt am frühen Morgen habe ich noch Kraft und werde versuchen, alles in Tapferkeit und Würde zu ertragen.«

»Vorhin hat Konowalow angerufen. Der Henker hat wieder zugeschlagen.«

»Verdammt!«, entfuhr es Nastja. »Wir waren nicht schnell genug. Wo ist es diesmal passiert?«

»Genau da, wo du es vorhergesehen hast. Das ist das Gute daran. Konowalow hat gesagt, dass du noch vier weitere Regionen im Auge hattest, in denen der Henker aktiv werden könnte. Er erwartet dich heute Nachmittag und wird dir weitere Daten zeigen.«

»Alles klar. Jetzt bitte die schlechte Nachricht ohne das Gute.«

»Konowalow, der ohne dich nicht mehr leben kann«, sagte Gordejew, der das Sticheln nicht lassen konnte, »hat mich gebeten, dir auszurichten, dass über kein einziges Opfer des Henkers irgendwelche operativen Erkenntnisse vorliegen. Keine von diesen Personen wurde jemals überprüft. Verstanden, Kindchen? Keine einzige.«

»Dann habe ich mich getäuscht«, bilanzierte Nastja lakonisch. »Aber ein negatives Ergebnis ist auch ein Ergebnis, weil man auch daraus nützliche Schlüsse ziehen kann. Dann ist unser Henker offenbar doch keiner von unseren Kollegen. Schade nur um die viele Arbeit, die jetzt für die Katz ist. Was bin ich nur für eine Idiotin. Ich hätte das gleich zu Anfang überprüfen müssen, aber ich bin erst gestern auf diesen Gedanken gekommen.«

Sie ärgerte sich so über sich selbst, dass ihre Wangen rot aufflammten und ihre Stimme zitterte. Aber Oberst Gordejew tat so, als bemerkte er nichts, er versuchte nicht, Nastja zu trösten. Dafür kannte er sie zu gut.

»Was darf ich als Nächstes servieren?«, fragte er heiter.

»Das Neutrale. Nach der bitteren Speise würde ich gern ein ganz einfaches Stück Brot zu mir nehmen.«

»Das Auto, das unter deinem Balkon übernachtet hat, gehört einem gewissen Herrn Grigorij Valentinowitsch Tschinzow, einem Mitarbeiter der Duma. Er ist nur ein kleines Rädchen im Getriebe und verfügt über keine große Macht. Einzelheiten über Charakter und Privatleben bekommst du noch. Was ist, Nastjenka, bist du jetzt bereit für die gute Nachricht? Oder soll ich dir vorher noch irgendeinen weiteren ungenießbaren Happen vorwerfen, damit der Kontrast größer wird?«

»Danke, es reicht«, lachte sie. Inzwischen hatte sie ihren Ärger überwunden.

»Man hat das Foto von Kyrill Basanow, der sich zur Zeit in der Psychiatrie befindet, den Zeugen eines lange zurückliegenden

Mordes an einem Erpresser vorgelegt. Ich beglückwünsche dich, Kindchen, hier hast du ins Schwarze getroffen.«

»Man hat ihn wieder erkannt?«, fragte Nastja. »Das kann nicht sein, Sie nehmen mich auf die Schippe. So viel Glück auf einmal kann man nicht haben.«

»Kann man eben doch, hier, du kannst es anfassen. Außerdem bezweifle ich, dass es einfach nur Glück war. Wo hast du denn diese Geschichte mit dem Mord an dem Erpresser ausgegraben?«

»Aus meinem eigenen Archiv. Sie wissen doch, dass ich ein Archiv führe, in dem sich die Daten über alle unaufgeklärten Mordfälle und Gewaltverbrechen der letzten zehn Jahre befinden und das ich ständig erneuere.«

»Und du benutzt das Archiv für deine Arbeit?«

»Natürlich«, sagte Nastja achselzuckend. »Ich werte die uns vorliegenden Daten aus und fasse sie unter verschiedenen Gesichtspunkten zusammen, je nach Art der Verbrechen. Das wissen Sie doch. Nach dem Mord an Lutschenkow und Basanows Verhaftung habe ich mein Archiv nach einem nicht gefassten Mörder mit Basanows äußeren Kennzeichen durchsucht. So bin ich auf den Erpresser gekommen.«

»Also habe ich Recht gehabt, es handelt sich hier nicht um Glück«, sagte der Oberst entschieden. »Es ist das Resultat langjähriger konsequenter Kleinarbeit. Du hast dir dein Glück selbst erarbeitet, Kindchen, und zur Belohnung erfährst du jetzt die aufregendste Neuigkeit dieses Morgens.«

»Eine fünfte Neuigkeit?«, fragte Nastja verwundert. »Sie sagten doch, es seien nur vier.«

»Es handelt sich um die Fortsetzung der vierten. Halt dich fest, damit du nicht in Ohnmacht fällst. Wie du dir denken kannst, hat unser Kyrill Basanow Eltern, die völlig fassungslos sind und nicht begreifen können, was ihr Sohn angerichtet hat. Ein stiller, braver junger Mann, der sich nie in schlechter Gesellschaft befunden und nie über den Durst getrunken hat. Ein wenig reizbar und jähzornig, aber nur selten und für kurze Momente. Basanows Eltern wurden gebeten, sich an die Zeit zu erinnern, in der der Mord an dem Erpresser begangen wurde, das heißt an den April des Jahres

1993. Seitdem sind zwar drei Jahre vergangen, aber sie erinnerten sich trotzdem noch an einiges. Man stellte ihnen die üblichen Fragen, ob Kyrill zu dieser Zeit neue Bekanntschaften gemacht hat, ob er vielleicht plötzlich zu Geld gekommen war und so weiter. Im November 1992 hatte er den Militärdienst abgeleistet, und im Frühjahr 1993 befand er sich längst wieder in Moskau. Und jetzt, Nastjenka, beginnen alle möglichen Ungereimtheiten und Seltsamkeiten. Basanows Mutter erinnert sich, dass Kyrill am zwölften April 1993 ein Glas zerschlagen hat, und zwar so, dass er sich die ganze Innenfläche der rechten Hand zerschnitt. Er ging mit einem Glas Tee aus der Küche in sein Zimmer, stolperte auf dem Flur, fiel hin und landete mit seinem ganzen Gewicht in den Scherben auf dem Fußboden, mit der rechten Hand voraus. Die Mutter erinnert sich genau, dass es der zwölfte April war, weil das früher der Tag der Raumfahrt war, und Kyrill war als Kind sehr fasziniert von allem, was mit der Raumfahrt und dem Kosmos zusammenhing, wie die meisten Jungen in diesem Alter. Nur vergeht das bei den meisten irgendwann, aber Kyrill war in seiner Entwicklung stehen geblieben. Als die Mutter seine verletzte Hand mit Jod betupfte, schrie er fast vor Schmerz, und die Mutter tröstete ihn: Kannst du denn gar keinen Schmerz aushalten, Junge? Das gehört sich nicht für einen Mann. Schau dir deine Raumfahrer an, was für mutige Männer das sind, die fürchten sich vor gar nichts, und du jammerst wegen so einer Kleinigkeit. Halte es zu Ehren dieses Tages aus, es ist doch dein Lieblingsfeiertag. Bei dieser Szene waren Basanows Vater, seine kleine Schwester und eine Nachbarin anwesend, eine Krankenschwester, die man geholt hatte, damit sie sich die zerschnittene Hand auf eventuell zurückgebliebene Glassplitter ansehen sollte. Nun geht dein Freund Jura Korotkow in die Psychiatrie, bittet Basanow, ihm seine Hand zu zeigen, er sieht die Narben und fragt Kyrill, wie das passiert ist. Und was glaubst du, was der ihm geantwortet hat?«

»Was denn?«

»Nichts, Nastjenka. Er erinnert sich nicht.«

»Was heißt, er erinnert sich nicht?«, fragte Nastja stirnrunzelnd. »Wie ist es möglich, sich an so etwas nicht zu erinnern?«

»Er erinnert sich eben einfach nicht. Korotkow fragt ihn, ob er noch weiß, wie er aus der Armee entlassen wurde. Daran erinnert er sich genau. Er erinnert sich an die Heimfahrt, daran, wie die Eltern ihn vom Bahnhof abholten, er weiß sogar noch, welches Kleid seine Mutter trug und welche Frisur seine Schwester hatte. Er erinnert sich genau daran, wie sie 1993 Silvester gefeiert haben und dann, am 8. März, den Frauentag. Aber wie er sich die Hand im April verletzt hat, weiß er nicht mehr. An die Mai-Feiertage erinnert er sich dann wieder, er weiß genau, was er an diesen Tagen gemacht hat. Ich habe mir übrigens von einem Fachmann sagen lassen, dass Oligophreniker oft über ein ausgezeichnetes Gedächtnis verfügen, sie können manchmal mühelos ganze Buchseiten auswendig lernen. Wie es aussieht, verfügt auch Basanow über ein gutes Gedächtnis, damals im April muss er einen Blackout gehabt haben. Wann genau wurde der Erpresser ermordet, erinnerst du dich?«

»Ja«, sagte Nastja mit plötzlich taub gewordenen Lippen. »Am zwölften April morgens gegen elf Uhr. Was hat das alles zu bedeuten? Ein psychotischer Schub, Mord und anschließend Amnesie?«

»Könnte es so gewesen sein?«

»Vielleicht. Aber eher nicht. Wenn es sich um eine Krankheit handelt, hätte die Amnesie auch nach dem Mord an Lutschenkow anhalten müssen, Basanow hätte alles vergessen müssen, was mit dem Mord zusammenhing. Aber er erinnert sich ja an jede Einzelheit. So klar und deutlich, dass er sich in seinen Aussagen kein einziges Mal widersprochen hat.«

»Zieh keine voreiligen Schlüsse. Hör mir zu, denn ich habe dir noch nicht alles erzählt. Wenn du nicht mit so viel Eifer für Konowalow arbeiten würdest, hättest du alles schon viel früher erfahren. Korotkow isst und schläft nicht mehr, er rast durch ganz Moskau und sammelt Informationen, aber du zeigst nicht das geringste Interesse daran und scheinst vergessen zu haben, dass es außer deinem Henker noch andere Verbrecher gibt, die gefasst werden müssen. Also, hör zu. Vor etwa drei Wochen hat Basanows Mutter ihren Sohn zusammen mit einem fremden Mann gesehen. Sie kannte seinen Namen nicht und konnte sich nicht erinnern, ihm schon einmal begegnet zu sein, aber das sehr sympathische Gesicht kam ihr trotzdem irgendwie bekannt vor. Sie dachte nach, und schließlich fiel ihr ein, dass sie ihren Sohn schon einmal mit diesem Mann gesehen hatte. An genau derselben Stelle, aber schon vor langer Zeit, kurz vor dem Unfall, bei dem Kyrill sich die Hand verletzt hatte.«

»Wie kurz vor dem Unfall?«, wollte Nastja wissen.

»Sehr kurz. Am Tag davor. Die Mutter fragt also ihren Sohn, wer sein Bekannter sei, dieser sympathische Mann, mit dem sie ihn auf der Straße gesehen hat. Aber Kyrill versteht nicht, wovon die Rede ist. Die Mutter erinnert ihn, es war der, mit dem du vom Supermarkt in Richtung Park gegangen bist, sagt sie, du kennst ihn schon lange, ich habe euch schon vor drei Jahren einmal zusammen gesehen. Aber Kyrill versteht nicht und schaut seine Mutter nur mit leeren Augen an. Kurz, es ist ihr nicht gelungen, etwas aus ihm herauszubekommen. Allerdings hat sie sich auch keine große Mühe gegeben, da das alles erstens keine große Bedeutung für sie hatte und ihr zweitens immer bewusst ist, dass ihr Sohn geistig zurückgeblieben ist und man deshalb nicht allzu viel von ihm erwarten kann. Unser Korotkow hat auch Kyrill selbst befragt, natürlich viel eindringlicher und energischer als seine Mutter. Er setzte den armen Kerl nach allen Regeln seiner kriminalistischen Kunst unter Druck, und Kyrill erinnerte sich tatsächlich, wenn auch mit großer Mühe. Angeblich hat dieser Mann Kyrill auf der Straße angesprochen und gefragt, ob er ihm einen Hunderttausendrubelschein wechseln könnte. Basanow begann, in seinen Taschen zu wühlen, er hatte nur kleine Scheine bei sich und verzählte sich ständig. Schließlich stellte sich heraus, dass sein Geld nicht reichte. Der Fremde entschuldigte sich und steckte seinen Geldschein wieder ein. Eine Weile gingen sie noch nebeneinanderher, sie hatten denselben Weg, das war alles. Kyrill hatte diesen Mann zum ersten Mal im Leben gesehen, er konnte nicht verstehen, warum seine Mutter behauptete, dass er ein alter Bekannter von ihm sein musste. Aber das alles ist erst die Vorspeise, Kindchen. Weißt du, woraus das Hauptgericht besteht?«

Gordejew reichte Nastja ein Blatt Papier.

»Hier, lies. Und überprüfe dabei gleichzeitig dein eigenes Gedächtnis. Ein kleiner Test für dich.«

»Was ist das?«, fragte sie, während sie nach dem Blatt griff.

»Ein Auszug aus dem Vernehmungsprotokoll. Lies, was Basanows Mutter noch gesagt hat.«

Nastja überflog schnell die Zeilen. Sie hatte sofort Korotkows große, unschöne, aber gut leserliche Handschrift erkannt. Ein etwa vierzigjähriger Mann, las sie, dunkler Typ, langes, gelocktes Haar, wie Makarewitsch, der Popsänger. Er trug eine getönte Brille und war nicht sehr groß, kleiner als Kyrill. Sehr gut gekleidet, teuer, aber nicht auffällig.

»Das ist ja ein Ding«, murmelte Nastja und ließ das Blatt auf die Knie sinken. »Die Überraschung ist Ihnen gelungen. Das ist doch der Mann, der im Hotel Rossija gesehen wurde, als Jurzew starb.«

»Zieh keine voreiligen Schlüsse«, ermahnte Gordejew Nastja. »Ob es wirklich derselbe ist, wissen wir noch nicht, obwohl die Personenbeschreibungen sich sehr gleichen. Heute Nachmittag werden Basanows Mutter und einige von den Leuten hier erscheinen, die auf dem Empfang im Rossija waren. Wir werden versuchen, mit ihrer Hilfe ein Phantombild zu erstellen, es anschließend Basanow zusammen mit einigen anderen Bildern zeigen und ihn fragen, ob der Mann dabei ist, der ihn auf der Straße angesprochen hat. Das soll vorläufig aber nicht deine Sorge sein, das wird Dozenko machen. Und du, Kindchen, denk einstweilen über Folgendes nach: Basanow ist zwar kein großes Licht, ganz im Gegenteil, aber irgendeine ganz einfache Logik muss in seinen Gedanken und Handlungen trotzdem zu finden sein. Ich meine wirklich die allereinfachste Logik, die jeder verstehen kann, der ein bisschen gesunden Menschenverstand besitzt. Wäge ab, wo er lügt und wo er die Wahrheit sagt, überlege, was daraus folgt und wie wir seine Aussagen überprüfen können. Um drei Uhr erwartet dich Konowalow, aber vorher möchte ich dich sehen und hören, was dir dazu eingefallen ist.«

Nastja kehrte in ihr Büro zurück, hängte die achtlos auf den

Schreibtisch geworfene Jacke in den Schrank, setzte Kaffeewasser auf und holte mit nachdenklichem Gesichtsausdruck die Papiere aus ihrer großen Tasche, die sie am Vortag bei Konowalow im Ministerium abgeholt hatte. In einem Anfall von Wut begann sie, die Blätter in kleine Fetzen zu reißen, die langen Listen und Tabellen, die sie mit so viel Mühe und Sorgfalt zu Hause auf dem Computer erstellt hatte. Du dumme Gans! Du hirnlose Idiotin, murmelte sie erbittert, während sie die Fetzen in den Papierkorb warf. Warum ist dir das nicht schon gestern eingefallen? Zuallererst hättest du dich davon überzeugen müssen, dass die Opfer des Henkers wirklich zu dem Personenkreis gehörten, gegen den bereits erfolglos ermittelt wurde. Aber du bist einfach davon ausgegangen, dass es so ist, und darauf hast du deine Hypothese vom Milizionär aufgebaut, der beschlossen hat, das Recht selbst in die Hand zu nehmen. Du dumme, selbstgefällige Pute! Zwei Wochen Arbeit umsonst, alles für den Papierkorb. Man sollte dich prügeln und davonjagen, jemand wie du hat nichts verloren bei der Kripo!

Nastjas Hasstirade gegen sich selbst endete erst, als auch das letzte Blatt zerfetzt und im Papierkorb gelandet war. In diesem Moment begann das Wasser zu kochen, Nastja brühte sich einen starken Kaffee, steckte sich eine Zigarette an und wurde etwas ruhiger. Die Hände zitterten zwar noch, das Herz klopfte, aber die Wut hatte nachgelassen. Jetzt galt es, den Kopf wieder zu benutzen. Wenn ich die Personalakten nicht überprüft hätte, sagte Nastja sich, hätte ich schließlich nie von den umfangreichen Kaderumstellungen erfahren, die drei, vier Monate nach den Morden einsetzten, für die der Henker jetzt systematisch Rache übt. Und wenn ich das nicht erfahren hätte, hätte ich nicht die Regionen einkreisen können, in denen der Henker wahrscheinlich sein Werk fortsetzen wird. Sein neues Opfer ist der Beweis dafür, dass ich mich in seiner Vorgehensweise nicht getäuscht habe. Allerdings bedeutet das, dass wir mit mindestens drei weiteren Morden zu rechnen haben. Und die müssen verhindert werden. Wir müssen den Henker finden. Und seine potenziellen Opfer müssen nach dem Gesetz bestraft werden. Nur wird es jetzt natürlich sehr schwer sein, sie zu finden und vor dem Henker zu schützen, da sie nie zu den Verdächtigen gehört haben und deshalb nicht in unseren Akten auftauchen. Und der Henker kann, da er ganz offensichtlich nicht zu unseren Mitarbeitern gehört, jeder x-Beliebige sein. Aber zumindest wissen wir jetzt, wo wir ihn suchen müssen. Wir wissen es nicht sicher, aber mit hoher Wahrscheinlichkeit.

FÜNFZEHNTES KAPITEL

Anfang März herrschte in der Umgebung von Moskau unerwartet schönes Wetter. Der Frost hatte bereits nachgelassen, nachts fiel die Temperatur nicht unter minus acht Grad, und am Tag stieg sie bis auf null. Der Schnee, der sich auf den Moskauer Straßen in braunen Matsch verwandelt hatte, erfreute das Auge auf dem Land zwar nicht unbedingt mit jungfräulichem, aber immerhin mit unverschmutztem Weiß.

Heute stand Tschinzow das nächste Treffen mit seinen neuen Bossen bevor. An dem Tag, als Serjosha plötzlich die Verwandte von Pawel Sauljak auf der Straße erblickt hatte und Tschinzow deshalb mit dem Taxi zum Ort der Verabredung fahren musste, hatten nur ganz allgemeine Vorgespräche über die Möglichkeiten der Zusammenarbeit stattgefunden. Tschinzows Dienste wurden nun nicht mehr dafür gebraucht, gefährliche Rivalen aus dem Weg zu räumen, sondern dafür, bestimmte politische Gruppierungen und die sie unterstützenden Kräfte für sich zu gewinnen.

Die Kunde davon, dass Ratnikows vernichtendes Interview von Tschinzow eingefädelt worden war, hatte dessen neue Bosse erreicht, und Grigorij Valentinowitsch war klar, dass man ihn für einen ziemlich mächtigen und gewieften Mann hielt, von dem man viel erwarten konnte. Aber was konnte er tatsächlich anbieten? Leider gar nichts. Jedenfalls nichts, was nicht auch andere anbieten konnten, die Erfahrung in solchen und ähnlichen Angelegenheiten hatten.

Am Anfang hatten Serjosha und Kolja Sauljaks Verwandte nur bis zu ihrem Haus verfolgen können. Als sie am nächsten Tag ihre

Wohnung wieder verließ, verloren sie ihre Spur in der Metro. Diese Idioten! Später hatten sie sie natürlich wieder aufgespürt und von ihrem Haus bis zur Petrowka verfolgt, und am selben Tag traf sie sich prompt mit Pawel. Aber Sauljak, dieser Fuchs, hatte die beiden bemerkt und war geflohen. Die Nacht verbrachte er bei Anastasija oder wie immer sie in Wirklichkeit hieß, und am nächsten Morgen war er dann endgültig entkommen und auf Nimmerwiedersehen verschwunden. Serjosha und Kolja folgten der Frau fast zwei Wochen auf Schritt und Tritt, aber keiner ihrer Wege hatte in dieser Zeit zu Sauljak geführt. Inzwischen war Tschinzow klar, dass Sauljak untergetaucht war und sich an einem Ort versteckt hielt, wo ihn niemand finden konnte. Auch die Hoffnung auf diese Frau hatte er inzwischen begraben. Ganz offensichtlich arbeitete sie in der Petrowka. Also konnte man sie nicht anwerben, selbst wenn sie die gleichen Fähigkeiten wie Sauljak besaß.

Was also konnte Tschinzow seinen neuen Auftraggebern anbieten, da er weder auf Pawel Zugriff hatte noch auf diese Frau? Im Grunde gar nichts, jedenfalls nichts Außergewöhnliches, das war die traurige Wahrheit. Verdammt und zugenäht, wie stand er jetzt da!

Der Wagen bog von der Chaussee in die Dorfstraße ab, bald darauf hielt er vor einem hohen Zaun. Serjosha, der am Steuer saß, gab ein kurzes Zeichen mit der Hupe, und gleich darauf trat ein bulliger Mann in einer gefleckten Uniform durch das Tor. Er nahm das Papier entgegen, das Tschinzow ihm reichte und ihn als Mitglied der Duma auswies, dann entfernte er sich, unterhielt sich kurz mit jemandem über Sprechfunk, und gleich darauf öffnete sich das breite Tor und ließ den Wagen passieren.

Vor dem Haus erblickte Grigorij Valentinowitsch einen weiteren Leibwächter, der genauso durchtrainiert aussah und dieselbe Uniform trug. Nach den parkenden Wagen vor dem Haus zu urteilen, waren sie nicht als Erste gekommen. Der zweite Leibwächter überprüfte ebenfalls Tschinzows Papiere, erst dann durfte er das Haus betreten. Er legte hastig ab, mit einem unangenehmen Ziehen in der Magengegend. Beim ersten Mal hatte er seinem

Boss ganz anders gegenübertreten können, da Serjosha damals gerade die Frau aufgespürt hatte, die ihm den Weg zu Sauljak weisen oder selbst für ihn hätte tätig werden können. Was aber hatte er heute vorzuweisen? Welche Zusagen konnte er geben? Welche Aufträge konnte er übernehmen? Am liebsten hätte er jetzt den Rückzug angetreten, aber man hatte ihm gutes Geld versprochen, und das wollte er sich nicht durch die Lappen gehen lassen. Und wie hätte er seinen Rückzug auch begründen sollen?

Es waren nicht viele Gäste anwesend, insgesamt nur drei, mit Tschinzow zusammen vier. Der Gastgeber stellte Grigorij Valentinowitsch vor und machte ihn mit seinen Gästen bekannt. Der Ausdruck ihrer Gesichter verriet Tschinzow, dass auch sie über das Interview mit Ratnikow Bescheid wussten, und ihm wurde noch mulmiger.

»Es versteht sich von selbst«, begann der Gastgeber, »dass wir die Möglichkeiten, die uns der Tschetschenienkonflikt bietet, zur Durchsetzung unserer Ziele nutzen müssen. Heute haben wir erfahren, dass Dudajew in den nächsten Tagen Groznyj stürmen will. Zu dieser Zeit wird sich dort ein hoher russischer Militär befinden. Wenn der Sturmangriff auf Groznyj in Anwesenheit dieses Truppenführers stattfindet, wird dieser keine andere Wahl haben, als das Kommando zu übernehmen und seine Fähigkeiten als Stratege und Heerführer unter Beweis zu stellen. Natürlich wird er nichts ausrichten können, und sein Ruf wird ruiniert sein, was wiederum dem Ruf der gesamten Armee schaden wird. Wenn es uns aber gelingt, seinen Ruf zu retten, wird er uns verpflichtet sein. Dazu müssen wir nur eines tun: es so einrichten, dass er wenigstens ein paar Stunden vor dem Sturmangriff Groznyj verlässt. Und dann, wenn alles vorbei ist, wird der Truppenführer erfahren, wem er es zu verdanken hat, dass er der Schande entgangen ist. Es handelt sich hier um eine sehr raffinierte Intrige, meine Herren. Sie ist vor allem psychologischer Art. Hohe Militärs sind sehr eitle Menschen, sie verzeihen es nie, wenn man ihnen Schwäche unterstellt.«

»Ich würde eine andere Variante vorschlagen«, schaltete sich ein gut aussehender, schlanker Mann von etwa fünfzig Jahren ein. Der Gastgeber hatte ihn Tschinzow als Anton Andrejewitsch vorgestellt. »Jedem ist bekannt, dass dieser Truppenführer zu den Leuten des Präsidenten gehört. Wenn es uns gelingt, einen Konflikt zwischen ihm und anderen leitenden Militärs im Verteidigungsministerium zu entfachen, werden diejenigen, die sich von ihm gekränkt fühlen, sich auch vom Präsidenten abwenden. Worauf sie sich natürlich auf unsere Seite schlagen werden, da wir genau jenes potenzielle Regime verkörpern, unter dem die Armee in großen Ehren steht. Aber ich bin damit einverstanden, dass wir die Ereignisse rund um den Sturm auf Groznyj für das Anfachen des Konflikts ausnutzen.«

»Haben Sie schon einen Plan?«, erkundigte sich der Gastgeber.

»Im Großen und Ganzen schon«, bejahte Anton Andrejewitsch. »Aber dazu brauchen wir einen Mann aus Dudajews Militärstab. Haben wir den?«

»Wir werden einen finden«, lächelte der Gastgeber. »Aber verraten Sie uns Ihren Plan.«

»Die russischen Geheimdienste haben, wie Sie wissen, in Erfahrung gebracht, dass der Sturmangriff auf Groznyj ursprünglich für den 23. Februar geplant war. Die Truppen befanden sich in Bereitschaft, aber der Angriff hat nicht stattgefunden. Aus Dudajews Feldstützpunkt sickerte durch, dass der Angriff auf den 10. März verschoben wurde. Diese Information haben die Geheimdienste an die Armeeleitung weitergegeben. Wir müssen also Dudajew dazu bringen, den Angriff früher zu starten, und wir müssen den genauen Zeitpunkt wissen. Es muss ein Tag sein, an dem sich unser Truppenführer in Tschetschenien befindet. Einige Stunden vor Beginn des Angriffs wird er von dort abreisen. Das müssen wir natürlich sehr vorsichtig einfädeln. Ich nehme an, dass uns in dieser Hinsicht Herr Tschinzow einen unschätzbaren Dienst erweisen wird. Als zweiten Schritt wird einer unserer führenden Politiker öffentlich bekannt geben, dass der Aufklärungsdienst des Verteidigungsministeriums in dieser Situation komplett versagt hat. Und danach lassen wir durch die Presse andeuten, dass im Gegensatz dazu die Geheimdienste sehr gute Arbeit geleistet und genaue Informationen über den Zeitpunkt des

Angriffs geliefert haben. Danach wird unserem Truppenführer nichts anderes übrig bleiben, als den Aufklärungsdienst des Verteidigungsministeriums der Öffentlichkeit zum Fraß vorzuwerfen. Er wird nur zwei Möglichkeiten haben: Er muss entweder seine Feigheit eingestehen oder behaupten, dass der Aufklärungsdienst versagt hat. Die erste Variante entfällt, wie uns allen klar ist. Bleibt nur die zweite. Er wird über den Aufklärungsdienst herfallen, er wird verlangen, dass die Verantwortlichen entlassen werden und die gesamte innere Organisation dieser Dienststelle umgestellt wird. Er wird seine Freunde und Mitstreiter angreifen und denunzieren. Danach werden diese sich von ihm abwenden und sich auf unsere Seite schlagen.«

Anton Andrejewitsch machte eine Pause, nickte Tschinzow zu und fuhr dann fort: »Die Abreise des Truppenführers aus Tschetschenien werden Sie arrangieren, Grigorij Valentinowitsch. Wird Ihnen das gelingen? Aber meine Frage ist natürlich überflüssig, jeder weiß um Ihr Geschick in so heiklen Angelegenheiten. Natürlich wird es Ihnen gelingen. Aber wir müssen schnell handeln, meine Herren. Wir haben nicht mehr viel Zeit, übermorgen reist der Truppenführer nach Tschetschenien und wird sich nach vorläufigen Informationen vier Tage dort aufhalten.«

Die Tür öffnete sich, auf der Schwelle erschien ein Diener. »Es ist angerichtet«, verkündete er mit einem fragenden Blick auf den Gastgeber, in Erwartung weiterer Anweisungen.

»Nun denn«, sagte der Gastgeber und erhob sich trotz seiner Leibesfülle behände vom Sessel. »Ich bitte die Herren zu Tisch. Wenn wir Anton Andrejewitschs Vorschlag grundsätzlich annehmen, können wir die Einzelheiten beim Essen besprechen. Darf ich bitten.«

Er deutete mit einer eleganten und gleichzeitig gebieterischen Handbewegung zur Tür, die ins Nachbarzimmer führte. Am Tisch kam Tschinzow neben Anton Andrejewitsch zu sitzen. Die beiden übrigen Gäste nahmen am anderen Ende des Tisches Platz, der Gastgeber saß an der Spitze der Tafel. Tschinzow hatte sich ein wenig beruhigt. Die Aufgabe, die man ihm zugedacht hatte, war durchaus zu bewältigen, und er begann bereits, sich alle möglichen Varianten ihrer Erfüllung durch den Kopf gehen zu lassen. Doch plötzlich änderte sich die Situation.

»Übrigens«, sagte der Herr, der Tschinzow als Turyschew vorgestellt worden war und ihm jetzt gegenübersaß, »ich glaube, dass wir einen Mann wie unseren Grigorij Valentinowitsch weit unter seinen Fähigkeiten einsetzen. Ich denke, er könnte sehr viel mehr für uns tun.«

»Ja?« Der Gastgeber senkte seine Gabel, die er gerade zusammen mit einem saftigen Stück Schweinefleisch zum Mund geführt hatte.

»Ich glaube«, fuhr Turyschew fort, »dass Anspielungen in der Presse bei weitem nicht die Schlagkraft besitzen, die wir in diesem Fall benötigen. Es wäre sehr viel wirkungsvoller, wenn einer der Geheimdienstchefs ein Interview geben und völlig unzweideutig erklären würde, dass die Uhrzeit des Sturmangriffs auf Groznyj unserem Truppenführer genau am Morgen des Tages mitgeteilt wurde, an dem er Tschetschenien eilig verließ. Damit würde er quasi niemanden der Feigheit bezichtigen, sondern nur seine Behörde vor falschen Verdächtigungen schützen. Aber die Bürger unseres Landes werden natürlich ihre eigenen Schlüsse ziehen. Und falls nicht, werden die Medien ihnen schon dabei helfen. Ich versichere Ihnen, dass das sehr viel überzeugender wirken würde. Zumal eine Kunde wie diese nicht nur in unserer Öffentlichkeit Kreise ziehen würde, sondern auch im Ausland. Wir hätten mit großer Resonanz zu rechnen. Erinnern Sie sich, meine Herren, wie viel Aufsehen das Interview mit Ratnikow erregt hat.«

Jetzt geht es los, dachte Tschinzow voller Entsetzen. Das hat mir gerade noch gefehlt. Das Interview mit Ratnikow war Pawels Werk, der Teufel soll ihn in Stücke reißen, diesen Hundesohn. Ich bin zu so etwas nicht in der Lage.

»Das ist keine schlechte Idee«, erwiderte der Gastgeber lebhaft. »Wir sollten ernsthaft darüber nachdenken.«

Tschinzow heftete die Augen auf seinen Teller und gab sich krampfhaft den Anschein, dass ihn die Diskussion nicht sonderlich interessierte. Dabei hatte jedes Wort für ihn den Klang seiner eigenen Todesglocken.

»Ich habe das Gefühl, dass die Idee Ihnen nicht besonders gefällt«, sagte der neben ihm sitzende Anton Andrejewitsch leise.

»Sie haben Recht«, stimmte Grigorij Valentinowitsch bereitwillig zu.

»Und warum? Glauben Sie nicht an die Wirksamkeit dieser
Vorgehensweise? Oder sehen Sie irgendwelche Hindernisse, die
den hier Anwesenden vorläufig verborgen sind?«

»Ich bin mir nicht sicher, dass ich tun kann, was Sie von mir erwarten«, erwiderte Tschinzow ausweichend. »Ich bin es nicht gewohnt, auf die Schnelle zu arbeiten. Ein solches Interview muss
gut vorbereitet sein. Das ist eine Sache von Monaten und nicht
von wenigen Tagen.«

»Darf ich fragen, wie viel Vorbereitungszeit Sie für das Interview mit Ratnikow gebraucht haben?«

»Vier Monate«, log Tschinzow, ohne mit der Wimper zu
zucken.

»Tatsächlich?«

Anton Andrejewitsch warf seinem Tischnachbarn einen interessierten Blick zu. Grigorij Valentinowitsch zuckte innerlich zusammen. Glaubte der Mann ihm nicht? Warum sollte er an seinen Worten zweifeln? Kannte er etwa die Wahrheit? Wie sollte
das möglich sein?

»Ja, stellen Sie sich vor, vier Monate«, wiederholte Tschinzow
todesmutig.

Das Tischgespräch begann sich um die Frage der Finanzierung
zu drehen. Grigorij Valentinowitsch hörte mit halbem Ohr zu
und begriff, dass es um den Auftrag ging, dessen Erfüllung man
von ihm erwartete.

»Grigorij Valentinowitsch«, sagte der Gastgeber, »wir alle hier
besitzen gesunden Menschenverstand und verlangen von Ihnen
nicht, dass Sie unsere politischen Ansichten teilen. Wir haben Sie
als Experten zu uns eingeladen, und wir werden Ihre Dienste entsprechend bezahlen. Welche Bedingungen stellen Sie?«

»Geht es um die Abreise des Truppenführers aus Tschetschenien?«, fragte Tschinzow mit unschuldigem Gesichtsausdruck.

»Nein, es geht um das Interview.«

»Grigorij Valentinowitsch hält es für unmöglich, das Interview in so kurzer Zeit zu organisieren«, schaltete sich Anton Andrejewitsch ein. »Und ich muss ihm zustimmen. Die Erfüllung so einer Aufgabe bedarf einer langfristigen und sehr sorgfältigen Vorbereitung, ein paar Tage reichen dafür nicht aus.«

»Darum geht es jetzt nicht«, entgegnete der Gastgeber unwillig. »Je schwieriger die Aufgabe, desto höher das Honorar. Wie viel ist nach Ihrer Meinung die Arbeit wert, die Sie hier leisten müssten, Grigorij Valentinowitsch?«

»Wenn ich genügend Zeit und qualifizierte Mitarbeiter zur Verfügung hätte«, meinte Tschinzow vorsichtig, »würde ich sagen ... nun, etwa fünfhunderttausend Dollar.«

»Heißt das, dass Sie für das Interview mit Ratnikow genau diese Summe bekommen haben?«, fragte der Gast, dessen Namen Tschinzow sich nicht gemerkt hatte.

»Ja«, erwiderte er dreist. In Wirklichkeit hatte ihm Malkow für das Interview mit Ratnikow nur zweihunderttausend Dollar bezahlt. Aber Malkow war nicht mehr unter den Lebenden, und niemand konnte Tschinzow seiner Lüge überführen.

»In Anbetracht der kurzen Frist bieten wir Ihnen das Doppelte. Sind Sie damit einverstanden?«

Eine Million! Eine ganze Million herrlicher, knisternder grüner Dollarscheine! Tschinzow blieb fast die Luft weg. Er war davon ausgegangen, dass sie versuchen würden, den Preis zu drücken, und er hätte unter Berufung auf die extrem kurze Frist eisern auf den fünfhunderttausend bestanden. Seine Hoffnung war gewesen, dass die hohe Summe sie abschrecken würde und die Sache damit erledigt wäre. Und nun hatten sie ihm eine Million geboten! Guter Gott! War es denn möglich, so viel Geld abzulehnen?

»Ja, ich bin einverstanden«, hörte er sich sagen, noch bevor er begriff, was er da tat.

»Und Sie garantieren uns die Erfüllung des Auftrags?«

»Ja«, sagte Grigorij Valentinowitsch und fühlte, wie alles um ihn herum sich zu drehen begann.

Was tat er? Warum hatte er zugestimmt? War er wahnsinnig?

»Und wenn irgendetwas nicht klappt?«, fragte der Gast, der am anderen Ende des Tisches neben Turyschew saß.

»Dann werde ich das Honorar nicht bekommen«, lächelte Tschinzow gequält und demonstrierte mit seinem ganzen Ausdruck, dass das selbstverständlich war.

»Nein, so geht das nicht. Wir investieren in die Sache eine Menge Zeit, Energie und Geld, und dann, im letzten Moment, wird sich womöglich herausstellen, dass Grigorij Valentinowitsch den Auftrag nicht erfüllen kann. Dieses Risiko können wir nicht eingehen«, widersprach Anton Andrejewitsch. »Eben noch hat Grigorij Valentinowitsch mir gesagt, dass er für die Vorbereitung des Interviews mit Ratnikow vier Monate gebraucht hat. Wir können nicht erwarten, dass er dieselbe Aufgabe diesmal in wenigen Tagen bewältigen wird. Ich schlage vor, zu unserer ersten Variante zurückzukehren, und Grigorij Valentinowitsch soll dafür sorgen, dass unser Truppenführer im richtigen Moment Groznyj verlässt.«

»Übrigens«, mischte Turyschew sich ein, »wer wird sich dieser Sache annehmen, wenn Herr Tschinzow das Interview übernimmt. Darüber haben wir noch gar nicht nachgedacht.«

»Herr Tschinzow wird das tun, was wir ihm auftragen«, sagte der Gastgeber streng. »Und er wird für jeden erfüllten Auftrag das ihm zustehende Honorar bekommen. Sie scheinen zu vergessen, meine Herren, dass Herr Tschinzow nur eine ausführende Funktion für uns hat. Unsere Aufgabe ist es, die Ziele und Aufgaben festzulegen und das Geld für die Realisierung unseres Vorhabens aufzutreiben, und Herr Tschinzow hat die Aufgabe, unseren Auftrag zu erfüllen. Ist es nicht so, Grigorij Valentinowitsch? Und wenn unser verehrter Grigorij Valentinowitsch der Meinung sein sollte, dass wir nicht wissen, aus welchen Quellen das Geld stammte, mit dem der verstorbene Gouverneur Malkow seine Dienste bezahlt hat, dann irrt er sich sehr. Wir wissen das und können es, falls nötig, auch beweisen. Also, wie hoch veranschlagen Sie das Honorar für Ihre Arbeit, wenn es Ihnen gelingt, die Abreise des Truppenführers aus Tschetschenien zu arrangieren?«

Diese Wendung im Gespräch erschreckte Tschinzow. Sie hatten ihn an die Wand gedrückt, und nun gab es kein Zurück mehr.

»Zweihunderttausend«, murmelte er mit tauben Lippen.

»Wunderbar. Gehen wir davon aus, dass wir uns geeinigt haben. Sie wissen, womit Sie zu rechnen haben, falls Sie den Auftrag nicht erfüllen?«

»Ja. Ich nehme an, dass alles reibungslos verlaufen wird«, erwiderte Tschinzow, der wusste, dass er mit diesen Worten den nächsten Schritt zum Schafott getan hatte, und diesmal einen riesigen.

* * *

Anton Andrejewitschs Wagen fuhr langsam vorneweg, und Tschinzow hatte den am Steuer sitzenden Serjosha angewiesen, ihn nicht zu überholen.

»Fahren Sie hinter mir her. Wir haben etwas miteinander zu besprechen«, hatte Anton Andrejewitsch ihm beim Auseinandergehen zugeflüstert.

Die beiden anderen Wagen waren mit großer Geschwindigkeit vorausgefahren und längst aus dem Blickfeld, als Anton Andrejewitschs Wagen nach rechts abbog, in eine unbefestigte Seitenstraße.

»Hinterher«, befahl Tschinzow.

Nach etwa zehn Metern hielt der Wagen an, Anton Andrejewitsch stieg aus und bat Tschinzow, dasselbe zu tun. Die beiden Männer entfernten sich ein Stück von ihren parkenden Autos und begannen, langsam auf und ab zu gehen.

»Ich glaube, Sie befinden sich in einer nicht sehr angenehmen Lage«, begann Anton Andrejewitsch das Gespräch.

»Ja«, stimmte Tschinzow freudlos zu. »Und das ist noch sehr harmlos ausgedrückt.«

»Das heißt, es besteht keine Chance, dass Sie die Aufträge erfüllen können?«

»Die Chance ist sehr gering. Ich habe Ihnen ja gesagt ...«

»Ja, ich verstehe«, unterbrach ihn Anton Andrejewitsch. »Ich kann versuchen, Ihnen aus der Bredouille zu helfen, wenn Sie wollen.«

»Wie denn?«, fragte Tschinzow. Sein Herz machte einen hoffnungsvollen Sprung.

»Ich kann dieses Interview arrangieren.«

»Aber warum haben Sie das den andern nicht gesagt? Dann hätte man diese Aufgabe Ihnen übertragen. Und Sie hätten das Geld bekommen. Ich verstehe Sie nicht.«

»Ich werde es Ihnen erklären«, sagte Anton Andrejewitsch mit einem herablassenden Lächeln. »Ich gelte als politischer Mitstreiter, ich muss für die Idee arbeiten und nicht für Geld. Hätte ich gesagt, dass ich diese Aufgabe übernehmen kann, hätte ich das umsonst machen müssen. Verstehen Sie jetzt, was ich meine?«

»Ja, natürlich.«

»Außerdem möchte ich nicht, dass meine Freunde um meine Möglichkeiten wissen. Kurz, ich kann dieses Interview arrangieren, aber ich möchte nicht, dass das öffentlich wird. Und umsonst arbeiten will ich auch nicht. Halten Sie es für möglich, dass wir uns irgendwie einigen können?«

»Wie sind Ihre Bedingungen?«, fragte Tschinzow, der einen Hoffnungsstrahl aufblitzen sah und das Leben in sich zurückkehren spürte.

»Die Abreise des Truppenführers aus Tschetschenien arrangieren Sie und bekommen dafür das Ihnen zugesagte Honorar von zweihunderttausend Dollar. Um das Interview kümmere ich mich, aber offiziell wird das Ihre Aufgabe bleiben. Nach ihrer Erfüllung bekommen Sie das Honorar und geben es an mich weiter. Das ist alles.«

»Sie wollen die ganze Million für sich?«

»Sind Sie damit nicht einverstanden?«, fragte Anton Andrejewitsch erstaunt. »Bitte sehr, ich will mir Ihre Meinung dazu gern anhören.«

»Ich glaube, dass die Wahrung Ihres Geheimnisses einen gewissen Preis hat«, bemerkte Tschinzow.

»Hat die Wahrung Ihres Geheimnisses etwa keinen Preis? Wollen Sie, dass die Öffentlichkeit erfährt, wo das Geld herkommt, das Sie von Malkow erhalten haben? Wir werden beide schweigen, Grigorij Valentinowitsch, und damit sind wir quitt. Und die Million werden Sie mir geben. Wenn Ihnen das nicht gefällt, brauchen Sie meine Hilfe nicht anzunehmen. Ich dränge mich Ihnen nicht auf.«

»Nein, nein, ich bin einverstanden«, sagte Tschinzow mit einem Seufzer. »Die Sache ist abgemacht.«

»Wunderbar«, lächelte Anton Andrejewitsch.

* * *

Viktor Alexejewitsch Gordejew sah Jura Korotkow versonnen an, während er über die Information nachdachte, die er soeben von ihm bekommen hatte. Korotkow hatte herausfinden sollen, wer ein gewisser Grigorij Valentinowitsch Tschinzow war und warum die beiden Männer, die sein Auto benutzten, immer wieder den Weg von Anastasija Kamenskaja kreuzten. Jura hatte in Erfahrung gebracht, dass Tschinzow bei der Staatsduma arbeitete und dass die beiden Männer, die in seinem silberfarbenen Audi herumfuhren, Serjosha Jakowlew und Kolja Obidin hießen. Korotkow hatte sie als die Männer wieder erkannt, die er bereits in Samara und Uralsk gesehen hatte. Es sah so aus, als seien sie eigentlich hinter Sauljak her und nicht hinter Anastasija. Wahrscheinlich hatte Anton Andrejewitsch Minajew genau diesen Tschinzow und seine zwei Leute gemeint, als er seinen Freund, General Konowalow, ins Vertrauen gezogen und die Befürchtung geäußert hatte, dass man auf Sauljak nach seiner Entlassung aus dem Straflager die Jagd eröffnen würde. Bis hier hin passte alles zusammen.

Dann aber hatte Korotkow mitgeteilt, dass Tschinzow soeben zu Gast im Haus eines sehr bekannten Politikers irgendwo im Umland von Moskau gewesen war und sich unter den Gästen dieses Politikers auch Anton Andrejewitsch Minajew befunden hatte. Das besagte vielleicht noch nicht allzu viel, aber auf der Rückfahrt nach Moskau hatten Tschinzow und Minajew eine Unterbrechung gemacht und etwas miteinander besprochen. Und das gefiel Oberst Gordejew ganz und gar nicht. Wenn Minajew Tschinzow für seinen Gegner hielt, warum saß er dann plötzlich in einem Boot mit ihm? Viktor Alexejewitsch fürchtete um Nastja. Der Stein des Anstoßes war ja von Anfang an Sauljak. Und Nastja hatte es geschafft, ihn Tschinzow und seinen Leuten vor der Nase wegzuschnappen. Wenn Minajew und Tschinzow etwas miteinander ausgeheckt hatten, dann konnte man nicht wissen, welche Folgen das für die Kamenskaja haben würde.

»Aber Anastasija hat Minajew doch geholfen. Glauben Sie wirklich, dass er sich ihr gegenüber als so undankbar erweisen würde?«

»Wer weiß, wer weiß«, sagte Gordejew mit einem nachdenklichen Kopfschütteln. »Heute ist der Verrat an Freunden und Verbündeten ja Mode geworden. Ich denke, wir sollten Nastja nichts von dieser Sache sagen. Was meinst du?«

»Ich würde es ihr sagen. Vielleicht fällt ihr ja etwas dazu ein.«

»Natürlich«, mokierte sich der Oberst. »Etwas anderes hast du nicht im Kopf. Du hast dich daran gewöhnt, sie zu behandeln wie eine Maschine zur Produktion von Ideen. Kannst du dir nicht vorstellen, dass sie Angst bekommen könnte? Sie hat schließlich auch so etwas wie Nerven. Wie würdest du dich fühlen, wenn du erfahren würdest, dass man womöglich vorhat, dich als Schachfigur im Spiel zwischen der Duma und dem Geheimdienst zu benutzen?«

»Wahrscheinlich schlecht«, gab Korotkow zu. »Aber vergleichen Sie mich nicht mit Nastja, sie ist anders als ich. Sie liebt Schwierigkeiten, je schwieriger etwas ist, desto interessanter für sie. Ihr Kopf funktioniert irgendwie anders.«

»Es geht nicht darum, was schwieriger ist, sondern darum, was gefährlicher ist«, sagte Gordejew grimmig. »Ich habe bereits entschieden. Vorläufig kein Wort zu Nastja. Wo ist Selujanow?«

»Wo sollte er schon sein! Er rennt natürlich durch die Gegend und recherchiert.«

»Sobald er auftaucht, erwarte ich euch beide hier, bei mir. Und halte deine Zunge im Zaum, Korotkow. Ich weiß, dass du seit vielen Jahren mit Nastja befreundet bist und die schlechte Angewohnheit hast, ihr immer alles brühwarm zu erzählen. Aber wenn du ihr auch nur ein einziges Wort über Minajew und Tschinzow sagst, reiße ich dir den Kopf ab und schicke dich zum Teufel. Hast du verstanden?«

Nachdem Korotkow gegangen war, blieb Viktor Alexejewitsch noch eine Weile nachdenklich sitzen, dann erhob er sich entschieden, zog seinen Mantel an, schloss das Büro ab und verließ die Petrowka.

* * *

»Wie gefällt dir meine Anastasija?«, fragte Viktor Alexejewitsch. »Bist du zufrieden mit ihrer Arbeit?«

»Man könnte meinen, du bist hergekommen, um mich das zu fragen«, erwiderte Konowalow. »Mach keine Umstände, Viktor. Wo drückt der Schuh?«

»Nicht mein Schuh drückt, Alexander Semjonowitsch, sondern deiner. Aber in Anbetracht unserer alten Freundschaft, und weil du mein Vorgesetzter bist, wenn auch nur ein indirekter, bin ich selbst zu dir gekommen.«

»Dann lass hören«, sagte Konowalow erwartungsvoll.

»Warum benutzt du mein Mädchen eigentlich in dunklen Angelegenheiten, Alexander Semjonowitsch? Habe ich sie deshalb gebeten, dir einen Gefallen zu erweisen? Du bist undankbar.«

»Kannst du dich vielleicht etwas deutlicher ausdrücken?«, fragte der Leiter des Hauptkomitees argwöhnisch.

»Nein, das kann ich nicht«, erwiderte Gordejew ärgerlich. »Ich verstehe nämlich selbst nichts. Wer ist er eigentlich, dein Minajew?«

»Wer er ist? Du kennst ihn, ich habe euch miteinander bekannt gemacht.«

»Kennst du ihn schon lange?«

»Seit hundert Jahren. Oder zumindest seit neunzig. Worum geht es, Viktor?«

»Es geht darum, dass dein Minajew darum gebeten hat, Pawel Sauljak sicher nach Moskau zu bringen, und sich dabei auf die Umtriebe gewisser Leute berufen hat, die angeblich seine Feinde sind. Wir haben ihm geglaubt und Anastasija mit dieser Aufgabe betraut. Sie hat sie erfolgreich ausgeführt. Dabei hat sie bemerkt, dass Pawel tatsächlich verfolgt wurde, und zwar ziemlich hartnäckig. Diese Leute haben bis heute ihr Interesse an ihm nicht verloren und versuchen weiterhin, ihn zu finden. Und plötzlich erfahre ich, dass sie für einen Mann arbeiten, mit dem Minajew sehr gut bekannt ist. Mehr noch, die beiden nehmen gemeinsam an gewissen politischen Zusammenkünften teil und führen, versteckt vor den anderen, heimliche Gespräche unter vier Augen. Ich habe das ungute Gefühl, Alexander Semjonowitsch, dass dein Freund vom Geheimdienst dich an der Nase herumführt. Dich und damit auch mich. Und Anastasija hat er einen dunklen Part in diesem Spiel zugedacht.«

»Warte mal, Viktor, warte mal. Bist du ganz sicher, dass es stimmt, was du da sagst?«

»Hundertprozentig.«

»Und wer ist dieser Mann, mit dem sich Minajew heimlich unter vier Augen unterhält?«

»Ein gewisser Tschinzow von der Staatsduma. Hast du seinen Namen schon einmal gehört?«

»Nein.« Konowalow schüttelte den Kopf.

»Wie passt das alles zusammen?«, fuhr Gordejew fort. »Wenn Minajew und Tschinzow zusammengehören – wozu war dann die Lüge gut, dass es Leute gibt, die Pawel in ihre Gewalt bringen wollen? Schließlich waren die Leute von Tschinzow hinter ihm her, und die stellen für Minajew keinerlei Gefahr dar. Und wenn Minajew Tschinzow zuvorkommen und ihm Sauljak vor der Nase wegschnappen wollte, dann muss es sich um irgendein Spiel zwischen den beiden handeln. Und in dieses Spiel haben sie Nastja hineingezogen. Oder es war anders. Minajew und Tschinzow haben erst jetzt zusammengefunden. Zu der Zeit, als Sauljak die Strafkolonie verließ, standen sie tatsächlich noch auf verschiedenen Seiten. Aber warum hören die Leute von Tschinzow dann nicht auf, Nastja zu verfolgen? Warum verbringen sie eine ganze Nacht im Auto unter ihrem Fenster?«

Hier hatte Viktor Alexejewitsch natürlich ein wenig dick aufgetragen. Er wusste, dass Tschinzows Leute in letzter Zeit ihr Interesse an Anastasija verloren hatten, aber er hatte absichtlich übertrieben, um Konowalow wachzurütteln. Ihm missfiel allein schon die Tatsache, dass General Minajew sich mit einem Menschen gemein machte, den er noch vor kurzem als seinen Feind bezeichnet hatte.

»Versteh mich doch, Alexander Semjonowitsch, ich habe Anastasija nach Samara geschickt, weil du die Sache so dargestellt hast, als würde man versuchen, Sauljak aus dem Weg zu räumen. Mit anderen Worten, wir beide haben reagiert wie ganz normale Milizionäre: Wenn ein Mord geplant ist, dann ist es unsere Pflicht, alles zu tun, um ihn zu verhindern. Oder es zumindest zu versuchen. Aber wenn das alles Lüge ist, wenn nie ein Mord geplant war, wozu haben wir dann das alles getan? Haben wir uns vor die Karre irgendeines Dunkelmannes spannen lassen? Haben wir uns hinters Licht führen lassen wie dumme Kinder? Was war der Sinn der Sache, wenn Pawel Sauljak sich nie in Gefahr befunden hat? Und was steht hinter alledem?«

»Und wenn er sich doch in Gefahr befunden hat?«

»Wenn es tatsächlich so war, warum spielt Minajew dann jetzt in der Mannschaft seines eigenen Gegners?«

»Viktor, ich kenne Minajew als anständigen und sehr professionellen Mann. Ich kann nicht glauben, dass er sich auf irgendwelche unsauberen Geschichten einlässt. Kann es sein, dass du dich irrst? Bist du davon überzeugt, dass die Information stimmt, die du bekommen hast?«

General Konowalow wusste genau, wonach und warum er fragte. Man konnte nur von dem überzeugt sein, was man mit eigenen Augen gesehen, mit eigenen Ohren gehört, mit eigenen Händen angefasst hatte. Alles andere beruhte auf Vertrauen in die Person, von der man die Information erhielt. Konnte Oberst Gordejew seine Hand dafür ins Feuer legen, dass Korotkow sich nicht getäuscht hatte? Wer hätte beschwören können, dass Mischa Dozenko von dem Komplizen der Autodiebe die richtige Autonummer bekommen hatte? Obwohl hier wahrscheinlich kein Zweifel bestand, weil Jura Korotkow die zwei Männer mit eigenen

Augen gesehen und wieder erkannt hatte. Aber wenn er sich trotzdem täuschte? Hatte es wirklich dieses Treffen bei dem bekannten Politiker gegeben, und waren es wirklich Minajew und Tschinzow gewesen, die auf der Rückfahrt angehalten und in einer Seitenstraße miteinander gesprochen hatten? Hätte Gordejew das alles doch mit eigenen Augen gesehen! Dann hätte er ganz anders mit Konowalow sprechen können.

»Geh davon aus, dass es sich um eine ganz gewöhnliche operative Information handelt«, sagte Gordejew trocken. »Und mache bei deiner Bewertung dieselben Abstriche und Einschränkungen wie immer in solchen Fällen. Erscheint dir das alles absolut unglaubwürdig?«

»Ich denke, es kann sich nur um ein Missverständnis handeln«, erwiderte Konowalow ausweichend. »Ich möchte nicht, dass du Minajew irgendeiner Gemeinheit verdächtigst.«

»Kannst du dich für ihn verbürgen?«

»Ja ... ich denke schon«, sagte Alexander Semjonowitsch mit fester Stimme.

Viktor Alexejewitsch kehrte durchaus befriedigt zur Petrowka zurück. Er war sicher, dass Konowalow sich spätestens am heutigen Abend mit Minajew in Verbindung setzen und ihn über das Gespräch mit dem Oberst von der Kripo informieren würde. Nein, Gordejew verdächtigte den Leiter des Hauptkomitees keinesfalls der Doppelzüngigkeit. Er nahm nur an, dass der General durch das Gespräch beunruhigt war und den dringenden Wunsch haben würde, sich mit Minajew zu unterhalten. Er würde sich davon überzeugen wollen, dass Gordejew sich irrte, und seinen alten Freund gleichzeitig vor Tschinzow warnen, ihn wissen lassen, dass es genau dessen Leute waren, die Pawel in Samara aufgelauert hatten.

Gegen Abend erschienen Kolja Selujanow und Jura Korotkow in Gordejews Büro.

»So, Kinder«, begann der Oberst ohne lange Vorreden, »von dieser Stunde an gilt unsere ganze Aufmerksamkeit General Minajew. Wir müssen beobachten, wie er sich verhält, mit wem er sich trifft. Dieser Mann gefällt mir nicht, und ich möchte alles über ihn wissen. Zu Anastasija kein einziges Wort. Ich bringe euch um, wenn ihr euch verplappert. Eine Observation durch den Geheimdienst können wir nicht riskieren. Die müssten wir auf dem offiziellen Instanzenweg beantragen, und wenn wir die Genehmigung bekommen und der Geheimdienst die Observation übernimmt, fließt uns die Information sowieso davon. Es liegt keinerlei Strafsache gegen Minajew vor, wir observieren auf eigenes Risiko, illegal und partisanenmäßig. Es geht um unsere Anastasija, darum legt euch ins Zeug, Jungs. Du wirst Kolja in alle Einzelheiten einweihen, Korotkow. Das ist alles. Ihr könnte euch auf die Socken machen.«

Gegen acht Uhr hatte Gordejew alle unaufschiebbaren Arbeiten erledigt und wollte die Kamenskaja zu sich rufen, um sich ihren Tagesbericht anzuhören, aber dann überlegte er es sich anders und ging selbst in ihr Büro. Sie saß an ihrem Schreibtisch, inmitten von Papierbergen, blass, mit dunklen Ringen unter den Augen. Aber die Augen selbst leuchteten, und Gordejew begriff, dass sie nicht krank war, sondern einfach nur erschöpft.

»Was hast du mir Schönes zu berichten?«, fragte er gut gelaunt.

»Einiges«, lächelte Nastja, während sie sich auf dem Stuhl streckte und ihren vom langen Sitzen verspannten Rücken rieb.

Sie erzählte Gordejew ausführlich, was sie an diesem Tag gemacht hatte, und er wunderte sich wieder einmal, wie viel auf einmal sie schaffte.

»Wie geht deine Arbeit für Konowalow voran? Bist du immer noch wütend auf dich selbst?«

»Hat man tatsächlich gemerkt, dass ich wütend war?«

»Und ob«, lachte Gordejew. »Ich kenne dich doch in- und auswendig. Wenn du mit ruhiger, fröhlicher Stimme sprichst und dabei deine Hände zittern, weiß ich, dass du gleich anfangen wirst, Geschirr zu zerschlagen oder Unterlagen zu zerfetzen. Gib es zu, hast du Tassen an die Wand geworfen?«

»Nein«, sagte Nastja lächelnd. »Ich habe nicht viele Tassen und schone sie.«

»Dann hast du deine Unterlagen in kleine Fetzen gerissen.«

»In große«, korrigierte sie. »Das habe ich tatsächlich gemacht.«

»Hast du dich inzwischen beruhigt?«

»Natürlich. Jetzt brüte ich neue Ideen aus. Mich packt die Wut, wenn ich daran denke, dass dieser Henker irgendwo direkt vor unserer Nase sein Unwesen treibt. Ich bin eigentlich sicher, dass ich mich hinsichtlich der von ihm ausgewählten Regionen nicht geirrt habe. Sofern er einen weiteren Mord vorhat, wird er ihn in einer der drei Regionen begehen, die noch übrig geblieben sind. Hinsichtlich des Personenkreises, in dem seine potenziellen Opfer zu suchen sind, habe ich mich ganz offensichtlich geirrt, aber wenigstens die potenziellen Tatorte sind mir jetzt bekannt.«

»Hast du etwa Mitleid mit den Opfern des Henkers? Mit dieser Bestie, die elf Kinder ermordet hat, mit dieser Kreatur, die junge Mädchen umbringt? Ich erkenne dich nicht wieder, Kindchen. Soll dieser Henker sie doch alle aus der Welt schaffen, dann wird die Luft reiner.«

Gordejews Augen blitzten listig, er sagte absichtlich so unprofessionelle, unverzeihliche Dummheiten, um Nastja zu provozieren. Nastja wusste, dass Gordejew scherzte, aber sie ließ sich auf das Spiel ein.

»Soll er ruhig machen, ich habe nichts dagegen«, sagte sie. »Aber finden müssen wir ihn schließlich trotzdem, oder? Wir müssen es schon deshalb, um ihn zu fragen, woher er das weiß, was wir seit drei Jahren nicht herausfinden können.« Sie wurde plötzlich ernst. »Ich habe eben etwas sehr Kluges gesagt, ohne es selbst zu merken.«

»Was denn? Ich habe nichts Kluges gehört.«

»Warum bringt dieser Mann die Leute erst jetzt um, und zwar alle auf einmal? Sämtliche Verbrechen liegen schon zweieinhalb bis drei Jahre zurück. In etwa jedenfalls. Wann hat er erfahren, wer die Täter waren? Drücke ich mich verständlich aus?«

»Nicht besonders. Du bist aufgeregt, Kindchen. Beruhige dich und fange ganz von vorn an.«

»Also gut, von Anfang an. Sofern meine Recherchen stimmen, sind seit dem letzten Mord zweieinhalb Jahre vergangen. Die Frage ist, wann der Henker erfahren hat, wer diesen und die anderen Morde begangen hat. Warum bringt er die Täter erst jetzt um? Wahrscheinlich weiß er erst seit kurzem, wer sie sind. Hätte er sie nach und nach gefunden, hätte er sie dann nicht auch nach und nach umgebracht? Oder war es irgendein anderer, der die Fakten so lange gesammelt und aufbewahrt hat, um sie jetzt dem Henker alle auf einmal zu präsentieren? Vielleicht haben wir es ja mit einem Henker zu tun, der im Auftrag handelt. Ich verstehe nur nicht, warum diese Fakten nicht an die Miliz weitergeleitet wurden. Sollte dieser Henker oder sein Auftraggeber uns so abgrundtief hassen?«

»Vielleicht hat er es ja versucht, aber man hat ihm gesagt, dass seine Indizien nicht ausreichen.«

»Aber er fand sie ausreichend, und allem Anschein nach hat er sich ja auch nicht geirrt. Wie dem auch sei, hier liegt irgendwie der Hund begraben, Viktor Alexejewitsch. Es hat etwas zu bedeuten, dass der Henker seine Opfer praktisch alle gleichzeitig umbringt. Wenn ich begreife, warum er das tut, werde ich ihn finden.«

»Wollen wir es hoffen«, sagte Gordejew optimistisch. »Fast hätte ich es vergessen: Konowalow hat angerufen, er bittet dich morgen um zehn Uhr in sein Büro.«

»Hat er gesagt, warum?«

»Du hast ihn um irgendwelche Unterlagen gebeten.«

»Ach so, ja, das habe ich ganz vergessen vor lauter Schreibtischarbeit. Ich habe ihn um alle Unterlagen gebeten, die im Zusammenhang mit der Mordserie zur Verfügung stehen. Nicht um die zusammenfassenden Berichte, sondern um das ursprüngliche Ermittlungsmaterial. Es ist besser, das alles mit eigenen Augen zu lesen, als sich auf die Wiedergaben anderer zu verlassen.«

»Da hast du zweifellos Recht«, stimmte Viktor Alexejewitsch zu. »Komm, zieh dich an, es ist schon spät, lass uns nach Hause gehen.«

Sie betraten zusammen die Straße und gingen in Richtung Metro. Gordejews Gedanken kehrten immer wieder zu General Minajew und seiner Verbindung zu Tschinzow zurück. Wenn Korotkow und Selujanow nur anständige Arbeit machten! Minajew hatte große Erfahrung in operativer Arbeit, er konnte sehr schnell bemerken, dass man ihn observierte. Und dann konnte es sehr leicht zu einem Skandal kommen. Seine beiden Jungs würde Viktor Alexejewitsch natürlich zu schützen wissen, er würde alle Verantwortung auf sich nehmen und die Schläge selbst einstecken. Wenn nur Anastasija nichts zustieß in diesem dunklen, unverständlichen Spiel.

SECHZEHNTES KAPITEL

Es war einer der seltenen Tage, an denen das morgendliche Aufstehen in Nastja nicht jenes Entsetzen erzeugte, das an Panik grenzte. Es wurde jetzt schon ziemlich früh hell, sodass das Aufstehen nicht mehr ganz so qualvoll war, und außerdem stand ihr am heutigen Tag der traditionelle Morgenspaziergang im Ismajlowskij-Park bevor, den sie regelmäßig zusammen mit Iwan Alexejewitsch Satotschny unternahm, dem Leiter des Hauptkomitees zur Bekämpfung des organisierten Verbrechens. Sie kannte den General bereits seit einem Jahr, und seitdem trafen sie sich regelmäßig zu diesen gemeinsamen Spaziergängen, auf denen sie sich in aller Ruhe über Gott und die Welt unterhielten, ohne dass daraus irgendwelche Verbindlichkeiten entstanden. Nastja war bekannt, dass viele Leute von diesen Spaziergängen wussten und dass sie Anlass zu allen möglichen Gerüchten gaben, aber Iwan Alexejewitsch hatte ihr geraten, sich nicht darum zu kümmern, sondern Nutzen aus diesen Gerüchten zu ziehen.

Meistens leistete ihnen Maxim, der Sohn des Generals, Gesellschaft, der sich gerade auf die Aufnahmeprüfung an der Polizeiakademie vorbereitete. Er trieb ständig Sport, um seine Kondition zu verbessern und die Prüfung in Körpererziehung erfolgreich zu bestehen. Noch im vergangenen Sommer war er ein etwas schlaffer Halbwüchsiger gewesen, aber jetzt hatte er sich unter der unermüdlichen, gnadenlosen Kontrolle seines Vater zu einem kräftigen jungen Mann mit ansehnlichen Beinmuskeln und eindrucksvollem Bizeps entwickelt.

»Wie ich hörte, hat Konowalow versucht, Sie abzuwerben.«

Bisher hatten sie über etwas ganz anderes gesprochen, der Übergang war so abrupt, dass Nastja im ersten Moment gar nicht begriff, wovon die Rede war.

»Ja, da war so etwas«, sagte sie.

»Und Sie haben abgelehnt. Warum eigentlich? Möchten Sie nicht im Hauptkomitee arbeiten? Oder gefällt Ihnen Konowalow nicht?«

»Ich würde es anders sagen. Ich möchte in der Petrowka arbeiten, und mir gefällt Gordejew.«

»Kann ich eine Vereinbarung mit Ihnen treffen?«

»Versuchen Sie es«, lächelte Nastja.

»Wenn Sie eines Tages doch von Gordejew wegwollen, dann denken Sie vor allen anderen an mich. Abgemacht?«

»Was für einen Nutzen hätte ich für Sie, Iwan Alexejewitsch? Das organisierte Verbrechen hat sehr viel mit Wirtschaft zu tun, und davon verstehe ich nichts. Ich habe Ihnen schon einmal gesagt, dass mir dieses ganze Wirtschaftslatein zuwider ist.«

»Soll ich Ihnen beweisen, dass Sie Unrecht haben? In zehn Minuten werden Sie Ihre Meinung ändern.«

»Sie wollen wieder versuchen, mich davon zu überzeugen, dass es genügt, fünf schlaue Bücher durchzulesen, um sich die Grundkenntnisse anzueignen, und im Lauf eines Jahres lernt man dann den Rest. Aber mich interessiert diese Materie einfach nicht.«

»Geben Sie mir zehn Minuten?«

»Ich höre Ihnen zu.«

»Es ist so, Anastasija. Bei uns findet zurzeit eine groß angelegte operative Ermittlung gegen eine organisierte Bande statt, die eine Menge Geld mit dem Handel von Waffen, Narkotika und so genannter lebender Ware macht. Diese Ermittlungen laufen bereits seit einem Jahr, Sie wissen ja, dass es meistens Jahre dauert, bis man eine organisierte Bande endlich packen kann.«

»Ja, natürlich.«

»Diese Bande hat Umschlagplätze in verschiedenen Regionen. Insgesamt sind es sieben. Soll ich sie aufzählen?«

Nastja blieb abrupt stehen und sah Satotschny an.

»Ist das Ihr Ernst?«

»Absolut. Soll ich Ihnen die Regionen nun aufzählen oder nicht?«

»Nicht nötig, ich glaube Ihnen aufs Wort. Heißt das, dass ich in Ihr Terrain eingedrungen bin?«

»Sie haben dort Ihre eigenen Interessen, die Serienmorde. Sie brauchen kein schlechtes Gewissen zu haben, Sie konnten es ja nicht wissen.«

»Und was ist mit Konowalow? Er muss es doch wissen!«, rief sie entrüstet aus. »Wir sind in ein Territorium eingebrochen, auf dem Sie operative Ermittlungen durchführen, wir kommen Ihnen in die Quere und behindern Ihre Arbeit. Haben wir Ihnen irgendetwas vermasselt?«

»Bis jetzt noch nicht«, lächelte Satotschny. »Und Konowalow ist unschuldig. Bei uns weiß von jeher die rechte Hand nicht, was die linke tut. Wir laufen ja nicht durch die Gegend und verkünden, was wir gerade machen. Aber die Tatsache an sich ist höchst interessant, finden Sie nicht? Und wenn Sie nicht bei Gordejew arbeiten würden, sondern bei mir, dann wäre für Sie längst ein Zusammenhang zwischen den Serienmorden und dieser Bande entstanden. Dazu hätten Sie nichts über Wirtschaft wissen müssen. Es hätte genügt, einfach die Kamenskaja zu sein.«

»Jetzt bin ich wirklich platt, Iwan Alexejewitsch. Das alles bedeutet doch, dass jemand die Serienmorde ausnutzt, um einen Skandal zu inszenieren, damit alle leitenden Posten innerhalb der Justiz umbesetzt werden.«

»Ja, es sieht danach aus. Jedenfalls geht genau das aus Ihrer Recherche über die personellen Veränderungen in den entsprechenden Regionen hervor.«

»Haben Sie diese Recherche gesehen?«

»Ja, und sogar gelesen. Ich habe sie Konowalow abgeknöpft. Er ist übrigens schwer beeindruckt von Ihrer Arbeit.

»Ach was«, sagte Nastja mit einer wegwerfenden Handbewegung. »Es war doch alles umsonst. Ich hatte gehofft, auf diese Weise dem Henker auf die Spur zu kommen, aber allem Anschein nach gehört er nicht zum Kreis unserer Mitarbeiter. So viel Arbeit, und alles für die Katz. Iwan Alexejewitsch ...«

»Ja? Wollten Sie etwas sagen?«

»Nein, Unsinn.«

»Sagen Sie es doch.«

»Es ist wirklich Unsinn. So etwas gibt es nicht.«

»Nastjenka, ich erkenne Sie nicht wieder. Wie oft haben Sie selbst mir gepredigt, dass man so nicht denken darf. Es gibt alles. Man muss nur eine Erklärung dafür finden. Was wollten Sie also sagen?«

»Ich würde gern verstehen, was zuerst da war, die Henne oder das Ei. Man hat Regionen mit spektakulären unaufgeklärten Mordfällen ausgesucht, einen Skandal provoziert und so erreicht, dass in den Behörden Leute in Schlüsselpositionen entlassen und durch gekaufte Leute ersetzt wurden, um dann in Ruhe die entsprechenden Umschlagplätze einrichten zu können. Richtig?«

»Ich denke schon. Jedenfalls sieht es ganz danach aus.«

»Und wenn es umgekehrt war?«

Satotschny unterbrach seinen gemessenen Schritt, blieb stehen und sah Nastja an.

»Ich verstehe nicht, was Sie meinen.«

»Und wenn man nun zuerst die Regionen ausgesucht hat?«

»Sie scherzen! Welchen Sinn sollte das ergeben?«

»Sehen Sie, auch Sie können das nicht glauben.«

»Wie sollte man an so etwas glauben können, Nastjenka? Das grenzt tatsächlich an Phantasterei. Sie meinen, die Bande sucht sich die für ihre Umschlagplätze geeigneten Regionen aus und wartet dann darauf, dass in diesen Regionen etwas Spektakuläres passiert, um einen Skandal anzuzetteln? Das ist wirklich schwer vorstellbar. Und wenn nun nichts passiert?«

»Sie denken zu gut von den Menschen, Iwan Alexejewitsch. Ich als Zynikerin neige zu der Annahme, dass all diese Aufsehen erregenden Morde absichtlich begangen wurden. Verstehen Sie nun, was ich meine? Systematische Morde, die Teil eines Planes waren. Und es gibt jemanden, der von all dem weiß und diejenigen kennt, die diese Verbrechen organisiert und begangen haben. Zuerst habe ich angenommen, dass es dem Henker darum geht, die Mörder zu suchen und zu finden. Deshalb habe ich versucht, ihn in den

Reihen der Miliz zu entdecken, irrtümlich davon ausgehend, dass gegen seine Opfer bereits auf operativer Basis ermittelt wurde und entsprechende Unterlagen existieren. Aber in Wirklichkeit hat er seine Opfer vielleicht von Anfang an gekannt. Klingt das alles ungeheuerlich für Sie?«

»Nun ja«, lächelte Satotschny, »an Phantasie mangelt es Ihnen jedenfalls nicht. Entwickeln Sie Ihre Gedanken ruhig weiter. Aber wer ist denn in diesem Fall Ihr Henker, und warum tötet er diese Auftragskiller?«

»Er fürchtet sich vor Entlarvung.«

»Und warum fürchtet er sich erst jetzt? Die Morde wurden bereits vor langer Zeit begangen. Und wozu diese rituellen Spiele? Warum mordet er nicht einfach so? Warum will er die Welt unbedingt wissen lassen, dass es sich um die Leute handelt, die damals diese schrecklichen Morde begangen haben?«

»Darüber muss ich nachdenken«, sagte Nastja ernst.

»Dann denken Sie nach«, stimmte Satotschny zu. »Und damit Ihnen das Denken leichter fällt, sage ich Ihnen noch etwas. Im Zusammenhang mit unseren Ermittlungen gegen diese Bande haben wir auch Personen ins Visier genommen, die zweifellos von großem Interesse für Sie sind.«

»Zum Beispiel?«

»Zum Beispiel einen gewissen Oleg Iwanowitsch Jurzew. Haben Sie diesen Namen schon einmal gehört?«

»Spannen Sie mich nicht so auf die Folter, Iwan Alexejewitsch«, flehte Nastja. »Wer noch? Mchitarow? Isotow? Malkow? Lutschenkow?«

»Und sogar Semjonow. Malkows gesamte Riege. Nach unseren Erkenntnissen zeichnet jeder von ihnen verantwortlich für eine der Regionen. Als eine Art Kurator.«

»Aber es sind nur sechs«, widersprach Nastja. »Und wir haben sieben Regionen. Oder irre ich mich?«

»Nein, Sie irren sich nicht. Es muss noch einen siebten Kurator geben. Aber den kennen wir bis jetzt noch nicht. Deshalb, liebe Anastasija Pawlowna, möchte ich Sie um einen Freundschaftsdienst bitten. Finden Sie diesen siebten Mann für mich. Dann sind wir quitt. Ich habe Ihnen ein paar wertvolle Hinweise gegeben, und Sie revanchieren sich dafür.«

»Sie überschätzen mich«, sagte Nastja kopfschüttelnd. »Ich glaube nicht, dass ich das kann. Ich verstehe doch nichts von Ihrem Fach.«

»Versuchen Sie es.«

»Aber nun sieht es doch so aus, Iwan Alexejewitsch, dass der Henker zuerst die Kuratoren beseitigt und erst danach angefangen hat, die Killer umzubringen. Ich verstehe nicht, warum er das tut.«

»Ich verstehe es auch nicht«, seufzte Satotschny. »Zuerst habe ich gedacht, dass irgendeine Konkurrenzfirma die Kuratoren beseitigt, weil sie deren Platz einnehmen will. Dann habe ich gedacht, dass der Bandenchef hinter der Sache steckt, weil ihm die Kuratoren nicht mehr passen. Und jetzt weiß ich überhaupt nicht mehr, was ich denken soll. Ich habe einen Bericht geschrieben, meine Leute werden mit Konowalows Team zusammenarbeiten. Vielleicht wird es uns mit vereinten Kräften gelingen, auf einen grünen Zweig zu kommen.«

Sie machten kehrt und gingen wieder zurück durch die Allee. Maxim kam ihnen entgegen, er beendete gerade seinen Fünfkilometerlauf.

»Gut gemacht«, lobte ihn sein Vater. »Du hast die Norm eingehalten. Jetzt kannst du zehn Minuten Pause machen.«

»Halten Sie auch die Norm ein, Tante Nastja?«, fragte der junge Mann, der jetzt im verlangsamten Lauf Kreise neben ihnen zog.

»Wo denkst du hin, ich halte überhaupt nichts ein«, scherzte Nastja. »Neulich musste ich hinter einem davonfahrenden Zug herlaufen, danach bekam ich zwei Stunden lang keine Luft mehr.«

»Wie machen Sie denn dann Ihre Arbeit bei der Kripo?«, fragte Maxim erstaunt.

»Mehr schlecht als recht. Ich habe einfach Glück mit meinem Chef.«

»Unsinn«, unterbrach sie Satotschny. »Machen Sie dem Jungen keinen blauen Dunst vor. Mit Ihrem Chef hat das nichts zu tun. Merke dir eins, Maxim. Um sich mangelnde Kondition leisten zu können, muss man besondere Fähigkeiten haben. Wenn du eines

Tages so gebildet und klug sein wirst wie Anastasija Pawlowna, kannst du die Norm vernachlässigen. Aber nicht vorher. Und vergiss nicht, dass du ein Mann bist. Von dir wird anderes verlangt.«

Maxim blieb stehen, machte ein paar Atemübungen und setzte sich wieder in Bewegung. Er ging jetzt langsam neben seinem Vater und Nastja her.

»Ihr Frauen habt es gut«, sagte er seufzend.

Satotschny runzelte unzufrieden die Stirn, und Nastja begriff, dass Maxim sich zu Hause eine strenge Strafpredigt würde anhören müssen. Der General zog seinen Sohn allein auf und ließ ihm nie ein falsches Wort durchgehen, er scheute keine Zeit und Mühe, ihm zu erklären, worin er im Unrecht war. Einmal war Nastja bei so einem Gespräch dabei gewesen und wusste, dass der General in solchen Fällen nicht mit scharfen, bildhaften Ausdrücken sparte.

Nach einer Dreiviertelstunde erreichten sie die Metro und verabschiedeten sich. Satotschny wohnte in der Nähe, Nastja musste bis zur Stschelkowskaja fahren. Nach dem Spaziergang fühlte sie sich erfrischt und war in guter Stimmung, da ihr eine neue Denksportaufgabe bevorstand. Doch bevor sie sich zu Hause in ihre Unterlagen vertiefte, rief sie Satotschny an.

»Iwan Alexejewitsch, die Nummer sieben ist Jewgenij Schabanow, der Imageberater des Präsidenten, der vor kurzem gestorben ist. Ich habe ihn bisher nirgends zuordnen können. Die ersten sechs Toten ließen sich ganz leicht unter einem Nenner zusammenfassen, aber Schabanow stand irgendwie abseits, er galt ja als Mann des Präsidenten. Deshalb habe ich mir ständig den Kopf zerbrochen und nicht gewusst, wo ich ihn hinstecken soll.«

* * *

Michail Dawydowitsch Larkin liebte den Komfort, die Behaglichkeit, die Wärme und die Gemächlichkeit. Er mochte keine Hektik und hasste Situationen, die ihn nervös machten. Seinerzeit war er mit großer Begeisterung bei Pawel Sauljak in die Schule gegangen, unermüdlich hatte er sich die Techniken angeeignet und eisern trainiert, so langwierig, monoton und anstrengend die Übungen auch sein mochten. Er hatte höchste Perfektion erreicht und hütete seine Kunst wie einen Augapfel. Aus langjähriger Erfahrung wusste er, dass Unannehmlichkeiten und Stress sich sofort negativ auf seine Leistungskraft auswirkten.

Eine solche Unannehmlichkeit stellte für Larkin das völlig unerwartete Auftauchen eines Mannes dar, der Anspruch auf seine Dienste erhob. Er erinnerte sich noch gut daran, wie man ihn zum ersten Mal angeworben hatte. Ein KGB-Mann war in dem Konstruktionsbüro erschienen, in dem er damals gearbeitet hatte, und hatte ihn nach einer längeren Unterredung an Pawel Sauljak vermittelt. Den KGB-Mann hatte er seitdem nie wieder gesehen, und seit er mit Pawel zusammenarbeitete, tröstete er sich mit dem Gedanken, dass außer dem KGB-Mann und Sauljak niemand die Wahrheit über ihn wusste. Doch nun stellte sich heraus, dass es noch einen Dritten gab. Das hatte Larkin sofort und nachhaltig aus dem inneren Gleichgewicht gebracht. Dieser Mann erwies sich als sehr gefährlich für ihn, denn er zeigte ihm ein ganzes Bündel kompromittierender Materialien, angefangen mit der Tonbandaufzeichnung seines Gesprächs mit dem KGB-Mann, in dem Michail sehr naiv und offenherzig davon erzählt hatte, wie er zu seinem Universitätsdiplom gekommen war, bis hin zu Videoaufnahmen, die ihn in verschiedenen Situationen bei seiner späteren Arbeit für Pawel zeigten, einschließlich der Ergebnisse, die diese Arbeit erbracht hatte. Es waren sehr eindrucksvolle Bilder. Michail hatte sie nie vorher gesehen, man hatte ihm nur gesagt, dass dieses Material existierte. Aber jetzt, nachdem er es zum ersten Mal mit eigenen Augen gesehen hatte, war ihm elend geworden. Sehr elend sogar.

»Ich werde diese Materialien natürlich nicht weitergeben, wenn Sie Verständnis für die neue Situation aufbringen«, sagte jener dritte Mann.

»Was verlangen Sie von mir?«, fragte Michail.

»Dass Sie meine Aufträge erfüllen, sonst nichts. Dass Sie dasselbe für mich tun, was Sie bisher im Auftrag von Pawel getan haben.«

»Und wenn Pawel zurückkommt?«

»Was heißt ›wenn‹?«, sagte der Mann freundlich lächelnd. »Natürlich wird Pawel zurückkommen, daran besteht kein Zweifel. Sie werden auch weiterhin mit ihm zusammenarbeiten und gleichzeitig meine Aufträge erfüllen. Und Sie werden Pawel nichts davon sagen. Das ist im Grunde alles. Sie haben die Wahl, Michail Dawydowitsch. Ja, und noch eins. Wenn Pawel Dmitrijewitsch zurückkommt, lassen Sie es mich umgehend wissen. Ich bin besorgt um Ihre Sicherheit, und sobald Sauljak auftaucht, werde ich alles dafür tun, damit wir uns nicht zufällig auf der Schwelle Ihres gastfreundlichen Hauses begegnen. Wie ist Ihre Antwort?«

»Ich bin einverstanden«, sagte Larkin mit einem tiefen Seufzer. »Sie lassen mir keine andere Wahl.«

»Nicht doch, Michail Dawydowitsch«, erwiderte sein Gesprächspartner vorwurfsvoll. »Man hat immer eine Wahl. Sie können ablehnen und sich der Justiz stellen.«

»Was muss ich tun?«

»Vorläufig nichts. Ruhen Sie sich aus, sammeln Sie Kräfte und bleiben Sie in Form. In allernächster Zeit werde ich mich mit Ihnen in Verbindung setzen und Ihnen einen Auftrag erteilen.«

»Sind Sie sicher, dass ich diesen Auftrag erfüllen kann?«

»Natürlich. Sie haben so etwas schon oft gemacht, und zwar sehr erfolgreich. Bereiten Sie sich also vor, und machen Sie sich keine überflüssigen Sorgen.«

Dieses Gespräch hatte vor vier Tagen stattgefunden. Und nun lag Michail Larkin bereits seit vier Tagen zu Hause auf seinem bequemen, weichen Sofa, die Hände unter dem Kopf verschränkt, den Blick an die Decke geheftet. Alles das gefiel ihm nicht, es gefiel ihm ganz und gar nicht. Und es gab niemanden, mit dem er sich beraten konnte. Pawel meldete sich nicht, Michail wusste nicht, wo er ihn suchen sollte. Er hatte keine Adresse, keine Telefonnummer. So war es immer gewesen. Immer, wenn er Pawel brauchte, war er nicht da.

Aber war es überhaupt nötig, Pawel jetzt zu suchen? Wäre es richtig gewesen, ihn um Rat zu fragen? Was würde geschehen, wenn sein neuer Bekannter das erfahren würde? Michail versuchte, vernünftig zu denken und zu begreifen, wer von beiden für ihn gefährlicher war, Pawel oder sein neuer Bekannter. Und alles sprach dafür, dass es der neue Bekannte war. Obwohl es durchaus sein konnte, dass es Kopien von den Videoaufnahmen gab und dass auch Pawel sie besaß. Und wenn es so war, was dann? Verweigerte er die Zusammenarbeit mit dem neuen Auftraggeber, würde er auffliegen. Sollte Pawel erfahren, dass er für einen Dritten arbeitete, würde er ihm wahrscheinlich ebenfalls an die Karre fahren. Wie er es auch drehte und wendete, er kam nicht mehr aus der Schlinge, in der sein Kopf steckte.

Es gab nur eines. Die Hoffnung darauf, dass alles gut gehen würde. Er war jetzt der Diener zweier Herren. Er musste das Risiko eingehen, etwas anderes blieb ihm nicht übrig.

* * *

Während Michail Dawydowitsch Larkin auf seinem weichen Sofa lag und litt, zerbrachen sich Oberst Gordejew und zwei seiner Mitarbeiter den Kopf darüber, wie man Larkin finden konnte. Oder zumindest feststellen, wer er war. Jura Korotkow, der das Treffen zwischen General Minajew und dem unbekannten Mann mit der getönten Brille beobachtet hatte, war in diesem Moment allein gewesen und hatte nicht beiden gleichzeitig folgen können. Es galt also zu warten und zu hoffen, dass Anton Andrejewitsch diesen Mann erneut treffen würde.

»Minajew hat es nicht gefallen, dass ich bei seinem Freund Alexander Semjonowitsch war«, sagte Gordejew zu Korotkow und Selujanow, die vor ihm saßen. »Er hat sich sofort mit seinen Freunden an den entsprechenden Stellen in Verbindung gesetzt und nachgefragt, ob wir ihn observieren. Er hält uns offenbar für dumme kleine Kinder. Und ganz offensichtlich hat er Dreck am Stecken. Soll er sich jetzt ruhig ein bisschen mit der Frage herumschlagen, woher wir von seiner Freundschaft mit Tschinzow wissen.«

»Sind Sie sich sicher, dass die beiden sich wirklich gut kennen?«, fragte Korotkow. »Und wenn es nun doch nur ein zufälliges Treffen war?«

»Wäre es so gewesen, würde er jetzt nicht nervös werden und sich nicht erkundigen, ob wir eine Observation eingeleitet haben. Wir wissen, dass wir nicht das Recht haben, so etwas zu tun, er weiß es ebenfalls, und nun versucht er, uns einer ungesetzlichen Handlung zu überführen. Wozu sollte er das tun, wenn er sauber ist? Hektische Aktivitäten sagen immer viel mehr als Worte. Ich bin absichtlich zu Konowalow gegangen und habe ihm von meinem Verdacht erzählt. Konowalow ist ein ganz normaler, ehrlicher Mann, er musste seinem Freund von unserem Gespräch berichten, denn er ist ja völlig überzeugt von Minajews Anständigkeit. Und ich wollte sehen, was passiert. Nun haben wir es gesehen. Nun wissen wir, dass Minajew Muffensausen hat. Vielleicht ist gar nichts Kriminelles an seiner Verbindung zu Tschinzow, vielleicht will Minajew uns nur für alle Fälle schon mal ausschalten. Denn irgendwie muss er sich die Hände schmutzig gemacht haben. Oder er hat noch vor, es zu tun, und sichert sich schon einmal ab. Wozu braucht er diesen Trumpf gegen uns? Er braucht ihn, um uns abzuwürgen, und zwar völlig lautlos. Er wird sich an seine Vorgesetzten wenden und ihnen mitteilen, dass er beschattet wird. Daraufhin wird der Geheimdienst seine Leute einsetzen, um die Beschatter zu identifizieren. Das heißt, man wird euch beide auf frischer Tat ertappen. Woraufhin man mich in ein Büro mit einem dicken, flauschigen Teppich zitieren und mir die Pistole auf die Brust setzen wird. Und ich werde etwas sagen, Erklärungen abgeben müssen. Dabei werde ich zwei Möglichkeiten haben. Entweder sage ich die Wahrheit, und eine halbe Stunde später erfährt Minajew brühwarm, was ich über ihn weiß und was ich vermute. Oder ich erzähle irgendein Märchen. In diesem Fall müssen wir uns das Märchen gut ausdenken und Wort für Wort auswendig lernen. Damit es nicht die geringsten Abweichungen voneinander gibt, wenn wir den Text aufsagen.«

»Sollen sie uns doch auf frischer Tat ertappen, Viktor Alexejewitsch«, sagte Kolja plötzlich lebhaft. »Dann werden wir ihnen irgendeinen Bären aufbinden.«

»Hast du keine Angst, deine Arbeit zu verlieren?«, fragte Gordejew mit zusammengekniffenen Augen. »Ich rede gar nicht davon, dass man auch mir einen Tritt in den Hintern geben kann. Hast du kein Mitleid mit einem glatzköpfigen, kranken alten Mann?«

»Wir müssen es einfach so anstellen, dass uns niemand was anhaben kann. Wir könnten behaupten, dass wir keineswegs Minajew beschatten, sondern den Mann mit der getönten Brille, weil gegen ihn Verdachtsmomente im Zusammenhang mit unaufgeklärten Verbrechen bestehen. Er hat Kontakt zu einem unbekannten Mann aufgenommen, und wir sind diesem Unbekannten gefolgt wie der Esel der Mohrrübe, ohne zu ahnen, wer er in Wirklichkeit ist. Klingt das nicht gut?«

»Du bist ein Spinner, Kolja«, seufzte Jura Korotkow. »Wer wird uns denn glauben, dass wir seit Tagen einen Fremden beschatten und immer noch nicht wissen, wer er ist. Jedem wird klar sein, dass wir es längst herausgefunden haben, und in diesem Fall hätten wir melden müssen, dass es sich um einen General vom Geheimdienst handelt. Woraufhin man uns die Beschattung sofort untersagt hätte.«

»Stopp!«, sagte Gordejew. »Ihr seid auf der richtigen Spur, Jungs. Wenn herauskommt, wie lange wir Minajew bereits beschatten, sieht es schlecht aus für uns. Aber wenn es nicht herauskommt? So könnten wir ihnen vielleicht ein Schnippchen schlagen. Seid ihr sicher, dass er euch nicht bemerkt hat?«

Beide zuckten unsicher mit den Schultern.

»Jedenfalls haben wir uns Mühe gegeben«, murmelte Selujanow.

»Am besten wäre es, wenn euch bei der Beschattung jemand ablösen würde, aber das geht natürlich nicht«, sagte Gordejew nachdenklich. »Wir bewegen uns ohnehin auf Messers Schneide und können niemanden in die Sache hineinziehen. Aber diesen Typ mit der getönten Brille müssen wir einfach finden. Er hängt sowohl in der Geschichte mit Jurzew als auch in der mit Basanow drin. Falls es sich bei dem Mann wirklich um den handelt, den wir suchen, und nicht um irgendeinen anderen, der ihm einfach nur ähnlich sieht. Wie sollen wir nur an ihn herankommen ...«

Nachdem Jura und Kolja Gordejew verlassen hatten und in ihr Büro zurückgekehrt waren, setzten sie sofort Teewasser auf und packten die aus der Kantine mitgebrachten Sandwiches aus. Das Brot war schon etwas alt, aber die sündhaft teure Wurst schmeckte köstlich.

»Schade, dass wir Nastja nicht einweihen dürfen«, beschwerte sich Selujanow. »Ihr würde bestimmt etwas Kluges einfallen.«

»Knüppelchen hat mir bereits lang und breit erklärt, dass ich mich ihr gegenüber unkollegial verhalte«, sagte Korotkow, während er gierig in das Sandwich biss. »Er meint, ich würde sie behandeln wie eine Maschine zur Produktion von Ideen, aber sie hätte auch Nerven und nicht nur Gehirnmasse. Nach seiner Ansicht würde sie zu Tode erschrecken, wenn sie etwas von der Sache erfahren würde.«

»Er hat Recht. Aber ich habe eigentlich noch nicht bemerkt, dass sie sehr ängstlich ist. Du etwa?«

»Doch, ich habe es schon bemerkt. Sie ist ein schrecklicher Angsthase, das gibt sie selbst zu. Aber das kommt daher, dass sie mehr sieht als wir beide, sie denkt immer fünf Schritte voraus und weiß, welche Gefahren auf sie zukommen können.«

»Verstand schafft Leiden, kann man da nur mit Gribojedow sagen«, seufzte Kolja. »Übrigens, Jura, wir haben Stassow vergessen.«

»Wie meinst du das?«

»Knüppelchen hat gesagt, dass uns niemand bei der Beschattung ablösen kann, weil wir niemanden in diese illegale Geschichte hineinziehen dürfen.«

»Hör auf mit dem Unsinn, Kolja ...«

»Nein, wirklich, Jura, lass uns darüber nachdenken. Knüppelchen wird gar nichts davon erfahren. Wir werden Stassow sagen, dass wir Nastja helfen müssen, und er wird bestimmt nicht ablehnen.«

»Aber er wird sofort losrennen und es Nastja erzählen.«

»Wir beide sind doch auch nicht losgerannt«, widersprach Kolja.

»Wir beide«, spottete Korotkow. »Wir beide sitzen hier und täten nichts lieber das. Etwa nicht? Aber wir sind zu zweit, wir halten uns gegenseitig davon ab. Und er ist allein. Er wird ein paar Minuten nachdenken und dann losstürzen.«

»Wir verbieten es ihm einfach«, sagte Selujanow. »Er ist doch Profi und versteht etwas von solchen Dingen. Und gleichzeitig ist er Privatdetektiv, für ihnen gelten unsere Regeln nicht, er erfüllt einfach den Auftrag seines Klienten.«

»Und was soll er sagen, wenn man ihn erwischt? Man wird ihm das Messer an die Kehle setzen und verlangen, dass er den Vertrag mit seinem Klienten vorweist, aus dem hervorgeht, dass er den Auftrag hat, Minajew zu beschatten. Nein, Kolja, das geht nicht, auf keinen Fall.«

»Warum verwirfst du meine Ideen so rigoros, Jura? Und wenn es nun doch einen Vertrag geben wird?«

»Willst du etwa diesen Vertrag mit ihm abschließen?«, fragte Korotkow spöttisch.

»Du machst dich immer nur lustig«, sagte Kolja beleidigt und nahm einen Schluck Tee. »Immer deine Witze …«

* * *

Nastja liebte Tabellen und Skizzen. Informationen in Form von Tabellen und Schemata waren anschaulich und prägnant und ließen sich leicht auswerten. Seit der Rückkehr von ihrem morgendlichen Spaziergang mit Satotschny saß sie zu Hause und brütete über den Mordfällen des Henkers. Unermüdlich übertrug sie die Fakten aus den Unterlagen in ihre Tabellen, angefangen von Tatort und Tatzeit bis hin zu den Spuren, die man an den jeweiligen Tatorten gesichert hatte.

Gegen Abend waren alle Skizzen und Tabellen fertig. Nastja breitete sie in der Mitte des Zimmers auf dem Fußboden aus, setzte sich mit untergeschlagenen Beinen davor und begann, das Ergebnis zu betrachten.

In puncto Tatzeit war keinerlei Systematik zu erkennen. Alle vier Morde wurden zu unterschiedlichen Uhrzeiten begangen. Auch bei der Wahl der Tatorte gab es nichts, das sich wiederholte. Über die Methode musste man nachdenken. Alle vier Opfer wurden erwürgt, und zwar nicht mit den Händen, sondern mit einem Strick. Welche Gemeinsamkeiten gab es noch?

Etwas war auffallend. An keinem der Tatorte wurden irgendwelche Veränderungen in der Umgebung der Leiche festgestellt, es hatte in keinem der vier Fälle ein Kampf stattgefunden. Das konnte einmal bedeuten, dass die Opfer nicht an ihren Fundorten ermordet wurden. Die zweite Möglichkeit war, dass die Opfer ihren Mörder gut kannten, dass sie nichts Böses von ihm erwarteten und ihm vertrauensvoll den Rücken zukehrten.

Nastja streckte sich und blickte auf die Tabelle, aus der hervorging, um welche Uhrzeit laut Angaben der Gerichtsmediziner jeweils der Tod eingetreten war und wann man die Leichen entdeckt hatte. Dann nahm sie die Tabelle mit den Fundorten der Leichen zur Hand. Wäre es dem Mörder möglich gewesen, seine Opfer nach deren Ermordung vom Tatort an den Ort zu bringen, an dem sie später gefunden wurden?

Im ersten Fall wurde die Leiche zwanzig Minuten nach dem Mord entdeckt. Noch dazu an einem Ort, an dem sich zu dieser Zeit mindestens hundert Menschen befunden hatten. Konnte man innerhalb von zwanzig Minuten eine Leiche von einem Ort zum nächsten transportieren und dabei von so vielen Menschen unbemerkt bleiben? Ausgeschlossen.

Im zweiten Fall war der Tod des Opfers um zehn Uhr morgens eingetreten, die Leiche wurde um halb vier Uhr nachmittags in einem Kellerraum entdeckt. Würde ein Mörder seine Leiche am helllichten Tag in ein Auto laden und durch die Gegend fahren? Wohl kaum.

Die Leiche des Mannes, der den Abgeordneten und seine gesamte Familie ermordet hatte, wurde direkt in dessen Wohnung entdeckt. Der Ermordete war ein noch junger Mann, er hatte ein ziemlich unstetes Leben geführt, sodass sein Verschwinden nicht gleich bemerkt worden war. Als man seine Wohnung aufgebrochen hatte, war er bereits seit vier Tagen tot, deshalb ließ sich nicht mehr mit Genauigkeit feststellen, um welche Uhrzeit der Tod eingetreten war. Aber wenn man diesen Mann an einem anderen Ort ermordet und die Leiche anschließend in seine Wohnung gebracht hatte, dann hätte das nicht völlig lautlos geschehen können. Am Tag würde so etwas kaum jemand tun, und nachts waren alle Geräusche noch deutlicher zu hören. Nastja musste anrufen und sich erkundigen, ob man die Nachbarn in diesem Punkt befragt hatte.

Und schließlich der vierte und letzte Fall. Bei dem Opfer handelte es sich um einen Mann, der allem Anschein nach eine ganze Serie von Morden an alten, allein stehenden Männern begangen hatte. Seine Leiche wurde am frühen Morgen auf einem Kinderspielplatz entdeckt, der Tod war gegen zwei Uhr nachts eingetreten. Nichts daran wäre verwunderlich gewesen, wenn man neben der Leiche nicht einige Zigarettenkippen entdeckt hätte, die, wie aus dem Gutachten hervorging, eindeutig Speichelreste des Ermordeten trugen. Vor seiner Ermordung hatte der Mann demnach auf einer Bank des Kinderspielplatzes gesessen und seelenruhig geraucht. Es war kaum anzunehmen, dass der Henker den Mann an einem anderen Ort ermordet hatte, dann seine Zigarettenkippen aufgelesen und sie später wieder neben der Leiche verstreut hatte. Obwohl es natürlich alles gab ...

Nastja machte sich eine Notiz in ihren Block, sie musste fragen, ob man die Bank auf Mikropartikel der Kleidung untersucht hatte, die der Ermordete trug. Wenn er sich wirklich eine Zeit lang auf dem Kinderspielplatz aufgehalten hatte, mussten solche Partikel auf jeden Fall vorhanden sein. Obwohl er vielleicht nicht gesessen, sondern gestanden hatte, oder auf und ab gegangen war. Aber dann musste es am Ort Überlagerungen zahlreicher Fußspuren geben.

Sie holte die Kopie des Tatortbesichtigungsprotokolls aus dem Ordner. Von zahlreichen überlagerten Fußspuren war keine Rede. Man hatte nur ganz normale Fußspuren entdeckt, und davon sehr viele. Woher sollte man nun wissen, welche dem Mörder gehörten? Wie viele Zigarettenkippen hatte man gefunden? Sechs. Das Rauchen einer Zigarette dauerte fünf bis sieben Minuten. Insgesamt also dreißig bis vierzig Minuten. Dazu kamen die Pausen zwischen den Zigaretten, insgesamt vielleicht eine halbe Stunde. Also hatte der Ermordete mindestens eine Stunde auf dem Kinderspielplatz zugebracht. Und dabei hatte er gesessen. Es mussten also Spuren seiner Kleidung auf der Bank vorhanden sein.

Wie dem auch war, jedenfalls hatte der Henker alle seine Opfer ganz offenkundig genau an der Stelle ermordet, an der sie auch gefunden wurden. Aber wieso hatten sie sich alle von ihm erwürgen lassen, ohne den geringsten Widerstand zu leisten?

Nastja richtete sich wieder auf und stemmte die Hände ächzend in den Rücken. Sie musste jetzt einige Anrufe machen, um Einzelheiten zu klären. Alexander Semjonowitsch Konowalow hatte ihr die nötigen Telefonnummern gegeben, unter denen sie alle Auskünfte bekommen konnte, die sie brauchte. Alexej saß in der Küche und las gebannt einen neuen Krimi, wobei er die Hand von Zeit und Zeit nach dem Körbchen mit den Käsecrackern auf dem Tisch ausstreckte.

»Hast du Hunger?«, fragte er, ohne die Augen von dem Buch zu heben.

»Nein, noch nicht. Ich habe vor, mich an unserem ärmlichen Haushaltsbudget zu vergehen. Darf ich?«

»Nur zu. Was hast du vor?«

»Ich muss ein paar Ferngespräche führen.«

»Mach nur«, murmelte Ljoscha, während er eine Seite umblätterte. »Die Telefonrechnung kommt sowieso erst in einem Monat.«

»Werden wir in einem Monat etwa reicher sein?«, erkundigte sich Nastja.

»Ich weiß es nicht, vielleicht bekommen wir ja endlich die Nachzahlung unserer Gehälter. Nimm das Telefon und trolle dich, ich bin hier gerade an der spannendsten Stelle. Wenn du essen willst, sag Bescheid.«

Nastja trug das Telefon mit der langen Schnur nach nebenan und schloss die Tür, um ihren Mann nicht bei seiner spannenden Lektüre zu stören. Nach einer halben Stunde hatte sie bereits einiges geklärt, alle Auskünfte, die sie erhalten hatte, bestätigten ihre Annahme: Der Henker hatte alle vier Opfer an den Orten ermordet, an denen sie gefunden worden waren. Ganz offensichtlich hatten alle vier einen gemeinsamen Bekannten, einen, den sie nicht fürchteten und ohne weiteres nah an sich heranließen. Die Überprüfung einer solchen Vermutung würde allerdings sehr viel Zeit erfordern. Man musste den gesamten Bekanntenkreis der vier Opfer

überprüfen und herausfinden, an welchem Punkt die Bekanntschaften sich überschnitten. Eine so umfangreiche, penible Recherche wurde heute kaum noch gemacht, die profunde, gewissenhafte Ermittlungsarbeit gehörte der Vergangenheit an.

Nastja ging erneut in die Küche und stellte das Gas unter dem
Wasserkessel an.

»Trink vor dem Abendessen keinen Kaffee, du verdirbst dir den
Appetit«, murmelte Alexej, immer noch vertieft in seinen Krimi.

»Bis du den Krimi ausgelesen hast, bin ich hungers gestorben«,
entrüstete sich Nastja. »Und so was will ein Ehemann sein. Wozu
hast du mich denn geheiratet?«

»Quengle nicht, wir können gleich essen.«

Nastja überkam ein Gefühl des Bedauerns mit ihrem Mann.

»Du kannst ruhig noch eine Viertelstunde lesen, ich kümmere
mich um das Abendessen.«

»Nein!«

Alexej legte sofort das Buch weg und sprang erschrocken auf.

»Ich möchte noch ein bisschen leben. Und bei deinen Koch-
künsten kann man nie sicher sein, ob man sich nicht vergiftet.«

»Umso besser«, sagte Nastja erfreut, setzte sich auf den frei gewordenen Küchenhocker und griff nach dem Buch, das auf dem
Tisch lag.

»Tatjana Tomilina. Wer ist das?«

»Weißt du das nicht?«, fragte Ljoscha erstaunt. »Das ist Stassows Frau.«

»Aber sie heißt doch Obraszowa? Ist Tamilina ihr Pseudonym?«

»Ja.«

»Und wie schreibt sie? Ist es gut?«

»Du solltest es mal lesen. Es wird dir von Nutzen sein.«

»Sind ihre Bücher wirklich zu empfehlen?«

»Mehr als das. Kein Schmutz, kein Schund, echte, klassische
Kriminalromane. Allerdings enden die Geschichten meistens traurig. Irgendwie ausweglos.«

»Und wie hättest du es gern? Dass die Gerechtigkeit triumphiert,
dass der gefasste Verbrecher am Ende um ein Glas Wasser bittet
und mit heiserer Stimme seine Schuld gesteht?«

»Nun ja, irgendetwas in dieser Art. Jedenfalls sollte das Gute über das Böse siegen.«

»Ljoschenka, Tatjana ist Untersuchungsführerin. Wer wüsste besser als sie, dass das Gute in unserer Zeit fast niemals siegt oder höchstens partiell. Das, was sie schreibt, kennt sie nicht vom Hörensagen, sondern aus eigener trauriger Erfahrung.«

»Nein«, widersprach Alexej stur, während er den Fisch geschickt zerteilte und in Mehl und Ei wälzte, »jede Gattung hat ihr eigenes Gesetz. Die Literatur muss bestimmten Gesetzen folgen. Sie ist nicht dazu da, um einfach nur die Realität abzubilden. Wozu sollte man ein Buch lesen, wenn es darin genauso zugeht wie im Leben? Dann kann man genauso gut aus dem Fenster schauen, anstatt zu lesen. In einem Krimi will ich nicht lesen, wie der betrunkene Wassja den betrunkenen Petja wegen einer Flasche Wodka erschlagen hat. So etwas passiert jeden Tag in der Realität, das ist völlig uninteressant. Weißt du noch, was man uns in der Schule beigebracht hat? Die Literatur muss das Typische in typischen Verhältnissen abbilden. Das nennt man Realismus. Aber wen interessiert dieser Realismus? Dafür haben wir das Fernsehen, das ertränkt uns jeden Tag im Realismus. Der Sieg des Guten über das Böse ist nicht typisch in unseren heutigen Verhältnissen. Aber genau davon möchte ich in einem Buch lesen. Um mir meinen Kampfgeist zu erhalten.«

»Du lieber Gott«, seufzte Nastja, »ist jetzt der Moralist in dir erwacht? Worauf muss ich mich denn noch gefasst machen in Zukunft?«

»Du musst dich auf einen köstlichen gebratenen Karpfen mit gedünstetem Gemüse gefasst machen. Und lass bitte mein Buch in Ruhe, ich gebe es dir sowieso nicht, bevor ich es ausgelesen habe. Sitz nicht hier wie das Karnickel vor der Schlange, es gibt kein Erbarmen. Wenn du dich nützlich machen und eine soziale Funktion übernehmen willst, dann schäle die Karotten und reibe sie auf der groben Reibe. Das ist die einzige Arbeit, die ich dir anvertrauen kann. Dabei kannst du nichts kaputtmachen außer deinem Nagellack.«

Sie rieb gehorsam die Karotten und versuchte dabei, sich auf den Henker und seine Opfer zu konzentrieren, aber ständig lenkte sie etwas ab, störte wie das Summen einer lästigen Fliege irgendwo in der Nähe des Ohres. Entweder beunruhigte sie irgendein halb garer Gedanke oder ein zufälliges Wort, das sie an etwas erinnerte. Sie versuchte, Satz für Satz das Gespräch mit ihrem Mann zu rekonstruieren. Sieg des Guten über das Böse. Abbildung des Typischen in typischen Verhältnissen. Realismus. Der betrunkene Wassja und der betrunkene Petja. Karotten reiben – eine soziale Funktion. Irgendwo hier war es ... Was für ein Geheimnis konnte sich im Schälen und Reiben von Karotten verbergen? Aber es musste irgendwo ganz in der Nähe sein ... Sitz nicht hier wie das Karnickel vor der Schlange. Ich gebe dir das Buch sowieso nicht, bevor ich es ausgelesen habe. Wie das Karnickel vor der Schlange. Das Karnickel weiß, dass die Schlange es verschlucken wird, aber es kann nichts dagegen tun. Die Schlange hat es hypnotisiert, das Karnickel ist erstarrt in Bewegungslosigkeit.

Das war es. Genau. O mein Gott, Pawel! Dort, in Samara, hatte er sie angeschaut, und sie hatte sich gefühlt wie das Karnickel vor der Schlange. Die Arme und Beine waren schwer geworden und hatten ihr nicht mehr gehorcht, sie hatte plötzlich den Wunsch verspürt, sich Pawel ganz und gar unterzuordnen und alles zu tun, was er ihr befahl, weil nur dann alles gut werden konnte.

Sie ließ die Karotten liegen, riss sich die Schürze herunter und lief nach nebenan. Wie immer fand sie das Gesuchte nicht, obwohl sie sich genau erinnerte, dass sie das Blatt in dem blauen Ordner abgelegt hatte. Oder war es doch der grüne? Zum Teufel damit, sie konnte auch in der Tabelle nachsehen. Den ersten Mord hatte der geheimnisvolle Henker am vierten Februar in Uralsk begangen. Gegen elf Uhr abends. In einem Nebenraum der Caravella-Bar. Wie hatte die Bar geheißen, in der sie mit Pawel gewesen war? Warum hatte sie nicht darauf geachtet? Aber wie hätte sie wissen können ... Ruhig, Nastja, sagte sie sich, ganz ruhig. Du hast nicht darauf geachtet, aber schließlich war Korotkow auch dabei. Der ist bestimmt nicht so ein Blindgänger wie du. Er fuhr in einem Privatwagen hinter dir her, und sicher hat er sich mit dem Fahrer unterhalten. Und in diesem Gespräch ist bestimmt der Name der Bar gefallen oder zumindest der Name der Straße, auf der Korotkow seiner untreuen Geliebten auflauerte.

»Was ist los?«, hörte sie Alexej aus der Küche rufen. »Drückst du dich vor der Arbeit?«

»Ljoschenka, Lieber, entschuldige bitte«, rief sie zurück. »Bei mir brennt es gerade wieder einmal. Nur fünf Minuten, ja?«

Ljoscha erwiderte etwas, aber Nastja hörte nicht mehr hin, sie wählte bereits Korotkows Privatnummer. Er war nicht zu Hause, seine Frau Ljalja teilte mürrisch mit, dass er immer noch im Dienst war. Aber auch in seinem Büro in der Petrowka nahm er nicht ab. Nastja legte enttäuscht wieder auf und ging langsam zurück in die Küche. Das Gemüse stand bereits auf dem Herd und verbreitete sein köstliches Aroma in der Wohnung. Ljoscha hatte sich erneut in sein Buch vertieft. Sie setzte sich ihm gegenüber, streckte die Beine aus und steckte sich eine Zigarette an.

Pawel hatte sich schlecht gefühlt und war hinausgegangen, zur Toilette. Und er war ziemlich lange nicht zurückgekommen. Und zuvor hatte er ganz offensichtlich nach jemandem gesucht. Das war nicht zu übersehen gewesen. Schon in der Bierbar hatte er Ausschau nach jemandem gehalten. Und Nastja hatte das Gefühl gehabt, dass er gefunden hatte, was er suchte. Warum hatte sie dieser Tatsache nicht mehr Aufmerksamkeit geschenkt? Warum hatte sie das sofort wieder vergessen? Weil es in diesem Moment nur darum gegangen war, Pawel vor Tschinzows Leuten zu retten. Und währenddessen war Pawel hinausgegangen, um jemanden umzubringen, und sie, die Majorin der Miliz, die leitende Kripobeamtin, saß direkt neben dem Tatort und deckte den Mörder. Hätte sie sich nicht an den Tisch zu Tschinzows Leuten gesetzt, um sie abzulenken, wären sie Pawel mit Sicherheit gefolgt, und dann hätte es nicht zu dem Mord kommen können. Eine schöne Geschichte!

Aber war es wirklich so gewesen? Nein, purer Unsinn. Sie waren gar nicht in der Bar mit dem romantischen Namen Caravella, sondern in irgendeiner ganz anderen. Und Sauljak hatte niemanden umgebracht. Ihm war wirklich schlecht geworden, das hätte selbst ein Blinder gesehen. Schon vorher im Hotel war er leichenblass gewesen und hatte ständig geschwitzt. Der Mörder war nicht Pawel. Es handelte sich um eine zufällige zeitliche Übereinstimmung.

Plötzlich verschloss sich ihr Hals in einem Krampf, sie hatte den Rauch in die falsche Kehle bekommen und begann zu husten. Später dann, nachts, hatte Pawel sie gebeten, sich neben ihn aufs Bett zu setzen, und er hatte ihr geschworen, sie niemals zu kränken. Warum auf einmal so viel Sentimentalität? Hatte er sie zur Mordkomplizin gemacht und bat sie nun quasi um Verzeihung? Und vor kurzem hatte sie ihm erlaubt, in ihrer Wohnung zu übernachten. Eine ganze Nacht allein mit einem Mörder! Du bist nicht mehr zu retten, Kamenskaja!

Hör auf, wies Anastasija sich zurecht. Das sind alles nur Vermutungen. Bis jetzt weißt du noch gar nichts. Und selbst, wenn es tatsächlich dieselbe Bar war, wurde der Mord vielleicht begangen, nachdem ihr schon gegangen wart. Du hast nicht auf die Uhr gesehen und weißt nicht, wann ihr die Bar verlassen habt. Und selbst, wenn Ort und Zeit übereinstimmen sollten, heißt das noch nicht, dass Pawel wirklich der Mörder ist. Steigere dich in nichts hinein. Denk nach, denk noch einmal genau nach über alles und prüfe die Details.

Nastja versuchte mit aller Kraft, den schrecklichen Gedanken aus ihrem Kopf zu verbannen. Aber je mehr Mühe sie sich gab, desto deutlicher schien es zu werden. Pawel Sauljak war der Henker.

SIEBZEHNTES KAPITEL

Anton Andrejewitsch Minajew zog seinen Anzug aus, schlüpfte in eine Sporthose und einen Pullover und wollte sich gerade zum Abendessen hinsetzen, als es an der Tür läutete.

»Bleib sitzen, ich gehe aufmachen«, sagte seine Frau mit einer Handbewegung in Richtung des gedeckten Tisches.

Anton Andrejewitsch erreichten Stimmen aus dem Flur, eine der Stimmen gehörte seiner Frau, die andere kannte er nicht, aber es war ebenfalls die einer Frau. Wahrscheinlich eine Nachbarin, dachte er, sie will sich Salz oder Streichhölzer ausleihen. Er war bereits dabei, seinen Teller mit Borschtsch zu füllen, als seine Frau in die Küche zurückkam.

»Anton, komm doch bitte einmal kurz an die Tür.«

Er runzelte etwas ärgerlich die Stirn, stellte den Teller wieder ab und ging hinaus auf den Flur. Die Frau, die er vor sich sah, gefiel ihm auf den ersten Blick. Sie war etwa dreißig Jahre alt, trug eine Hose und eine lange Stoffjacke. Sie hatte ein sehr hübsches Gesicht und wirkte irgendwie verschämt.

»Guten Tag«, sagte sie schüchtern. »Ich wohne nebenan, im Nachbarhaus. Ich möchte Ihnen etwas vorschlagen ... das heißt, etwas fragen. Ich weiß gar nicht, wie ich anfangen soll ...«

»Nur zu«, ermunterte sie Minajew. »Wir beißen nicht. Was ist passiert?«

»Bis jetzt zum Glück noch nichts«, sagte die Frau mit einem Lächeln, das sie noch sympathischer machte. »Es geht um meine sechsjährige Tochter. Sie ist dieses Jahr in die Schule gekommen. Wissen Sie, sie hat jetzt Freundinnen, Klassenkameradinnen, und sie spielt immer mit ihnen draußen in der Grünanlage. Und die Fenster meiner Wohnung gehen zur anderen Seite, ich kann von dort aus die Grünanlage nicht sehen. Und ich mache mir die ganze Zeit Sorgen. Verstehen Sie ... sie ist ja noch so klein. Von Ihrem Haus aus könnte ich ...«

»Ich verstehe«, unterbrach sie Minajew. »Ihnen geht es um einen Wohnungstausch.«

»Ja«, gestand die Frau. »Ich gehe von Tür zu Tür in Ihrem Haus und frage jeden. Allerdings habe ich keine große Auswahl, Sie wissen ja ...«

Anton Andrejewitsch wusste, was sie meinte. Beide Häuser waren völlig gleich gebaut, und in beiden gab es auf keiner Etage zwei gleiche Wohnungen. Wenn man aber einen Wohnungstausch ohne größere Geldinvestitionen oder Raumverluste vornehmen wollte, musste man Mieter finden, die eine identische Wohnung bewohnten. Die bezaubernde junge Frau hatte in der Tat wenig Chancen.

»Wie viele Mieter haben Sie denn schon gefragt?«, erkundigte sich Minajew.

»Alle«, sagte die Frau deprimiert. »Sie sind die letzten. Ich war tagsüber schon einmal da, aber Sie waren nicht zu Hause.«

»Wir müssen darüber nachdenken«, sagte Anton Andrejewitsch. »Ich verstehe Ihr Problem, aber es kommt etwas plötzlich ...«

»Und natürlich müssen wir uns Ihre Wohnung anschauen«, mischte seine Frau sich ein.

»Sie ist völlig identisch mit Ihrer. Ich würde Ihnen meine Wohnung nicht zum Tausch anbieten, wenn sie kleiner wäre als Ihre. Allerdings habe ich eine Modernisierung nach europäischem Standard machen lassen.«

»Wollen Sie damit sagen, dass Sie im Fall eines Wohnungstausches eine Ablöse erwarten?«

»Nun ja ...« Die Frau lächelte erneut, diesmal verwirrt und unsicher. »Es wäre wünschenswert. Ich habe sehr viel Geld für die Modernisierung ausgegeben. Aber wenn Sie nichts bezahlen möchten, könnten wir ... Mein Kind ist mir wichtiger als Geld.«

»Verzeihen Sie«, sagte Minajew, »darf ich fragen, ob Sie verheiratet sind?«

»Nein, ich lebe allein mit meiner Tochter. Spielt das eine Rolle?«

»Nein, gar keine. Wenn Sie verheiratet wären, hätte ich Ihnen nur vorgeschlagen, diese Sache mit Ihrem Mann zu besprechen, um Ihnen finanzielle Verhandlungen zu ersparen. Aber da Sie nicht verheiratet sind ...«

»Nein, ich bin nicht verheiratet«, wiederholte die Frau mit Nachdruck. »Darf ich darauf hoffen, dass Sie über die Sache nachdenken werden?«

»Zweifellos«, erwiderte Minajew schnell. »Machen wir es so: Sie geben uns Ihre Adresse, und wir kommen vorbei und sehen uns Ihre Wohnung an. Danach können wir uns über Einzelheiten unterhalten.«

»Danke«, sagte die Frau mit leuchtendem Gesicht. »Haus sechs, Wohnung neunundzwanzig, vierter Stock. Ich heiße Ira. Wann darf ich mit Ihnen rechnen?«

»Wir werden gleich heute vorbeikommen«, versprach Minajew. »Gleich nach dem Abendessen, wenn Sie erlauben.«

»Wunderbar«, sagte die Frau erfreut. »Ich erwarte Sie. Ich danke Ihnen.«

»Es ist noch zu früh, uns zu danken«, sagte Minajews Frau. »Wir haben Ihnen noch nichts versprochen. Erst müssen wir uns die Wohnung ansehen, dann werden wir entscheiden.«

»Ich danke Ihnen trotzdem«, lächelte die Nachbarin. »Die andern wollten über meinen Vorschlag nicht einmal nachdenken. Niemand will einfach so umziehen, das ist verständlich. Die ganzen Umstände, warum sollte sich das jemand antun?«

»Sie hat Recht«, sagte Minajews Frau, nachdem die Nachbarin gegangen war und sie mit ihrem Mann wieder in der Küche saß. »Alles einpacken, Möbel schleppen, wieder auspacken und aufstellen – warum sollte man sich das für nichts und wieder nichts antun? Wenn sie wenigstens eine größere Wohnung hätte.«

»Dafür ist die Wohnung nach europäischem Standard modernisiert«, widersprach Anton Andrejewitsch, während er sich mit großem Appetit über den inzwischen etwas abgekühlten, aber immer noch sehr schmackhaften Borschtsch hermachte. »Ahnst du auch nur, wie viel so etwas kostet?«

»Nein. Wie viel denn?«

»Viel, Nata, sehr viel. Und es ist viel einfacher umzuziehen, als selbst zu modernisieren. Der Umzugsstress dauert zwei, drei Tage, zumal es sich nicht um eine andere Stadt handelt, sondern um das Nachbarhaus. Während eine Wohnungsrenovierung sich mindestens einen Monat hinzieht, wenn nicht länger. Und diese Ira wirkt nicht sehr geschäftstüchtig. Wir werden ihr schließlich sehr viel weniger bezahlen, als sie investiert hat. Das kann ein günstiges Geschäft für uns werden, Nata. Lass uns hinübergehen und uns die Wohnung anschauen. Was gibt es als Hauptgericht?«

»Fleischklopse mit gedämpftem Kohl.«

Minajew hielt seiner Frau den Teller hin, aber dann überlegte er es sich anders.

»Die Klopse esse ich später. Zieh dich an, wir gehen die Wohnung anschauen.«

»Du kannst es wohl nicht erwarten?«, sagte seine Frau mit verständnisvollem Lächeln.

Die Minajews zogen sich rasch an und gingen zum Nachbarhaus.

Die Wohnung war in der Tat geradezu luxuriös modernisiert. Italienische Kacheln und Sanitäranlagen, ein teurer Herd in der Küche, Teppichböden, riesige Spiegel im Flur und im Bad. Eine Traumwohnung.

Ira führte sie herum, zeigte ihnen jeden Winkel, öffnete die Wandschränke, damit sie sich davon überzeugen konnten, wie zweckmäßig und praktisch alles war.

Anton Andrejewitsch gefiel die Wohnung immer besser. Am Ende der Besichtigung hatte er keinen größeren Wunsch, als hier einzuziehen.

»Dann lassen Sie uns jetzt über das Finanzielle sprechen«, sagte er. »An welche Summe haben Sie gedacht? Sie müssen natürlich berücksichtigen, dass die Modernisierung bereits vor längerer Zeit vorgenommen wurde, sodass inzwischen eine Wertminderung eingetreten ist. Außerdem entspricht hier nicht alles unserem Geschmack. Wir werden einiges ändern und zusätzliches Geld investieren müssen.«

»Ich habe für die Modernisierung zwanzigtausend Dollar bezahlt.«

»Zwanzigtausend? Das ist ja ein Wucherpreis«, sagte Minajews Frau entsetzt. »Haben Sie absichtlich die teuerste Firma beauftragt? Wir hätten für so eine Modernisierung nicht mehr als zehntausend ausgegeben. Denk doch nur, Anton, jetzt müssen wir uns in riesige Unkosten stürzen, nur weil unsere Nachbarin sich als so geschäftsuntüchtig erwiesen hat. Ich weiß nicht, ich weiß nicht ...« Sie schüttelte skeptisch den Kopf.

»Ich bin mit zehntausend einverstanden«, sagte Ira leise. »Ich möchte Sie nicht übervorteilen. Wenn Sie der Meinung sind, dass zehntausend angemessen sind, dann akzeptiere ich das.«

»Unter Berücksichtigung dessen, was ich Ihnen eben gesagt habe, können wir Ihnen nicht mehr als sechstausend bezahlen«, sagte Minajew streng, mit heimlicher Genugtuung darüber, dass seine Frau ihre Rolle so glänzend gespielt hatte. »Wir müssen die ganze Küche und das Bad neu kacheln, wir vertragen kein Rosa, und noch einige andere Veränderungen vornehmen.«

»Natürlich«, sagte Ira noch leiser. »Wenn Sie zu dem Wohnungstausch bereit sind, bin ich auch mit sechstausend einverstanden. Wenn Anjuta zum Spielen hinuntergeht, komme ich fast um vor Sorge. Ich kann es ihr aber auch nicht verbieten, weil sie verständlicherweise mit ihren Freundinnen zusammen sein möchte, und selbst kann ich auch nicht jedes Mal mit ihr hinuntergehen. Ich bin also mit sechstausend einverstanden, wenn ich nur in Ihre Wohnung umziehen kann.«

Für einen Moment tat sie Minajew fast Leid. Nach seiner vorsichtigen Schätzung hatte die Modernisierung tatsächlich genau den Wert, den sie angegeben hatte. Sie betrogen diese nette Frau um vierzehntausend Dollar. Denn natürlich würden sie die Kacheln so lassen, wie sie waren, und überhaupt keine einzige Kopeke für irgendwelche Veränderungen investieren. Aber schließlich musste man seinen Vorteil wahren. Sie war diejenige, die den Wohnungstausch wollte. Dann sollte sie auch dafür bezahlen.

Sie beschlossen, in nächster Zeit alle Formalitäten zu erledigen, und verabschiedeten sich.

* * *

Nastja hatte gemeinsame Partisanenarbeit noch nie gemocht. Sie neigte zu abenteuerlichen Alleingängen, aber dabei berücksichtigte sie immer, dass Vorgesetzte dazu da waren, um sich mit ihnen zu beraten und ihre Erlaubnis einzuholen. Erst recht dann, wenn der Vorgesetzte ein Mensch wie Viktor Alexejewitsch Gordejew war. Nachdem sie die Nacht von Sonntag auf Montag in Gedanken an Pawel Sauljak verbracht hatte, machte sie sich sofort auf den Weg zu Gordejew, um ihn in ihre Vermutungen einzuweihen.

»Wir kennen den Namen, der in seinem neuen Pass steht. Wir könnten natürlich eine Fahndung nach ihm einleiten, aber ...«

»Irritiert dich etwas?«, fragte Gordejew.

»Ich weiß nicht. Ich bin mir nicht sicher, ob Sauljak wirklich der Henker ist. Ich würde ihn gern finden und mit ihm sprechen.«

»Worüber denn?«, erkundigte sich Gordejew mit erhobenen Augenbrauen. »Willst du ihn fragen, ob er vier Menschen umgebracht hat? Er wird dir sagen, dass er es nicht getan hat. Und was weiter?«

»Mir würde schon etwas einfallen, worüber ich mit Pawel reden könnte. Zum Beispiel über Rita Dugenez. Ich wüsste schon, wie ich mit ihm sprechen müsste, um meinen Verdacht zu überprüfen. Verstehen Sie doch, Viktor Alexejewitsch, wenn Sauljak wirklich der Henker ist und wenn es mir gelingt, ihn nach Moskau zu locken, bevor er seinen nächsten Mord begeht, würden wir wenigstens ein Menschenleben retten. Vier Menschen hat er bereits auf dem Gewissen, und nach meiner Schätzung stehen noch drei weitere auf seiner Liste.«

»Und du glaubst auch zu wissen, wo er die nächsten Morde begehen wird?«

»Ja, ich glaube, ich weiß es. Aber es wird uns nicht gelingen, drei riesige Regionen zu kontrollieren. Zumal ich davon überzeugt bin, dass der Henker sich nicht länger als vierundzwanzig Stunden an den Orten aufhält, an denen er die Morde begeht. Er sitzt irgendwo abseits, dann fährt er in die entsprechende Stadt, macht schnell sein Opfer ausfindig, tötet es und kehrt sofort zurück zu seiner Basis. Wenn wir alle drei Regionen abriegelten, würden wir dann nicht eine schwarze Katze in einem dunklen Zimmer suchen? Eine Katze, die gar nicht da ist?«

»Und was schlägst du vor?«

»Man könnte es mit einer Fotografie versuchen. Wir haben Fotos von Sauljak in unserer Kartei. Man könnte versuchen herauszufinden, ob ihn jemand mit einem seiner Opfer gesehen hat. In der Zentralkartei befinden sich seine Fingerabdrücke, man hat sie ihm vor zwei Jahren nach seiner Verhaftung abgenommen. Man müsste seine Fingerabdrücke mit denen vergleichen, die an den Tatorten gefunden wurden. Und vor allem muss man herausfinden, woher er seine Opfer kennt. Woher er weiß, dass sie es waren, die die Morde begangen haben. Wenn wir das herausfinden, werden wir auch erfahren, wer noch davon weiß. Dann müssen wir uns mit diesen Leuten in Verbindung setzen und sie dazu bringen, uns die Namen der nächsten drei Opfer zu nennen. Dann sind wir am Ziel. Aber für das alles braucht man viel Zeit, Viktor Alexejewitsch. Deshalb möchte ich mir etwas einfallen lassen, das Pawel Einhalt gebietet und ihn zwingt, nach Moskau zu kommen. Und wenn wir so weit sind, dass wir die potenziellen Opfer schützen können, lassen wir ihn wieder laufen. Soll er sich dann auf den Weg machen, um seinen nächsten Mordplan in die Tat umzusetzen. Wir werden ihn auf frischer Tat ertappen, und dann entkommt er nicht mehr.«

»Gar nicht dumm«, sagte Gordejew. »Ganz und gar nicht dumm. Deine Idee gefällt mir. Aber sie hat einige Haken. Und wenn er nun doch nicht der Henker ist?«

»Durchaus möglich«, stimmte Nastja zu. »Aber das ändert nichts am Prinzip. Wir müssen mit allen Mitteln versuchen, den Henker zu stoppen, solange wir seine potenziellen Opfer nicht kennen. Wer immer er ist. Aber wenn es doch Sauljak ist, dann weiß ich, was ich tun muss, damit er nach Moskau kommt. Wenn er es nicht ist, müssen wir uns den Kopf noch einmal neu zerbrechen.«

»Warum willst du eigentlich keine Fahndung nach ihm einleiten?«

»Weil ich es für möglich halte, dass er die Informationen über seine Opfer von einem Mitarbeiter der Miliz bekommen hat. Dieser Milizionär würde Pawel natürlich warnen und ihm helfen, unterzutauchen. Und wir haben ja bis jetzt noch nichts gegen ihn in der Hand. Weder Beweismittel noch irgendwelche Zeugenaussagen. Nehmen wir an, man wird ihn fassen und mit einem Begleitposten nach Moskau bringen. Und was dann? Wir können ihm nichts nachweisen, es gibt nur die vagen Vermutungen und Verdächtigungen in meinem Kopf. Und sollte er einen Komplizen haben, wird dieser mit Sicherheit genau in der Zeit, in der Pawel in Moskau ist, den nächsten Mord begehen, um den Verdacht von Sauljak abzulenken. Das ist die ganze Weisheit.«

»Ich weiß nicht, Kindchen«, sagte Gordejew unsicher. »Im Prinzip gefällt mir alles, was du sagst, es hat einen vernünftigen Kern. Aber etwas macht mir Sorgen, große Sorgen.«

»Was denn?«

»Kommst du nicht selbst darauf?«

»Doch, Viktor Alexejewitsch. Aber irgendetwas müssen wir opfern, und wir müssen uns entscheiden. Fürchten Sie, dass Sauljak in der Zeit, in der ich ihn suchen werde, sein nächstes Opfer töten wird? Dass die Verwirklichung meiner Idee das Risiko eines weiteren Mordes in sich birgt? Aber dasselbe kann auch passieren, wenn wir den Weg der Fahndung gehen. Wer weiß, vielleicht begeht er seinen nächsten Mord bereits in diesem Moment. Aber wenn wir die Fahndung einleiten, ihn nach Moskau bringen lassen und wieder laufen lassen müssen, weil wir ihm nichts beweisen können, wird er diejenigen, die er noch nicht umgebracht hat, trotzdem umbringen, nur etwas später. Aber wenn wir es so machen, wie ich vorschlage, wird er danach niemanden mehr umbringen. Das nächste, das fünfte Opfer ist wahrscheinlich sowieso unvermeidbar, ob wir nun nach ihm fahnden oder ihn anders finden. Er wird uns wahrscheinlich so oder so zuvorkommen. Aber dafür werden wir den sechsten und den siebten Mord verhindern.«

»Gut, du hast mich überredet. In zwei Stunden erwarte ich deinen Plan. Aber vorher noch etwas anderes. Was gibt es Neues in Bezug auf Jurzew, Lutschenkow und die anderen Mordfälle?«

Nastja schwieg, den Blick auf die polierte Oberfläche des langen Konferenztisches geheftet. Sie kam einfach nicht mehr nach, musste sich zerreißen zwischen der Arbeit für Konowalow und der Ermittlung in einem Dutzend anderer Fälle, die ihr niemand abnahm.

»Alles klar«, konstatierte Gordejew. »Das ist sehr schlecht. Du kannst jetzt gehen. In zwei Stunden erwarte ich dich mit deinem Plan.«

Sie stand auf und ging mit hängendem Kopf zu ihrem Büro. Vor der Tür überlegte sie es sich anders und ging noch etwas weiter, zu Jura Korotkows Büro.

»Ich habe dich gestern gesucht«, sagte sie. »Deine bessere Hälfte hat mir gesagt, dass du im Dienst bist.«

»Entschuldige«, sagte Jura mit einem schuldbewussten Lächeln. »Ljalja hat mir gesagt, dass du angerufen hast, aber ich bin sehr spät nach Hause gekommen und wollte dich nicht wecken. Was wolltest du denn?«

»Erinnerst du dich, wie ich in Uralsk mit Sauljak eine Bar besucht habe?«

»Natürlich erinnere ich mich. Warum fragst du?«

»Hast du zufällig darauf geachtet, wie die Straße hieß?«

»Der Fahrer hat gesagt, dass es der Mir-Prospekt war.«

Verdammt, da haben wir es, dachte Nastja. Die Caravella-Bar, in der die erste Leiche entdeckt wurde, befand sich ebenfalls auf dem Mir-Prospekt.

»Erinnerst du dich auch noch daran, wie die Bar hieß?«

»Ich glaube, irgendwas mit Segel oder Brandung … Warum willst du das wissen?«

»Hieß sie vielleicht Caravella-Bar?«

»Genau. Caravella. Was ist denn los mit dir, Nastja? Du wirst ja ganz blass.«

»Nichts ist los, Jura. Ich habe von Knüppelchen einen Rüffel bekommen wegen Jurzew und Konsorten.«

»Ach was«, winkte Korotkow ab. »Knüppelchen ist dir nie wirklich böse, und wenn er dich tadelt, dann mehr aus erzieherischen Gründen. Er hat dich noch nie für eine Nichtstuerin gehalten. Aber sei so nett und weiche mir nicht aus. Ich habe dich etwas gefragt und warte geduldig auf Antwort.«

»In dieser Bar wurde ein Mord begangen. Genau zu der Zeit, als ich mit Pawel dort saß. Oder jedenfalls ungefähr zu dieser Zeit. Du warst doch währenddessen draußen auf der Straße. Denk doch mal darüber nach, wen du gesehen hast, wer in dieser Zeit die Bar betreten und wer sie verlassen hat.«

»Du verlangst Unmögliches, meine Beste. Das ist schon über einen Monat her. Außerdem habe ich nur auf eure Verfolger geachtet und mich sonst für niemanden interessiert.«

»Die Verfolger«, wiederholte Nastja nachdenklich. »Die Verfolger ... Das ist eine Idee, Korotkow. Behalte sie im Kopf.«

»Wie meinst du das?«

»Denk mal darüber nach.«

* * *

Wladislaw Stassow hatte sich wieder einmal davon überzeugt, dass seine Tochter nach wie vor die beste Schülerin in der Klasse war, er hatte sich eine Menge Komplimente von der Klassenlehrerin angehört und verließ mit großer Genugtuung das Schulgebäude, wo er über eine Stunde an einer Elternversammlung teilgenommen hatte. Seine Ex-Frau Margarita ging nie zu den Elternversammlungen, aus irgendeinem Grund war sie an diesen Tagen immer schrecklich beschäftigt.

Er hatte sein Auto erreicht und wollte gerade die Tür aufschließen, als von der Seite drei junge, sehr bullig wirkende Männer an ihn herantraten. Einer von ihnen packte Stassow an der Schulter, der zweite riss ihm Autoschlüssel und Aktenkoffer aus den Händen, und der dritte sagte leise, aber sehr deutlich:

»Sie werden jetzt mit uns fahren müssen.«

»Wohin geht denn die Reise?«, erkundigte sich Wladislaw. Er ahnte bereits, wohin sie ging.

»Es ist nicht sehr weit«, sagte einer der Typen mit einem widerwärtigen Lächeln. »Und ich rate Ihnen, keinen Widerstand zu leisten.«

»Aus welchem Grund sollte ich mit Ihnen fahren?«

Vor Stassows Augen erschien ein Dienstausweis mit dem magischen Wort »Spionageabwehrdienst«. Mit denen war in der Tat nicht gut Kirschen essen. Da war es besser, sich zu fügen. Stassow folgte ihnen ergeben zu einem in einiger Entfernung parkenden Wagen. Derjenige, der seinen Dienstausweis gezeigt hatte, setzte sich ans Steuer, Wladislaw wurde auf den Rücksitz gedrängt und zwischen zwei kräftigen, muskulösen Körpern eingeklemmt. Die Fahrt dauerte tatsächlich nicht lange. Nach einer Viertelstunde hielt der Wagen vor einem hohen Backsteingebäude. In Begleitung der drei schweigsamen Fremden erreichte Stassow den fünften Stock und betrat eine Wohnung. Man stieß ihn sofort in ein geräumiges, hell erleuchtetes, teuer eingerichtetes Zimmer, in dem er einen gut aussehenden, schlanken, etwa fünfzigjährigen Mann erblickte, der ihn mit einem spöttischen Blick musterte.

»Ich habe mir gedacht, es ist besser für Sie, wenn ich Sie von Ihrem aufwendigen Job erlöse. Es muss doch nicht sein, dass Sie sich so viel Mühe machen, ständig hinter mir herfahren und so viel Benzin dafür verbrauchen. Es ist doch viel vernünftiger, wenn wir uns endlich kennen lernen und die Dinge klären. Setzen Sie sich und erzählen Sie mir, aus welchem Grund Sie mich beschatten.«

»Geht es nicht stehend?«, fragte Stassow gelassen.

Sofort packten ihn vier Hände und drückten ihn in einen Sessel. Er war so niedrig und weich, dass keine Möglichkeit bestand, sofort wieder aufzuspringen. Stassow war knapp zwei Meter groß, und die Knie seiner langen Beine stießen fast an sein Kinn.

»Es geht auch stehend«, sagte General Minajew mit unverändert spöttischem Lächeln. »Aber sitzend haben Sie es bequemer. Wie kommt es eigentlich, Herr Oberstleutnant, dass Sie, obwohl Sie schon so lange bei der Miliz arbeiten, die einfachsten Regeln Ihrer Arbeit nicht kennen? Wer hat Ihnen erlaubt, einen Mitarbeiter des Spionageabwehrdienstes zu beschatten?«

»Sie irren sich«, sagte Stassow und versuchte, sich zu erinnern, ob er die nötigen Papiere bei sich hatte. Aber sie mussten alle da sein. Er hatte gewusst, dass er jeden Augenblick in diese Situation geraten konnte, und deshalb hatte er sich gewappnet.

»Inwiefern irre ich mich?«

»Ich beschatte keine Mitarbeiter des Spionageabwehrdienstes.«

»Was sollen diese Spielchen? Machen Sie sich nicht lächerlich, Oberstleutnant.«

»Sie irren sich schon wieder. Ich bin kein Oberstleutnant, und ich arbeite auch nicht bei der Miliz.«

»Heißt das, dass Sie ein fremdes Auto fahren?«

»Nein, natürlich nicht. Es ist mein eigenes. Soll ich Ihnen meine Papiere zeigen?«

Stassow wollte in seine Jackentasche greifen, aber einer der drei Männer hielt seine Hand fest.

»Keine unnötigen Bewegungen, Wladislaw Nikolajewitsch«, sagte Minajew. »Wir werden uns Ihre Papiere selbst nehmen und anschauen.«

Er nickte unmerklich, und sofort riss eine geschickte Hand die Brieftasche aus Stassows Tasche.

»Was haben wir denn da, Igor?«, fragte Minajew ungeduldig.

»Die Autopapiere lauten auf seinen Namen. Der Besitzer des Wagens ist Wladislaw Nikolajewitsch Stassow.«

»Da haben wir es, Wladislaw Nikolajewitsch. Warum belügen Sie denn die Behörden?«, fragte Minajew vorwurfsvoll.

»Ich belüge niemanden. Ich arbeite bereits seit einem halben Jahr nicht mehr bei der Miliz. Ich bin in Pension gegangen.«

Stassow grinste innerlich. Der Amtsschimmel hatte den Herren einen Streich gespielt. Sie hatten seine Identität anhand seiner Autonummer durch die Verkehrspolizei festgestellt. Und in der Personalabteilung des Innenministeriums hatte man es natürlich verbummelt, der Verkehrspolizei zu melden, dass er nicht mehr bei der Kripo arbeitete. In den Unterlagen der Verkehrspolizei wurde er immer noch als Oberstleutnant der Miliz geführt. Und das würde so bleiben, bis er eines Tages ein neues Auto brauchen würde. Bei der Neuanmeldung würde er natürlich angeben, wer er war und welchen Beruf er jetzt ausübte. Aber bis dahin würde noch viel Wasser die Moskwa hinunterfließen.

»Wenn Sie also nicht mehr bei der Miliz arbeiten, aus welchem Grund beobachten Sie mich dann?«

»Das mache ich ganz nach Lust und Laune.« Stassow erlaubte sich ein unverhohlenes Lächeln. »Ich weiß nicht, wer Sie sind, und ich wiederhole noch einmal: Ich beschatte keine Mitarbeiter der Spionageabwehr.«

»Und wie nennen Sie das, was Sie tun? Würden Sie mir das erklären? Ich bin General der Spionageabwehr. Sie folgen mir auf Schritt und Tritt und bestreiten das nicht einmal. Was also tun Sie nach Ihrer Meinung?«

Wladislaw lachte laut auf.

»Ist das Ihr Ernst? Sie sind General des Spionageabwehrdienstes?«

»Hören Sie auf, den Hanswurst zu spielen«, sagte Minajew verärgert. »Tun Sie nicht so, als wüssten Sie das nicht, und sagen Sie mir endlich, warum Sie mich beschatten.«

»Ich bin Privatdetektiv, und ich habe einen entsprechenden Auftrag bekommen. Haben Sie etwas dagegen?«

»Haben Sie eine Lizenz als Privatdetektiv?«

»Natürlich. Sie befindet sich in meiner Brieftasche. Sagen Sie Ihrem Igor, dass er nachsehen soll.«

Minajew gab Igor, der hinter Stassows Rücken stand, ein Zeichen, und Igor begann erneut, in Wladislaws Brieftasche zu wühlen.

»Ja, Anton Andrejewitsch«, sagte er schließlich, »hier ist die Lizenz. Sie wurde im August 1995 ausgestellt.«

»Wer ist Ihr Auftraggeber?«

»Glauben Sie im Ernst, Anton Andrejewitsch, dass ich Ihnen das sagen werde?«, lächelte Stassow. »Ich habe nicht das Recht, meinen Auftraggeber preiszugeben.«

»Hören Sie, ich glaube, Sie verstehen den Ernst der Lage nicht ganz.« Minajews Stimme klang wieder ruhig und gelassen. »Falls Sie es nicht verstanden haben, wiederhole ich: Ich bin General des Spionageabwehrdienstes. Und wenn ich beschattet werde, dann habe ich allen Grund zu der Annahme, dass das etwas mit meiner beruflichen Tätigkeit zu tun hat. Entweder können Sie mir beweisen, dass ich mit meiner Annahme falsch liege, oder die Fortsetzung dieses Gesprächs findet nicht hier, sondern in einem offiziellen Rahmen statt. Deshalb werden Sie mir den Namen Ihres Auftraggebers nennen müssen.«

»Ich kann nicht«, seufzte Stassow. »Ich täte es gern, aber das Gesetz erlaubt es nicht. Versetzen Sie sich bitte in meine Lage.«

Minajew schwieg mit einem unguten Lächeln und begann, im Zimmer auf und ab zu gehen. Bisher hatte er gestanden, hoch aufgerichtet über dem in dem tiefen Sessel versinkenden Stassow. Ein altbekannter psychologischer Trick, der den Gesprächspartner einschüchtern sollte, aber auf Stassow machte das keinen Eindruck.

»Soll ich vielleicht in seinem Aktenkoffer nachsehen, Anton Andrejewitsch?«, meldete sich Igor wieder zu Wort.

»Sieh nach«, befahl der General.

Stassow hörte hinter seinem Rücken das Klicken von Schlössern und erneut das Rascheln von Papier. Er hatte vorgesorgt und den Vertrag nach ganz oben gelegt. Denn hätten sie sämtliche Papiere durchwühlt, hätten sie auf dem Grund des Koffers ein Kuvert gefunden, das in diesem Moment noch nicht für die Augen des Generals bestimmt war. Minajew griff nach dem Blatt Papier, das Igor ihm reichte, überflog es und begann laut zu lachen.

»Du lieber Gott! Ira! Wer hätte das gedacht! Ira!«

Stassow atmete erleichtert auf. Bis jetzt lief alles glatt. Mit genau dieser Reaktion des Generals hatte er gerechnet.

* * *

Die bezaubernde Nachbarin, die ihre Wohnung mit den Minajews tauschen wollte, hatte also einen Privatdetektiv engagiert! Nicht zu fassen!

»Was will Ihre Auftraggeberin eigentlich über mich erfahren?«, fragte Minajew heiter und warf den Vertrag achtlos auf den Tisch.

»Soweit mir bekannt ist, beunruhigt sie die Frage des Wohnungstausches mit Ihnen. Ira Weniaminowna hat mir gesagt, dass ihre Wohnung einen viel höheren Wert hat als die Ihre und dass Sie eine bestimmte Ablösesumme mit ihr vereinbart haben. Da es sich dabei aber um ein inoffizielles Geschäft handelt und da sie nichts über Sie weiß, möchte sie sich davon überzeugen, dass Sie ein anständiger Mensch sind.«

»Und was haben Sie herausgefunden?«

»Nachdem ich jetzt weiß, wer Sie sind und wo Sie arbeiten, entfällt die Frage ganz von selbst, Anton Andrejewitsch. Ich denke, wenn Sie Ira Weniaminowna gesagt hätten, wer Sie sind, wäre sie nicht auf die Idee gekommen, Geld für meine Dienste auszugeben.«

»Nun«, sagte Minajew großmütig, »ich freue mich, dass das Missverständnis sich in Wohlgefallen aufgelöst hat. Ich vermute, Sie können Ira jetzt mit reinem Gewissen versichern, dass ich nicht vorhabe, sie zu betrügen und sie das ihr zustehende Geld auf jeden Fall bekommen wird. Ich hoffe, Sie zweifeln nicht daran.«

»Nicht im Geringsten«, versicherte Stassow. »Ich danke Ihnen, dass Sie das direkte Gespräch mit mir gesucht und mir dadurch unnötigen Aufwand an Zeit und Energie erspart haben. Sie haben gehandelt wie ein Mann.«

Plötzlich veränderte sich Stassows Gesichtsausdruck, es schien, als würde ihm ein neuer Gedanke durch den Kopf gehen.

»Anton Andrejewitsch«, sagte er unsicher, »nach allem, was ich gehört habe, sehe ich manches in einem anderen Licht. Könnte ich Sie kurz unter vier Augen sprechen?«

Das gefiel Minajew nun ganz und gar nicht. Was hieß unter vier Augen? Wozu? Welche Geheimnisse konnte es zwischen ihm und diesem pensionierten Oberstleutnant geben?

»Igor, hast du nachgesehen, ob er bewaffnet ist?«

»Ja, Anton Andrejewitsch. Er hat keine Waffe bei sich.«

»Gut, lasst uns allein.«

Die drei Männer wechselten einen unzufriedenen Blick, dann verließen sie das Zimmer. Minajew blieb mit seinem Gast allein.

»Was gibt es?«

Stassow schwieg, so, als würde er angestrengt nachdenken. Dann gab er sich einen Ruck.

»Sie haben sicher bemerkt, dass ich Sie bereits drei Tage lang observiert habe. Und in dieser Zeit habe ich einiges gesehen. Zuerst hatte das keine große Bedeutung für mich, da ich nicht wusste, dass Sie bei der Spionageabwehr sind. Aber jetzt, da ich es erfahren habe, kann ich damit nicht hinter dem Berg halten. Sie werden beobachtet, Anton Andrejewitsch.«

»Wie bitte?«

Minajew, der bisher mit gleichmäßigen Schritten im Zimmer auf und ab gegangen war, blieb abrupt stehen und sah Stassow fragend an.

»Wenn Sie mir erlauben, meinen Aktenkoffer zu öffnen, zeige ich Ihnen einige Fotos. Ich habe diese Leute gleich am ersten Tag bemerkt und für alle Fälle fotografiert. Aufgrund des Auftrages, den ich von Ira Weniaminowna bekommen hatte, hielt ich es für möglich, dass man Sie im Zusammenhang mit kriminellen Machenschaften beobachtete. Deshalb habe ich mich auch ein wenig um die Personen gekümmert, die Ihnen auf der Spur waren, um herauszufinden, wer sie sind.«

Stassow wollte sich aus dem Sessel erheben, aber Minajew bedeutete ihm mit einer Geste, dass er sitzen bleiben sollte. Der General griff selbst nach dem schwarzen Lederkoffer, stellte ihn auf dem Tisch ab und öffnete die Schlösser.

»Zuunterst liegt ein großes Kuvert mit den Fotos.«

Minajew fand das Kuvert sofort und zog die Fotos heraus. Er erkannte Tschinzows Leute auf den ersten Blick. Einer von ihnen, der Jüngere, hatte das Auto gefahren, in dem Tschinzow zu dem Treffen in der Umgebung von Moskau gekommen war. Der Zweite hatte Tschinzow begleitet, als er sich vor einigen Tagen zum zweiten Mal mit ihm getroffen hatte. Auf den Fotos waren beide Männer vor Minajews Haus zu sehen, außerdem auf dem Kutu-zowskij-Prospekt, wo der General am Vortag zu tun gehabt hatte. Sogar sein eigenes Auto war auf den Film gekommen. Was hatte das alles zu bedeuten? Hatte Tschinzow seine Leute auf ihn angesetzt? Was für ein Schwachkopf, was für ein Kretin! Was wollte er erreichen? Wollte er in Erfahrung bringen, mit wessen Hilfe Minajew das mit einer Million Dollar dotierte Interview arrangieren wollte, um diesen Jemand zu kaufen und die Million selbst einzustreichen? Dieser Dilettant! Dieser aufgeblasene Dummkopf!

»Ich kenne diese Leute nicht«, sagte er langsam. »Aber ich danke Ihnen, dass Sie mich gewarnt haben. Ich werde mich selbst um die Sache kümmern.«

»Das ist noch nicht alles, Anton Andrejewitsch. Schauen Sie sich bitte alle Fotos an. Diese Leute haben gestern die Hauptverwaltung des Ministeriums für Inneres aufgesucht. Da ich dort viele Jahre gearbeitet habe, konnte ich ihnen problemlos folgen und mich davon überzeugen, dass sie nicht bei der Miliz arbeiten, sondern vorgeladen wurden. Das bedeutet, dass Sie von Kriminellen verfolgt werden. Und ich bin der Meinung, dass Sie das wissen müssen.«

Minajew sah nervös die restlichen Fotos durch. In der Tat, Stassow hatte Recht. Was zum Teufel hatte das nun wieder zu bedeuten? Offenbar arbeitete Stassow mit geheimer Kamera, er hatte sogar auf den Korridoren der Petrowka fotografiert. Auf einem der Fotos war der jüngere der beiden Männer zu sehen, wie er gerade eines der Büros betrat, sogar die Zimmernummer war zu erkennen. Der ältere saß auf einem Stuhl neben dieser Tür und wartete darauf, aufgerufen zu werden.

»Sie sind offensichtlich ein Profi, Wladislaw Nikolajewitsch, und ich vermute, Sie haben irgendeine Erklärung für das alles«, sagte Minajew vorsichtig, bemüht, sich seine Nervosität nicht anmerken zu lassen. »Ich habe weiß Gott keine Vorstellung davon, was für ein Interesse diese zwei an mir haben könnten.«

»Es tut mir Leid, Anton Andrejewitsch, ich habe erst recht keine

Vorstellung davon«, erwiderte Stassow.»Ich habe Ihnen alles gesagt, was ich weiß, und werde mich jetzt verabschieden, wenn Sie erlauben. Ich hoffe, dass Sie mir nichts nachtragen. Und seien Sie Ira Weniaminowna bitte nicht böse. Sie ist eine allein stehende Frau, die Angst davor hat, betrogen zu werden.«

»Natürlich, natürlich«, murmelte Minajew, während er an etwas ganz anderes dachte.

Stassow konnte also die Petrowka ohne weiteres betreten, da er viele Jahre dort gearbeitet hatte. Er hatte dort sicher eine Menge Bekannter und Freunde. Er durfte ihn nicht einfach so gehen lassen. Auf keinen Fall. Die Situation musste unbedingt geklärt werden.

»Wladislaw Nikolajewitsch«, sagte der General entschieden, »darf ich Sie um einen Gefallen bitten? Als Profi werden Sie meine Bitte sicher verstehen.«

»Selbstverständlich.«

Stassow hatte sich inzwischen aus dem Sessel erhoben und stand jetzt in seiner vollen Zweimetergröße mitten im Zimmer.

»Könnten Sie aufgrund der Kontakte, über die Sie verfügen, herausfinden, in welcher Angelegenheit man diese zwei Männer in die Petrowka vorgeladen hat? Vielleicht bringt das etwas Licht in die Sache. Sie wissen ja, dass ich in meiner Stellung …«

»Sie brauchen mir nichts zu erklären«, lächelte Stassow.»Ich verstehe Ihre Besorgnis. Möchten Sie, dass ich mich sofort um die Sache kümmere?«

»Wenn es Ihnen möglich ist.«

»In diesem Fall habe ich eine Gegenbitte. Ich werde jetzt einige Anrufe machen und die entsprechenden Leute suchen müssen, und es wäre mir sehr recht, wenn mir inzwischen jemand mein Auto bringen könnte. Ich musste es neben der Schule stehen lassen, die meine Tochter besucht.«

»Selbstverständlich«, stimmte Minajew zu, erleichtert darüber, dass Stassow so schnell zu überreden gewesen war.»Geben Sie mir Ihre Autoschlüssel, ich werde Igor schicken.«

»Die Autoschlüssel hat man mir abgenommen«, sagte Stassow grinsend.

Minajew schickte Igor zu Stassows zurückgelassenem Wagen und kehrte ins Zimmer zurück, wo Stassow bereits mit einem seiner Bekannten telefonierte. Ihm wurde immer unwohler. Warum umgab Tschinzow sich mit Kriminellen? War er völlig verrückt geworden? Oder war er so sorglos, dass er gar nicht daran dachte, die Leute aus seiner näheren Umgebung überprüfen zu lassen? »Sanja?«, sagte Stassow, nachdem er die nächste Nummer gewählt hatte. »Ich grüße dich, hier spricht Stassow. Danke, alles in Ordnung. Sanja, wahrscheinlich isst du gerade zu Abend, ich werde dich nicht lange aufhalten. Weißt du, wer jetzt in dem Büro sitzt, wo früher der alte Waganow gearbeitet hat? Ich habe ihm einen Ordner zur Aufbewahrung dagelassen, als ich in Pension ging, jetzt wollte ich ihn holen, und da sitzt plötzlich ein anderer … Selujanow, sagst du? Nein, den kenne ich nicht. Wie heißt er denn mit Vornamen? Kolja? Alles klar. Ich danke dir.«

»Swetlana? Stassow hier, sei gegrüßt. Sei doch bitte so nett und gib mir mal die Privatnummer von Selujanow. Nein, nein, Männerangelegenheiten. Sei nicht böse, Täubchen, du siehst doch, deine Telefonnummer kenne ich bis heute auswendig. Ich danke dir, meine Schöne.«

»Kolja? Guten Abend. Ich heiße Stassow, ich habe bis vor kurzem in der Abteilung zur Bekämpfung des organisierten Verbrechens gearbeitet. Entschuldigen Sie bitte, dass ich Sie zu Hause störe, aber ich habe ein kleines Problem …«

Minajew hörte angestrengt zu und versuchte zu erraten, was Stassows Gesprächspartner sagte. Endlich hatte Wladislaw das Telefonat beendet und wandte sich Minajew zu.

»Der eine Mann heißt Jakowlew, der andere Obidin. Sie wurden im Zusammenhang mit irgendeinem Vorfall im Hotel Rossija verhört. Dort hat sich vor einiger Zeit ein bekannter Mafioso umgebracht. Außerdem ging es um irgendeine Geschichte, die sich in Samara abgespielt hat. Sagt Ihnen das etwas?«

»Nein«, erwiderte Minajew so gleichgültig wie möglich. »Nicht das Geringste. Ich kann mir nicht vorstellen, was die beiden von mir wollen. Aber wie dem auch sei, Wladislaw Nikolajewitsch, ich danke Ihnen für Ihre Hilfe.«

Nachdem Minajew seinen Gast hinausbegleitet hatte, kehrte er noch einmal ins Zimmer zurück. Es handelte sich um eine konspirative Wohnung, und es wurde Zeit, nach Hause zu fahren. Aber er fühlte sich völlig kraftlos. Man hatte Tschinzows Leute also im Zusammenhang mit Samara und dem Vorfall im Hotel Rossija verhört. Das konnte nur eines bedeuten: Man hatte Pawel mit dem Mord an Jurzew in Verbindung gebracht. Und vielleicht auch mit den anderen Morden.

Aber sie durften Pawel nicht finden. Sie durften ihn auf keinen Fall finden. Das musste um jeden Preis verhindert werden.

* * *

Nach Ritas Tod und seinem kurzen Aufenthalt in Moskau war Pawel nicht mehr nach Belgorod zurückgekehrt, obwohl es ihm dort gefallen hatte. Jetzt wohnte er an einem ganz anderen Ort, nicht im Hotel, sondern in einem Privathaus, das einem allein stehenden Rentner gehörte. Er war ein sehr angenehmer Wirt, der keine Fragen stellte und sich nicht um Kleinigkeiten kümmerte.

Das Haus des Rentners war komfortabel und sehr gepflegt. Pawel führte hier ein ruhiges und geregeltes Leben. Er wurde von seinem Wirt verköstigt und verließ das Haus nur selten. Morgens stand er zeitig auf, frühstückte und ging wieder in sein Zimmer, mit der Begründung, dass er lange krank gewesen war und viel Ruhe brauchte. Es genügte ein Blick in sein ausgezehrtes graues Gesicht, um ihm das sofort zu glauben. Der Wirt bemühte sich, seinen zurückhaltenden Untermieter mit gutem Essen aufzupäppeln, und ließ ihn ansonsten in Ruhe. Abends sahen sie immer gemeinsam fern, die Nachrichten, irgendeinen Film und um halb zwölf die Sendung »Zeichen der Zeit«. Der Hauswirt hatte diese Sendung bis dahin nicht gekannt, aber nachdem er sie auf Pawels Vorschlag einmal gemeinsam mit ihm angesehen hatte, war er begeistert. Besonders gefiel ihm, dass während der Sendung jeder im Studio anrufen konnte, sogar Zuschauer aus dem Ausland, um etwas Witziges oder Trauriges zu erzählen. Es wurde sogar ein

Wettbewerb um die originellste Neuigkeit der Woche veranstaltet. Der alte Alexander Petrowitsch konnte sich nicht genug darüber wundern, welchen Unsinn manche Leute von sich gaben, er amüsierte sich köstlich und brummte auf Altmännerart bissige Kommentare in seinen Bart.

Am heutigen Tag hatten sie bereits die Nachrichten und einen Krimi angesehen, dann hatten sie auf eine Arztserie umgeschaltet. Vor Beginn seiner neuen Lieblingssendung ging Alexander Petrowitsch in die Küche und brühte heißen, aromatischen Kräutertee auf.

»Schade, dass du meinen Tee verschmähst, Pawel«, sagte er zum wiederholten Mal. »Er wirkt Wunder, das weiß ich aus Erfahrung. Du bist so blass und ausgezehrt, man bekommt Angst, wenn man dich anschaut. Ich weiß ja nicht, welche Krankheit du in deinem Moskau durchgemacht hast, aber man sieht, dass es etwas Ernstes war. Wie willst du denn wieder zu Kräften kommen, wenn du nichts Gesundes isst und trinkst? Allein durch Liegen und Schlafen wird man nicht gesund.«

»Übertreiben Sie nicht, Alexander Petrowitsch«, erwiderte Pawel mit einem gezwungenen Lächeln. Der Alte pries ihm seinen Tee jeden Abend an, was Pawel furchtbar auf die Nerven ging. Aber er beherrschte sich und ließ sich nichts anmerken. Der alte Mann war in Ordnung, und vielleicht musste er noch lange bei ihm wohnen.

»Ich esse folgsam alles, was Sie auf den Tisch stellen. Sie haben wirklich keinen Grund, sich zu beschweren. Aber Kräutertee mag ich einfach nicht. Nehmen Sie es mir bitte nicht übel.«

Auf dem Bildschirm erschien der übliche Vorspann, und Alexander Petrowitsch richtete sich genüsslich auf dem Sofa ein. Nach einigen Minuten gingen die ersten Anrufe im Studio ein, der dickliche, langhaarige Moderator drückte auf die Empfangstaste.

»Sprechen Sie bitte.«

»Hallo!« Im Studio ertönte eine entfernte Frauenstimme.

»Sprechen Sie bitte, Sie sind auf Sendung.«

»Hallo, hören Sie mich?«

»Ja, wir hören Sie, sprechen Sie bitte.«

»Ich rufe aus Murmansk an«, sagte die Frau bedeutungsvoll, offenbar in Erwartung stürmischen Beifalls.

Pawel konnte sich nur mit Mühe beherrschen. Dieses unsinnige Geschwätz brachte ihn schier an den Rand des Wahnsinns.

»Wissen Sie«, fuhr die Frau ebenso bedeutungsvoll fort, »bei uns in Murmansk sind die Bananen über Nacht fast doppelt so teuer geworden, und auch die Orangen kosten plötzlich um die Hälfte mehr. Ich weiß nicht, was unsere Regierung sich denkt. Wie soll das weitergehen? Man bezahlt uns bereits seit drei Monaten keine Gehälter, und die Preise steigen ständig …«

»Eine wirklich Schwindel erregende Neuigkeit«, brummte Alexander Petrowitsch. »Denken die in Murmansk etwa, dass man in Moskau noch im real existierenden Sozialismus lebt, dass die Preise dort nicht steigen und die Bananen immer noch zwei Rubel das Kilo kosten? Die Preise steigen überall. Wozu erzählt sie uns das?«

Pawel nickte stumm. Beim ersten Mal hatte er dem alten Mann zu erklären versucht, worum es den Anrufern ging. Sie wollten sich ausdrücken, bemerkt werden, sie langweilten sich, und sie waren nicht besonders intelligent. Alexander Petrowitsch hatte ihm damals zugestimmt, aber letztlich konnte er sich offenbar nicht damit abfinden, dass es Menschen gab, die anders dachten als er. Wenn er mit seinen zweiundsiebzig Jahren verstand, was eine interessante Neuigkeit von einer uninteressanten unterschied, warum verstanden es dann andere nicht?

»Hallo!«, rief der Moderator erneut, seine Stimme klang etwas gereizt. »Sprechen Sie, Sie sind auf Sendung.«

»Heute ist in Moskau etwas Amüsantes passiert«, hörte man eine wohlklingende Männerstimme sagen. »In die Straßenbahn der Linie 27 sprangen plötzlich zwei herrenlose, dressierte Pudel. Ohne jedes Kommando führten sie den Fahrgästen alle möglichen, sehr komplizierten Kunststücke vor, und das auf einer Strecke von drei Haltestellen. Zum Schluss stellten sie sich aufrecht auf die Hinterbeine und spazierten so durch den ganzen Wagen, von der vorderen bis zur hinteren Tür. An ihren Halsbändern waren kleine Säckchen befestigt, und die belustigten Fahrgäste belohnten die Vorführung großzügig mit Geldspenden. An der Sobolewskij-Straße sprangen die Pudel wieder aus dem Wagen, ich konnte durch das Fenster sehen, wie sie die Straße überquerten und sich an der gegenüberliegenden Haltestelle platzierten. Offenbar wollten sie zurückfahren in Richtung Timirjasew-Akademie.«

»Unglaublich!«, kreischte der langhaarige Moderator.»Das ist wirklich ein erstaunlicher Vorfall. Ich bin mir sicher, dass Ihr Beitrag den ersten Preis in unserem Wettbewerb um die originellste Neuigkeit der Woche gewinnen wird.«

Pawel schloss die Augen und verschränkte die Arme über der Brust. In dieser abgeschirmten Pose fühlte er sich am wohlsten. Er sah nichts und niemanden und musste nichts in sich aufnehmen.

»Das lasse ich mir gefallen«, sagte Alexander Petrowitsch.»Die Wunder der Dressur. Wahrscheinlich Zirkuspudel. Was meinst du, Pawel?«

»Ja, wahrscheinlich.«

Die Linie 27. Zwei Pudel. Drei Haltestellen. Zwei-sieben-zwei-drei. Das war der Zahlencode, der besagte, dass Pawel so schnell wie möglich nach Moskau zurückkehren sollte. Etwas war passiert, und General Minajew ließ ihn wissen, dass seine Anwesenheit in Moskau nicht nur dringend erwünscht, sondern absolut erforderlich war. Es musste sich um etwas sehr Ernstes handeln. Hatte man vielleicht Ritas Mörder gefunden?

Seit Pawel Minajews Aufträge erfüllt und die Hauptstadt verlassen hatte, sah er sich jeden Abend die Sendung »Zeichen der Zeit« an, sie war seine geheime Verbindung zu Anton Andrejewitsch. Pawel hatte nur auf die Anrufe im Studio zu achten und auf die Zahlen, die der Anrufer nannte. Es waren verschiedene Zahlencodes vereinbart, jeder von ihnen enthielt eine andere Nachricht.»Untertauchen, du wirst gesucht.« – »Dringend melden.« – »Sofort zurückkommen.«

»Sofort zurückkommen.«

ACHTZEHNTES KAPITEL

Es handelte sich um eine klassische Mehrstufenaktion, wie sie von Gordejews Truppe in der Vergangenheit schon des Öfteren ausgearbeitet und durchgeführt worden war.

Gerade vor kurzem war es ihnen gelungen, mit Hilfe so einer Mehrstufenaktion einen Mörder zu fassen, aber diesmal war die Aufgabe viel schwieriger. Damals war der Täter von einem Vorgesetzten nach Moskau beordert worden, weshalb man nicht daran hatte zweifeln müssen, dass er tatsächlich in der Stadt auftauchen würde. Pawel Sauljak hingegen hatte keinen Vorgesetzten, man konnte es nur mit General Minajew versuchen, den man dazu bringen musste, Pawel nach Moskau zu rufen, und dabei gab es keinerlei Garantie, dass er seiner Aufforderung auch wirklich folgen würde. Man konnte nur darauf hoffen.

Die junge Schauspielerin Ira, die in Minajews Nachbarschaft wohnte, hatte der gewiefte, zu abenteuerlichen Aktionen neigende Kolja Selujanow ausfindig gemacht. Er war es auch, der jene Fotomontagen hergestellt hatte, die Minajew vorgelegt worden waren und ihm anschaulich gezeigt hatten, dass Jakowlew und Obidin ihn verfolgten. In Sachen Fotomontage war Selujanow ein großer Meister und benutzte dieses Mittel sehr geschickt. Die Fotos, die auf den Korridoren der Petrowka gemacht worden waren, waren echt, man hatte Tschinzows Leute tatsächlich vorgeladen, und Selujanow selbst hatte sich mit ihnen unterhalten. General Minajew konnte Bekannte bei der Hauptverwaltung für Inneres haben, deshalb mussten diese Fotos absolut glaubwürdig wirken, damit der Schwindel nicht aufflog.

In Bezug auf Stassow hatte Jura Korotkow schließlich doch Recht behalten mit seiner Prophezeiung. Trotz aller Beschwörungen, Nastja nichts zu sagen, war er zu ihr gelaufen und hatte ihr alles erzählt, und zwar in voller Absicht, aus der er von Anfang an keinen Hehl gemacht hatte.

»Versteht doch, Kinder«, hatte er zu Jura und Kolja gesagt, »wenn man eine so schwierige Kombination vorhat, darf man ihren Erfolg nicht von Zufällen abhängig machen. Wir dürfen Nastja nichts verheimlichen, sonst kann aufgrund irgendeines dummen Missverständnisses alles schief gehen. Wenn sie ein einziges falsches Wort sagt oder einen einzigen falschen Schritt tut, ist alles zum Teufel.«

»Gordejew hat es verboten«, widersprachen die beiden lahm. »Er reißt uns den Kopf ab, wenn wir ihr etwas sagen.«

»Ihr braucht ja nichts zu sagen. Ich sage es ihr. Mir kann er nichts tun.«

Sie protestierten noch eine Weile, aber mehr aus schlechtem Gewissen, denn im Grunde waren sie einer Meinung mit Wladislaw.

Ira war sofort zur Tat geschritten und hatte Minajew die allein erziehende, verzweifelt um einen Wohnungstausch bemühte Mutter vorgespielt, dann hatte sie den Vertrag unterschrieben, den Stassow ihr vorgelegt hatte. Dafür wurde die Theaterschauspielerin reichlich belohnt. Ihre Wohnung wurde ohne Wartezeit an das Alarmsystem einer Sicherheitszentrale angeschlossen, sie bekam den Jahresvermerk der technischen Inspektionsstelle für ihr Auto und zahlreiche Komplimente für ihre hervorragende schauspielerische Leistung.

Anschließend heftete Stassow sich Anton Andrejewitsch an die Fersen, er machte das weder besonders auffällig noch besonders unauffällig. Alles musste völlig echt wirken. Am Ende des zweiten Tages wurde Wladislaw klar, dass Minajew ihn bemerkt hatte, und am dritten Tag fand die bewusste Szene in der konspirativen Wohnung des Generals statt. Alles war besser verlaufen, als Stassow erwartet hatte, die Männer, die ihn auf der Straße abgefangen hatten, waren nicht einmal gewalttätig geworden. Wladislaw hatte dem General nach allen Regeln der Kunst Überraschung und Verwirrung vorgespielt, nachdem dieser ihm eröffnet hatte, dass er nicht mehr und nicht weniger als ein General der Spionageabwehr war. Dem war die Szene »Solidarität unter Berufskollegen« oder »Ich kann nicht länger schweigen« gefolgt. Der kritische Moment verbarg sich im dritten Teil, der von den Autoren des Stücks unter der Devise »Du gibst mir, ich gebe dir« konzipiert war. An dieser Stelle hätte alles schief gehen können, weil hier vieles von Minajew selbst abhing. Man hatte damit rechnen müssen, dass ihn Stassows Offenbarung womöglich gar nicht erschrecken würde. Dass er Stassow nicht um Unterstützung bitten würde. Aber zum Glück war die Rechnung aufgegangen. Die zwanzig Jahre im Dienst der Kripo waren nicht spurlos an Stassow vorübergegangen, und er besaß Erfindungsreichtum, großes psychologisches Gespür und hervorragende schauspielerische Talente. Hätte es einen Oscar für die beste schauspielerische Leistung bei der Kripo gegeben, hätte diesen Oscar zweifellos Stassow gewonnen. Aber er hatte seinen Dienst vorzeitig als völlig unbekannter Oberstleutnant quittiert.

* * *

Pawel Sauljak wurde auf allen Bahnhöfen und Flughäfen »empfangen«. Man hatte nicht vor, ihn zu verhaften, er sollte nur gesichtet und dann beschattet werden. General Minajew blieb unter Selujanows Beobachtung. Stassow kannte er jetzt von Angesicht zu Angesicht, Korotkow durfte nicht auf der Bildfläche erscheinen, da Minajew sich jeden Moment mit Tschinzow treffen konnte, und der würde mit Sicherheit in Begleitung von Jakowlew und Obidin auftauchen, die Korotkow sowohl in Samara als auch in Uralsk gesehen hatten und sich zweifellos noch an ihn erinnerten.

Am Tag nach seinem Treffen mit Stassow machte der General einen Besuch in einem Haus in der Grafskij-Gasse. Selujanow konnte Minajews Weg nur bis zum dritten Stockwerk verfolgen, nicht aber bis zu der Wohnung, in der er schließlich verschwand.

Nachdem der General das Haus wieder verlassen und Kolja sich davon überzeugt hatte, dass er nach Hause gefahren war, machte er seelenruhig kehrt und fuhr zum Polizeirevier im Alexejewskij-Bezirk. Bereits nach anderthalb Stunden wusste er, wer in den vier Wohnungen der dritten Etage wohnte, und die Mädchen aus der Passabteilung versprachen, ihm Fotos der Mieter zu zeigen. In zwei der vier Wohnungen lebten alteingesessene Moskauer, in den anderen beiden Zugezogene, aber auch sie wohnten schon so lange hier, dass sie in dieser Zeit bereits mindestens einmal ihren Pass erneuert hatten.

Während Selujanow in dem warmen Büro saß, kämpfte er mannhaft gegen Schlaf, Hunger und das Bedürfnis nach einem Glas Wodka an. Und zwar in genau dieser Reihenfolge. Am meisten wollte er schlafen. Aber da er nicht schlafen durfte, wollte er wenigstens essen. Da es jedoch auch nichts zu essen gab, wünschte er sich etwas zu trinken, um alles hinunterzuspülen und zu vergessen, wie müde und hungrig er war. Am liebsten hätte er alles vergessen. Seine Kinder, die bei seiner geschiedenen Frau und ihrem neuen Ehemann in einer anderen Stadt lebten, und seine große leere Wohnung, in die er nicht zurückkehren wollte, weil dort nur Staub, Einsamkeit und Ödnis auf ihn warteten. Darum trank er. Am Anfang hatte er getrunken, um die Liebe zu seiner Frau und seinen Kindern zu betäuben, dann hatte er getrunken, um nicht zu weinen vor Einsamkeit. Inzwischen trank er nur noch aus Gewohnheit. Aber er kannte sein Maß und hielt sich immer eisern daran. In der Arbeitszeit trank er nie einen Tropfen, erst abends, wenn er zu Hause war. Immer genau zweihundertfünfzig Gramm, aufgeteilt in drei Portionen.

»Kolja, schlafen Sie?«, fragte plötzlich eine zarte Stimme.

Er fuhr hoch und stellte erstaunt fest, dass er tatsächlich eingeschlafen war. Verwirrt blickte er auf die junge Frau, die mit einem Stoß Karteikarten vor ihm stand. Sie war mittelgroß und schlank, steckte in grauen Uniformhosen und einem hellblauen Hemd, den Gürtel fest um die schmale Taille gespannt. Die Schulterklappen wiesen sie als Leutnant aus. Ihre Figur war eine Augenweide, aber ihr Gesicht eine ausgesprochene Enttäuschung.

Er nahm die mit Fotos versehenen Karteikarten und erblickte sofort ein bekanntes Gesicht. Er hatte diesen Menschen noch nie gesehen, aber er kannte ihn. Langes gelocktes Haar, hohe Geheimratsecken, eine getönte Brille. Der Mann hieß Michail Dawydowitsch Larkin.

Kolja fühlte, wie eine schwere Last von ihm abfiel. Jetzt konnte er nach Hause gehen und schlafen. Endlich schlafen. Dann etwas essen. Und dann wieder schlafen. Nach der Personenbeschreibung war Larkin genau derjenige, der in den Fällen Jurzew und Basanow gesucht wurde. Jetzt konnte man ihn ganz offiziell beschatten lassen, es bedurfte keiner Schwindeleien und Versteckspiele mehr. Pawels Beobachtung war über Konowalows Leute sichergestellt. Für Larkins Beobachtung war ab sofort die Hauptverwaltung für Inneres zuständig. Und Minajew konnte man vergessen. Ihn brauchte man ab jetzt nicht mehr zu observieren.

Kolja blickte auf und sah die vor ihm stehende junge Frau mit müden Augen an.

»Wie heißen Sie?«, fragte er.

»Walja«, erwiderte sie mit einem Lächeln, das genauso unschön war wie ihr ganzes Gesicht.

»Sind Sie verheiratet?«

»Nein.«

Sie schien über seine Frage nicht verwundert zu sein. Und das gefiel Selujanow.

»Haben Sie heute Zeit?«

»Wann? Abends?«, fragte Walja nach.

»Abends und nachts. Bis zum Morgen.«

Nikolaj war äußerst genau in seinen Angeboten. Nach seiner Meinung waren Anspielungen und Andeutungen eines Mannes nicht würdig.

»Ich habe Zeit bis morgen früh«, erwiderte Walja sehr ernst. »Aber ich bin mir nicht sicher, ob Sie sich mit mir einlassen sollten.«

»Warum?«

»Weil ich keine Gegenstände mag, die anderen Frauen gehören.«

Alles war vollkommen klar ausgedrückt und sollte heißen:

Wenn du verheiratet bist und deine Frau gerade auf Dienstreise ist, brauchst du es bei mir gar nicht zu versuchen. Selujanow lächelte.

»In meiner Wohnung gibt es schon seit vier Jahren keinen einzigen Gegenstand mehr, der einer Frau gehört. Es gibt nur viel Platz, viele Bücher, Staub und Einsamkeit. Haben Sie einen Führerschein, Walja?«

»Natürlich. Ich glaube, ich habe das Autofahren schon vor dem Alphabet gelernt. Mein Vater ist Fahrlehrer.«

»Würden Sie mich nach Hause fahren? Mir fallen nämlich die Augen zu vor Müdigkeit.«

»Gern.«

»Und werden Sie uns ein Abendessen zubereiten?«

»Wenn Sie etwas im Haus haben.«

»Und wenn ich nichts habe? Ich weiß es nicht genau, aber ich glaube, ich habe wirklich nichts.«

»Das heißt, dass wir unterwegs etwas einkaufen müssen.«

Diesmal erschien ihm ihr Lächeln einfach bezaubernd. Warum hatte es ihm beim ersten Mal nicht gefallen? Er war einfach ein Dummkopf und verstand nichts von weiblicher Schönheit.

»Wie alt sind Sie, Walja?«

»Vierundzwanzig.«

»Ich bin dreizehn Jahre älter als Sie. Ganze dreizehn Jahre, die aus Schmutz bestehen, Blut, Leichen, Leiden, Wodka und Flüchen. Stößt Sie das nicht ab?«

»Wir werden sehen«, schmunzelte sie. »Wenn es mich abstoßen sollte, werden wir darüber nachdenken, wie es weitergeht.«

Kolja rief Oberst Gordejew an, erhielt dessen Dank und die Erlaubnis, nach Hause zu gehen. Er wusste nicht mehr, wie lange er schon auf den Beinen war, es mussten bereits mehrere Tage und Nächte sein. Er schleppte seinen schweren, völlig erschöpften Körper bis zum Auto, ließ sich auf den Rücksitz fallen und schlief sofort ein, nachdem er es gerade noch geschafft hatte, Walja, die sich ans Steuer gesetzt hatte, seine Adresse zu sagen.

Als er erwachte, konnte er lange nicht begreifen, wo er sich befand. Dann kam er zu sich und stellte fest, dass er in seinem eigenen Auto auf dem Rücksitz lag, sorgsam zugedeckt mit einer Decke. Er warf einen Blick auf die Uhr und erschrak. Es war ein Uhr nachts. Er hatte ganz schön lange geschlafen, der müde Polizist! Langsam setzte seine Gehirntätigkeit ein, er erinnerte sich an das Mädchen aus dem Passamt, das ihn nach Hause fahren sollte. Er warf einen Blick nach draußen. Das Auto stand vor seinem Haus. Aber wo kam die Decke her? Es war seine eigene, normalerweise lag sie im großen Zimmer auf dem Sofa, Korotkow deckte sich immer damit zu, wenn er bei ihm übernachtete.

Wo war das Mädchen? Hatte sie es nicht geschafft, ihn aufzuwecken, und war beleidigt nach Hause gefahren? Ja, so musste es wohl sein. Wie peinlich! Aber halt. Wo kam die Decke her? Selujanow begriff überhaupt nichts mehr. Aber es hatte keinen Sinn, länger hier herumzuliegen, er musste aufstehen und nach Hause gehen.

Im Lift stellte er fest, dass der Wohnungsschlüssel in seiner Hosentasche fehlte. Das war ziemlich unangenehm. Aber schon im nächsten Moment verband sich das Fehlen des Schlüssels mit dem Gedanken an die Wolldecke, die von seinem Sofa ins Auto gewandert war, und Kolja drückte freudig auf die Türklingel. Die Wohnungstür öffnete sich sofort. Walja stand vor ihm, sie hielt einen Putzlappen in der Hand und trug eine seiner alten Sporthosen und eines von seinen alten Shirts.

»Aufgewacht?«, fragte sie mit einem liebevollen Lächeln. »Der Dreck in deiner Wohnung ist ja sagenhaft. Wann hast du zum letzten Mal geputzt?«

»Ich habe noch nie geputzt«, gestand Selujanow, glücklich darüber, dass sie nicht das Weite gesucht, sondern hier auf ihn gewartet hatte. »Vor der Scheidung hat meine Frau geputzt, ich selbst schaffe es einfach nicht. Bist du mir nicht böse?«

»Warum sollte ich böse sein?«

»Nun ja, ich lade ein Mädchen zu mir nach Hause ein und schlafe einfach ein …«

»Du hast mich ja nicht zum Vergnügen eingeladen, sondern wolltest, dass ich dich nach Hause fahre, einkaufe und etwas zu essen koche. Das waren deine eigenen Worte.«

Selujanow fühlte sich noch beschämter.

»Aber in Bezug auf das Putzen haben wir nichts ausgemacht.«

»Das ist meine eigene Initiative. Dafür schuldest du mir eine große Torte.«

Kolja fühlte sich plötzlich so gut und leicht wie schon lange nicht mehr. Wie schon seit der Zeit nicht mehr, als er seine geschiedene Frau kennen lernte. Nachdem sie geheiratet hatten, war sein Leben zur Hölle geworden, es hatte nichts anderes mehr gegeben als nur noch Eifersucht, Eifersucht und noch mal Eifersucht, vierundzwanzig Stunden am Tag, sieben Tage in der Woche. Seine geschiedene Frau war unbeschreiblich schön, und Kolja hatte nie glauben können, dass sie ihn aus Liebe geheiratet hatte. Immer hatte er nach dem wahren Grund gesucht, sie ständig der Untreue, der Lüge, der Berechnung verdächtigt. Auch nachdem sie die beiden Kinder genommen und ihn verlassen hatte, konnte er nicht aufhören, sie zu lieben, und kam weiterhin um vor Eifersucht. Im Lauf von vier Jahren war das vergangen, aber die einstige Lebensfreude und Leichtigkeit waren nie zurückgekehrt. Und nun ...

Nachdem er die Küche betreten hatte, begriff er, dass Walja unterwegs eingekauft hatte. Auf dem Gasherd standen vier große Töpfe auf kleinen Flammen.

»Als ich deine Küche gesehen habe, war mir sofort klar, dass du immer hungrig bist. Ich habe dir für eine ganze Woche Essen gekocht«, erklärte sie, während sie ihm in die Küche folgte. »In diesem Topf hier ist Suppe, in diesem gebratener Hammel mit Kartoffeln, hier Gemüseeintopf mit Fleisch, die Beilagen machst du dir selbst, Nudeln oder Reis. Hier ist gebratener Fisch mit saurer Sahne. Was möchtest du jetzt essen?«

»Hammel. Nein, Gemüseeintopf. Nein, Fisch«, sagte Selujanow, dem schwindelig vor Hunger war. »Ich möchte alles auf einmal. Ich habe das Gefühl, ich könnte die ganze Welt aufessen. Lass uns mit der Suppe anfangen, und dann sehen wir weiter.«

Sie aßen jeder einen Teller Suppe. Dann sahen sie weiter, und zwar einander in die Augen. Sie erhoben sich gleichzeitig und gingen schweigend ins Schlafzimmer. Am nächsten Morgen fühlte

Selujanow zum ersten Mal nach vielen, vielen Jahren, was es bedeutete, glücklich zu erwachen.

* * *

Dreimal täglich bekam Oberst Gordejew Berichte über die Beschattung von Michail Larkin auf den Schreibtisch. Larkin verhielt sich irgendwie seltsam und unsystematisch, er ging durch die Straßen, betrat oft Geschäfte und Kaufhäuser, ohne etwas zu kaufen, hielt sich in billigen Imbissstuben auf, trank schlechten, lauwarmen Kaffee, verspeiste ohne sichtbaren Appetit kulinarische Seltsamkeiten und ging erneut durch die Straßen. Zuerst vermuteten die Beamten, dass Michail Dawydowitsch einen bestimmten Ort umkreiste, nach einer Möglichkeit suchte, sich mit jemandem zu treffen, oder irgendein Versteck finden wollte, denn immerhin hatte er sich vor kurzem mit Minajew, einem General des Spionageabwehrdienstes, getroffen, so dass auch Spionage im Spiel sein konnte. Aber dieser Verdacht schien sich nicht zu bestätigen. Larkin fuhr mal nach Sokolniki, mal in den Gorki-Park, mal auf den Markt in Konkowo. Dann wieder mied er belebte Orte, wanderte durch stille Alleen, saß lange auf Bänken im Freien. Niemand wusste, was das zu bedeuten hatte.

Nach vier Tagen hörte Michail Larkin auf, durch die Stadt zu irren. Die Beamten hatten beobachtet, wie er sich mit einem jungen Mann von etwa dreißig Jahren getroffen hatte, es hatte eine sehr kurze Unterredung stattgefunden, nach der Larkin sichtlich erleichtert in seine Wohnung zurückgekehrt war. Die Identität des jungen Mannes wurde noch am selben Tag festgestellt, aber das, was man über ihn erfuhr, rief bei Gordejew und seinen Mitarbeitern nichts als stilles Erstaunen hervor. Vitali Knjasjew verkaufte heiße Würstchen und Bier in einer Imbissbude unweit der Metrostation Nowokusnezkaja. Vor der Bude, die sich in einem ruhigen, verkehrsarmen Gässchen befand, standen ein paar Tische und Stühle, die Würstchen waren heiß, das Bier kalt, und es gab immer frischen Salat. Meistens nahmen hier die Angestellten der nächstgelegenen Büros einen Imbiss ein, sie wechselten einige

Worte mit Knjasjew und scherzten miteinander. Was konnte Larkin mit diesem scheinbar völlig unbedeutenden Mann zu tun haben? Man beschloss, vorerst abzuwarten, vielleicht würde sich von selbst etwas klären. Aber es klärte sich nichts. Larkin vergrub sich in seiner Wohnung. Das kurze Treffen mit Knjasjew war offenbar der Höhepunkt seiner Aktivitäten in den letzten Tagen gewesen. Was war so Besonderes an diesem Würstchenverkäufer?

* * *

Sauljak kehrte nach Moskau zurück und rief für alle Fälle gleich vom Flughafen aus bei Minajew an. Womöglich durfte er ja keine seiner beiden Wohnungen aufsuchen, weder diejenige, in der er als Sauljak gemeldet war, noch die andere, in der er als geschiedener Ehemann einer Belgierin lebte. »Gut, dass Sie da sind«, sagte Minajew erfreut. »Sie werden hier sehr gebraucht. Fahren Sie jetzt nach Hause, in Ihre offizielle Wohnung, und bleiben Sie dort für eine Weile. Sie dürfen Ihre Wohnung vorläufig nicht verlassen.«

»Warum?«

»Darum. Das kann ich Ihnen am Telefon nicht sagen, Pawel Dmitrijewitsch. Fahren Sie nach Hause, schließen Sie sich ein und warten Sie ab. Nehmen Sie das Telefon nicht ab, wenn Anrufe kommen, und rufen Sie auch selbst niemanden an. Übermorgen pünktlich um zwölf Uhr mittags verlassen Sie das Haus. Genau fünf nach zwölf werden Sie vor der Apotheke einen weißen Shiguli erblicken, er wird langsam an Ihnen vorbeifahren und dann halten. Steigen Sie in den Wagen ein, man wird Sie zu mir bringen. Wenn Sie meine Anweisungen genau befolgen, können Sie sich sicher sein, dass niemand Ihre Spur aufnehmen wird, obwohl es solche Versuche mit Sicherheit geben wird.«

Pawel stellte keine weiteren Fragen und fuhr gehorsam nach Hause, in die Tscherepanow-Straße, wo sich in einem der alten achtstöckigen Plattenbauten seine Wohnung befand. Er horchte genau in sich hinein und stellte fest, dass er sich darüber freute, von Minajew nach Moskau zurückgerufen worden zu sein. Alles war wieder wie früher: Er hatte wieder einen Boss, der ihm Aufträge erteilen würde, und seine Aufgabe würde nur darin bestehen, diese Aufträge so gut wie möglich zu erfüllen. Sauljak neigte nicht dazu, sich etwas vorzumachen, er wusste inzwischen genau, dass er ein Leben in Freiheit nicht ertrug. Er brauchte jemanden, der ihn lenkte und leitete, er brauchte einen Herrn, dem er mit hündischer Ergebenheit und Treue dienen durfte. Und er war bereit, sogar Minajew in dieser Funktion zu akzeptieren. Er musste nur noch die Sache zu Ende bringen, die er begonnen hatte, es blieb gar nicht mehr viel, danach konnte er sich ganz und gar in die Dienste von Anton Andrejewitsch stellen. Und alles würde wieder genauso einfach und verständlich sein wie früher.

Zu Hause angekommen, nahm Pawel ein Bad, machte sich das Bett auf dem Sofa und ging schlafen. Er fühlte sich sehr schwach und sehnte sich nach Ruhe. Er wusste, dass das bei ihm nichts mit Krankheit zu tun hatte, abgesehen von seiner Gallenblasenentzündung, die sich ab und zu unangenehm bemerkbar machte, war er vollkommen gesund. Er war unwahrscheinlich zäh, konnte tage- und nächtelang ohne Nahrung und Schlaf auskommen. Aber die Ausübung der Hypnose verzehrte seine gesamten Kräfte. Schon ein geringes Resultat verlangte von ihm ungeheure Anstrengung, und hinterher fühlte Pawel sich immer richtiggehend krank.

* * *

Auf das zweite Treffen zwischen Michail Dawydowitsch Larkin und dem Würstchenverkäufer Vitali Knjasjew bereitete die Kripo sich vor, wie einst das ganze Land sich auf den Jahrestag der Oktoberrevolution vorbereitet hatte. Das Treffen fand in Larkins Wohnung statt und dauerte dreieinhalb Stunden. Zwei Stunden später hatte Oberst Gordejew zwei Kassetten auf dem Schreibtisch. Eine Videoaufnahme und ein Tonband. Das entsprechende technische Zubehör für die Aufnahmen hatte man sich mühsam zusammengeliehen, für die Steigleiter, die man benötigte, um an

Larkins Fenster heranzukommen, mussten die Beamten ihre letzten Zehntausendrubelscheine aus den Hosentaschen hervorkramen, weil die Bauarbeiter Bargeld sehen wollten.

Auf dem Bildschirm sah man Larkin in einer durchaus friedlichen Unterhaltung mit Knjasjew. Allerdings war die Unterhaltung etwas einseitig, meistens sprach Larkin, von Knjasjew war nur ab und zu eine Replik zu hören. Aber es war sehr interessant, ihn bei diesem Gespräch zu beobachten. Seine Mimik war sehr lebendig, er kicherte ständig, schnitt Grimassen und zwinkerte Larkin zu. Er machte fast den Eindruck eines Debilen. Allmählich glätteten sich seine Gesichtszüge, er hörte auf zu kichern und den Hanswurst zu spielen. Er saß Larkin gegenüber in einem Sessel, seine Arme lagen entspannt auf den Lehnen, er hörte mit halb geschlossenen Augen zu und nickte im Takt zu Larkins Worten. Dann stand er langsam auf, ging zum Sofa und legte sich auf den Rücken. Fast sah es so aus, als würde er schlafen, aber ab und zu hob er eine Hand und machte irgendeine unverständliche Bewegung, worauf Larkin zustimmend nickte und Knjasjew seine Hand wieder senkte.

Sie spulten die Kassette zurück, starteten sie erneut und ließen jetzt das Tonband mitlaufen, bemüht um wenigstens annähernde Zeitgleichheit zwischen Bild und Ton. Eine halbe Stunde lang drehte sich das Gespräch um nichts. Knjasjew kicherte und zwinkerte, dabei waren Sätze folgender Art zu hören:

»So ein toller Kerl wie du hat bestimmt keine Probleme mit den Mädchen.«

»Na klar. Ich kriege jede.«

»Genau darüber wollte ich mit dir sprechen, Vitali. Ich glaube, du bist schwer in Ordnung, mit dir kann man ins Geschäft kommen. Ich weiß, dass ich dir vertrauen kann.«

»Ganz genau.« Erneut Kichern und Zwinkern.

»Wenn wir beide uns einigen, kannst du großes Geld machen. Glaub mir, du hast tolle Chancen bei den Mädchen, und ich kann es so einrichten, dass wir wunderbar an ihnen verdienen werden. Bist du einverstanden?«

»Klar.«

Nach etwa einer halben Stunde veränderte sich Larkins Text ein wenig, aber das Thema blieb im Grunde dasselbe. »Wenn du mir gehorchst, wird alles gut werden. Du musst dich mir anvertrauen, du musst daran glauben, dass ich es gut mit dir meine, und du musst mir in allem gehorchen. Denn nur ich weiß, was für dich gut ist und was nicht. Wir werden so reich und mächtig werden wie sonst niemand, alle werden nach unserer Pfeife tanzen. Aber du musst mir bedingungslos gehorchen. Du musst alles Eigene und Persönliche, alle deine eigenen Gedanken und Gefühle vergessen und dich mir völlig überlassen ...«

Knjasjew machte keine Faxen mehr, sondern saß still da und nickte ab und zu. Dann legte er sich aufs Sofa, und Larkin fuhr fort:

»Von diesem Moment an wird in deinem Kopf kein einziger eigener Gedanke mehr sein. Du wirst nur noch meine Stimme hören, sie wird dir Anweisungen geben, und du wirst sie erfüllen ...«

Und eine Stunde später:

»Morgen wirst du einen Menschen töten, der um eine bestimmte Zeit seine Wohnung verlassen wird. Das muss geschehen, damit wir beide mit unserem Vorhaben beginnen und so reich und mächtig werden können wie sonst niemand. Dieser Mensch steht uns dabei im Weg, und wir müssen ihn aus dem Weg räumen, bevor wir zu handeln beginnen. Morgen gehst du zur Tscherepanow-Straße neunzehn, fährst im Block drei in den vierten Stock und wartest dort. Genau um zwölf Uhr wird ein Mann aus einer der Wohnungen herauskommen ...«

»Tscherepanow-Straße neunzehn, Block drei – das ist Sauljaks Adresse«, schrie Nastja auf. »Ist er etwa schon in Moskau? Und Larkin will ihn von diesem ewig kichernden Schwachkopf umbringen lassen?«

Gordejew schaltete abrupt den Kassettenrecorder ab und riss den Hörer vom Telefon. Ein paar Minuten lang hörte man ihn so laut brüllen, dass Nastja sich am liebsten die Ohren zugehalten hätte. Er hatte die Nummer von General Konowalow gewählt.

»Deine Leute schlafen im Stehen!«, brüllte er. »Wozu stehen deine Posten an allen Bahnhöfen und Flughäfen? Sauljak ist in Moskau, seine Kumpane wissen bereits davon, ich weiß davon, und du weißt nichts. Unsere ganze Operation wäre fast geplatzt, weil deine Leute nichts von ihrer Arbeit verstehen. Wie konnten sie ihn verpassen? Jeder von ihnen hat sein Foto bei sich, und er ist an ihnen vorbeigegangen wie ein Unsichtbarer. Woher ich das weiß? Das geht dich nichts an, Alexander Semjonowitsch. Ich habe dir meine beste Mitarbeiterin zur Verfügung gestellt, sie hat einen Berg von Arbeit für dich gemacht, und wofür das alles? Damit du im letzten Moment alles in den Sand setzt, weil du nicht in der Lage bist, fähige Leute zur Beobachtung der Flughäfen und Bahnhöfe einzusetzen? Es ist mir völlig egal, dass das nicht deine, sondern Stschuplows Leute sind. Du hättest dir die Leute persönlich anschauen müssen. Hast du in deinem weichen Sessel alles vergessen, was wir als Polizisten gelernt haben?«

Nastja wusste genau, was ihr Chef meinte. Ein Fall, in dem du von Anfang an ermittelst, über dem du Tag und Nacht brütest und der dir Schlaf und Appetit raubt, wird schließlich so sehr zu deiner eigenen Sache, dass du niemanden in die Arbeit einbeziehen würdest, von dessen Zuverlässigkeit und Qualifikation du nicht absolut überzeugt bist. Die Lösung eines Falles ist ein schöpferisches Produkt, das unter Freuden und Qualen entsteht, wie ein Buch oder ein Gemälde.

Natürlich hatte General Konowalow sich die Leute nicht aussuchen können, die General Stschuplow ihm zur Verfügung stellte. Stschuplow war sein eigener Herr und entschied selbst, aber Konowalow hätte zusätzlich eigene Mitarbeiter an die entsprechenden Einsatzorte schicken können, damit sie Stschuplows Leute unter die Lupe nahmen. Im Notfall hätte man andere Mitarbeiter anfordern müssen, solche, die mehr Erfahrung und Disziplin besaßen. Es gab immer Möglichkeiten der Kontrolle, aber General Konowalow hatte diese Möglichkeiten nicht genutzt und damit das Scheitern der Operation riskiert. Genau das warf Viktor Alexejewitsch Gordejew ihm jetzt vor, er schrie in den Telefonhörer und schnaubte immer noch vor Wut.

Aber Nastja hörte kaum noch hin. Sie dachte an den schwachköpfigen Vitali Knjasjew und an den geistig zurückgebliebenen Kyrill Basanow. Und je länger sie darüber nachdachte, desto klarer wurde ihr, was in den letzten Wochen passiert war. Es war ungeheuerlich. Es war kaum zu glauben.

* * *

Pawel Sauljak wusste, dass es nicht nur um Minuten, sondern um Sekunden ging. Der General hatte den Moment, in dem der weiße Shiguli vor der Apotheke erscheinen musste, genau berechnet, und Pawel durfte sich nicht verspäten. Fünf vor zwölf stand er fertig angezogen im Flur. Aus der Küche hörte man Musik, er hatte das Radio laufen lassen, um das Zeitzeichen nicht zu verpassen. Nach dem sechsten Ton drehte er den Schlüssel im Schloss um und öffnete die Tür.

Und sofort passierte etwas. Er begriff gar nicht, was eigentlich. Fremde Leute im Treppenhaus, ein dumpfer Knall, ein Surren. Pawel kniff instinktiv die Augen zusammen und öffnete sie wieder. Eine Treppe tiefer hielten drei kräftige Männer einen vierten fest. Daneben zwei weitere Männer, einer von ihnen hielt einen Revolver mit Schalldämpfer in der Hand. Auf der Treppe über ihm ebenfalls zwei Männer und eine Videokamera. Jetzt begriff Pawel den Ursprung der Geräusche, die er eben gehört hatte. Der dumpfe Knall hatte aus dem Revolver mit dem Schalldämpfer gestammt, das Surren erzeugte die Videokamera. Was ging hier vor?

»Pawel Dmitrijewitsch Sauljak?«, fragte einer der Männer. »Wir haben eben einen Mann festgenommen, der Sie erschießen wollte. Möchten Sie jetzt und hier eine Aussage machen oder zur Petrowka mitfahren?«

Zur Petrowka mitfahren? Eine Aussage machen? Und was war mit dem weißen Shiguli, der ihn zu Minajew bringen sollte? Er warf einen Blick auf die Uhr. Wenn er sich sehr beeilte, konnte er die Apotheke noch rechtzeitig erreichen. Aber natürlich würde man ihn jetzt nicht einfach so laufen lassen …

Und sofort stellte sich ihm die zweite Frage. Wer wollte ihn umbringen? Aber im Grunde war das nur eine rhetorische Frage. Noch vor kurzem hatte er selbst gesagt, dass er sich nicht wundern würde, wenn sich ihm halb Russland an die Fersen heften sollte, um ihn umzubringen. Interessant war nur, wie die Miliz von dem geplanten Mordanschlag auf ihn Wind bekommen hatte. Offenbar schliefen sie dort nicht, sondern waren ganz schön auf Draht. Es kam nur so ungelegen. Doch wenn er jetzt zur Petrowka mitfuhr, bestand wenigstens die Hoffnung, dort Anastasija zu treffen. Sie hatte immer Verständnis für ihn gehabt. Sie wusste genau, dass es jede Menge Leute gab, die ihm nach dem Leben trachteten. Sie hatte es in Samara mit eigenen Augen gesehen. Mit ihrer Hilfe würde es vielleicht gelingen, aus dieser Geschichte wieder herauszukommen. Schließlich gab es für den Moment keine Anklagepunkte gegen ihn. Wenn nur diejenigen, die diesen Killer geschickt hatten, ihn nicht hochgehen lassen würden, wenn nur diese alte, lang zurückliegende Geschichte nicht herauskam.

»Mir ist es egal«, sagte er und bemühte sich dabei nicht einmal, ruhig zu wirken. Schließlich hatte man ihn soeben umbringen wollen. Das verpflichtete ihn nicht zur Ruhe. »Ich richte mich ganz nach Ihnen. Wer ist denn dieser Mann?«

»Ein gewisser Vitali Sergejewitsch Knjasjew. Kennen Sie ihn?«

Der Beamte, der Knjasjew festhielt, schüttelte diesen kräftig und zwang ihn, den Kopf zu heben, damit Pawel sein Gesicht sehen konnte.

»Nein«, sagte Sauljak, »ich sehe ihn zum ersten Mal.«

Plötzlich fühlte Pawel sich wieder völlig schwach, seine Beine knickten ein, die seit Tagen in ihm angestaute Müdigkeit verband sich plötzlich mit dem Hauch des Todes, der ihn soeben gestreift hatte. Er lehnte sich mit dem Rücken gegen die Wand und sank langsam auf den kalten steinernen Boden.

* * *

Nastja konnte sich nicht erinnern, schon einmal so nervös gewesen zu sein wie jetzt. Ihr stand das Gespräch mit Pawel bevor, und sie wusste einfach nicht, wie sie es aufbauen sollte. Womit beginnen, welche Karten ausspielen und welche vorläufig verdeckt halten? Ihre Gedanken sprangen hin und her, sie konnte sich einfach nicht konzentrieren, das machte sie wütend und immer nervöser.

Seit sie wusste, dass Knjasjew auf frischer Tat ertappt worden war, als er gerade auf Sauljak hatte schießen wollen, und dass die ganze Gesellschaft jetzt in schöner Einmütigkeit auf dem Weg zur Petrowka war, ging sie rastlos in ihrem Büro auf und ab, und schließlich begann sie verzweifelt, mit der Faust gegen die Wand zu trommeln, hinter der Mischa Dozenko saß. Gleich darauf erschien Mischa mit erschrockenem Gesichtsausdruck in der Tür.

»Was ist passiert, Anastasija Pawlowna?«

»Mischa, sehen Sie sich bitte gründlich um, und entfernen Sie alle Gegenstände aus meinem Büro, die jemand zu seinen Zwecken missbrauchen könnte.«

»Warum?«, fragte Dozenko verwundert.

»Weil Sauljak ein Hypnotiseur ist. Womöglich gelingt es mir nicht, ihm standzuhalten. Er könnte mir befehlen, ihm meine Dienstwaffe auszuhändigen.«

»Wo ist die Waffe?«

»Sie liegt im Safe.«

»Geben Sie her. Ich nehme sie mit. Haben Sie ein Messer?«

»Ja, es liegt in der Schreibtischschublade.«

»Geben Sie es mir.«

Mischa ging wieder und nahm alles mit, was Sauljak nach seiner und Nastjas Meinung gegen die Kamenskaja benutzen könnte, nachdem er sie willenlos gemacht hätte. Die Zeit verging, und allmählich beruhigte sich Nastja. Sie hatte Sauljaks hypnotische Kräfte bereits am eigenen Leib erfahren, und sie hatte ihnen widerstehen können. Also war alles gar nicht so schlimm.

NEUNZEHNTES KAPITEL

Ursprünglich war geplant, Larkin in dem Moment festzunehmen, in dem er sich erneut mit Knjasjew treffen würde. Michail Dawydowitsch hatte Knjasjew befohlen, gleich nach dem Mord auf die Nowokusnezkaja zu fahren und die Imbissbude zu öffnen, so, als wäre nichts geschehen.

»Du öffnest deinen Kiosk und verkaufst seelenruhig Würstchen, wie immer. Du wirst den Kiosk nicht verlassen und auf mich warten. Ich werde gegen drei Uhr nachmittags zu dir kommen. Du darfst mich nicht ansprechen, wenn du mich siehst. Entschuldige dich bei deinen Kunden, schließe deinen Kiosk für eine halbe Stunde und folge mir.«

Es war offensichtlich, was Larkin vorhatte. Gleich nach dem Mord wollte er Knjasjew aus der Trance herausführen und sein Gedächtnis blockieren. Knjasjew würde sich danach nie mehr an den etwas gedunsenen Mann mit der getönten Brille erinnern, der ihn auf der Straße angesprochen, zu sich nach Hause eingeladen und ihm gigantische Reichtümer versprochen hatte. Er würde sich nie daran erinnern, dass er in der Tscherepanow-Straße war, um dort einen Mann zu erschießen.

Natürlich wäre es ideal gewesen, wenn man auf Band hätte aufzeichnen können, wie Larkin dem unseligen Würstchenverkäufer suggerierte, dass die beiden sich nie getroffen hatten und dass es nie einen Mord gegeben hatte. Aber wenn man Larkin sein Werk hätte vollenden lassen, hätte man von Knjasjew nie eine Aussage bekommen, weil er sich in diesem Fall an nichts mehr erinnert hätte. Außerdem war Knjasjew bereits festgenommen, und es war jetzt nicht mehr möglich, ihm die Handschellen wieder abzunehmen und ihn zu seinem Kiosk gehen zu lassen. Aber Knjasjews Aussagen waren ohnehin keinen Pfifferling wert, ob so oder so. Solange er sich noch in Trance befand, konnte man ihn nicht vernehmen. Und ließe man zu, dass Larkin ihn aus der Trance herausholte, würde er sich an nichts mehr erinnern. Nastja hatte Fachleute konsultiert, und alle hatten ihr einhellig versichert, dass ein richtiger Hypnotiseur, wie Larkin es ganz offensichtlich war, Codewörter in seine Suggestionen einbaute, damit niemand außer ihm selbst die Trance wieder auflösen konnte. Mit Kyrill Basanow war allem Anschein nach genau das passiert. Nach dem Mord an dem Erpresser hatte Larkin sich mit ihm getroffen, ihn aus der Trance herausgeführt und sein Gedächtnis blockiert, denn Basanow erinnerte sich ja bis heute an nichts. Nach dem Mord an Lutschenkow hatte Michail es nicht geschafft, sich noch einmal mit Kyrill zu treffen, da man diesen am Tatort festgenommen hatte. Deshalb hatte Basanow anschließend gewissenhaft und verwundert von den Stimmen erzählt, die ihm Befehle erteilt hatten …

Knjasjew war als Zeuge nichts wert. Man würde nichts von ihm erfahren, und falls doch, dann würde man nichts beweisen können. Der einzige Beweis waren die Ton- und Bildaufnahmen, die zeigten, wie Larkin Vitali in Trance versetzte und ihm einen Mord befahl. Zusätzlich gab es die Videoaufnahme, auf der zu sehen war, wie Knjasjew gehorsam alles ausführte, was Larkin ihm befohlen hatte. Es wäre nicht schlecht gewesen, auch eine Aufnahme zu besitzen, die gezeigt hätte, wie Larkin sein Opfer wieder aus der Trance herausführte, aber vom rechtlichen Standpunkt hatte das alles wenig Sinn. Es gab keine Präzedenzfälle, und es war völlig unklar, wie Knjasjews und Basanows Taten in juristischer Hinsicht zu bewerten waren. Weder dem einen noch dem anderen würde man Unzurechnungsfähigkeit zugestehen. Im Strafgesetzbuch existierte kein Paragraph, der sich mit Straftaten befasste, die unter Hypnose begangen wurden. Selbst wenn man beweisen könnte, dass Basanow und Knjasjew unter Hypnose gehandelt hatten, würde sie das nicht von der Verantwortung für ihre Taten befreien, denn dem Strafgesetzbuch zufolge lag Schuldunfähigkeit nur dann vor, wenn eine Bewusstseinsstörung krankhaften Charakter hatte. Aber ein Mensch, der sich unter Hypnose befand, litt nicht an einer krankhaften Bewusstseinsstörung und war deshalb vom juristischen Standpunkt keinesfalls schuldunfähig. Über dieses Thema mussten noch Dutzende von Dissertationen geschrieben werden, bis man eines Tages ein entsprechendes Gesetz würde verabschieden können. Aber die Verhafteten konnten nicht so lange warten. Über ihr Schicksal musste sofort entschieden werden ...

Und was konnte man Larkin selbst zur Last legen? Wofür konnte man ihn zur Verantwortung ziehen? Er hatte niemanden getötet, hatte sich den Opfern nicht einmal genähert. Hypnose war nicht beweisbar. Er hatte nichts getan, er hatte einfach nur geredet. Das konnte jeder tun, das war nicht verboten. Larkin hatte einfach eine ganz gewöhnliche psychotherapeutische Sitzung mit einem Klienten durchgeführt, ein Entspannungstraining. War das etwa nicht erlaubt? Auch die Videoaufnahme bedeutete in diesem Zusammenhang nichts. Larkin hatte ein Experiment gemacht, den vertrauensseligen Knjasjew ein bisschen gefoppt. Er hat tatsächlich einen Mord begangen?, würde Larkin sagen. Das ist doch völlig unmöglich. Wen hat er denn umgebracht? Einen Mann aus der Tscherepanow-Straße? Nicht zu fassen! So ein Einfaltspinsel. Ich habe einfach eine x-beliebige Adresse genannt.

Oberst Gordejew und Untersuchungsführer Olschanskij stritten sich mit heiseren Stimmen darüber, was man mit Larkin machen sollte. Michail Dawydowitsch stand unter ständiger Beobachtung, man hätte ihn jederzeit festnehmen können, aber es war völlig unklar, ob das richtig gewesen wäre und wie man bei einer Verhaftung hätte vorgehen sollen. Man hatte nichts gegen ihn in der Hand. Und vermutlich würde man ihn auch nicht zum Sprechen bringen. Angesichts seiner außergewöhnlichen Fähigkeiten würde wahrscheinlich selbst die klügste und raffinierteste Vernehmungstaktik zu keinem Ergebnis führen.

Schließlich beschloss man, Larkin vorläufig auf freiem Fuß zu lassen.

* * *

»Kommen Sie herein, Pawel Dmitrijewitsch«, sagte Nastja so freundlich wie möglich.

Es war ihr gelungen, ihre Beherrschung wieder zu finden, sie war jetzt völlig ruhig und fühlte sich für das Gespräch mit Pawel gewappnet.

»Sie müssen einen guten Schutzengel haben«, lächelte Sie. »Ich habe Sie also nicht umsonst aus Samara herausgeholt. Es wäre sehr traurig für mich gewesen, wenn man Sie heute umgebracht hätte. Kennen Sie den Mann, der den Mordanschlag auf Sie verübt hat?«

»Nein. Ich habe ihn nie gesehen und nie seinen Namen gehört.«

Nastja sah, dass er nicht log. Und sie sah, dass Sauljak völlig erschöpft war und sich nur mit Mühe auf den Beinen hielt.

»Haben Sie wenigstens einen entfernten Verdacht, wer ihn geschickt hat, in wessen Auftrag er Sie ermorden sollte?«

»Ich habe Ihnen schon gesagt, Anastasija, dass ich nicht unter einem Mangel an Feinden leide.«

»Wundert es Sie nicht, dass sich nun auch Ihr Gönner als einer von ihnen erwiesen hat?«

Sauljak runzelte die Stirn. Sein Blick entzog sich Nastja, wanderte zur Wand über ihrem Kopf, zum Fußboden, zum Fenster.

»Sie irren sich.«

Seine Stimme klang wieder hochmütig, wie damals in Samara, als sie sich gerade kennen gelernt hatten.

»Nein, Pawel Dmitrijewitsch, ich irre mich nicht. General Minajew hat sich mit einem Mittelsmann getroffen. Dieser hat Knjasjew für den Mord an Ihnen ausgesucht und ihn mit einem Revolver in der Tasche zu Ihnen geschickt. Wir sind im Besitz von Bild- und Tonaufnahmen, die das beweisen. Wir sind schließlich keine Götter und keine Hellseher, Pawel, unsere Mitarbeiter sind nicht zufällig in Ihrem Haus gewesen, als Knjasjew dort auftauchte, um Sie umzubringen. Wir haben diesen Mittelsmann beobachtet und wissen deshalb auch von seinem Kontakt zu Minajew. Überzeugt Sie das nicht?«

»Nein. Unser Gespräch ist gegenstandslos geworden, finden Sie nicht?«

Er glaubte ihr also nicht. Oder er hatte sofort begriffen, dass sie die Wahrheit sagte, und wollte es aus irgendeinem Grund nicht zugeben. Natürlich durfte er Anton Andrejewitsch Minajew nicht preisgeben. Die Morde an Malkows Leuten hatten einige Tage nach Pawels Rückkehr nach Moskau begonnen und zwei Tage vor seiner Abreise nach Belgorod wieder aufgehört. Es konnte nicht sein, dass Minajew nichts damit zu tun hatte. Und wo Minajew war, da war auch Pawel. Also würden beide bis zum Letzten auf der Unschuld des anderen bestehen. Macht nichts, Pawel, dachte Nastja, gleich wirst du in die Knie gehen.

»Der Gegenstand unseres Gesprächs ist die Reihenfolge der Opfer, Pawel Dmitrijewitsch«, sagte sie. »Sind Sie sich im Klaren darüber, dass Sie der Letzte in dieser Reihe sind?«

So, Pawel, dachte Sie, jetzt überlege. Versuche zu erraten, was ich meine. Du wirst es nämlich nicht erraten und über das zu reden beginnen, was dich am meisten beunruhigt. Mach schon, fang an.

»Und wer ist nach Ihrer Meinung der Erste in dieser Reihe?«

Du willst mich austricksen, Pawel, erwiderte sie innerlich. Ich werde dir sagen, wer der Erste in der Reihe war. Aber du wirst sowieso nichts verstehen. Weil dieser Mann der Erste in beiden Reihen ist, in deiner und in meiner.

»Der Erste war General Bulatnikow. Ich dachte, das sei offensichtlich.«

»Stehen sehr viele in dieser blutigen Reihe?«

»Lassen Sie uns mit diesem Versteckspiel aufhören, Pawel Dmitrijewitsch. Sie wissen genau, wovon die Rede ist. Sie decken Minajew, gerade so, als hätte er Ihnen im Leben nur Gutes getan. Er hat Ihnen einen Killer geschickt, begreifen Sie das denn nicht? Er hat Ihren Mitarbeiter abgeworben, wie immer ihm das gelungen ist, durch Erpressung oder mit Geld, und er hat ihn dazu gebracht, einen Killer für Sie anzuheuern.«

»Dafür gibt es keine Beweise«, sagte Sauljak gleichmütig. »Ich weiß nicht, von welchem Mitarbeiter Sie sprechen, und ich glaube Ihnen nicht.«

»Schade«, sagte Nastja in beinah fröhlichem Tonfall. »Soll ich

Ihnen einen Film zeigen? Dann werden Sie selbst sehen, wie Michail Dawydowitsch Larkin Ihren potenziellen Mörder in Trance versetzt und ihm den Mord an Ihnen suggeriert. Sie werden hören, wie er ihm Ihre genaue Adresse nennt.«

»Das ist dummes Zeug«, sagte Pawel.

* * *

Es wäre dumm gewesen, die Bekanntschaft mit Michail abzustreiten. Alle Frauen, die damals zu Larkin in die Sprechstunde gekommen waren, hatten Pawel gesehen. Man konnte diese Frauen suchen und finden, und deshalb hatte Leugnen keinen Sinn.

»Das ist dummes Zeug«, sagte Pawel, innerlich jedes weitere Wort genau abwägend. »Ich kenne zwar einen Psychotherapeuten namens Larkin, aber ich wüsste nicht, warum er daran interessiert sein sollte, mich ermorden zu lassen. Ich habe ihm nie meine Adresse gegeben. Er kennt nicht einmal meinen vollen Namen.«

»Sehen Sie, also hat ihm ein anderer Ihre Adresse gegeben. Jemand, der Ihren Namen und Ihre Anschrift kennt, jemand, der gewusst hat, dass Sie nach Moskau zurückgekehrt sind und heute um genau fünf vor zwölf Ihre Wohnung verlassen würden. Haben Sie immer noch Zweifel?«

Pawel hatte keine Zweifel. Aber er konnte nicht zugeben, dass es zwischen ihm und General Minajew ein Geheimnis gab, aufgrund dessen Pawel für ihn gefährlich geworden war.

»Sie haben mich nicht überzeugt. General Minajew hat keinen Grund, mich beseitigen zu lassen. Er hat alles dafür getan, um mich lebendig aus Samara herauszuholen. Niemand weiß das besser als Sie selbst.« Er erlaubte sich ein leises Lächeln. »Minajew wollte um jeden Preis mein Leben retten.«

»Angenommen, Sie haben Recht. Aber was ist mit Rita?«

»Rita?« Sauljak zuckte unmerklich zusammen.

»Hat Rita Dugenez auch zu Ihrer Gruppe gehört?«

»Ich weiß nicht, wovon Sie sprechen. Rita war meine Freundin.«

Sein Herz hatte zu klopfen begonnen wie ein Vorschlaghammer in der Brust. Warum fragte sie nach Rita? Was wusste sie?

»Das eine schließt das andere nicht aus. Sie konnte Ihre Freundin sein und gleichzeitig Ihre Mitarbeiterin.«

»Ich habe keine Mitarbeiter«, sagte Pawel gereizt. »Was für einen Unsinn haben Sie sich da ausgedacht?«

»Sind Sie sicher, dass es Unsinn ist?«

Er hörte ihre Stimme wie aus weiter Ferne. Es war, als hätte er Watte in den Ohren, und er begriff, dass sein Blutdruck stark angestiegen war.

»Dann werde ich Ihnen jetzt eine Geschichte erzählen. Eine Geschichte, die Sie noch nicht kennen. Deshalb wird es interessant für Sie sein.«

Jetzt wird sie von Bulatnikow anfangen und von Malkows Leuten, dachte Pawel. Wahrscheinlich weiß sie dieses und jenes und wird nun versuchen, aus den einzelnen Steinchen ein hübsches Mosaik zusammenzusetzen. Soll sie reden, sagte er sich, ich werde solange versuchen, wieder einen klaren Kopf zu bekommen.

»General Minajew hat Bulatnikow, seinen Chef, immer gehasst. Er verabscheute ihn aus tiefster Seele und verging vor Neid, weil er nicht begreifen konnte, woher Bulatnikow so viel Macht und Geld besaß. Und er beschloss, der Sache auf den Grund zu gehen. Ist es spannend, Pawel Dmitrijewitsch?«

Pawel hob den Kopf und sah Nastja verwirrt an. Er hatte etwas ganz anderes erwartet, sie sprach von Dingen, die er tatsächlich zum ersten Mal hörte.

»Fahren Sie fort«, sagte er mit unbeweglichem Gesicht, bemüht, seine Neugier zu verbergen.

»Anton Andrejewitsch wandte alle Tricks an und erfuhr, dass Bulatnikow Sie hatte, Sie, Pawel Sauljak. Und dass Sie eine Gruppe hatten. Aber obwohl er sich alle Mühe gab, konnte er nicht herausfinden, wer diese Leute waren. Allerdings hatte er in Erfahrung gebracht, welcher Mittel sich die Gruppe bediente. Und er hatte begriffen, dass das eine Goldgrube war. Deshalb beschloss er, dass die Gruppe für ihn arbeiten würde. Und was hat er als Erstes getan, wissen Sie es?«

»Nein«, sagte Pawel rasch. »Das kann nicht sein. Ich glaube Ihnen nicht.«

»Warum sagen Sie das? Ich sehe doch an Ihrer prompten Reaktion, dass Sie genau wissen, was Ihr jetziger Gönner Minajew
getan hat. Er hat Bulatnikow ermorden lassen. Er steht hinter
diesem Mord und nicht Malkow. Er ließ Malkows Leuten Informationen zukommen, die sehr beunruhigend waren und dazu
führten, dass der General, der so viel für diese Leute getan hatte
und so viel über sie wusste, beseitigt wurde. Aber Minajew beging einen Fehler, und jemand aus Malkows Septett erfuhr, dass
General Minajew an dem Mord an seinem einstigen Chef, Freund
und Lehrer beteiligt war. Kurz nach Bulatnikows Tod haben Sie,
Pawel Dmitrijewitsch, den Braten gerochen und sind vorübergehend in einer Strafkolonie verschwunden. Und das hat Minajews
genialen Plan durcheinander gebracht. Er hatte fest damit gerechnet, dass Sie im Gefühl heiliger Rache entbrennen oder zumindest
versuchen würden, der Wahrheit über den Mord an Bulatnikow
auf den Grund zu gehen. Er hatte damit gerechnet, dass Sie zu
diesem Zweck die Mitglieder Ihrer Gruppe einsetzen würden. Er
wollte Sie beobachten und so herausfinden, wer Ihre Mitarbeiter
waren. Aber Sie, Pawel Dmitrijewitsch, haben seine Erwartungen
nicht erfüllt, Sie haben sich weder zur Rache noch zur Wahrheits-
suche hinreißen lassen, sondern haben sehr vernünftig und vorsichtig reagiert und sind einfach untergetaucht. Während Sie Ihre
Strafe für schweres Rowdytum absaßen, blieb Minajew allerdings nicht untätig. Er suchte und fand das gesamte kompromit-
tierende Material, das über die Mitglieder Ihrer Gruppe existierte
und mit dem man sie bei der Stange hielt. Unter anderem auch
Sie, Pawel Dmitrijewitsch, nicht wahr? Und als Sie endlich nach
zwei langen Jahren nach Moskau zurückkehrten, hat er Sie mit
seinem Wissen über Sie unter Druck gesetzt. Er brauchte Sie, weil
nur Sie die Namen und Adressen Ihrer Gruppenmitglieder kannten. In den Unterlagen aus Bulatnikows Safe hatte er nämlich nur
Informationen darüber gefunden, wie und mit welchen Mitteln
Ihre Leute arbeiteten, aber namentlich war keiner von ihnen genannt. Diese Namen konnte er nur von Ihnen erfahren, und deshalb hat er alles dafür getan, um Ihr Leben zu retten. Klingt es
glaubwürdig?«

»Es klingt wie ein Schauermärchen«, sagte Pawel. Aber ihm war bereits klar, dass alles, was er jetzt noch sagte, keine Bedeutung mehr hatte. Sie wusste alles und sogar mehr als er selbst. Aber wie hatte sie es erfahren und von wem? Sollte etwa Minajew selbst alles gestanden haben? Nein, das war unmöglich.

»Machen wir weiter«, sagte Anastasija ungerührt. »Minajew hat versucht, Sie davon zu überzeugen, dass der Mord an seinem Freund gerächt werden muss. Ich höre förmlich seine Worte, denn Ihnen hat er wahrscheinlich dasselbe gesagt wie meinen Vorgesetzten. Er sei ein Mann und ein Offizier, er könne den Mord an seinem Freund nicht ungesühnt lassen, an diesem großartigen Mann, dem er seine ganze Dienstkarriere verdankte. Meinen Vorgesetzten hat er weisgemacht, dass er mit Ihrer Hilfe herausfinden wollte, wer Bulatnikows Mörder waren. Aber was hat er Ihnen selbst gesagt? Dass er die Mörder kennt und sich rächen will? War es so? In Wahrheit wollte er zwei Fliegen mit einer Klappe schlagen. Er wollte diejenigen beseitigten, die wussten, dass er in den Mord an Bulatnikow verwickelt war, und gleichzeitig erfahren, wer die Mitglieder Ihrer Gruppe waren. Und beides ist ihm gelungen.«

»Unsinn«, wiederholte Pawel mit Nachdruck.

Er saß in seiner gewohnten Haltung da, zurückgelehnt im Stuhl, die Arme über der Brust verschränkt. Nur die Augen hielt er jetzt geöffnet.

»Unsinn?«, sagte Nastja spöttisch und reichte ihm ein Blatt Papier. »Lesen Sie doch einmal.«

Pawel streckte die Hand aus und nahm das Blatt. Sechs Namen standen darauf. Malkow. Semjonow. Isotow. Lutschenkow. Mchitarow. Jurzew. Sechs Namen. Es fehlte nur noch Jewgenij Schabanow, der Imageberater des Präsidenten.

»Hier stehen nur sechs Namen«, fuhr Nastja fort. »Aber es gibt noch einen siebten. Und ich bin fast hundertprozentig sicher, dass dieser siebte Jewgenij Schabanow ist. Ich erwarte nicht, dass Sie mir das bestätigen, aber sehen Sie sich das einmal an.«

Sie reichte ihm einige Fotos. Pawel warf einen Blick darauf und erstarrte vor Entsetzen. Rita. Garik Asaturjan. Karl. Alle drei tot.

Diese Halunke hatte sie ermorden lassen. Nur Michail Larkin hatte er verschont. Den Stärksten und Skrupellosesten in der Gruppe. Für ihn war dieser eine genug. Guter Gott, sollte das alles wirklich wahr sein?

Er fühlte jetzt nur noch unendliche Müdigkeit und Gleichgültigkeit. Sie wusste alles. Sie spielte nur noch mit ihm wie die Katze mit einer halb toten Maus.

»Was wollen Sie von mir?«, fragte er mit gequältem Gesichtsausdruck. »Warum erzählen Sie mir das alles?«

»Weil ich gern einiges von Ihnen wüsste. Zum Beispiel, wie es Ihnen gelungen ist, Malkows Leute auszutricksen. Sie waren doch schon von dem Moment an hinter Ihnen her, als Sie das Straflager verließen. Sie waren fast drei Wochen in Moskau und haben heimlich, still und leise einen nach dem andern beseitigt. Warum hat keiner von ihnen versucht, Sie umzubringen? Haben Sie sich auf irgendeine Weise von ihnen losgekauft? Ich wüsste gern, warum diese Leute ihre Jagd auf Sie eingestellt haben. Des Weiteren wüsste ich gern, wer Rewenko ist. Warum hat Minajew alles getan, um die Feststellung seiner Identität zu verhindern? Ich vermute, dass Rewenko früher einen anderen Namen hatte, und Minajew wollte nicht, dass dieser Name bekannt wird. Anton Andrejewitsch wäre es lieber gewesen, wenn Rewenkos Leiche für immer und ewig unerkannt geblieben wäre.«

»Ist das alles?«

»Nein, Pawel Dmitrijewitsch. Das ist noch nicht alles. Ich möchte wissen, wie und warum Minajew Sie nach Moskau gerufen hat. Wie hat er Sie gefunden? Wo waren Sie in diesem Moment? Aus welchem Grund sollten Sie sofort nach Moskau kommen?«

»Ich bin nicht dazu gekommen, mit Minajew zu sprechen. Wenn Ihre Leute mich nicht hierher gebracht hätten, wäre ich jetzt bei ihm. Ich war gerade auf dem Weg.«

»Pawel Dmitrijewitsch, ich habe Ihnen bereits gesagt, dass Minajew vorhatte, Sie umbringen zu lassen. Und er hat es immer noch vor. Er dachte gar nicht daran, Ihnen etwas zu erklären. Er hat Sie nach Moskau gerufen und Larkin beauftragt, einen Killer zu finden, der Sie beim ersten Verlassen Ihrer Wohnung umbringen sollte. Haben Sie das immer noch nicht begriffen? Minajew braucht Sie nicht mehr. Er hat die Mitglieder Ihrer Gruppe gefunden, hat sie eine Weile beobachtet und alle beseitigt, bis auf einen, den Stärksten. Ich kann beweisen, dass Asaturjan und Rewenko in St. Petersburg waren und Mchitarow dazu gebracht haben, sich zu erschießen. Ihr Larkin hat Jurzew ein schnell wirkendes Gift untergeschoben, und Jurzew hat es eingenommen in der Annahme, dass es sich um harmlose Tranquilizer handelte. Auch Rewenko besaß solche Tabletten, wir haben sie bei ihm in der Wohnung gefunden. Ich würde übrigens auch gern erfahren, wo dieses Präparat herkommt, was für eine Entstehungsgeschichte es hat. Larkin hat auch dafür gesorgt, dass Malkow und Lutschenkow nicht mehr am Leben sind. Ich hoffe sehr, dass Sie mir erzählen werden, was mit Semjonow und Isotow passiert ist. Wen hat man auf sie angesetzt? Ihre Freundin Rita?«

Pawel Sauljak hatte eine Entscheidung getroffen. Er brauchte dieses Leben nicht mehr. Er hatte seine Sache nicht zu Ende gebracht, aber das war das Einzige, was er in diesem Moment bedauerte. Alles andere hatte keine Bedeutung mehr und keinen Sinn. Diese Frau mit den hellen Augen und dem blassen Gesicht, die in diesem engen, ungemütlichen Büro vor ihm saß, diese Frau, die ihn an den Toren der Strafkolonie erwartet hatte, wusste zu viel über ihn. Pawel hatte jetzt nur noch einen Wunsch. Er wollte nach Hause. Man sollte ihn gehen lassen. Man sollte ihm erlauben, dieses Büro zu verlassen.

»Wollen Sie sagen, dass Anton Andrejewitsch es war, der Rita umbringen ließ?«, fragte er mit tonloser Stimme. »Ich kann das nicht glauben.«

»Hören Sie auf, Pawel. Sie wissen längst, dass alles so ist, wie ich es sage. Stecken Sie Ihren Kopf nicht in den Sand. Wir könnten eine Abmachung miteinander treffen.«

»Eine Abmachung? Worüber?«

»Sie erzählen mir alles, was Sie über Minajew wissen. Sie machen eine detaillierte, wahrheitsgetreue Aussage, auf deren Grundlage wir uns diesen Mann vorknöpfen können.«

»Und was bieten Sie mir dafür an?«

»Ich werde dafür sorgen, dass Sie sich nicht für die Morde verantworten müssen, die Sie ganz persönlich begangen haben.«

»Ich verstehe Sie nicht«, sagte er kalt. »In der Geschichte, die Sie mir eben mit so viel Begeisterung erzählt haben, hat niemand von meinen Leuten einen Mord mit eigenen Händen begangen. Weder jemand von ihnen noch ich selbst. Sie widersprechen sich.«

»Pawel …«

Sie richtete sich auf dem Stuhl auf und sah ihn mitfühlend an. Ihr Blick verwirrte ihn.

»Pawel, warum tust du das?«, fragte sie mit leiser, trauriger Stimme. »Du weißt doch, dass diese Menschen im Grunde unschuldig sind. Man hat Larkin auf sie angesetzt, nicht wahr? Larkin, den Stärksten in der Gruppe, der vor nichts zurückschreckt. An seinen Händen klebt das meiste Blut, und deshalb hat Minajew ihn ausgesucht. Larkin ist leichter als die anderen an der Kandare zu halten. Ich hätte verstanden, wenn du ihn umgebracht hättest. Aber warum bringst du die um, die im Grunde völlig unschuldig sind?«

Ihm war, als hätte sie in diesem Moment seine Gedanken gelesen, als hätte sie gehört, was er dachte. Und sie war bereit, ihn laufen zu lassen, wenn er ihr alles erzählen würde. Sollte er das vielleicht wirklich tun?

»Kann ich davon ausgehen, dass wir uns geeinigt haben?«, fragte er mit zusammengepressten Zähnen.

»Ja.«

»Versprechen Sie es mir?«

»Ja.«

»Wenn ich Ihnen alles erzähle, werden Sie mich dann gehen lassen?«

»Ja. Ich hoffe, wir haben einander richtig verstanden.«

»Das hoffe ich auch. Was möchten Sie von mir hören?«

»Ich möchte wissen, warum Sie das tun.«

Warum er das tat? Als hätte man das mit ein paar Worten sagen können … Er hatte viele Jahre für Bulatnikow gearbeitet, aber er hatte nie das Unglück derer gesehen, deren Angehörige in seinem Auftrag ermordet wurden. Er war ein Roboter gewesen, ein Automat, eine seelenlose Maschine. Er gehorchte einfach, wie es seine Gewohnheit war, froh darüber, dass er keine eigenen Entscheidungen treffen musste.

Und plötzlich, in Uralsk, wohin ihn der Zufall verschlagen hatte, hatte er im Hotelzimmer den Fernseher angestellt und die Augen der Mütter und Väter gesehen, denen Bulatnikow die Kinder genommen hatte. In diesen Augen brannte ein so unstillbarer Schmerz, ein so schreckliches Leiden, dass seine Entscheidung im selben Augenblick gefallen war. Er musste die umbringen, deren Tod diesen unersättlichen Durst nach Rache stillen würde. Dabei war es völlig unwichtig, dass die Mörder in Wirklichkeit unschuldig waren. Es hatte keine Bedeutung, dass die Schuldigen die waren, die diese unmenschlichen Verbrechen in Auftrag gegeben und organisiert hatten, nämlich Bulatnikow, Larkin und er selbst, Pawel Sauljak. Bedeutung hatte nur eines: Die Eltern, in deren Augen er diesen unbeschreiblichen, unmenschlichen Schmerz gesehen hatte, mussten erfahren, dass die Mörder ihrer Kinder bestraft worden waren. Das würde ihnen vielleicht ein wenig Erleichterung verschaffen.

Und so begann er, seinen Plan in die Tat umzusetzen. Alles ging glatt. Aber aus irgendeinem Grund wurde Pawel nicht leichter ums Herz. Schon nach dem ersten Mord hatte er die Sinnlosigkeit seines Tuns begriffen. Aber er nahm einmal getroffene Entscheidungen niemals zurück.

* * *

Nastja kam völlig erschöpft nach Hause. Das Treffen mit Pawel hatte sie so viel Kraft gekostet, dass sie jetzt, nachdem alles vorbei war, am liebsten geweint hätte. Sie verzichtete auf das Abendessen, das ihr Mann liebevoll zubereitet hatte, und ging gleich zu Bett. Sie zog die Decke hoch bis zum Kinn und drehte sich zur Wand. Ljoscha ließ sie in Ruhe, er saß still in der Küche und legte Patiencen. Nur einmal kam er zwischendurch ins Zimmer und bot ihr eine Tasse heißen Tee an. Aber Nastja wandte nicht einmal ihren Kopf und murmelte nur etwas Unverständliches.

Kurz vor Mitternacht läutete das Telefon. Ljoscha nahm ab und kam erneut ins Zimmer.

»Nastja, Gordejew ist dran. Willst du mit ihm sprechen, oder soll ich sagen, dass du schon schläfst?«

Sie kroch wortlos aus dem Bett und ging barfuß in die Küche.

»Kindchen, wir haben uns verrechnet«, hörte sie Viktor Alexejewitsch in der Leitung sagen.

Verrechnet, hatte Gordejew gesagt. Das konnte nur bedeuten, dass Pawel sein Vorhaben ausgeführt hatte. Sie hatten einander richtig verstanden.

»Sauljak hat sich umgebracht. Er hat sich mit denselben Tabletten vergiftet, die man bei Jurzew und Rewenko gefunden hat. Wir hätten ihn nicht laufen lassen dürfen.«

»Aber genau das war doch unser Plan«, erwiderte sie phlegmatisch. »Er sollte unter einem Vorwand nach Moskau gelockt werden und so lange auf freiem Fuß bleiben, bis wir erfahren hätten, wer seine nächsten Opfer sein sollten. Den Vorwand hat uns Minajew geliefert, und alles hätte klappen können.«

»Hätte«, seufzte Gordejew. »Aber es hat nicht geklappt. Dafür kommt uns jetzt Minajew nicht mehr aus. Wir haben mehr als genug Material gegen ihn. Wenn wir Glück haben, wird die Staatsanwaltschaft gleich morgen das Verfahren gegen ihn einleiten. Aber trotzdem ist es schade, dass Sauljak uns entwischt ist.«

»Ja, schade«, sagte Nastja.

Aber es war nicht schade. Wozu hätte Pawel Sauljak noch leben sollen? Es wäre nur eine Qual für ihn selbst und für andere gewesen. Wenn ein Leben so verpfuscht war wie das seine, dann nutzte auch kein Gericht und keine Strafe mehr. Er hatte sein letztes Opfer gerichtet, das letzte in einer langen Reihe, an deren Ende er selbst stand. Die Stunde des Henkers hatte geschlagen.

* * *

Der Sturm auf Groznyj hält an, teilte die hübsche, schwarzhaarige Nachrichtensprecherin mit. In den Medien findet eine heftige Diskussion über den Rücktritt des Verteidigungsministers statt. Nach Ansicht der Militärbehörden zeugt der unerwartete Beginn des Sturmangriffs auf die tschetschenische Hauptstadt von großer Nachlässigkeit in der Beurteilung der Sachlage bei den Sicherheitsdiensten. Unsere Korrespondenten aus dem Kreml berichten heute von erneuten personellen Konsequenzen im Umfeld des Präsidenten. Zu einem der neuen Berater wurde der in politischen Kreisen wenig bekannte Wjatscheslaw Solomatin ernannt. Inoffiziellen Berichten aus dem Kreml zufolge verdankt der Präsident gerade diesem Mann die Möglichkeit, sich bei der Entscheidung für eine der verschiedenen Varianten des Ausstiegs aus der Tschetschenienkrise weder mit den Militärs noch mit den Demokraten solidarisieren zu müssen. Eine weitere Nachricht erreichte uns heute von der russischen Staatsanwaltschaft. Nach der Verhaftung des Generalstaatsanwaltes scheint die strafrechtliche Verfolgung hoher Staatsbeamter zu einer schönen Tradition in unserem Land zu werden. Heute wurde ein Strafverfahren gegen General Anton Minajew, einen führenden Mitarbeiter des Sicherheitsdienstes, eingeleitet. Für heute verabschiede ich mich, nach der Werbepause erwarten Sie die neuesten Nachrichten vom Sport. Guten Abend.

Bitte lesen Sie weiter …

Alexandra Marinina

Mit verdeckten Karten

Roman

Zwei Morde und die Zusammenarbeit mit
Wirtschaftsverbrechern werden dem Kriminalbeamten
Platonow zur Last gelegt. Seine Flucht kommt einem
Schuldbekenntnis gleich, doch Anastasija gelingt es
wieder einmal zu beweisen, dass nichts so ist, wie es
auf den ersten Blick scheint.
Dieser spannungsgeladene Romans von Russlands
beliebtester Autorin zieht den Leser unwiderstehlich
in seinen Bann. Sein klaustrophobisches Spiel von
Abhängigkeit und missbrauchtem Vertrauen wird
niemanden unberührt lassen.

»Alexandra Marinina gesellt sich
zu Donna Leon und Ingrid Noll.«
ZDF-Aspekte

Aus dem Russischen von
Natascha Wodin
Gebunden. 320 Seiten

ARGON

Alexandra Marinina
Tod und ein bißchen Liebe
Roman

Eigentlich wollte Anastasija Kamenskaja ihre
Flitterwochen genießen, nachdem sie endlich
zugestimmt hat, ihren langjährigen Lebensgefährten
Ljoscha zu heiraten.
Doch dann wird sie noch im Standesamt Zeugin eines
Mordanschlags auf eine Braut, der möglicherweise ihr
selbst galt. Und es bleibt nicht bei diesem einen Todesfall.
Kriminalistin durch und durch, schiebt Anastasija
ihren geplanten Honeymoon auf und übernimmt die
Ermittlungen in ihrem fesselnden vierten Fall.

»Grips statt Brutalität«
Der Spiegel

Aus dem Russischen von
Natascha Wodin
Gebunden. 328 Seiten

ARGON